La patria sublevada

De Perón a Kirchner
(1945-2010)

Alfredo Silletta

Colección *Filo y contrafilo* dirigida por Adrián
Rimondino y Enzo Maqueira.

Foto de tapa:
Fotógrafo: Raúl Ferrari. Gentileza Agencia Telam.

La patria sublevada
es editado por
EDICIONES LEA S.A.
Av. Dorrego 330 C1414CJQ
Ciudad de Buenos Aires, Argentina.
E-mail: info@edicioneslea.com
Web: www.edicioneslea.com

ISBN 978-987-634-371-8

Queda hecho el depósito que establece la Ley 11.723.
Prohibida su reproducción total o parcial, así como
su almacenamiento electrónico o mecánico.
Todos los derechos reservados.
© 2011 Ediciones Lea S.A.

Segunda edición, 2000 ejemplares.
Impreso en Argentina.
Esta edición se terminó de imprimir en
agosto de 2011 en Printing Books.

Silleta, Alfredo
  La patria sublevada : de Perón a Kirchner : 1945-2010 . - 2a ed. - Buenos Aires : Ediciones Lea, 2011.
  480 p. ; 23x15 cm.

  ISBN 978-987-634-371-8

  1. Historia del Peronismo. I. Título.
  CDD 320.982

La patria sublevada

De Perón a Kirchner
(1945-2010)

Alfredo Silletta

"El pueblo recoge todas las botellas que se tiran al agua con mensajes de naufragio. El pueblo es una gran memoria colectiva que recuerda todo lo que parece muerto en el olvido. Hay que buscar esas botellas y refrescar esa memoria".

Leopoldo Marechal

Prólogo

El libro que el lector tiene en sus manos narra con precisión histórica y en forma amena, la historia general del movimiento peronista, desde sus orígenes a la fecha: en el gobierno primero, en la resistencia después, la vuelta al poder y el retorno del líder, y durante la larga noche del neoliberalismo (primero autoritario, después democrático), para terminar en el proceso renovador que se inaugura en 2003, y que todavía despierta tanto entusiasmo en esta encrucijada del Bicentenario que atravesamos.

Cuando me preguntan qué es el peronismo, esa pregunta fundamental del pensamiento político argentino desde octubre del 45, a mí me gusta contestar hablando en términos de revolución. Porque una revolución implica necesariamente cambiar la vida de la gente para bien, y eso y no otra cosa hizo el peronismo.

La patria sublevada, escrito por el compañero Alfredo Silletta, pone precisamente esta tarea inconclusa en perspectiva histórica, para entender lo que avanzamos y lo que todavía nos falta hacer.

Cuando los pueblos han probado el sabor de la justicia, no hay manera de derrotarlos, no hay vuelta atrás. El peronismo es nuestra propia revolución nacional: significó la incorporación democrática de los trabajadores a la política, la incorporación del mundo del trabajo a la toma de decisiones democráticas, y eso fue, pese a los bombardeos, los muertos y los desaparecidos del terror, una conquista del pueblo, todo que no nos pudieron arrancar más. De esta sorprendente tozudez del pueblo argentino por la dignidad trata este libro.

Acordemos, a los efectos de la argumentación, que el valor intrínseco del peronismo es su capacidad de relacionarse con la realidad, y en ese sentido, está siempre, por suerte, condicionado por ella. El vínculo con el pueblo trabajador y el contacto cotidiano con su quehacer concreto es su quintaesencia, la raíz del movimiento. Por eso, existen peronistas que están dentro de esa fuerza transformadora y dadora de vida, y otros que podrán llamarse a sí mismos peronistas todo lo que quieran, pero que se han alejado de la raíz. El peronismo es un árbol que tiene, desde siempre, distintas ramas, algunas más cerca de la raíz dadora de vida, otras más alejadas, hasta que se separan tanto que se cortan y se secan.

El kirchnerismo, en ese sentido, no nace de un repollo. El kirchnerismo no es, ni más ni menos, que el resurgimiento del mandato revolucionario surgido en Octubre de 1945. Uno de los méritos de *La patria sublevada* es poner el relato de este proyecto histórico renovador de la política argentina en perspectiva histórica. Sobre todo para los jóvenes militantes que se acercan a este proceso para militarlo con pasión y para aportar su mirada original y la perspectiva generacional que lo renueve.

El kirchnerismo como proyecto nacional nació, allá en el Sur, en Calafate, en 1998, en una reunión muy pequeña, como una crítica interna al peronismo, en un momento en el que varios peronistas se habían ido a la Alianza. El kirchnerismo nació reivindicando al peronismo transformador, retomando las banderas históricas del movimiento. Fue, ese pequeño encuentro allá en la Patagonia, el comienzo de una esperanza, de un sueño. Por eso, hace bien Silletta en afirmar al kirchnerismo como una etapa del movimiento nacional, popular y revolucionario que tiene muchos años y que se remonta hacia 1945.

La dolorosa pérdida reciente de uno de los presidentes más extraordinarios de toda la historia, coincide con la plena vigencia de un proyecto político vigoroso, que camina en busca de su concreción definitiva. Un proyecto nacional y popular de larga vida, que trasciende a las personas, aunque hayamos perdido a uno de los hombres que mejor supo expresarlo. En un último acto de amor, nos entregó a su compañera, Cristina Fernández de Kirchner, que lidera con mano firme este proceso, y lo profundizará en un nuevo mandato.

Esta historia del movimiento nacional, popular y democrático que el lector tiene en sus manos, es muy útil porque nos recuerda que, en sentido estricto, el kirchnerismo es el peronismo del siglo XXI.

En ese sentido, las fuerzas políticas viven cuando cambian, se adaptan y renuevan sus energías. Pero también subsisten si son fieles a su raíz original y a la voluntad de cambio que se inició aquel maravilloso 17 de octubre de 1945, que dividió el siglo XX en dos, que, a decir verdad, todavía tiene pendiente concretarse de modo definitivo.

Esta reedición del libro de Silletta es una buena introducción a la rica y compleja historia del peronismo, y una buena manera de recordar de dónde venimos, para saber hacia dónde vamos: a la profundización de este proyecto de emancipación nacional.

Jorge Coscia
Secretario de Cultura de la Nación

Primera Era

LA REVOLUCIÓN

1945-1955

"Presentí que la historia estaba pasando junto a nosotros y nos acariciaba suavemente como la brisa fresca del río. Era el subsuelo de la patria sublevada".
Raúl Scalabrini Ortiz

1945

El 17 de octubre

El 29 de octubre de 1929, conocido como el *viernes negro* por el derrumbe de la bolsa de Nueva York, inauguró la crisis mundial económica más importante del siglo pasado. El país sufrió, al igual que todo el continente americano, la crisis económica. Los países industrializados tomaron severas medidas proteccionistas que cobraron efecto sobre nuestro comercio exterior, constituido en su casi exclusividad por materia prima de origen agricolaganadero. La devaluación de nuestra moneda fue la evidencia más clara de una crisis que trajo inflación, hambre, enfermedades, miseria, negociados políticos y suicidios de intelectuales. Será bautizada como la "Década Infame".

El arrogante emporio del trigo y de la inmigración cambió rápidamente su fisonomía. Lejos de llegar inmigrantes, en 1932 la Argentina pasaba a ser un país de emigración. En ese año retornaban a sus países más de 12.000 extranjeros. La situación era dramática. Según datos del Censo de Desocupación del Departamento Nacional del Trabajo, en el país había cerca de 400.000 personas sin trabajo. Raúl Scalabrini Ortiz puso en duda esos datos, y señaló que a mediados de la Década Infame había más de tres millones de desocupados. Eran años en que la tuberculosis hacía estragos en la población y el hambre se hacía notar en la *París sudamericana*. El notable Discepolín escribió unos versos que reflejan aquellos años: "¡Hoy resulta que es lo mismo/ser derecho que traidor!... /Ignorante, sabio, chorro, / generoso o estafador.../ ¡Todo es igual! ¡Nada es mejor!/ ¡Lo mismo un burro/ que un gran profesor!.../ No hay aplazaos ni escalafón, los inmorales nos han igualao".

El golpe de estado contra Hipólito Yrigoyen impuso un régimen político basado en el fraude electoral que permitió gobernar a los conservadores. Se lo conoció como el fraude patriótico. Eran los años donde los legisladores recibían coimas de las empresas británicas y nadie enrojecía de vergüenza. La Compañía Argentina de Electricidad –CHADE– pagó 1.000 pesos, una fortuna en aquel entonces, a cada concejal de la Capital Federal, para prorrogar su concesión. Pero no todo era corrupción. Un grupo de militantes radicales creó en 1935 la Fuerza Orientadora Radical de la Joven Argentina (FORJA) que planteó una posición antiimperialista, contra el régimen corrupto de la década infame y, por sobre todo, introdujo las bases de un pensamiento nacional y popular. Sus principales animadores fueron Raúl Scalabrini Ortiz, Arturo Jauretche, Homero Manzi, Gabriel Del Mazo y Luis Dellepiane. El grupo se disolvió en 1945, luego de las jornadas del 17 de octubre[1].

Con el inicio de la Segunda Guerra Mundial la sociedad argentina dividió sus preferencias entre aliadófilos y germanófilos. Argentina, igual que en la Primera Guerra Mundial, decidió mantenerse neutral como la mayoría de los países latinoamericanos. La guerra, con el cierre de los mercados europeos, afectó la exportación agricolaganadera pero favoreció el desarrollo de la industria nacional para el consumo interno. Entre 1939 y 1942 los establecimientos industriales pasaron de 53.866 a 60.500. En ese mismo lapso, la cantidad de obreros creció de 618.792 a 955.000.

---

1   Jauretche, Arturo. *FORJA y la Década Infame*, Editorial Coyoacán, Buenos Aires, 1962.

En 1942, Estados Unidos, luego del bombardeo japonés sobre Pearl Harbor, ingresó de lleno a la contienda mundial. A partir de allí comenzó la presión sobre los países latinoamericanos para que se sumaran a la guerra mundial y por sobre todas las cosas que rompieran relaciones diplomáticas y comerciales con los países del Eje.

Hacia fines de 1942 un grupo de oficiales del Ejército argentino, preocupados por la corrupción que observaban y disconformes con la realidad económica del país, crearon una logia llamada GOU (Grupo Obra de Unificación). Perón relató que al regresar a Buenos Aires un grupo de jefes y oficiales le expresaron que en el país "las fuerzas políticas se están abocando a un nuevo fraude electoral" por lo que hay que organizar un golpe de Estado:

> Yo cuando los escuché les dije: —cuidado, muchachos, despacio, porque tomar el gobierno para fracasar, es mejor no tomarlo... no se puede improvisar una revolución como la que hay que hacer en la Argentina. Es necesario prepararlo y estudiarlo bien... denme diez días y en ese lapso yo voy a "oler" todo esto, después nos juntamos y les doy mi parecer[2].

El 4 de junio de 1943 las Fuerzas Armadas marcharon desde Campo de Mayo hacia la Casa Rosada. Era el fin de un régimen decadente. El país sintió un inmenso alivio.

Un día antes Perón redactó la proclama que anunciaba dos principios básicos:

> Esos dos postulados deben ser como la estrella polar para el pueblo argentino: la unión de todos, unión es lo único que hace grandes a los pueblos. Es decir la Unidad Nacional, para que, cuando sea necesario sufrir, suframos todos, y cuando sea necesario gozar, gocemos también todos. El segundo postulado: el de la Justicia Social de contenido profundamente huma-

---

2 Chávez, Fermín. *Perón y el peronismo*, tomo I, Editorial Oriente. Buenos Aires, 1975

no, sin el cual nuestra revolución habría pasado a ser un cuartelazo más, intrascendente y estéril[3].

Pero no todo fue unidad en el gobierno militar. El general Arturo Rawson que asumió la presidencia el 4 de junio debió abandonarla tres días después cuando proclamó su posición aliadófila y nombró un gabinete que no varió mucho con el régimen anterior. Los integrantes del GOU, que habían sido los cerebros de la revolución, lo obligaron a renunciar y nombraron presidente al general Pedro Ramírez.

El gobierno militar disolvió el Congreso y los partidos políticos, se intervinieron las provincias, las empresas estatales y las universidades. La política económica protegió a las nuevas industrias y se creó el Banco de Crédito Industrial. En el ámbito cultural le confirieron el manejo a los sectores reaccionarios y fascistas de la intelectualidad, que admiraban a las monarquías europeas y a José Primo de Rivera. La Universidad del Litoral se la entregaron a Giordano Bruno Genta y se instauró la enseñanza religiosa en las escuelas. Perón, que no estaba de acuerdo con estos nacionalistas oligárquicos, los llamó "piantavotos de Felipe II".

La puja entre los sectores militares continuó y el 24 de febrero de 1944 renunció el general Ramírez. Lo reemplazó el general Edelmiro Farrell, amigo del coronel Perón, quien lo nombró ministro de Guerra, sin dejar el cargo de Secretario de Trabajo y Previsión Social. El nuevo presidente intentó mantener la neutralidad argentina pero la presión de los Estados Unidos obligó a romper las relaciones diplomáticas con el Eje sin involucrarse en la guerra. Es que muchos militares observaban con simpatía al régimen alemán que luchaba contra la Inglaterra imperialista. El historiador Félix Luna señaló que:

> No podemos ver el nazismo del 43 con el criterio de hoy. Las bestialidades hitlerianas, los campos de concentración,

---

3 [3] Perón, Juan Domingo. *El movimiento peronista*, Edición del Partido Peronista, Buenos Aires, 1954.

las masacres de judíos, toda la vesania increíble de esos años se conoció cabalmente recién después de 1945. Hacia 1943 la guerra parecía, para aquellos militares argentinos que usaban gorras altas al estilo germánico, una fascinante confrontación de fuerzas, una de cuyas alternativas podía ser beneficiosa para el país[4].

El gobierno del general Farrell se debatió durante todo 1944 entre el aislamiento internacional, cada vez mayor, y la arremetida de la oposición, envalentonada por el inminente triunfo aliado, que exigía la declaración de guerra y el retorno a la democracia. Finalmente, el 27 de marzo de 1945, cuando la guerra concluía y Hitler decidía suicidarse antes que caer en manos de las tropas soviéticas, el gobierno declaró la guerra a Alemania y Japón.

El coronel y los obreros

La Segunda Guerra Mundial había obligado a la Argentina a un proteccionismo impensado y como consecuencia comenzaba un fuerte desarrollo industrial. Hacia 1943 por primera vez la producción industrial superaba la producción agropecuaria y miles de argentinos del interior del país se instalaban en el gran Buenos Aires en busca de trabajo. En 1943 el país contaba con 80.000 obreros afiliados a sindicatos y en 1945 llegaban a medio millón. Pese a la demanda de trabajo el salario real se mantenía estancado. El período de la "Década Infame" estaba signado por una creciente superexplotación de la fuerza de trabajo, lo que determinó el surgimiento de un conjunto de reivindicaciones de los trabajadores que los sindicatos tradicionales —manejados por el socialismo y el comunismo— no defendían.

El 24 de noviembre de 1943, el coronel Perón logró por intermedio de su amigo, el general Farrell, que lo nombraran en un oscuro cargo como Director del Departamento Nacional del

---

4   Luna, Félix. *El 45*, Editorial Sudamericana, Buenos Aires, 1982.

Trabajo, que a los pocos días se convertiría en Secretaría de Trabajo y Previsión. Desde su lugar de trabajo, Perón aprovechó la circunstancia del crecimiento industrial y creó nuevos sindicatos y organizaciones sindicales, intervino aquellas que le eran hostiles y por sobre todas las cosas tomó medidas concretas en defensa de los trabajadores. El 2 de diciembre, el coronel pronunció un discurso que mostraba cuáles eran sus pasos a seguir:

> El tiempo que estuve al frente del ex Departamento Nacional del Trabajo he podido encarar y ahondar objetivamente en los problemas gremiales. De ellos, los que se han resuelto, lo han sido por acuerdos directos entre patrones y obreros. (...) El Estado argentino intensifica el cumplimiento de su deber social. (...) Por encima de preceptos casuísticos, que la misma realidad puede tornar caducos el día de mañana, está la declaración de los altísimos principios de colaboración social, con el objetivo de robustecer los vínculos de solidaridad humana, incrementar el progreso de la economía nacional, fomentar el acceso a la propiedad privada, acrecer la producción en todas sus manifestaciones y defender al trabajador, mejorando sus condiciones de trabajo y de vida.

Perón se encargó de armar una nueva estructura de leyes laborales, mejoró los convenios, modificó las condiciones de trabajo en las fábricas, especialmente del interior del país y promovió a miles de nuevos dirigentes sindicales. La Secretaría de Trabajo siempre se inclinaba hacia los trabajadores en todas las audiencias laborales; en cada huelga se beneficiaba a los obreros; la policía tenía prohibido reprimir a los trabajadores cuando lo solicitaban los patrones. Lentamente los miles y miles de obreros, la mayoría del interior del país, reconocía sus derechos y comenzaba a sentirse "peronista" sin que todavía esa palabra existiera.

Desde la Secretaría de Trabajo, el coronel le hablaba al nuevo proletariado con un lenguaje claro, sencillo y revolucionario: "La emancipación de los trabajadores ha de ser obra de los trabajadores mismos". Aunque citaba a Carlos Marx, los viejos dirigentes comunistas y socialistas estaban más preocupados por la confrontación internacional, y en cómo colaborar con las naciones que luchaban por la "libertad del mundo", por eso no comprendieron los cambios del país y vieron a Perón sólo como un engranaje de un régimen nazifascista.

Un ejemplo contundente de la miopía de aquellos viejos dirigentes se produjo con el sindicalista José Peter y los frigoríficos.

Peter era un dirigente comunista que con mucho esfuerzo había creado los sindicatos de la carne en Berisso y Ensenada. Poseía un gran prestigio entre los trabajadores. En 1944, los gremios decidieron comenzar una huelga exigiendo un aumento de salarios y el gobierno militar lo detuvo y lo envió a Neuquén. Perón se reunió con los dirigentes gremiales para discutir el levantamiento de la huelga pero los trabajadores le exigieron primero la libertad de Peter. El coronel envió un avión militar y lo trajo de regreso. Miles de obreros lo recibieron y lo vivaron. Estaban felices por el regreso de su dirigente, pero sucedió lo impensado. Peter, miembro del Partido Comunista, jugó su prestigio y ordenó levantar la huelga para "evitar la falta de envío de carne de los frigoríficos anglonorteamericanos que trabajaban para los ejércitos de la libertad". Años después se supo que Peter había negociado con la embajada británica el levantamiento de la huelga "en aras del frente antinazi".

Los trabajadores decidieron desoír a su líder gremial y continuaron la huelga. Entonces Perón llamó a las empresas y las obligó a dar el aumento salarial a costa de intervenir los frigoríficos norteamericanos. Era el principio del fin del dirigente comunista José Peter y el inicio de otro dirigente que sí continuó la huelga: Cipriano Reyes.

El 18 de noviembre de 1944 el coronel promulgó la ley que produjo mayor rechazo a la oligarquía terrateniente: el Estatuto del Peón. Toda la Sociedad Rural salió a oponerse, no tanto porque le modificaría sus intereses económicos sino porque transformaba el estilo de control por parte del patrón hacia el peón de campo. Por primera vez en la historia argentina no decidía el patrón de estancia, sino que sobre su voluntad estaba el Estado protector y sus leyes laborales. Con su fino humor, Arturo Jauretche dirá: "Hay muchos tradicionalistas que propician el monumento al gaucho pero se oponen al Estatuto del Peón. Es que una cosa es el gaucho muerto y otra el gaucho vivo".

Todo el *establishment* odiaba a Perón. Desde la oligarquía terrateniente hasta los dirigentes comunistas y socialistas que habían sido desplazados de su gremios por los mismos trabajadores. El coronel ya no sólo era el Secretario de Trabajo sino que además lo habían nombrado ministro de Guerra y vicepresidente de la Nación. Sus discursos ante los trabajadores y las Fuerzas Armadas eran de alto vuelo. El 7 de agosto en el Colegio Militar dijo:

> Es natural que contra esta reforma se hayan levantado las 'fuerzas vivas', que otros llaman 'los vivos de las fuerzas', expresión tanto más acertada que la primera. ¿En qué consisten esas fuerzas? En la Bolsa de Comercio, 500 que viven traficando con lo que otros producen; en la Unión Industrial, 12 señores que no han sido jamás industriales y en los ganaderos, señores que, como bien sabemos, desde la primera reunión de ganaderos vienen imponiendo al país una dictadura.
>
> Para nosotros hubiera sido mucho más fácil seguir el camino trillado ya y entregarlos a esas fuerzas que nos hubieran llenado de alabanzas. Entonces todos los diarios nos aplaudirían, pero los hombres de trabajo estarían en condiciones iguales o peores que antes. En ese sentido he sido receptáculo de innumerables sugestiones. Les aseguro a ustedes que si yo me decidiera a entregar al país, mañana sería el hombre más popular de Buenos Aires... Esa es la realidad. Si yo entregara el país, me dijo un señor (refiriéndose a Braden) —en otras palabras muy elegantes naturalmente, pero que en el fondo decían lo mismo— en una semana sería el hombre más popular de ciertos países extranjeros. Yo le contesté: 'a ese precio prefiero ser el más oscuro y desconocido de los argentinos, porque no quiero —y disculpen la expresión— llegar a ser popular en ninguna parte por haber sido un hijo de puta en mi país.

La marcha de la Constitución y la Libertad

El 18 de mayo de 1945 el presidente Farrell levantó el estado de sitio y se restituyó la autonomía a las universidades. Los dirigentes de la oposición comenzaron a retornar desde su exilio en Montevideo. A partir de ese momento los diarios de Buenos Aires dedicaron sus páginas a los opositores del gobierno militar y especialmente de Perón. Por primera vez están todos juntos: la aristocracia, la Bolsa de Comercio, el Partido Comunista, el Partido Socialista, la Unión Cívica Radical y los conservadores. Desde Alfredo Palacios hasta Victoria Ocampo, todos con una consigna: basta de gobierno 'nazifascista'.

La Segunda Guerra Mundial había finalizado y las fuerzas vivas conspiraban rápidamente para acabar con el régimen militar. Casi todos los días había manifestaciones callejeras organizadas principalmente por los estudiantes de la FUBA (Federación Universitaria de Buenos Aires) y los partidos de izquierda. Sin embargo no estaban solos. La oligarquía organizaba la exposición de la Sociedad Rural y el elegante público coreaba cánticos alusivos: –¡Los caballos al cuartel! / Me refiero al coronel. / ¡Y las mulas al corral!/ Me refiero al general/ (con perdón del animal).

Toda la oposición al régimen decidió que era el momento de organizar una manifestación multitudinaria. La fecha elegida fue el 19 de setiembre y la denominaron Marcha de la Constitución y la Democracia. No habría oradores y se iniciaría en Plaza Congreso, luego se marcharía por la avenida Callao para finalizar en Plaza Francia. El dirigente socialista Alfredo Palacios dijo horas antes a la marcha que había llegado el momento de "la desobediencia civil: no pagaremos más impuestos y cerraremos las fábricas paralizando todas las actividades".

El coronel Perón difundió un documento entre las filas del Ejército denunciando a quienes participaran de la jornada con duros términos:

> En primer lugar los políticos del fraude que fueron derrocados por la revolución del 4 de junio y aquellos que negociaron

al patrimonio nacional con las concesiones y los negociados. A su zaga marcharán otros que, en su falta de patriotismo, han llegado hasta la infamia de propiciar la intervención extranjera. En segundo lugar se han enrolado en la campaña de difamación los avaros e injustos que, faltando a sus deberes de cristianos y argentinos, se niegan a reconocer la justicia de la política social que ha sostenido la Revolución. En tercer término se han incorporado a este movimiento los representantes de los capitales que en alguna forma han sido lesionados por la política de recuperación económica que ha caracterizado a la obra revolucionaria.

Por último denunció a la Industria, el Comercio y la Producción que se habían reunido en la Bolsa de Comercio y decidieron el cierre de los establecimientos para facilitar la concurrencia a la marcha. Para contrarrestar el cierre de fábricas y comercios obligó a las empresas a que pagaran ese día a los trabajadores y por otro lado "negoció" con el gremio del transporte una huelga para impedir el acceso a la concentración.

Finalmente llegó al 19 de setiembre. Cientos de manifestantes se reunieron en la Plaza del Congreso y comenzaron en horas de la tarde una multitudinaria marcha por avenida Callao hacia Plaza Francia. Varios camiones con altoparlantes citaban frases de la Constitución Nacional y decenas de pancartas con las imágenes de Sarmiento, Mitre, Rivadavia, San Martín, Belgrano y Urquiza encabezaron la marcha. Al frente de la misma se podía observar a todo el *establishment* de Buenos Aires: Joaquín de Anchorena, Rodolfo Ghioldi, Nicolás Repetto, Alfredo Palacios, José Tamborini, Ernesto Sanmartino, Carlos Saavedra Lamas, Mariano Castex y José María Cantilo, entre otros.

La avenida Callao fue una fiesta, especialmente a partir de su cruce con Santa Fe. Cientos de familias se asomaron a los balcones a vitorear y aplaudir la marcha y hacia el final de la misma, a pocas cuadras de Plaza Francia, se sumó el embajador norteamericano Spruille Braden. Los cantitos más recurrentes, además de las estrofas de la marsellesa, fueron los siguientes: "Votos sí, botas no", "Desde el cabo al coronel, que se vayan al cuartel", "Con tranvía o sin tranvía se quedaron en la vía" y "A Farrell y Perón hoy le hicimos el cajón".

Hacia la tarde los manifestantes se disolvieron con la sensación de que habían dado un paso definitivo contra el régimen del coronel Perón. La policía dijo que fueron solo 65.000 y los organizadores medio millón. La prensa nacional y extranjera aplaudió la manifestación con enormes titulares: "Medio millón de personas en la marcha" (*Crítica*), "Nunca hubo en Buenos Aires un acto cívico más numeroso y expresivo que la marcha de la Constitución y la Libertad" (*La Prensa*) y el *New York Times* dijo que "250.000 personas se congregaron a favor de la libertad; multitud récord gritó: Muera Perón".

Detienen a Perón

Al comenzar octubre un deterioro muy fuerte se producía en el gobierno de Farrell. Desde la marcha de la Constitución y la Libertad, la oposición política no había cesado en su intento por terminar con el gobierno. Los pocos civiles liberales que habían acompañado a la revolución renunciaban en masa dentro de la Cancillería, en el cuerpo diplomático y en el Banco Central. Los estudiantes ocupaban la mayoría de las universidades y protestaban abiertamente contra el régimen. En esos días el gobierno de Farrell cometió el error de intervenir con la policía los claustros universitarios, produciendo una represión salvaje que terminó con el asesinato del estudiante Aarón Salen Feijoo, lo que enrareció aun más el clima de ese momento.

Fue entonces que comenzó a percibirse por primera vez que las Fuerzas Armadas no estaban unidas, lo que fue utilizado rápidamente por la oposición.

La Marina hizo público un documento firmado por más de 30 almirantes y oficiales de alto rango pidiendo "un renunciamiento" al gobierno y un llamado a elecciones generales. El Ejército, que era el sostén del gobierno, se dividió entre los seguidores de

Perón y aquellos que no soportaban su soberbia y su relación con los sindicatos. Especialmente le cuestionaban su relación amorosa y pública con la joven actriz Eva Duarte. Perón, con la chispa de siempre, expresaba en aquel entonces: "Me reprochan que ande con una actriz... ¿Y qué quieren, que ande con un actor?"[5].

El país estaba a punto de prenderse fuego y un pequeño hecho encendió la hoguera. Perón designó como Director de Correos y Telecomunicaciones a Oscar Nicolini, un amigo de Eva, y relegó al teniente coronel Francisco Rocco, jefe de una de las unidades de Campo de Mayo. La oficialidad decidió oponerse y le transmitió al general Eduardo Ávalos, jefe de Campo de Mayo, que Perón debía rever su medida. Perón dijo que no, pero aceptó reunirse con la oficialidad de Campo de Mayo el lunes 8 de octubre, el mismo día que cumplía 50 años. Pero en la reunión con Perón el general Ávalos y los oficiales no estaban solos. Inesperadamente llegaron más de una treintena de oficiales de otras guarniciones del país que a viva voz plantearon que el Ejército argentino no es solo Campo de Mayo.

Esa misma tarde la oficialidad de Campo de Mayo entró en estado deliberativo y decidió que en 24 horas marcharía contra la Casa Rosada para destituir a Perón de sus tres cargos. El general Ávalos pidió a la tropa un poco de tiempo para hablar con el

---

5   Perón en su libro *Del poder al exilio. Cómo y quiénes me derrocaron* relata cómo conoció a Evita: *"Eva entró en mi vida como el destino. Fue un trágico terremoto que sacudió la provincia de San Juan, en la cordillera, y destruyó casi enteramente la ciudad, el que me hizo encontrar a mi mujer. En aquella época yo era ministro de Trabajo y Asistencia Social. La tragedia de San Juan era una calamidad nacional (...). Para socorrer a la población movilicé al país entero; llamé a hombres y mujeres a fin de que todos tendiesen la mano a aquella pobre gente de aquella provincia remota (...). Entre los tantos que en aquellos días pasaron por mi despacho, había una joven dama de aspecto frágil, pero de voz resuelta, con los cabellos rubios y largos cayéndole a la espalda, los ojos encendidos como por la fiebre. Dijo llamarse Eva Duarte, ser una actriz de teatro y de la radio y querer concurrir, a toda costa, a la obra de socorro para la infeliz población de San Juan (...)Vi en Eva a una mujer excepcional, una auténtica "pasionaria" animada de una voluntad y de una fe que se podía parangonar con la de los primeros creyentes. Eva debía hacer algo más que ayudar a la gente de San Juan; debía trabajar por los desheredados argentinos (...). Decidí, por lo tanto, que Eva Duarte se quedase en el ministerio mío y abandonase sus actividades teatrales".*

presidente Farrell y evitar un derramamiento de sangre. El martes 9 de octubre el general Farrell decidió aceptar el ultimátum de Campo de Mayo y le pidió al coronel Perón, a través del general Pistarini, la renuncia como vicepresidente, ministro de Guerra y secretario de Trabajo y Previsión. El coronel, que se encontraba rodeado de un grupo de oficiales leales, decidió de puño y letra redactar inmediatamente la renuncia y expresó a los presentes: "ésto es para que vean que no me ha temblado la mano".

Esa noche, Perón le solicitó un favor al presidente Farrell: que le permitiera despedirse por la mañana de los trabajadores en la Secretaría de Trabajo con un pequeño acto y con el uso de la cadena de Radio Nacional. Rápidamente algunos sindicalistas amigos le congregaron un número importante de trabajadores en la calle Perú entre Victoria y Julio A. Roca que vitorearon al coronel. En su discurso de despedida les dijo con la voz firme pero quebrada por la emoción:

> Esta casa, fundada hace un año y medio, se ha convertido en la esperanza de los hombres que sufren y trabajan. Esa esperanza no debe ser defraudada por nadie porque acarrearía las mayores desgracias a nuestra patria (...)
>
> Despojado de toda investidura, hablo hoy a mis amigos los trabajadores, expresándoles, por última vez desde esta casa, todo lo que mi corazón siente hacia ellos y todo lo que he de hacer en mi vida por su bien (...)
>
> Hemos defendido desde aquí a todas las organizaciones obreras, las que hemos propugnado, facilitándoles su desenvolvimiento. Desde esta casa no se ordenó jamás la clausura de un sindicato obrero ni se persiguió nunca a un trabajador; por el contrario, siempre que nos fue posible pedimos a las autoridades la libertad de obreros detenidos por distintas causas (...)
>
> La obra social cumplida es de una consistencia tan firme que no cederá ante nada y la aprecian, no los que la denigran, sino los obreros que la sienten. Esta obra social, que sólo los trabajadores aprecian, es su verdadero valor, debe ser también defendida por ellos en todos los terrenos (...)

Pensamos que los trabajadores deben confiar en sí mismos y recordar que la emancipación de la clase obrera está en el propio obrero. Estamos empeñados en una batalla que ganaremos, porque el mundo marcha en esa dirección. Hay que tener fe en esa lucha y en ese futuro. Venceremos en un año o venceremos en diez, pero venceremos. En esta Obra, para mí sagrada, me pongo desde hoy al servicio con todas mis energías, juro que jamás he de servirme de él para otra cosa que no sea su propio bien (…)

Pido orden para que sigamos adelante en nuestra marcha triunfal: pero si es necesario, ¡algún día pediré guerra! No voy a decirles adiós… Les digo hasta siempre, que de ahora en adelante estaré entre ustedes más cerca que nunca. Y lleven, finalmente, esta recomendación de la Secretaría de Trabajo y Previsión: únanse y defiéndanla, porque es la obra de ustedes y es la obra nuestra.

La oposición ya no se conformaba con la renuncia de Perón y fueron por más: pidieron la entrega del gobierno a la Corte Suprema de Justicia junto al encarcelamiento del coronel.

El Ejército estaba desorientado: el sector antiperonista junto a los marinos se reunieron en el Círculo Militar ubicado frente a la Plaza San Martín y deliberaron sobre el pedido de entregar el gobierno a la Corte. Allí se oyeron las voces más reaccionarias como las del mayor Desiderio Fernández Suárez que planteó "matar a Perón", postura que no tuvo éxito, pero que once años después pudo en parte concretar como jefe de la Policía de la provincia de Buenos Aires cuando ordenó los fusilamientos contra los militantes peronistas en los basurales de José León Suárez.

El viernes 12 de octubre, feriado nacional, permitió que miles de personas se reunieran en la Plaza San Martín, frente al Círculo Militar, exigiendo la entrega del gobierno y la cárcel a Perón. Según la prensa de aquel entonces la manifestación era "de un público selecto formado por señoras y niñas de nuestra sociedad y caballeros de figuración social, política y universitaria; jóvenes estudiantes que lucían escarapelas con los colores nacionales y trabajadores que querían asociarse a la demostración colectiva a favor del retorno a la normalidad".

La presión era tal que el presidente Farrell aceptó la renuncia en pleno de su gabinete y llamó al procurador de la Corte, el Dr. Juan Álvarez a que formara un gabinete civil de notables hasta que se realizaran elecciones generales en abril de 1946. Paralelamente el ministro de Guerra, general Ávalos, ordenó detener a Perón, quien se encontraba descansando junto a Eva en el recreo Tres Bocas de las islas del Delta. De allí lo llevaron detenido a la cañonera Independencia y posteriormente lo trasladaron a la Isla Martín García.

El historiador y político Jorge Abelardo Ramos recuerda aquella jornada:

> Buenos Aires se transfiguró. El éxtasis fue general: jamás la democracia derramó lágrimas tan puras. La gente se abrazaba en la Bolsa. Los brindis se sucedían en el Barrio Norte, las flores cubrían las calles. En los aledaños de la Plaza San Martín y a lo largo de la calle Santa Fe se agitaban multitudes victoriosas. Los autos particulares rebosaban de banderas, como cada vez que un gran infortunio se abate sobre la Argentina. Los corresponsales extranjeros, con los ojos enrojecidos por la vigilia, acumulaban cables hacia el extranjero. Había caído el Hitler sudamericano. ¡Al fin! Las sirvientitas santiagueñas que servían las copas en los hogares respetables del patriciado vacuno, oían en apretado silencio los gorjeos de las exaltadas señoras. Una calma siniestra envolvía los barrios obreros del Gran Buenos Aires. Los órganos del periodismo colonial rompían su austeridad tipográfica y titulaban a toda página. Una alegría indescriptible, que solo aquellos que vivieron las jornadas pueden recordar, inundaba a las clases parásitas de la vieja Argentina[6].

---

6   Ramos Jorge Abelardo. *La Era del Peronismo*, Ediciones del Mar Dulce, Bs. As.1981

El tanito de Villa María

El general Ávalos no estaba convencido de la posición reaccionaria de los militares que se reunían en el Círculo Militar. Creía que entregar el poder a la Corte Suprema de la Nación era volver el país a la situación anterior al golpe del 4 de junio de 1943. Ávalos representaba a un grupo importante de oficiales antiperonistas, pero con pensamiento nacional que confiaban llamar a elecciones manteniendo los ideales de la revolución y entregarle el poder al sector más popular del radicalismo que encarnaba el cordobés Amadeo Sabattini.

Mientras Perón era detenido llegaba desde Villa María a Buenos Aires el dirigente radical llamado por el general Ávalos. Se reunieron varias veces, pero el cordobés no quiso hacerse cargo del gobierno por temor a quedar muy cercano al régimen militar. Creía que Perón ya estaba muerto políticamente y que nadie le podía arrebatar las elecciones de abril próximo. Los testimonios de Arturo Frondizi y Arturo Jauretche muestran la actitud del dirigente radical de Villa María y fueron relatados al historiador Félix Luna en el excelente libro *El 45*.

En la reunión de Sabattini con Frondizi, éste le respondió:

> Vea, Frondizi. A Perón lo he sacado del ala y voy a volver a sacarlo cuantas veces sea necesario. Algunos amigos nuestros están impacientes por ocupar funciones de gobierno pero es conveniente esperar. A nosotros nos conviene un ministro conservador. Deje que ocurra eso y el camino de Buenos Aires a Villa María va a ser chico para la fila de coches de los que van a venir a vernos. No se preocupe por Perón, está terminado[7].

Por su parte, Arturo Jauretche relató lo siguiente:

> Cuando Sabattini llegó a Buenos Aires se vivía un verdadero caos; cada uno obraba individualmente, como podía y cuando

---

7 Ibíd., Luna Félix. *El 45*.

podía. Fui a verlo temprano. Lo encontré más bien inclinado a la idea de 'el gobierno a la Corte'. Le hablé con vehemencia.

—Ávalos está dispuesto a entregarle el gobierno a Ud., —le dije— ¿Por qué no lo toma? Usted, doctor Sabattini, tiene que tomar el poder. Poner los ministros y mandar adelante el proceso. A Perón, la gente lo quiere, hay que convencerse. Pero, si el propio Ejército lo ha defenestrado, hay que hacerle un funeral de primera... mande que hable por radio el hombre más respetado del radicalismo, por ejemplo, Don Elpidio. Que diga que el Ejército ha resuelto que ningún militar puede ser candidato. Que Perón se vaya con todos los honores porque sino la reacción popular puede ser peligrosa. Y enseguida, no desaprovechar la oportunidad. Hay que tomar la oportunidad por la trenza, porque es calva... Sabattini pareció impresionado —agrega Jauretche— pero al poco rato ingresaron al lugar dos miembros del Comité Nacional del radicalismo. Sabattini se reunió a solas con ellos y al rato le dijo a Jauretche: "Los amigos del Comité Nacional creen que conviene insistir en el planteo de que el gobierno entregue el poder a la Corte". Fue la última vez en la vida que lo vi a Sabattini. Me despedí así: —Sepa, doctor, que la historia ha pasado al lado suyo y usted la ha dejado escapar. Nunca más tendrá esa oportunidad. Usted ha terminado políticamente. Adiós[8].

Tres meses después, el coronel Perón declaró al diario *La Época* una frase sobre Sabattini que fue festejada por un largo tiempo: "Creí en un tiempo que este mozo era hábil, pero después de sus declaraciones de Rosario, publicadas por el semanario *Ahora*, llegué a la conclusión de que su criterio y su habilidad cabían en una caja de fósforos y además entraban los fósforos".

---

8 Ibíd.

El pueblo se moviliza

La oligarquía, los partidos políticos, los marinos y parte del Ejército esperaban que el procurador de la Corte, el doctor Juan Álvarez formara el nuevo gabinete de "intachable"'. Los diarios de Buenos Aires festejaban la detención de Perón. *Crítica* titulaba: "Ya no constituye un peligro para el país". *La Nación* pedía la revisión de la política de la Secretaría de Trabajo y Previsión "cuyos trastornos causados en la organización económica han dado origen a consecuencias dañosas en alto grado".

El mismo día que Perón fue trasladado a Martín García, el capitán Héctor Russo, que hasta hace unas horas había sido director de las Delegaciones Regionales de la Secretaría, tomó su teléfono y empezó a llamar a todas las oficinas del interior del país anunciando que el coronel estaba detenido y que la patronal se había apoderado de la Secretaría de Trabajo.

En el Gran Buenos Aires y en el interior del país la situación comenzó a ponerse tensa y muchos sindicatos entraron en estado deliberativo. La razón no estaba tanto en la detención de Perón sino que muchos patrones les empezaron a anunciar a los trabajadores que el aumento de salario que había informado la Secretaría se lo "vayan a cobrar a Perón" y que se "olviden de las nuevas leyes laborales".

El día 14 la CGT declaró la huelga general sin ponerle fecha y llamó a una reunión del Comité Central Confederal para discutir los alcances de la misma. La reunión se realizó en la sede de la Unión Ferroviaria y las posiciones estaban divididas. Mientras algunos plantearon la huelga general otros expresaron que en "Campo de Mayo está lleno de coroneles". Finalmente el llamado a una huelga para el día 18 de octubre triunfó por 21 votos contra 19. Se definió gracias al dirigente Libertario Ferrari, de origen forjista, que omitió el pedido de sus bases y apoyó la huelga dividiendo al gremio.

La huelga general fue llamada para el 18 pero el pueblo ya había decidido por su cuenta. El 15 de octubre los obreros de los ingenios Amalia, Cruz Alta y Mercedes, agrupados en la FO-

TIA de Tucumán lanzaron una huelga general reclamando el regreso de Perón. En un volante anunciaban: "Como en los tiempos de Güemes marcharemos con lanzas y tacuaras para pelear por nuestra libertad y por la libertad de nuestro líder". El día 16 todo el gran Buenos Aires estaba en estado deliberativo y el diario *La Época* publicó esa tarde que "desde La Quiaca hasta Tierra del Fuego, desde el Atlántico a Los Andes, se pide, se clama y se exige la libertad del coronel Perón".

Mientras tanto, el coronel seguía detenido en Martín García. La estrategia de Perón era volver de la isla para no estar en manos de los marinos. El domingo 14 un médico amigo, el capital Ángel Mazza, lo visitó y allí Perón le solicitó que lo ayude a salir pidiéndole el traslado al hospital Militar. Ese mismo día le entregó un par de cartas. Una de ellas fue para Eva Duarte donde le escribió: "Hoy he escrito a Farrell pidiéndole me acelere el retiro, en cuanto salgo nos casamos y nos iremos a cualquier parte a vivir tranquilos".

El capitán Mazza convenció al presidente Farrell que Perón estaba muy enfermo y que debía ser trasladarlo al hospital Militar. Éste le pidió al ministro de Marina Vernengo Lima, responsable de la jurisdicción en Martín García que lo traslade a tierra firme y finalmente el marino, de mala gana, envió a dos médicos civiles para corroborar la enfermedad de Perón. El martes 16, a eso de las 15 horas, arribó a Martín García una lancha con los doctores Nicolás Romano y José Tobías, también llegó el capitan Mazza, quien al acercarse a Perón le susurró en el oído que no acceda a ser revisado. Perón no permitió que lo revisaran pues eran "dos médicos desconocidos y no le merecían su confianza". La intención de Perón era ser trasladado a tierra firme pues ya sabía que había movimientos populares en la calles de Buenos Aires. En la madrugada del 17 de octubre en una pequeña lancha el coronel es trasladado de la isla Martín García al muelle de Puerto Nuevo y de allí al hospital Militar.

El día que cambió la historia

La jornada del 17 de Octubre marcará la transformación del escenario nacional. Las masas de trabajadores, hasta entonces casi espectadoras de la vida institucional, irrumpían con fuerza avasalladora haciendo sentir sus reclamos. Aquel 17 fue inesperado, sorpresivo e incomprensible para quienes habían gobernado el país en la última década. Los partidos tradiciones no entendieron qué sucedió y buscaron la respuesta –como siempre– en Europa. Y la respuesta fue, una vez más, equivocada.

La mañana anunciaba una jornada calurosa, como anticipando el verano. En el gran Buenos Aires los obreros comenzaron a llegar a las fábricas. No ingresaron. Se corrió la voz de que había que marchar hacia el centro de la ciudad de Buenos Aires para reclamar por la libertad del coronel Perón. En poco tiempo grupos compactos atravesaron los puentes de Avellaneda hacia Buenos Aires y se dirigieron al centro de la ciudad. Es un movimiento irresistible que no se detendrá durante toda la jornada, incluso cuando les levantaron los puentes.

Recordemos algunos de los relatos de aquellos hombres que cambiaron la historia del país.

El más importante intelectual del pensamiento nacional, Raúl Scalabrini Ortiz, expresó que:

> Un pujante palpitar sacudía la entraña de la ciudad. Un hálito áspero crecía en densas vaharadas, mientras las multitudes iban llegando. Venían de las usinas de Puerto Nuevo, de los Talleres de Chacarita y Villa Crespo, de las manufacturas de San Martín y Vicente López, de las fundiciones de acerías del Riachuelo, de las hilanderías de Barracas... Hermanados en el mismo grito y en la misma fe, iban el peón de tambo de Cañuelas y el tornero de precisión, el fundidor, el mecánico de automóviles, el tejedor, la hilandera y el peón. Era el subsuelo de la patria sublevado. Era el cimiento básico de la nación que asomaba[9].

---

9   Fermín, Chávez (comp.) *La Jornada del 17 de Octubre*, Editorial Corregidor, Buenos Aires, 1996

El dirigente de la carne Cipriano Reyes, quien encabezó las columnas desde Berisso, contó lo siguiente:

> La columna más maravillosa fue la que partió de Berisso. Estaba integrada por más de cinco mil compañeros; por el camino iban requisando todo lo que pudiera servir como medio de transporte: autos, colectivos, carros, también pedían a la gente que se sumaran a la marcha. Llegamos a eso de las cuatro de la tarde, antes había estado trabajando en la movilización. Yo viajaba en un coche con el compañero Ernesto Cleve. Cuando llegamos a Puente Barracas nos encontramos con mucha gente, ya que habían levantado el puente y no se podía seguir. Los compañeros se largaban al agua como podían, usaban los botes, los transbordadores de los frigoríficos, tiraban bancos viejos o cualquier cosa que flotara para hacer balsas, otros simplemente nadaban en las sucias aguas del Riachuelo.
>
> Así era el ansia por pasar al otro lado. Les dije que fueran por el puente del ferrocarril. A los pocos minutos bajaron Puente Barracas y la gente se aprestó a cruzar. La policía intentó cerrar el paso e hizo una descarga cerrada al aire. Escuché decir a un oficial a sus subordinados: `¡Déjenlos pasar!... ¿Quién ataja esto?´.
>
> Nos desplazamos por Barracas, tomando la avenida Montes de Oca hasta Constitución, donde hubo una concentración parcial. Volvimos a Bernardo de Irigoyen para avanzar sobre Plaza de Mayo. En cada cuadra se incorporaban más hombres y mujeres a la manifestación, desde los balcones nos aplaudían. Fue maravilloso[10].

El dirigente metalúrgico Ángel Perelman relató en su emotivo libro titulado *Cómo hicimos el 17 de octubre* que:

> A las 8,15 horas pasamos en el taxi de un chofer amigo, cargado de metalúrgicos, por la esquina de Independencia y Paseo Colón, en circunstancias en que un grupo de manifestan-

---

10 Ibíd.

tes era disuelto (y se reagrupaba una cuadra más adelante) por la policía. Ya a las 8,40 de la mañana habían llegado a ella refuerzos de la policía montada. (...)

A esta hora –eran las 9,30– habíamos pintado el taxi con letreros a cal que decían 'Queremos a Perón'. Seguimos recorriendo los barrios y la muchedumbre nos aclamaba al ver el coche pintarrajeado. Espontáneamente y con los elementos que encontraban a mano, los trabajadores, sobre la marcha, improvisaban leyendas, carteles y cartelones de todo género y con las frases más pintorescas, pero que tenían de común un nombre: Perón. A medida que pasaban las horas en ese día sin término ni fatiga, se repetía el espectáculo, barrio tras barrio: en la calle Belgrano, hacia el puerto se disolvía sin resistencia un grupo de 40 personas; después seguían caminando por las veredas, con la consigna inesperada que unificó al pueblo ese día, todos a Plaza de Mayo.

A alguien o a muchos se les ocurrió al mismo tiempo por obra de la necesidad, la iniciativa de detener un camión, un colectivo, un ómnibus o un tranvía, ordenar imperativamente a los guardas y chóferes cambiar de rumbo y dirigirse hacia el centro. La propia multitud –esto lo vimos decenas de veces– tomaba los cables del troley de los tranvías, los daba vuelta y el motorman empezaba a manejar el vehículo en dirección inversa. Los manifestantes subían entonces atropelladamente al tranvía, lo ocupaban por entero y se encaramaban a sus techos, mientras que los trabajadores que no habían podido meterse en el vehículo hacían lo mismo con el ómnibus, camión o tranvía siguiente. El sistema de transporte de Buenos Aires adquirió un orden rígido: ese día funcionó en una sola dirección[11].

Manuel Quindimil, varias veces intendente de Lanús, reseñó así esa jornada vivida en su juventud:

---

11   Perelman, Ángel. *Cómo hicimos el 17 de Octubre*, Buenos Aires, Editorial Coyoacan, 1961.

La columna de Lanús era todo un pueblo que se lanzó a la calle desde las fábricas, desde los hogares, en un solo grito: la libertad del Coronel Perón.

Recuerdo en Puente Alsina, que los militares nos levantaron el puente para que no pudiéramos pasar hacia la Capital Federal. Insistimos tanto –incluso algunos muchachos jóvenes llegaron a trepar hasta la punta del puente levantado, a riesgo de caerse y matarse– que los obligamos a bajar el puente. Pero después, por el camino, la policía a caballo nos entorpecía la caravana para que no llegáramos a Plaza de Mayo...

Hasta que llegamos a la plaza, de cualquier manera. Estuvimos el 16, todo el día y toda la noche. Amaneció el 17 y todavía estábamos ahí... nadie se movía.

Eva hacía de enlace; estaba en permanente contacto con nosotros y nos transmitía cómo iban las tratativas y cómo estaba la situación de Perón[12].

A media tarde la Plaza de Mayo comenzó a llenarse. Cientos de personas gritaban. "Queremos a Perón", "Los que quieran a Perón que se vengan al montón" o "Sin galera y sin bastón los muchachos de Perón". El general Ávalos intentó hablarle a la multitud pero la gente produjo una silbatina tremenda.

A las 20:30, el general Ávalos junto al coronel Mercante fue hasta el Hospital Militar a entrevistarse con Perón. El general y el coronel hablaron a solas y se confirmó que Perón iría hacia la Casa Rosada para entrevistarse con Farrell y hablar a la multitud. A partir de las 21 los altoparlantes comenzaron a anunciar que Perón hablaría a la gente.

Minutos después de las 23 apareció en los balcones el coronel Perón junto al presidente Farrell. Estalló una ovación que duró largos minutos. El locutor oficial intentó que la multitud se callara para oír al presidente Farrell pero fue imposible. Finalmente el presidente pudo presentarlo como "el hombre que por su

---

12   Quindimil, Manuel. Extracto de la entrevista para Intendentes en Vivo, Mayo de 2000, realizada por el Portal del PJ Bonaerense.

dedicación y su empeño ha sabido ganarse el corazón de todos: el coronel Perón". Luego se entonó el himno nacional y finalmente el coronel le habló a su pueblo:

Trabajadores:
Hace casi dos años, desde estos mismos balcones, dije que tenía tres honras en mi vida: la de ser soldado, la de ser un patriota y la de ser el primer trabajador argentino. Hoy, a la tarde, el Poder Ejecutivo ha firmado mi solicitud de retiro del servicio activo del ejército. Con ello he renunciado voluntariamente, al más insigne honor a que puede aspirar un soldado: llevar las palmas y laureles de general de la nación. Ello lo he hecho porque quiero seguir siendo el Coronel Perón, y ponerme con este nombre al servicio integral del auténtico pueblo argentino.

Dejo el honroso uniforme que me entregó la patria, para vestir la casaca del civil y mezclarme con esa masa sufriente y sudorosa que elabora el trabajo y la grandeza de la patria. Por eso doy mi abrazo final a esa institución que es un puntal de la patria: el ejército. Y doy también el primer abrazo a esta masa, grandiosa, que representa la síntesis de un sentimiento que había muerto en la República: la verdadera civilidad del pueblo argentino. Esto es pueblo. Esto es el pueblo sufriente que representa el dolor de la tierra madre, que hemos de reivindicar. Es el pueblo de la patria. Es el mismo pueblo que en esta plaza pidió frente al Congreso que se respetara su voluntad y su derecho. Es el mismo pueblo, que ha de ser inmortal, porque no habrá perfidia ni maldad humana que pueda estremecer este pueblo grandioso en sentimiento y en número. (…)

Hace dos años pedí confianza. Muchas veces me dijeron que ese pueblo a quien yo sacrificara mis horas de día y de noche, había de traicionarme. Que sepan hoy los indignos farsantes que este pueblo no engaña a quien lo ayuda. Por eso, señores, quiero en esta oportunidad, como simple ciudadano, mezclarme en esta masa sudorosa, estrecharla profundamente con mi corazón, como lo podría hacer con mi madre. (Se refirió luego a la unión general y agregó) Que sea esa unidad indestructible e infinita, para que nuestro pueblo no solamente posea esa unidad, sino que también sepa dignamente defenderla. (Como se alzaran voces de la multitud, preguntándole dónde estuvo, añadió) Preguntan ustedes dónde estuve. Estuve realizando un sacrificio que lo haría mil veces por ustedes. No quiero terminar sin lanzar mi recuerdo cariñoso y fraternal a nuestros hermanos del interior que se mueven y palpitan al unísono con nuestros corazones desde todas las extensiones de la patria.

Y ahora llega la hora, como siempre, para vuestro secretario de trabajo y previsión que fue y que seguirá luchando al lado vuestro por ver coronada esa era que es la ambición de mi vida que todos los trabajadores sean un poquito más felices. (...)

Pido también a todos los trabajadores amigos que reciban con cariño mi inmenso agradecimiento por las preocupaciones que todos han tenido por este humilde hombre que hoy les habla. Por eso hace poco les dije que los abrazaba como abrazaba a mi madre, porque ustedes han tenido los mismos dolores y los mismos pensamientos que mi pobre vieja había sentido en estos días. Esperemos que los días que vengan sean de paz y construcción para la nación. Sé que se habían anunciado movimientos obreros, ya ahora, en este momento, no existe ninguna causa para ello. Por eso, les pido como un hermano mayor que retornen tranquilos a su trabajo, y piensen. Hoy les pido que retornen tranquilos a sus casas, y por esta única vez ya que no se los pude decir como secretario de Trabajo y Previsión, les pido que realicen el día de paro festejando la gloria de esta reunión de hombres que vienen del trabajo, que son la esperanza más cara de la patria.

Y he dejado deliberadamente para lo último el recomendarles que antes de abandonar esta magnífica asamblea lo hagan con mucho cuidado. Recuerden que entre todos hay numerosas mujeres obreras, que han de ser protegidas aquí y en la vida por los mismos obreros.

Pido a todos que nos quedemos por lo menos quince minutos más reunidos, porque quiero estar desde este sitio contemplando este espectáculo que me saca de la tristeza que he vivido en estos días.

Perón, luego de su discurso, volvió a encontrarse a solas con Farrell y Ávalos. Allí se pusieron de acuerdo en llamar a elecciones generales para febrero o marzo. También acordaron que el general Ávalos pediría el retiro y que el coronel Mercante se hiciera cargo de la Secretaría de Trabajo y Previsión.

El coronel estaba serio y medido. Sabía que la batalla todavía no estaba ganada y que algunos sectores del Ejército como la Marina podían sublevarse. Y en parte tenía razón. Esa noche, el almirante Vernengo Lima intentó sublevar a la Marina y por la mañana se comunicó con el general Ávalos en Campo de Mayo, pero éste se negó a acompañarlo. Paralelamente los sectores del Ejército que simpatizaban con Perón se apoderaron de la Jefatura de la Policía Federal y el coronel Mujica se hacía cargo de la misma. Horas después el general Humberto Sosa Molina asumía como ministro de Guerra.

Sus protagonistas

Mucho se ha escrito sobre el 17 de octubre. Sería imposible reseñarlo en este libro que tiene otra misión, pero por la importancia de la jornada y por lo valioso de sus protagonistas hemos incluido algunas citas.

El historiador Félix Luna describirá así la jornada:

> Porque lo más singular del 17 de octubre fue la violenta y desnuda presentación de una nueva realidad humana que era expresión auténtica de la nueva realidad nacional. Y éso es lo que resultó más chocante a esta Buenos Aires orgullosa que tenía el color de la tierra, una caricatura vergonzosa de su propia imagen. Caras, voces, coros, tonos desconocidos: la ciudad los vio con la misma aprensión con que vería marcianos desembarcando en nuestro planeta. Argentinos periféricos, ignorados, omitidos, apenas presumidos, que de súbito aparecieron en el centro mismo de la urbe para imponerse arrolladoramente. Por eso lo del 17 de octubre no provocó el rechazo que provoca una fracción política partidista frente a otra: fue un rechazo instintivo, visceral, por parte de quienes mira-

ban desde las veredas el paso de las turbulentas columnas. Empezaba la mañana cuando comenzaron a llegar rotundos, desafiantes, caminando o en vehículos que habían tomado alegremente por asalto y cuyos costados repetían hasta el hartazgo el nombre de Perón en tiza, cal y carbón. A medida que avanzaban, las cortinas de los negocios bajaban abruptamente con tableteo de ametralladoras. Venían de las zonas industriales aledañas a Buenos Aires. Nadie los conducía, todos eran capitanes[13].

El poeta Leopoldo Marechal contó que:

Era muy de mañana, y yo acababa de ponerle a mi mujer una inyección de morfina (sus dolores lo hacían necesario cada tres horas). El coronel Perón había sido traído ya desde Martín García. Mi domicilio era este mismo departamento de calle Rivadavia. De pronto me llegó desde el Oeste un rumor como de multitudes que avanzaban gritando y cantando por la calle Rivadavia: el rumor fue creciendo y agigantándose, hasta que reconocí primero la música de una canción popular y, enseguida, su letra:
"Yo te daré/
te daré, Patria hermosa,/
te daré una cosa,/
una cosa que empieza con P/
Perooón".
Y aquel 'Perón' resonaba periódicamente como un cañonazo.
Me vestí apresuradamente, bajé a la calle y me uní a la multitud que avanzaba rumbo a la Plaza de Mayo. Vi, reconocí, y amé los miles de rostros que la integraban, no había rencor en ellos, sino la alegría de salir a la visibilidad en reclamo de su líder. Era la Argentina 'invisible' que algunos habían anunciado literariamente, sin conocer ni amar sus millones de caras concretas, y que no bien las conocieron les dieron la espalda. Desde aquellas horas me hice peronista[14].

---

13 Ibid. Luna, Félix *El 45.*
14 Ibíd. Chávez, Fermín. *El 17 de octubre.*

El historiador Juan José Hernández Arregui señaló que:

> El 17 de octubre no sólo fue una lección histórica para las fuerzas del antiguo orden sino la gigantesca voluntad política de la clase obrera. Su adhesión a un jefe no se fundó en artes demagógicas sino en las condiciones históricas maduras que rompían con las antiguas relaciones económicas del régimen de la producción agropecuaria, que superaban los programas de los partidos pequeño burgueses de centro izquierda. La revolución política exigía la reforma social. La recuperación de la economía, enajenada al extranjero y la elevación del nivel de vida del hombre argentino explotado, son la doble faz de un mismo fenómeno: la toma de conciencia histórica de las masas. Todo el problema político de la Argentina actual se reduce a esta irrupción consciente de los trabajadores en la historia nacional[15].

Pero no todas las voces fueron a favor. Los medios de prensa expresaron su repudio a la marcha. El diario *La Nación* criticó "el insólito y vergonzoso espectáculo de los grupos que se adueñaron durante un día de la Plaza de Mayo, el asalto a diarios en varias partes del país, el ataque a residencias particulares y el saqueo de varios comercios". Por su parte la FUA (Federación Universitaria Argentina) criticaba a la clase obrera por su vinculación a Perón porque "éste tenía en las manos sangre de obreros y estudiantes".

El escritor Jorge Luis Borges recordaba que "El 17 de Octubre de 1945 estaba avergonzado e indignado. Eso es, indignado y avergonzado". Pero a Jorge Luis Borges, que pensaba en inglés medieval, se lo podía comprender. Lo insólito era la izquierda socialista y comunista que intentaba representar a los obreros y no entendía qué había pasado. Estaba histérica y en su inconsciente sabía que las masas trabajadoras los habían abandonado para siempre.

Orientación, el periódico comunista, dirá:

---

15 Ibíd.

Pero también se ha visto otro espectáculo, el de las hordas de desclasados haciendo de vanguardia del presunto orden peronista. Los pequeños clanes con aspecto de murga que recorrieron la ciudad, no representan ninguna clase de la sociedad argentina. Era el malevaje reclutado por la policía y los funcionarios de la Secretaría de Trabajo y Previsión para amedrentar a la población[16].

Por su parte, *La Vanguardia*, el periódico socialista, dirá:

Cuando un cataclismo social o un estímulo de la policía movilizan las fuerzas latentes del resentimiento, cortan todas las contenciones morales, dan libertad a las potencias incontroladas, la parte del pueblo que vive su resentimiento, se desborda en las calles, amenaza, vocifera, atropella, asalta diarios, persigue en su furia demoníaca a los propios adalides permanentes y responsables de su elevación y dignificación... Pero los culpables son los caudillos de la guerra civil que para lograr el triunfo de sus apetitos y ambiciones no tienen escrúpulos en azuzar los resentimientos y las fuerzas primitivas de la miseria[17].

Me gustaría terminar este homenaje al 17 de octubre con las palabras de Raúl Scalabrini Ortiz:

Presentí que la historia estaba pasando junto a nosotros y nos acariciaba suavemente como la brisa fresca del río. Lo que había soñado e intuido durante muchos años estaba allí... Eran los hombres que están solos y esperan, que iniciaban sus tareas de reivindicación...

---

16   *Orientación*, 24 de octubre de 1945.
17   *La Vanguardia*, 23 de octubre de 1945.

1946

Tiza, carbón y corazón

La oligarquía percibió que las elecciones de 1946 deberían ser ganadas sí o sí por sus aliados y así poder extirpar para siempre la política laboral de Perón. La alianza debería ser compacta y no tener disidencias. La fórmula sería encabezada por el radicalismo que hasta ese entonces era el partido más popular y que más votos tenía en todo el país. Las demás agrupaciones: desde el conservadorismo hasta el Partido Comunista apoyarían los candidatos radicales. De esta manera los partidos 'democráticos' recibirían el apoyo de toda la prensa, tanto nacional como extranjera y de las llamadas fuerzas vivas de la sociedad: Sociedad Rural, Unión Industrial, Jockey Club, grupos universitarios y los círculos de las finanzas y la Bolsa.

Del otro lado, quedarían Perón y los sindicalistas desclasados que habían ocupado la Plaza de Mayo el pasado 17 de octubre. "Sin poder económico, ni diarios ni estructuras partidarias poco podrá hacer en tan poco tiempo", resumían los hombres cultos de Buenos Aires en las tertulias de los café céntricos.

Unión Democrática y Frente Nacional

La convocatoria a elecciones por parte de las Fuerzas Armadas era un hecho a fines de octubre y la confirmación del 24 de febrero produjo gran algarabía en la sociedad capitalina. El *establishment* se sentía seguro del triunfo.

A mediados de noviembre los ojos de la sociedad capitalina estaban puestos en la Unión Cívica Radical y sus internas partidarias. Si triunfaban los unionistas sobre los intransigentes de Amadeo Sabattini y Moisés Lebensohn se conformaría la soñada Unión Democrática. Hacia fines de diciembre la fórmula conservadora integrada por Tamborini-Mosca fue proclamada en la Convención Nacional del radicalismo. Los intransigentes no pudieron interferir en la fórmula pero triunfaron con sus candidatos en algunas provincias y dieron el batacazo en la provincia de Buenos Aires al ganar por solo 1.000 votos e imponer a los candidatos Juan Prat y Crisólogo Larralde.

La fórmula unionista del radicalismo permitió que rápidamente se formara la Unión Democrática integrada por:

- El Partido Socialista con una amplia trayectoria en la Capital Federal y con influencia en los llamados sindicatos libres;
- El Partido Demócrata Progresista, que contaba con un caudal importante de votos en la provincia de Santa Fe y el prestigio de su fundador Lisandro De la Torre;
- El Partido Comunista, que pese a no conocerse el número de votos por sus proscripciones, contaba con un gran número de cuadros con disciplina y capacidad organizativa, además de sus vinculaciones a varios gremios.
- Por último, el Partido Conservador, que aunque no presentaba candidatos apoyaba la fórmula del radicalismo.

Más allá de los partidos políticos, la sociedad en su conjunto apoyó 'la fórmula de la libertad': juventudes universitarias, sindicatos libres, radios privadas, entidades profesionales de médicos, abogados, maestros, artistas, grupos tradicionales como la

Sociedad Rural y la Bolsa de Comercio. Fue tal la unanimidad que los diarios se cansaron de publicar solicitadas de apoyo a la Unión Democrática contra el candidato del fascismo.

El sentimiento de esas fuerzas lo podemos resumir en un artículo publicado por el órgano comunista *Orientación*:

> Ya tiene fórmula presidencial la ciudadanía argentina. Ahora puede oponerse al nombre nazista del coronel, la fórmula democrática de la unidad. La comparación es en número y calidad desalentadora para el naziperonismo[18].

La fórmula del triunfo ya estaba en marcha y el 16 de enero iniciaría la primera gira por el interior. El 'Tren de la Victoria' recorrería Jujuy, Salta, Tucumán, Santiago del Estero, Catamarca, La Rioja, Córdoba y Rosario para recalar finalmente en la estación Retiro ante una multitud de simpatizantes.

* * *

En la madrugada del 18 de octubre, Perón y su compañera Eva Duarte se marcharon de Buenos Aires a descansar en la estancia de un amigo en San Nicolás. A los pocos días regresaron y pasaron por el Registro Civil en una fiesta íntima que no trascendió a la prensa. Después la pareja se instaló en la quinta que tenía el coronel en San Vicente.

A Perón lo esperaba una tarea muy dura. No tenía partido político, ni dinero, ni prensa a su favor, solo el periódico *La Época* de su amigo Eduardo Colom y, como si esto fuera poco, las elecciones nacionales se habían adelantado para el 24 de febrero de 1946. Lo primero que hizo fue recibir a todos sus amigos y permitir que ellos se organizaran sin omitir opinión en la formación del partido político. A las pocas semanas se habían constituido dos agrupaciones políticas que lo reivindicaban como líder.

---

18 2 de enero de 1946.

El primer grupo comenzó a reunirse en el City Hotel y lo constituían radicales decididos a constituir una fuerza política separada del Comité Nacional pero con las banderas de Yrigoyen y los postulados del 4 de junio. Se llamaron Junta Renovadora y fueron conducidos por Raúl Quijano y Armando Antille. El 29 de octubre pasaron la prueba de fuego cuando organizaron el primer acto en el Salón Augusteo que quedó pequeño ante una multitud.

El segundo grupo lo integraban los dirigentes sindicales que apoyaron a Perón en la Secretaría de Trabajo. Se llamaron Partido Laborista e instalaron su primer local en la Avenida 9 de Julio con un amplio cartel que decía: 'Una nueva conciencia en marcha'. Sus principales dirigentes fueron el telefónico Luis Gay, los ferroviarios Luis Monzalvo y Ramón Tejada y el dirigente de la carne Cipriano Reyes. Era una agrupación muy clasista que planteaba "la emancipación económica de la clase trabajadora".

El coronel tenía más simpatía por los laboristas —fue su primer afiliado— pero públicamente no optó por ninguna de las dos agrupaciones pues necesitaba de ambas. Perón sabía que para ganarle a la Unión Democrática debía armar un amplio frente.

En noviembre, el coronel siguió sumando. Los sectores nacionalistas, que aunque no le aportaban muchos votos le acercaban un pensamiento intelectual interesante, llegaron a un acuerdo con el coronel. En pocas horas apareció el diario *Tribuna* y el 15 de noviembre, el grupo FORJA, en declaración firmada por Arturo Jauretche, adhirió al movimiento popular y resolvió disolver la organización por considerar que ya habían cesado las razones de su existencia. Y por último estaba un sector importante del ejército argentino que día a día experimentaba una conciencia nacional de desarrollo, especialmente la necesidad de contar con una industria pesada.

El primer acto importante del Frente Nacional se realizó el 14 de diciembre en la Plaza de la República. La concurrencia fue impresionante, ocupando más de tres cuadras por la avenida 9 de Julio desde el Obelisco hasta Mitre. Fue un discurso significativo y contó con la aparición de dos símbolos típicamente peronistas: el bombo en la multitud y la palabra "descamisado":

> No queremos pelear, queremos orden. No ganaremos peleando, ganaremos votando. ¡Los obreros deben ser artífices de su propio destino! No estamos contra nadie. Estamos con el país. Por eso seguiremos gritando viva y no gritaremos jamás que muera nadie. Desfilaremos por nuestras calles tranquilos, entusiastas de nuestra causa, sin calificar a nadie de chusma ni de descamisados, para contrapesar a ellos que han lanzado el calificativo despectivo. ¡Tendremos el corazón bien puesto debajo de una camisa, que es mejor que tenerlo mal debajo de una chaqueta!

Había sido un gran acto y Perón no se durmió en los laureles. Sin esperar que proclamaran su candidatura comenzó el 26 de diciembre su primera gira por el interior del país. El candidato viajaba en dos coches ferroviarios y fue acompañado por su mujer, Eva. La gira fue un éxito y miles de personas lo esperaban en cada estación para escuchar sus discursos. Fue duro con los oponentes:

> Yo he dicho que los ricos son egoístas y por eso dicen que soy enemigo de las clases dirigentes y que no soy un cristiano. Recuerdo que el Divino Maestro echó a latigazos a los mercaderes del Templo. Dicen que nos estamos constituyendo en una fuerza que ha de provocar la lucha social y olvidan que esa lucha y esa revolución se justifican cuando al pueblo se le cierra el camino para intervenir en el gobierno y administración del Estado (...)
> Propugnamos la libertad como nuestro más caro ideal. ¡Pero no es posible sentirse libre mientras están cargadas las espaldas con la esclavitud, la miseria y la desesperación!" (...)
> No somos enemigos de nada ni queremos destruir nada. Simplemente somos amigos de los pobres.

La batalla del aguinaldo

El 20 de diciembre de 1945 el gobierno nacional firmaba el decreto 33.302 que creaba el Instituto Nacional de Remuneraciones, establecía un aumento general de salarios, vacaciones pagas, un aumento en las indemnizaciones por despido y creaba el sueldo anual complementario o aguinaldo.

Los candidatos de la Unión Democrática temblaron ante el anuncio del gobierno y optaron por el silencio. ¿Que podían hacer? A dos meses de las elecciones no podían repudiarlo pero tampoco estaba en sus espíritus reaccionarios apoyarlo. Pero sus socios no dudaron.

La Junta de Comercio, la Industria y la producción se pronunció en contra del decreto y los diarios reflejaron la oposición de todas las fuerzas vivas: "El decreto convulsiona la vida de la república y crea males irreparables".

Las entidades patronales decidieron no pagar el aguinaldo y llamar a un *lockout* patronal si el gobierno no retrocedía. Y en esta lucha no estuvieron solos: los sindicatos manejados por el Partido Comunista y el Socialista se opusieron al beneficio de los trabajadores afirmando que solo la "unidad contra la dictadura y el nazifascisno solucionará los problemas". También lo hicieron los estudiantes universitarios del radicalismo al declarar que tal medida "provocará la ruina del comercio y la industria".

Llegó fin de año y ninguna empresa pagó el aguinaldo. Los gremios comenzaron a quejarse y anunciaron que irían a una huelga general. La Secretaría de Trabajo anunció que era ley el pago del sueldo anual complementario y que su obligación vencía el 10 de enero. Pero la patronal continuó con su oposición y decidió cerrar sus comercios entre los días 13 y 15 de enero. Pero era una batalla sin final feliz. El 18 de enero la Cámara de las Grandes Tiendas anunció que llegaría a un acuerdo con los gremios pagándolo en dos veces. Poco a poco toda la industria cedió y en menos de un mes el derecho al aguinaldo queda incorporado a nuestra legislación.

¡Braden o Perón!

Los enemigos de Perón no estaban solamente en la Argentina. Los vencedores de la segunda guerra mundial apuntaban sus cañones hacia el régimen militar que había osado no participar de la contienda y mantener la neutralidad.

En mayo de 1945 llegaba a Buenos Aires el nuevo embajador de Estados Unidos, Spruille Braden. Ingeniero en minas y diplomático en Cuba, estaba convencido de que llegaba al país para derrocar el régimen nazifascista. Como es habitual en los embajadores norteamericanos que llegan a tierras latinoamericanas no se preocupó por cuidar las formas diplomáticas y comenzó a organizar reuniones y actos contra el régimen militar. Para comprender mejor el contexto merece aclararse que los norteamericanos no estaban tan solo 'preocupados' por la ideología nazi del régimen militar sino que querían aprovechar la debilidad del Reino Unido para que Argentina pasase a la órbita de Washington. Un funcionario del *Foreign Office* en Londres relató que:

> Uno no puede eludir la sensación de que el 'fascismo' del coronel Perón es tan solo un pretexto para las actuales políticas del Sr. Braden y sus partidarios en el Departamento de Estado: su verdadero objetivo es humillar al único país latinoamericano que ha osado enfrentar sus truenos. Si la Argentina puede efectivamente ser sometida, el control del Departamento de Estado sobre el hemisferio occidental será total. Ésto contribuirá simultáneamente a mitigar los posibles peligros de la influencia rusa y europea sobre América latina y apartará a Argentina de lo que se supone es nuestra órbita[19].

Braden se convirtió, durante cuatro meses, en el jefe de la oposición y no eludió tribuna para criticar abiertamente al régimen militar. Paralelamente como buen embajador intentó negociar

---

19   Escudé, Carlos. *Así hablaron los ingleses*, Investigación en el *Public Record Office* de Londres.

con el gobierno la autorización para que las líneas aéreas de su país pudieran volar en territorio argentino como así también controlar las empresas alemanas y japonesas confiscadas por el gobierno luego de la ruptura con el Eje.

El embajador se reunió cuatro veces con el coronel Perón. La primera fue protocolar y la segunda y tercera tuvo que ver con la libertad de prensa de los corresponsales norteamericanos. Fue la cuarta, realizada el 5 de julio de 1945, la última y más conflictiva. La misma se concretó en el edificio del Ministerio de Guerra y Braden le planteó la necesidad del gobierno norteamericano para hacerse cargo de las empresas alemanas expropiadas por el gobierno argentino y la utilización de espacio aéreo para las compañías aéreas norteamericanas. Si Perón aceptaba, los Estados Unidos no interferirían en una posible candidatura del coronel. Perón le señaló que había un solo problema para aceptar la propuesta.

—¿Cuál es el problema? —le dijo un intrigado Braden

—Pues, que en mi país, al que hace eso, se lo llama hijo de puta. —contestó Perón.

Braden quedó anonadado. Se levantó y se marchó sin despedirse. Perón le relató con detalles a Félix Luna en enero de 1969 cómo fue aquella reunión:

> Braden se había incorporado a la Unión Democrática y yo lo utilicé porque, ¡claro!, era un elemento urticante... ¡Cómo no lo iba a aprovechar! (...) Él llegó, dejó su sombrero y nos pusimos a hablar a calzón quitado, como hablamos siempre. Y me empezó a plantear una serie de problemas. Yo le dije: Vea, embajador, nosotros, como movimiento revolucionario, queremos liberar al país de toda clase de férulas imperialistas. Usted se ha embarcado en una tendencia totalmente contraria a la nuestra y nosotros estamos en contra de la que ustedes, los americanos, quieren, de acuerdo con su embajador. Me acuerdo que me habló de Cuba, me dijo que él había estado allí y que Cuba no era una colonia —porque yo le había dicho que no estábamos dispuestos a ser una colonia—. Entonces le dije: Mire, no sigamos, embajador, porque yo tengo una idea que por prudencia no se

la puedo decir. 'No, dígamela', replicó él. Bueno –le contesté–, yo creo que los ciudadanos que venden su país a una potencia extranjera son unos hijos de puta... Y nosotros no queremos pasar por hijos de puta...

Se enojó y se fue. Y con el enojo se olvidó el sombrero. Estuvimos solos en la entrevista; por allí andaban cerca los edecanes... ¡Después los muchachos estuvieron jugando al fútbol con el sombrero de Braden![20]

La guerra estaba declarada. Braden continuó organizando la oposición y comenzó a realizar giras por el interior del país, como si fuera su candidatura. Las crónicas de los diarios relatan que luego de recorrer el Litoral fue recibido el 22 de julio en la estación Retiro por una multitud, encabezada por una comitiva de notables: Alberto Hueyo, Adolfo Bioy, José María Cantilo, Carlos Saavedra Lamas, Otto Bemberg y José María Paz Anchorena.

Su culminación proselitista finalizó con la Marcha de la Constitución y la Libertad del 19 de setiembre incorporándose en las cercanías de la Plaza Francia. Horas después partiría hacia Estados Unidos para ser nombrado Secretario Adjunto de Asuntos Latinoamericanos. El gobierno sintió un gran alivio con la partida del ex embajador. Pero todavía faltaba el último capítulo de su intromisión en los asuntos internos del país.

El Departamento de Estado empezó a elaborar, a pedido de Braden, un documento que contenía 'pruebas irrefutables' de la vinculación del régimen militar con el nazismo. Durante todo enero los diarios argentinos insinuaron que el gobierno de Estados Unidos emitiría un documento que pondría en jaque al régimen militar y que hablaría de una posible intervención militar de los Estados Unidos.

La intervención no se concretó pero el 11 de febrero el Departamento de Estado publicó un documento titulado "Consulta entre las repúblicas americanas respecto de la situación argentina", conocido popularmente como *Libro Azul*. Las fuerzas vivas desbordaron

---

20 Ibíd., Luna, Félix. *El 45*.

de alegría. Los diarios publicaron durante tres días el texto completo y toda la Unión Democrática hizo suyas las acusaciones de Braden. El historiador norteamericano Robert A. Potash relató que:

> La publicación del *Libro Azul* fue solo la última de las iniciativas tomadas por los Estados Unidos durante la Segunda Guerra Mundial en su esfuerzo por que la Argentina adoptara una actitud acorde con el resto del hemisferio. Al final de la guerra tales esfuerzos se intensificaron, ya que importantes sectores de la opinión pública norteamericana, y el propio Spruille Braden, que marcaba el rumbo de la política latinoamericana en el Departamento del Estado, no veían con buenos ojos que un hombre como Juan Perón controlara el destino de la Argentina, precisamente cuando el Eje había sido derrotado[21].

Al conocerse el *Libro Azul* se notó preocupación en los rostros de quienes rodeaban a Perón. El documento del Departamento de Estado podía perjudicar los resultados de las elecciones del 24 de febrero. Pero el coronel estaba alegre y solo se concentró en la redacción del discurso que en la noche del 12 de febrero daría en la proclamación de la fórmula Perón-Quijano. El acto se realizó en la avenida 9 de Julio frente a la Plaza de la República. A las 18 horas, el pueblo trabajador había convertido a la concentración en la más espectacular de todas. Miles de personas esperaban a su líder.

Perón leyó por primera vez su discurso y expuso con claridad todo el eje de su propuesta de gobierno:

> Llego a vuestra presencia con la emoción que me produce sentirme confundido entre este mar humano de conciencias honradas; de estas conciencias de criollos auténticos que no se doblan frente a las adversidades, prefieren morir de hambre antes de comer el amargo pan de la traición. (...)

---

21 Potash, Robert, *El Ejército y la política en Argentina*, Editorial Sudamericana, Buenos Aires, 1994.

Porque hemos venido a terminar con una moral social que permitía que los trabajadores tuviesen para comer sólo lo que se les diera por voluntad patronal y no por deber impuesto por la justicia distributiva, se acusa a nuestro movimiento de ser enemigo de la libertad. (...)

Cuando medito sobre la significación de nuestro movimiento, me duelen las desviaciones en que incurren nuestros adversarios. Pero, mucho más que la incomprensión calculada o ficticia de sus dirigentes, me duele el engaño en que viven los que de buena fe les siguen por no haberles llegado aún la verdad de nuestra causa. Argentinos como nosotros, con las virtudes propias de nuestro pueblo, no es posible que puedan acompañar a quienes los han vendido y los llevan a rastras, de los que han sido sus verdugos y seguirán siéndolo el día de mañana. Los pocos argentinos que de buena fe siguen a los que han vendido la conciencia a los oligarcas, sólo pueden hacerlo movidos por las engañosas argumentaciones de los 'habladores profesionales'.

Parecía un discurso más. Pero no era así. Había dejado lo más importante para el final.

He dicho que el contubernio oligárquicocomunista no quiere elecciones; he dicho y lo repito, que el contubernio trae armas de contrabando. Rechazo que en mis declaraciones exista imputación alguna de contrabando a la Embajada de Estados Unidos. Reitero, en cambio, con toda energía, que esa representación diplomática o más exactamente el señor Braden, se halla complicado en el contubernio. Y más aun ¡denuncio al pueblo de mi Patria que el señor Spruille Braden es el inspirador, creador, organizador y jefe verdadero de la Unión Democrática!

Si por un designio fatal del destino triunfaran las fuerzas regresivas de la oposición, organizadas, alentadas y dirigidas por Spruille Braden, será una terrible realidad para los trabajadores argentinos la situación de angustia, miseria y oprobio que el mencionado embajador pretendió imponer, sin éxito, al pueblo cubano. En consecuencia, sepan quienes voten por la fórmula del contubernio oligárquicocomunista que, con este acto entregan, sencillamente, su voto al Sr. Braden. La disyuntiva en esta hora trascendental es ésta:

¡O Braden o Perón!

Por eso, glosando la inmortal frase de Roque Sáenz Peña, digo: Sepa el pueblo votar.

Al finalizar el discurso estalló un aplauso cerrado y profundo en toda la multitud. Esa misma noche se llenaron los paredones de Buenos Aires con una nueva leyenda que definiría la elección: *Braden o Perón*.

La campaña electoral

La campaña electoral estaba al rojo vivo. Había optimismo en la Unión Democrática. La prensa los apoyaba descaradamente y cotidianamente se podían leer centenares de adhesiones a la fórmula Tamborini-Mosca.

La segunda gira de los candidatos del *establishment* comenzó el 2 de febrero y abarcó todo el litoral argentino. El mismo día del inicio de la gira, la Corte Suprema de Justicia difundía un fallo que prohibía a las Delegaciones Regionales de la Secretaria de Trabajo aplicar multas, frenando una vez más las conquistas laborales. Finalmente el 16 de febrero los candidatos de la Unión comenzaron la última gira que abarcara toda la zona de Cuyo.

Una semana antes de las elecciones los diarios hacían agudos exámenes donde se demostraba que la Unión Democrática triunfaba ampliamente en las elecciones. El diario *Crítica* le daba 332 electores contra solo 44 de Perón. Fue tan vergonzante la información de los diarios que ignoraron la campaña del peronismo y cuando se referían a Perón lo evitaban nombrando "un ciudadano que ha sido funcionario del actual gobierno" o "un militar retirado que actúa en política".

Los resultados de los diarios no hubieran fallado si hubieran votado solo los conocidos pero, como cuenta Arturo Jauretche en *Los Profetas del Odio,* en las elecciones de 1946 ganaron los desconocidos, los que no pertenecían al sistema:

> Recuerdo que en vísperas de la elección de febrero de 1946 visité mi pueblo e indagué a un hermano mío sobre la posición política de la gente de nuestra relación habitual. Pregunté por quince o veinte personas conocidas, 'placeros' como dice el doctor Amadeo, y todos estaban por la Unión Democrática. Se impuso la pregunta lógica:
> –¿Entonces aquí ganará Tamborini?
> Mi hermano me contestó, como resultó después:
> –¡No! Ganamos nosotros, y lejos. Me has preguntado por los conocidos, pero esta elección la ganan los desconocidos. –Y agregó–: ¿Ves ese moreno que va allí, a caballo? Ése era el abanderado de la recepción a Tamborini y cuando pasó a mi lado me guiñó el ojo[22].

Perón no contó ni con la prensa escrita ni con el dinero de los poderosos pero utilizó abiertamente la radio oficial y la creatividad de la militancia. Como dijo en algún momento "la campaña la hicimos con tiza, carbón y el amor de nuestra gente".

El 25 de enero Perón salió de gira hacia el Cuyo. La locomotora que los trasladaba fue bautizada como 'La descamisada'. En Mendoza pronunció un discurso muy sanmartiniano. En todas las giras fue acompañado por Evita, que aunque todavía no pronunciaba discursos era muy conocida por la gente del interior que la escuchaba en los radioteatros y ahora comenzaba a admirarla por su belleza y su rubia cabellera.

Finalmente realizó su última gira por el litoral. Esta vez no utilizó el tren y se trasladó por barco. Una vez más estuvo muy duro con los opositores:

---

22 Jauretche, Arturo. *Los Profetas del Odio,* Editorial Peña Lillo, Buenos Aires, 1967.

> Los descendientes del patriciado criollo, en el manejo de la cosa pública juntaron dos o tres estancias y un palacio en la calle Florida. Se fueron a Europa, liquidaron allá sus estancias, vinieron a nuestra tierra y cuando no tuvieron nada que vender, vendieron la patria. Ese patriciado dejó una descendencia que no supo transformarse en héroes de la patria porque se trasformaron en una oligarquía miserable y mezquina que ha vendido el país, que ha engañado a su pueblo y hoy no puede condenar sus propios errores.

Finalmente el 22 de febrero, horas antes de finalizado el comicio, el coronel Perón se dirigió por radio a toda la población. Denunció a los adversarios que utilizaban dinero para comprar voluntades y explicó en detalle cómo hacer el día de la votación para no ser engañados por nadie. Terminó diciendo:

> No concurran a ninguna fiesta a que inviten los patrones el día 23; quédense en casa y el día 24 bien temprano, tomen las medidas para llegar a la mesa en que han de votar. Denuncien al expendedor de nafta que no les provea de combustible. Eviten todo incidente para impedir que lo detengan. No beban alcohol de ninguna especie el día 24.
> Si el patrón de la estancia, como lo han prometido algunos, cierra la tranquera con candado, ¡rompan el candado o la tranquera, o corten el alambrado y pasen a cumplir con la patria!. Si el patrón los lleva a votar, acepten y luego hagan su voluntad en el cuarto oscuro. Desconfíen de todo; toda seguridad será poca. Las fuerzas del mal y de la ignominia pondrán en el juego todos sus recursos para burlar la voluntad popular.

El 24 de febrero de 1946, a las 8 de la mañana, Perón votó en una mesa instalada en Juncal N° 2691, de la circunscripción 19 de la Capital Federal. Los comicios fueron ejemplares y los candidatos de la Unión Democrática expresaron su reconocimiento a las Fuerzas Armadas por la limpieza electoral.

El *establishment* estaba eufórico y anunció a los cuatro vientos el "triunfo en todo el país". Pero se equivocaron. La fórmula Perón-Quijano triunfó en Capital Federal, Buenos Aires, Santa Fe, Entre Ríos, Tucumán, Santiago del Estero, Mendoza, La Rioja, Catamarca, Salta y Jujuy y solo perdió en Córdoba, Corrientes, San Juan y San Luis. Los cómputos finales fueron 1.527.231 votos contra 1.207.155, lo que representó 304 electores para Perón contra solo 72 de la Unión Democrática.

1948

Eva y las mujeres peronistas

El 4 de junio de 1946 el general Perón asumía como presidente de todos los argentinos. La oposición no fue al Congreso en aquella jornada y pese a ello, Perón expresó: "Me siento el presidente de todos los argentinos, de mis amigos y de mis adversarios, de quienes me han acompañado y de quienes me han combatido".

El *establishment* no podía creer que "ese coronel y esa actriz" se hicieran cargo del país. No pasó mucho tiempo para que se produjera el primer incidente y para sorpresa de muchos, no fue con Perón sino con Evita.

En aquel tiempo era una tradición en la Argentina que las primeras damas asumieran como presidenta honoraria de la Sociedad de Beneficencia, un organismo no oficial que integraban las mujeres de la alta sociedad que, entre partidos de *bridge* y canasta, recolectaban algún dinero para ayudar a los pobres.

Las damas de la alta sociedad estaban alteradas porque no podían permitir que una actriz y, por qué no decirlo, una prostituta, se hiciera cargo de la institución. Le enviaron una nota señalándole que no sería nombrada presidenta honoraria por su "juventud". Evita, que no tenía pelos en la lengua, les respondió que: "Si no me aceptan a mí pueden nombrar a mi madre". Fue todo un escándalo y el gobierno no dudó en intervenir. El 7 de setiembre se resolvía liquidar la entidad y sus bienes. Meses después nacería la Fundación Eva Perón.

Simplemente Evita

Eva Duarte decidió instalarse en un despacho de la Secretaría de Trabajo y Previsión ubicado sobre Diagonal Sur. Día y noche atendió a miles de mujeres, ancianos y niños humildes y les intentó solucionar sus problemas. Era habitual en aquellos días las largas colas de mujeres y ancianos esperando ser atendidos por Evita. La oposición la criticó y la acusó de dar limosna a los pobres. Ella les contestó:

> En la vereda de enfrente, algunos mediocres han discutido y creo que deben seguir discutiendo –¡ya no me queda tiempo que perder en oírlos!– sobre mi obra. No me importa lo que piensen de mí, ni de lo que hago. Me basta saber que hago lo mejor que sé y lo mejor que puedo. Pero me causa gracia la discusión, cuando no se ponen de acuerdo ni siquiera en el nombre del trabajo que yo hago.
> No. No es filantropía, ni es caridad, ni es limosna, ni es solidaridad social, ni es beneficencia. Ni siquiera es ayuda social, aunque por darle un nombre aproximado yo le he puesto ese.
> Para mí, es estrictamente justicia. Lo que más me indignaba al principio de la ayuda social, era que me la calificasen de limosna o de beneficencia.
> Porque la limosna para mí fue siempre un placer de los ricos: el placer desalmado de excitar el deseo de los pobres sin dejarlo nunca satisfecho. (…)
> Yo no hago otra cosa que devolver a los pobres lo que todos los demás les debemos, porque se lo habíamos quitado injustamente. (…) Por eso yo no espero nunca el agradecimiento, que es una manera de humillación, aunque me emociona la grati-

tud de los humildes como ninguna otra cosa. Sobre todo porque se expresa tan sinceramente[23].

El historial de la Fundación Eva Perón fue extraordinario. Reseñar toda la ayuda social de la Fundación Eva Perón sería engorroso. Solo recordaré algunas de sus tareas:
- Creación de policlínicos modelos para la atención de los más humildes y especialmente de los niños.
- Hogares Escuelas en todo el país para niños de 4 a 12 años. Además de la Ciudad Infantil y estudiantil y las unidades turísticas de Chapadmalal, Mendoza y Río Tercero.
- Hogares de Ancianos con asistencia médica y otros servicios.
- Los Torneos infantiles y juveniles Evita y Juan Perón, que movilizaban anualmente a más de 200.000 participantes.
- Por año se distribuían más de tres millones de juguetes, libros y ropa.

La Fundación repartía un millón y medio de botellas de sidra y pan dulce para las fiestas de Navidad y Año Nuevo. Esta última medida era muy criticada por la oposición y, entonces, Evita respondía:

> No se dan cuanta los mediocres que nuestra sidra y nuestro pan dulce son nada más que un símbolo de nuestra unión con el pueblo. Es nuestro corazón (el de Perón y el mío) que quiere reunir en la nochebuena a todos los corazones descamisados de la Patria, en un abrazo inmenso, fraternal y cariñoso.

Ya estaba en el corazón del pueblo argentino. Había dejado de ser Eva Perón para ser simplemente Evita:

> Prefiero ser solamente 'Evita' a ser la esposa del Presidente, si ese 'Evita' es pronunciado para remediar algo, en cualquier hogar de mi patria.

---

23 Perón, Eva. *La Razón de mi Vida*, Ediciones de la Reconstrucción, Buenos Aires, 1973

Día a día Evita comenzó a recorrer el país y a ser el puente entre Perón y el pueblo. De a poco fue dejando las vestimentas lujosas por un simple trajecito. Sus discursos vibraban y emocionaban a los oyentes:

> El peronismo no se aprende ni se proclama, se comprende y se siente, ha dicho Perón. Por eso es convicción y es fe. Es convicción porque nace y se nutre en el análisis de los hechos, en la razón de sus causas y de sus consecuencias. Tiene el empuje y la dinámica de la historia en marcha. Es la conciencia hecha justicia que reclama la humanidad de nuestros días. Es trabajo, es sacrificio y es amor, amor al prójimo. Es la fe popular hecha partido en torno a una causa de esperanza que faltaba en la Patria y que hoy proclama el pueblo en mil voces distintas en procura de una libertad efectiva nunca alcanzada, a pesar del dolor y del esfuerzo de este glorioso pueblo de descamisados. (...)
>
> Si el pueblo fuera feliz y la Patria grande, ser peronista sería un derecho; en nuestros días, ser peronista es un deber. Por eso soy peronista.
>
> Soy peronista, entonces, por conciencia nacional, por procedencia popular, por convicción personal y por apasionada solidaridad y gratitud a mi pueblo, vivificado y actuante otra vez por el renacimiento de sus valores espirituales y la capacidad realizadora de su jefe: el general Perón. Mi dignidad de argentina y mi conciencia de ciudadana se sublevó ante una patria vendida, vilipendiada, mendicante ante los mercaderes del templo de las soberanías y entregada año tras año, gobierno tras gobierno, a los apetitos foráneos del capitalismo sin patria y sin bandera. (...)
>
> Soy peronista, en fin, por convicción y por sentimiento, por confianza en la bondad y en los esfuerzos de los descamisados, en esta lucha por la total independencia económica de la Patria, por nuestra completa liberación y por nuestra absoluta y limpia soberanía[24].

---

24 "Por qué soy peronista" aparece por primera vez como artículo el 21 de julio

Su viaje por Europa

En 1947 Eva Perón comenzó una gira de dos meses por Europa. Visitó España, Portugal, Italia, Suiza y Francia. Solo desistió de ir a Inglaterra cuando le informaron que la Familia Real no la recibiría. El viaje se inició el 6 de junio y finalizó el 23 de agosto. Antes de comenzar la gira la mayoría de los sindicatos le hicieron un acto de despedida en los salones de la Sociedad Rural. Allí Eva Duarte les dijo: "Voy representando al pueblo trabajador, a mis queridos descamisados. Al irme les dejo mi corazón".

Su primera escala fue España donde una multitud la acompañó durante toda su estadía. El general Francisco Franco, que se encontraba aislado del mundo, con un bloqueo internacional y con su pueblo empobrecido agradeció el apoyo económico y los envíos de trigo por parte de la Argentina. Fue condecorada con la Gran Cruz de Isabel la Católica y se alojó durante su estadía en Madrid en el Palacio del Pardo. Al despedirse de España dijo:

> Este homenaje de colosales proporciones sería exagerado e inexplicable si hubiese sido tributado a una mujer. Pero no: no ha sido rendido a una persona, ni siquiera a un país. Esta apoteosis entraña un sentido más recóndito y abismal. Vuestro aplauso saluda a un nuevo mundo, promisor de justicia y de paz que nace en los escombros del antiguo, carcomido por los atropellos sociales. Quienes en Europa y en América no alcanzan a comprender la profunda revolución de esta hora, atribuirán a un fenómeno de psicología multitudinaria o a una sugestión colectiva el homenaje delirante del pueblo español, señorial como ninguno, a una sencilla mujer argentina nacida en el seno de las clases trabajadoras y alzadas por ellas a la supremacía espiritual de la República[25].

El periplo continuó por Italia donde tuvo una audiencia con el

---

de 1948 en el diario *Democracia*.
25   Chávez, Fermín. *Eva Perón sin mitos*, Ediciones Teoría, Buenos Aires, 1996.

Papa Pío XII y se reunió con funcionarios del gobierno. Visitó guarderías italianas, sindicatos y se tomó su tiempo para visitar museos y deslumbrarse con una función de Aída en las Termas de Caracalla. Posteriormente fue a Suiza, Portugal y finalmente Francia.

La gira europea fue todo un éxito y convirtió a Evita en una mujer política por derecho propio. A su regreso se dirigió a su pueblo:

> Con profunda emoción llego, después de varios meses de ausencia, a esta mi querida patria, en la que dejé mis tres grandes amores: a mi tierra, a mis descamisados y mi querido general Perón. (...) Tengan ustedes la plena seguridad de que la compañera Evita viene con más bríos que nunca a seguir siendo el puente espiritual entre los descamisados y el general Perón; viene a situarse al pie del cañón, en la Secretaría de Trabajo, al lado de ustedes.

El voto femenino

El desarrollo económico e industrial del país produjo la necesidad de mano de obra, especialmente de la mujer en las fábricas textiles. Por primera vez la mujer postergada del Interior dejaba de ser sirvienta en Buenos Aires para ser una obrera con leyes que la protegían. Y para ello no dudaron en abrazar a quien eligieron como referente y no dudaron en 'parecerse' a Evita. Jorge Abelardo Ramos escribió que:

> La primera quincena envió un giro a su madre. La segunda, adquirió un par de zapatos con tacos y su cuerpo cambió. A la siguiente, compró en las cadenas de tiendas Etam un delicado vestido arrancado de un modelo de *Vogue*, con tela de imitación francesa, fabricada por la nueva burguesía judía de Villa Lynch, que dejaba de ser importadora para transformarse en productora. Una maravillosa, indescriptible transformación se operaba en la ex sirvienta. Con dos o tres quincenas más se compró una cartera, artilugios de maquillaje, alguna biyute-

ría. Entonces asestó un toque final a la transformación milagrosa. En todos los barrios habían aparecido "salones de belleza". Nuevas "cosmetólogas" brotadas de la nada la atendieron durante unas horas, le dieron consejos y la lanzaron a la calle transformada en platinada. Aquella muchacha aindiada era hermosa, tenía rulos, tacos altos (había cambiado de estatura) y nadie hubiera imaginado jamás que al pasear por Santa Fe, Callao o Corrientes, la ex sirvienta era menos bella que las chicas de clase media o la oligarquía. Al mismo tiempo, entraba en crisis la oferta del servicio doméstico. Aparecía el Estatuto del Servicio Doméstico, con derecho a siesta. ¡Cuántos izquierdistas aprendieron a odiar al peronismo en la mesa familiar de boca de su madre, antes de buscar en venerables textos las razones para rechazarlo en nombre de la Ciencia! (...)

Cuantas más chinitas llegaban, más rubias aparecían. (...) Eva les tocó el corazón y ellas fueron su fuerza, energía poderosa que había atravesado muchas generaciones en silencio y ahora hablaba a gritos[26].

Las mujeres ya eran parte del país y Eva Perón no dudó en darles los derechos políticos que se merecían y les correspondían. Eva en persona luchó para que las Cámaras legislativas aprobaran el siguiente proyecto de Ley que establecía:

Artículo 1º: Las mujeres argentinas tendrán los mismos derechos políticos y estarán sujetas a las mismas obligaciones que les acuerdan o imponen las leyes a los varones argentinos.

Artículo 2º: Las mujeres extranjeras residentes en el país tendrán los mismos derechos políticos y estarán sujetas a las mismas obligaciones que les acuerdan o les imponen las leyes a los varones extranjeros, en caso que éstos tuvieren tales derechos políticos.

La oposición, que siempre se oponía a toda legislación peronista, intentó por todos los medios que no se aprobara. Cuando ya era irremediable, el diputado radical Ernesto Sanmartino –el mismo que declaró que los obreros del 17 de octubre eran un 'aluvión zoo-

---

26 Ibíd., Ramos, Jorge Abelardo, *La Era del Peronismo*.

lógico'– presentó un proyecto de ley que resolvía que:

> Las esposas de los funcionarios públicos, políticos y militares, no pueden disfrutar de honores ni de ninguna clase de prerrogativas de las que gozan sus maridos, ni pueden asumir la representación de éstos en los actos públicos.

Pero el avance del peronismo era irresistible. El 23 de setiembre de 1947 Evita les habló a miles de mujeres en la Plaza de Mayo anunciando la promulgación de la Ley Nº 13.010 que otorgaba el derecho al voto a las mujeres argentinas:

> Recibo en este instante, de manos del Gobierno de la Nación, la ley que consagra nuestros derechos cívicos. Y la recibo, ante vosotras, con la certeza de que lo hago, en nombre y representación de todas las mujeres argentinas. Sintiendo, jubilosamente, que me tiemblan las manos al contacto del laurel que proclama la victoria.
>
> Aquí está, hermanas mías, resumida en la letra apretada de pocos artículos una larga historia de lucha, tropiezos y esperanzas. ¡Por eso hay en ella crispaciones de indignación, sombras de ocasos amenazadores, pero también, alegre despertar de auroras triunfales!... Y esto último, que traduce la victoria de la mujer sobre las incomprensiones, las negaciones y los intereses creados de las casas repudiadas por nuestro despertar nacional, sólo ha sido posible en el ambiente de justicia, de recuperación y de saneamiento de la Patria, que estimula e inspira la obra de gobierno del general Perón, líder del pueblo argentino. (...)
>
> Hemos llegado al objetivo que nos habíamos trazado, después de una lucha ardorosa. Debimos afrontar la calumnia, la injuria, la infamia. Nuestros eternos enemigos, los enemigos del pueblo y sus reivindicaciones, pusieron en juego todos los resortes de la oligarquía para impedir el triunfo. Desde un sector de la prensa al servicio de intereses antiargentinos, se ignoró a esta legión de mujeres que me acompañan; desde un minúsculo sector del Parlamento, se intentó postergar la sanción de esta ley. (...)
>
> El voto que hemos conquistado es una herramienta nueva en nuestras manos. Pero nuestras manos no son nuevas en las lu-

chas, en el trabajo y en el milagro repetido de la creación.
¡Bordamos los colores de la Patria sobre las banderas libertadoras de medio continente! ¡Afilamos las puntas de las lanzas heroicas que impusieron a los invasores la soberanía nacional!
Fecundamos la tierra con el sudor de nuestras frentes y dignificamos con nuestro trabajo la fábrica y el taller. Y votaremos con la conciencia y la dignidad de nuestra condición de mujeres, llegadas a la mayoría de edad cívica bajo el gobierno recuperador de nuestro jefe y líder, el general Perón.

Las mujeres ya podían votar y Evita decidió crear el Partido Peronista Femenino que encauzaría a las mujeres en la lucha por sus derechos políticos. El partido funcionaba en forma independiente del Partido Peronista, pues aunque la ideología era la misma el objetivo era diferente: redimir a la mujer después de tantas décadas de opresión.

En las elecciones del 11 de noviembre de 1951 la mujer participará por primera vez en una votación nacional. En aquella jornada histórica fueron elegidas, entre otras, las diputadas Judith Elida Acuña, Josefa Biondi, Alicia Espejo y las senadoras Juana Larrauri e Hilda Leonor Pineda.

Fanáticamente peronista

La Razón de mi Vida intentó ser un libro autobiográfico sobre Eva Perón. Mucho se ha escrito sobre el mismo, incluso que su redacción le pertenece al escritor español Manuel Penella de Silva y que no representa cabalmente el pensamiento de Evita. Más allá de los argumentos a favor y en contra, es interesante reproducir algunos párrafos que ayudan a comprender a la abanderada de los pobres, como solía llamarla el pueblo:

> Desde que yo me acuerdo cada injusticia me hace doler el alma como si me clavase algo en ella. De cada edad guardo el recuerdo de alguna injusticia que me sublevó desgarrán-

dome íntimamente.

Recuerdo muy bien que estuve muchos días triste cuando me enteré que en el mundo había pobres y había ricos; y lo extraño es que no me doliese tanto la existencia de los pobres como el saber que al mismo tiempo había ricos. (...)

El tema de los ricos y de los pobres fue, desde entonces, el tema de mis soledades. Creo que nunca lo comenté con otras personas, ni siquiera con mi madre, pero pensaba en él frecuentemente. (...)

Hasta los once años creí que había pobres como había pasto y que había ricos como había árboles.

Un día oí por primera vez de labios de un hombre de trabajo que había pobres porque los ricos eran demasiados ricos; y aquella revelación me produjo una impresión muy fuerte.

Relacioné aquella opinión con todas las cosas que había pensado sobre el tema... y casi de golpe me di cuenta que aquel hombre tenía razón. Más que creerlo por un razonamiento, 'sentí', que era verdad. (...)

Sí, soy peronista, fanáticamente peronista.

Demasiado no, demasiado sería si el peronismo no fuese como es, la causa de un hombre que por identificarse con la causa de todo un pueblo tiene un valor infinito. Y ante una cosa infinita no puede levantarse la palabra demasiado.

Perón dice que soy demasiado peronista porque él no puede medir su propia grandeza con la vara de la humildad.

Los otros, los que piensan, sin decírmelo, que soy demasiado peronista, ésos pertenecen a la categoría de los "hombres comunes". ¡Y no merecen respuesta!

¿Que por ser peronista no puedo encabezar el movimiento femenino de mi Patria? Ésto si merece una explicación.

—¿Cómo va usted —me decían— a dirigir un movimiento feminista si usted está fanáticamente enamorada de la causa de un hombre? (...)

Cuando elegí ser "Evita" sé que elegí el camino de mi pueblo.

Ahora, a cuatro años de aquella elección, me resulta fácil demostrar que efectivamente fue así.

Nadie sino el pueblo me llama "Evita". Solamente aprendieron a llamarme así los "descamisados". Los hombres de gobierno, los dirigentes políticos, los embajadores, los hombres de empresa, profesionales, intelectuales, etc., que me visitan suelen llamarme "Señora"; y algunos incluso me dicen públicamente "Excelentísima o Dignísima Señora" y aun, a veces, "Señora Presidenta".

Ellos no ven en mí más que a Eva Perón.

Los descamisados, en cambio, no me conocen sino como "Evita".

Yo me les presenté así, por otra parte, el día que salí al encuentro de los humildes de mi tierra diciéndoles "que prefería ser Evita a ser la esposa del presidente si esa Evita servía para mitigar algún dolor o enjuagar una lágrima". (…)

He dicho que no me guía ninguna ambición personal. Y quizás no sea del todo cierto.

Sí. Confieso que tengo una ambición, una sola y gran ambición personal: quisiera que el nombre de Evita figurase alguna vez en la historia de mi Patria.

Quisiera que de ella se diga, aunque no fuese más que en una pequeña nota, al pie del capítulo maravilloso que la historia ciertamente dedicará a Perón, algo que fuese más o menos esto:

"Hubo al lado de Perón una mujer que se dedicó a llevarle al Presidente las esperanzas del pueblo, que luego Perón convertía en realidades".

Y me sentiría debidamente, sobradamente compensada si la nota terminase de esta manera:

"De aquella mujer sólo sabemos que el pueblo la llamaba, cariñosamente, Evita"[27].

---

27 Ibíd., Perón, Eva, *La Razón de mi Vida*.

1950

La patria justa

Al finalizar la Segunda Guerra Mundial, las grandes naciones que habían dominado al mundo durante siglos estaban agotadas, solo tenían fuerzas para intentar reconstruirse. Por primera vez los países del tercer mundo, las colonias y semicolonias sienten que la mano imperialista afloja el control sobre su territorio. Llegará para muchos el momento de la lucha por la independencia política y económica. Mahatma Gandhi en la India, Gamal Nasser en Egipto, luchas nacionales en Indochina, África y gran parte de América Latina: Getulio Vargas en Brasil, Paz Estensoro en Bolivia, Jorge Gaitán en Colombia, Rómulo Betancourt en Venezuela y Juan Domingo Perón en Argentina.

Nuestra nación sale de la Segunda Guerra Mundial convertida en acreedora de Gran Bretaña debido a la gran cantidad de materia prima enviada para alimentar a los soldados ingleses. La deuda sumaba más de 140 millones de libras esterlinas pero en la práctica eran virtuales. No se podía repatriarlos porque los ingleses, ¡tan librecambistas ellos!, habían decidido bloquear los fondos del Banco de Inglaterra para evitar la fuga de capitales y la quiebra del sistema financiero inglés. Perón, sin dinero en efectivo, como dirá luego en su autobiografía, decidió continuar igual con su plan político que enarbolaba tres banderas: soberanía política, independencia económica, justicia social. No dudó en apropiarse de los resortes económicos del país, nacionalizando los depósitos bancarios y ordenando al Banco Central ser el único responsable de emitir moneda y controlar el cambio; nacionalizó los servicios públicos, el comercio exterior e impuso un crecimiento espectacular de la industria y la producción agrícolaganadera.

El 21 de octubre de 1946 ante las cámaras legislativas reunidas sin la presencia de la UCR, Perón presentó las bases del primer Plan Quinquenal que se visualizó en 27 leyes orgánicas y un vasto programa de inversiones. Las mismas estuvieron destinadas a áreas de combustible, energía, agua, industria, transporte y comunicaciones, con emprendimientos de grandes obras públicas, de naturaleza asistencial, sanitaria, educacional, hospitalaria y de variados servicios que tendrían como principal destinatario a la población trabajadora. Al cabo de cinco años el Estado contabilizaba la realización de 75.000 obras públicas, algunas de gran magnitud, como el gasoducto de Comodoro Rivadavia-Buenos Aires, el aeropuerto internacional de Ezeiza, un vasto plan de construcciones escolares que superó el millar en todo el país, planes de vivienda para trabajadores, grandes unidades hospitalarias, puentes, usinas, redes cloacales, muelles, pavimentación de calles, caminos, diques, centrales hidroeléctricas, altos hornos en Zapla y un vertiginoso desarrollo industrial.

Soberanía política

El triunfo electoral de Perón no consolidó solo un partido político sino un verdadero Frente Nacional conformado por la clase trabajadora en su conjunto, el Ejército, pequeños grupos de empresarios, algunos socialistas, los nuevos dirigentes obreros, sectores de la Iglesia católica, especialmente del bajo clero y las clases medias del Interior del país vinculadas al mundo agrario.

Sus ideas fueron originales y trataron de ser superadoras del capitalismo y el comunismo. Criticó al liberalismo:

> Porque aísla a los hombres entre sí, favoreciendo de esta manera a los más poderosos para que atrapen a los más débiles, pues el Estado no tiene que intervenir en las autoridades de los hombres. La libertad para todos los hombres del mundo se convierte en una libertad sin freno para los capitalistas, que tienen en sus manos todos los resortes.

También negó el rol del comunismo al considerarlo responsable de la explotación del individuo por el Estado:

> El comunismo no es una causa. El comunismo es un efecto (reacción contra los capitalistas), de modo que para que el comunismo desaparezca tiene que desaparecer primero el capitalismo.

Quizás la mejor forma de interpretar el pensamiento peronista la encontramos en las llamadas 20 verdades que Perón anunció el 17 de octubre de 1950 en la Plaza de Mayo ante una multitud de trabajadores. Recordemos solo algunas:
- La verdadera democracia es aquella donde el gobierno hace lo que el pueblo quiere y defiende un solo interés: el del pueblo.
- El peronismo es esencialmente popular.
- Ningún peronista debe sentirse más de lo que es ni menos de lo que debe ser. Cuando un peronista comienza a sentirse más de lo que es, empieza a convertirse en oligarca.
- Los dos brazos del peronismo son la justicia social y la ayuda social. Con ellos damos al pueblo un abrazo de justicia y amor.
- En la Nueva Argentina los únicos privilegiados son los niños.
- Como doctrina económica, el Justicialismo realiza la economía social, poniendo el capital al servicio de la economía y ésta al servicio del bienestar social.
- Queremos una Argentina socialmente justa, económicamente libre y políticamente Soberana.

Todo el pensamiento justicialista fue introducido en la reforma de la Constitución de 1949. En ella se reconoció al hombre en sus múltiples dimensiones sociales, le otorgó a la democracia un alcance social y económico que no tenía, incorporó conceptos de riqueza más equitativos y de mayor extensión societaria.

- Consagró derechos sociales que ya eran una realidad que se deseaba preservar jurídicamente.
- Redefinió el rol de Estado en materia económica, le dio mayor protección a la libertad del hombre, instauró a nivel constitucional, el recurso de *habeas corpus*.
- Amplió la defensa de la soberanía nacional.
- La justicia social encontró su explicitación individual y colectiva cuando en el artículo 35 se afirmó que: "Los abusos de esos derechos que perjudiquen a la comunidad o que lleven a cualquier forma de explotación del hombre por el hombre, configuran delitos que serán castigados por las leyes".
- Se destacaron en el Capítulo III los Derechos del Trabajador, de la Familia, de la Ancianidad y de la Educación y la Cultura.
- La propiedad privada tendrá una función social y en consecuencia, estará sometida a las obligaciones que establezca la ley con fines del bien común.
- Los minerales, las caídas de agua, los yacimientos de petróleo, de carbón y de gas, y las demás fuentes naturales de energía, con excepción de los vegetales, son propiedades imprescriptibles e inalienables de la Nación, con la correspondiente participación en su producto, que se convendrá con las provincias.

Tercera Posición

Una de las características más interesantes y novedosas del pensamiento justicialista fue la llamada Tercera Posición. En 1946, Perón planteó directamente que su política exterior no estaría atada a ninguno de los dos bloques hegemónicos que se habían formado al finalizar la Segunda Guerra Mundial. Argentina, a diferencia de la mayoría de los países latinoamericanos no aceptó la alineación con los Estados Unidos y se opuso a esa posición en la Conferencia Interamericana de Río de Janeiro de 1947.

La Tercera Posición pretendió superar las divisiones y oposiciones que separaban a las naciones en grupos de confrontación y competencia y puso un gran esfuerzo en lograr la unidad política y económica de América Latina.

En declaraciones al diario *El Mundo*, de Río de Janeiro, en 1948, Perón planteó:

> Estoy por la constitución inmediata de una unión aduanera sudamericana, a fin de que formemos un bloque económico capaz de discutir sobre un pie de igualdad con las grandes masas económicas que se constituyen en otras latitudes. Es necesario que los latinoamericanos unan sus esfuerzos, a fin de que la gran civilización de que son herederos —desde Grecia hasta acá— no desaparezca absorbida por los eslavos y anglosajones, constituidos actualmente en bloques antagónicos, pero que en cualquier momento pueden unirse.

En su libro *La Fuerza es el Derecho de las Bestias* (1956), Perón explicó que el mundo se dividió en capitalistas y comunistas pero que el peronismo no es ni uno ni otro, aunque ello no implica estar afuera de los problemas:

> Pensamos que tanto el capitalismo como el comunismo son sistemas ya superados por el tiempo. Consideramos al capitalismo como la explotación del hombre por el capital y al comunismo como la explotación del individuo por el Estado. Ambos "insectifican" a la persona mediante sistemas distintos. Creemos más; pensamos que los abusos del capitalismo son la causa y el comunismo el efecto. Sin capitalismo, el comunismo no tendría razón de ser; creemos igualmente que, desaparecida la causa, se entraría en el comienzo de la desaparición del efecto[28].

---

28 Perón, Juàn, *La fuerza es el derecho de las bestias*, Editorial Volver, Buenos Aires, 1987.

Un cuarto de siglo después, en *El Modelo Argentino*, Perón amplió el concepto hacia lo que considera el universalismo:

> Difícil y sutil tarea es ésta para los hombres del futuro: lograr una integración que no consista en una nueva manifestación enmascarada del imperialismo; compatibilizar el universalismo con la indispensable preservación de la identidad de los pueblos. Así como sostuve que una auténtica Comunidad Organizada no puede realizarse si no se realiza plenamente cada uno de sus ciudadanos, pienso que es imposible concebir una integración mundial armónica sobre la base de una nivelación indiscriminada que despersonalice a los pueblos y enajene su verdad histórica. (...)
>
> Deben considerarse dos etapas esenciales, a las que me he referido en innumerables oportunidades: la del Continentalismo y la del Tercer Mundo. La etapa del Continentalismo configura una transición necesaria... Debemos actuar unidos para estructurar a Latinoamérica dentro del concepto de Comunidad Organizada y es preciso contribuir al proceso con toda la visión, perseverancia y tesón que haga falta. Tenemos que asumir el principio básico que dice 'Latinoamérica para los latinoamericanos'.[29]

La Tercera Posición de Perón no solo se expresaba en los discursos y en los libros. En 1954, Washington apoyó el golpe militar de Castillo Armas —con el apoyo económico de la *United Fruit Company*— contra el gobierno popular del coronel Jacobo Arbenz en Guatemala. Centenares de perseguidos políticos se refugiaron en la embajada argentina y en otras embajadas latinoamericanas. Las empresas norteamericanas se opusieron a vender pasajes e impedir la salida de los refugiados del país centroamericano. El gobierno de Perón decidió desviar los vuelos a Europa de la flota aérea argentina y tendió un puente aéreo en-

---

29   Perón, Juan, *El Modelo Argentino*, Editorial Fundación Integración Americana, Buenos Aires, 1995.

tre Guatemala y Buenos Aires, salvando a cientos de perseguidos. La prensa norteamericana solo atinó a decir que era la obra de un 'dictador latinoamericano'.

Hacia una economía nacional

Perón sabía que para mantener la soberanía política tenía que contar con un país económicamente independiente. Lo primero que hizo fue crear un Consejo Nacional de PostGuerra para que preparara un estudio completo de la economía argentina. Allí se decidió una reforma financiera que implicó la nacionalización de los depósitos bancarios, convirtiendo al Banco Central en el único responsable del dinero argentino. A continuación se nacionalizaron los servicios públicos: ferrocarriles, transportes de Buenos Aires, gas, teléfonos, seguros y reaseguros, electricidad, comercialización y acopio de las cosechas, creación de una flota mercante y aérea.

Pero no fue todo tan fácil. A la oposición lógica de los capitales extranjeros y la oligarquía nativa se sumó inesperadamente la de los industriales nacionales. Pese a que la política del peronismo era industrialista, la mayoría de la burguesía nacional no estaba de acuerdo con la política del nuevo régimen a favor de los trabajadores: leyes laborales, vacaciones pagas, beneficios sociales, altos salarios. Arturo Jauretche relata en *El medio pelo en la sociedad argentina* que los nuevos industriales no estaban orgullosos de fabricar cocinas o bulones sino que esperaban reunir las primeras ganancias para comprarse un campo que les permitiera criar ganado y así poder ser socios de la Sociedad Rural. Con ironía Jauretche señaló que:

> No puedo imaginarme a Rockefeller o a Ford haciéndose perdonar el petróleo y los automóviles, por los granjeros norteamericanos. Allá hasta un ganadero tejano que encuentra petróleo en su campo, no dejará las botas ni el sombrero aludo —por el contrario, las lustrará para que brillen más y les ensanchará el ala— pero se comportará como hombre de negocios,

como un burgués con toda la barba y si imita, imitará a la gente de Wall Street[30].

Pese a la posición de los industriales un pequeño grupo conformó la CGE (Confederación General Económica), brindándole su apoyo. Su principal representante fue el Dr. Miguel Miranda y ocupó el cargo de ministro de Economía entre 1946 y 1949. Perón detalló que en el primer encuentro Miranda le sugirió la compra de materiales e insumos para el desarrollo de la industria y él le planteó que no había dinero para tanto, a lo cual el industrial le respondió: "Justamente, general, esa es la forma de comprar, sin dinero. ¡Con plata compran los tontos!". Y agregó: "Empezaremos con los ferrocarriles".

Y fue así. Miranda sabía que la deuda de Gran Bretaña con Argentina era de 140 millones de libras esterlinas que estaban bloqueadas, lo que implicaba no poderlas usar. En una primera reunión con los ingleses éstos pidieron 10 mil millones de pesos a lo que el gobierno argentino retrucó con solo un millón. Los ingleses se enfurecieron y las negociaciones se estancaron. Paralelamente a la negociación los gremios comenzaron a trabajar a reglamento. Finalmente se llegó a un acuerdo por 2.000 millones de pesos, los cuales se pagaron con una parte de las libras esterlinas bloqueadas y con 18 meses de alimentos.

El 1° de marzo de 1948, frente a la estación Retiro, se realizó una enorme concentración popular para celebrar la toma de posesión de las compañías inglesas, a la que no asistió Perón, afectado y operado de una apendicitis aguda. Pese a ello, y antes de terminar el acto, por los altoparlantes apareció la voz de Evita pidiendo silencio para escuchar al presidente convaleciente: "Buenas noches a todos. Les pido que festejen esto que nos ha costado mucho y que esta noche estén muy alegres y muy felices. Hasta pronto".

Un dato que merece recordarse es que con la nacionalización de los ferrocarriles se incluían unas 25.000 propiedades ingle-

---

30 Jauretche, Arturo, *El medio pelo en la sociedad Argentina*, Editorial Peña Lillo, Buenos Aires, 1966.

sas que aparecían como bienes indirectos y en los cuales se encontraban puertos como el de Bahía Blanca, empresas eléctricas, empresas de tranvías, de transportes automotores, hoteles, destilerías de petróleo y hasta el diario *El Mundo*.

Toda la oposición salió a criticar la nacionalización de los ferrocarriles. Decían que se había comprado 'hierro viejo' y los sectores de izquierda agregaban que Perón se había vendido al 'imperio inglés'. Diría Raúl Scalabrini Ortiz "se había comprado soberanía"[31].

El mayor rechazo de la oligarquía a la política económica de peronismo fue la creación del IAPI (Instituto Argentino para la Promoción del Intercambio) que se encargaba del control estatal del comercio exterior.

El IAPI se convirtió en el único comprador de las cosechas del cereales y oleaginosas y vendedor de los mismos en el exterior, actuando asimismo como comprador de los productos que se importaban. Así, luego de cubrir las necesidades del consumo interno, realizaba la venta de los saldos exportables negociando con los representantes de las entidades estatales de gobiernos compradores.

Este sistema de comercialización le permitió al productor tener asegurado un precio sin depender de los grandes productores. En un plazo de 12 días, el productor cobraba el 100% del importe de su cosecha en una sucursal bancaria de la zona.

El economista Aldo Ferrer explicó así el funcionamiento del IAPI:

> En 1950, por ejemplo, mientras el tipo de cambio al cual debían los exportadores vender las divisas generadas por sus exportaciones era de 5 pesos por dólar, el tipo de cambio de equilibrio entre la oferta y la demanda de divisas debía ser superior a 15 pesos por dólar. Esto reducía obviamente los ingresos del sector agropecuario en el cual se originaba el 100% de las exportaciones argentinas. A su vez, las divisas así adquiridas por el Banco Central eran vendidas a los industriales y otros usuarios de materias primas, produc-

---

31   Scalabrini Ortiz, Raúl, *Historia de los ferrocarriles Argentinos*, Editorial Plus Ultra, Buenos Aires, 1974.

tos intermedios, combustibles, maquinarias y equipos importados a un tipo oficial de venta de cambio de equilibrio.

Los usuarios de las divisas se beneficiaban, pues, con los ingresos que no recibían los productores agropecuarios y, en la medida en que el abaratamiento de las importaciones de aquellos bienes contribuía a reducir los costos de producción, toda la población se beneficiaba de esta translación de ingresos[32].

El gobierno no se conformaba con controlar todo el comercio exterior, quería además llegar con el cereal directamente al país comprador y así decidió desarrollar una flota mercante que el país no tenía. Cuenta Perón que en 1947 consultó a la Marina sobre la necesidad de crear una flota mercante moderna y que éstos se opusieron porque consideraban que los fletes internacionales iban a bajar con el tiempo sus costos: "Entonces lo miré a Miranda y le dije que si estos 'libertadores' se oponen hay que hacerla y hoy somos la cuarta flota del mundo".

Entre 1947 y 1952 la Argentina duplicó el tonelaje de su marina mercante, aumentando su volumen cuatro veces en una década. Al asumir Perón el gobierno, el país contaba con una flota mercante de 430.000 toneladas y en 1952 llegaba a 1.158.006 toneladas.

El crecimiento económico durante el gobierno peronista tocó a su fin a principio de los años 50. Las causas internacionales habían cambiado y Europa comenzaba a levantarse luego de la sangrienta guerra mundial. Paralelamente Estados Unidos había excluido deliberadamente a la Argentina del Plan Marshall que entregaba el trigo al continente europeo a un precio muy barato al estar subsidiado por Washington. En 1952 Perón lanzó su segundo Plan Quinquenal donde intentó crear las condiciones para desarrollar la industria pesada, resolviendo toda la línea del hierro y del acero, como así también la del aluminio.

---

32 Citado por Jorge Abelardo Ramos en *La Era del Peronismo*, Ediciones del Mar Dulce, Bs. As. 1981.

El plan fue anunciado por el propio Perón por radio y televisión durante varios días. En las disertaciones anunció que se restringiría el consumo interno, fomentando el ahorro, aumentando las exportaciones pero reduciendo las importaciones y utilizando ese dinero para las inversiones de capital.

Una vez más la oposición se opuso y la Unión Cívica Radical expresó que el nuevo plan significaba la "suma del poder público y el camino al despotismo".

Por los derechos sociales

Todo el desarrollo económico se trasladó al pueblo trabajador. En 1952, el 58% de los ingresos del país correspondía a los trabajadores y eran años de pleno empleo. Por primera vez el fantasma de la desocupación no existía en la Argentina.

Durante 10 años el país fue dejando la injusticia para convertirse en una comunidad justa y solidaria. De una carencia absoluta de leyes de trabajo y previsión social se pasó a ser uno de los países más importantes en dicha materia: los derechos del trabajador, de la ancianidad, el estatuto del peón, los convenios colectivos de trabajo, los regímenes de jubilación para la totalidad de los habitantes, la ley de previsión social, la ley de accidentes de trabajo, las pensiones a la vejez y la invalidez, la ley de sueldo anual complementario, la creación de la justicia del trabajo y la participación de las ganancias, entre otras.

El desarrollo educativo fue muy importante en esta década. Se creó el Ministerio de Educación de la Nación y en diez años se pasó de dos millones de estudiantes a cuatro millones. Los fondos dedicados a la educación pasaron de quinientos millones a tres mil millones en 1955:

> Recibimos el país con casi el 15% de analfabetos entre niños y adultos y, todos los años, más de doscientos mil niños no podían concurrir a la escuela primaria por falta de asientos en las escuelas del Estado. Lo devolvimos con solo el 3% de analfabetos adul-

tos y hoy todos los niños, sin excepción, pueden cumplir sus estudios primarios, secundarios, universitarios, técnicos y especiales[33].

Otro de los grandes cambios se produjo en la salud pública. Cuando el peronismo llegó al poder en 1946 no existía un ministerio de Salud y nadie se preocupaba por las enfermedades endémicas del interior del país: paludismo y mal de Chagas en el norte, lepra en el litoral, tuberculosis, sífilis, tifus y brucelosis entre otras enfermedades crónicas. Perón decidió nombrar a cargo de la salud pública al Dr. Ramón Carrillo, un humanista que se había formado en el mundo pero que nunca había olvidado sus orígenes en Santiago del Estero.

Con el primer Plan Quinquenal se construyeron cientos de hospitales, centros de salud, hogares para niños y ancianos. Para ello se adoptó un estilo arquitectónico moderno y cálido. Carrillo decía que "Un hospital es la casa del dolor y del sufrimiento. No lo afeemos con muros rígidos, con aspecto de prisión" (...) "Todo hospital debe ser concebido y construido en forma tal, que pueda crecer como un árbol, armónica y proporcionalmente, de acuerdo al crecimiento y las necesidades de la población circundante".

En 10 años se erradicó el paludismo y se bajó considerablemente los casos de tuberculosis. Se actuó en la prevención social con campañas nacionales de vacunación y en la producción nacional de medicamentos a muy bajo costo.

Ramón Carrillo escribirá:

> Se armó así un inmenso aparato organizado, cuyos primeros resultados positivos pudieron observarse en la rápida formación de una conciencia sanitaria, documentada por el éxito de las campañas masivas de vacunación antivariólica y antidiftérica aunque, es lógico, los logros más significativos y espectaculares tuvieron que ver con las campañas masivas, de gran envergadura y dimensión nacional, que se instrumentaron para erradicar enfermedades endémicas. El ejemplo mayor lo cons-

---

33   Ibíd. Perón, Juan, *La Fuerza es el Derecho de las Bestias.*

tituyó la lucha contra el paludismo, que diezmaba a la población del nordeste del país. Durante tres años brigadas del ministerio trabajaron casa por casa y pueblo por pueblo, hasta que la enfermedad fue vencida. (...) y todo ello, claro, encuadrado en una política social general que había elevado los índices de nutrición, higiene, bienestar y condiciones de vida, en un país que en 1946 tenía un tercio de su población subalimentada[34].

El golpe militar de 1955 encontró a Ramón Carrillo en Nueva York. Decidió no volver al país y se trasladó a un pequeño pueblo rural del Brasil para atender a los más humildes. En Buenos Aires la dictadura militar lo acusó de malversación de fondos públicos y allanó sus propiedades. Pero todo era mentira. El gran sanitarista argentino estaba en la pobreza absoluta. En 1956 sufrió un ataque cerebral que lo llevó a la muerte el 20 de diciembre de ese año. Perón ofreció un avión desde el exilio en Venezuela pero los médicos no permitieron moverlo.

Dos meses antes, el 6 de setiembre de 1956, desde su lecho de enfermo le escribió una carta a un amigo de toda la vida, Segundo Ponzio Godoy, nombrándolo albacea de su nombre y honor. Allí le dijo:

> Ahora vivo en la mayor pobreza, mayor de la que nadie puede imaginar, y sobrevivo gracias a la caridad de un amigo. Por orgullo no puedo exhibir mi miseria a nadie, ni a mi familia, pero sí a un hermano como vos, que quizá –conociéndome– puedas comprenderme (...) Si yo desaparezco queda mi obra y queda la verdad sobre mi gigantesco esfuerzo donde dejé mi vida[35].

Pasaron 16 años para que la dictadura permitiera que se repatriaran sus restos y descansaran en su Santiago del Estero natal, como era su deseo.

---

34 Alzugaray, R., *Ramón Carrillo, el fundador del sanitarismo nacional*, Centro Editor de América Latina, Buenos Aires, 1988 2 tomos.
35 Ibíd.

1952

El segundo gobierno

El país, como lo hemos visto en el capítulo anterior, se había trasformado en un ciento por ciento, pero la sociedad, especialmente la capitalina, seguía dividida con la figura de Perón y Evita. Fueron los años de mayor idolatría: actos, manifestaciones, propaganda por doquier y hasta calles, estaciones de ferrocarriles y provincias con el nombre de Perón o Eva Perón[36].

De los dos héroes de la Gran Década, Evita siempre fue el blanco de las críticas y el odio de la oligarquía. Ella se había convertido en la abanderada de los humildes y en la mas acérrima defensora de sus 'grasitas', como así también en la principal crítica de la "raza maldita de los oligarcas". El pueblo la amaba y con razón. Ella les respondía de esta manera:

> Todo lo daré porque todavía hay pobres en mi patria, porque hay tristes, porque hay desesperanzados, porque hay enfer-

---

36 Cambiaron su nombre las provincias del Chaco por Presidente Perón y La Pampa y la ciudad de La Plata por el de Eva Perón.

mos. Dejé mis sueños en los caminos para velar el sueño ajeno, agoté mis fuerzas físicas para reanimar las fuerzas del hermano vencido. Mi alma lo sabe, mi cuerpo lo ha sentido. Pongo junto al alma de mi pueblo mi propia alma. Le ofrezco todas mis energías para que mi cuerpo sea como un puente tendido hacia la felicidad común. Pasad sobre él, firme el paso, alta la frente, hacia el destino supremo de la patria nueva.

El Cabildo Abierto del Justicialismo

En enero de 1950, Eva comenzó a quejarse de dolores inguinales y su médico diagnosticó apendicitis. En el Hospital se detectó que tenía un cáncer de útero y se le aconsejó una operación, a la cual Evita se negó. Paralelamente continuó con su trabajo en la Fundación y con el Partido Peronista Femenino que impulsaría las primeras mujeres para los cargos legislativos de las elecciones de 1951.

La CGT y las mujeres decidieron impulsar su candidatura a la vicepresidencia de la Nación. La candidatura despertó violentos enfrentamientos. La oposición civil, conformada por sectores medios, profesionales o intelectuales, siempre habían elegido a Evita como uno de sus blancos preferidos, criticando especialmente su vida privada. Para este sector era la 'actriz y prostituta' y nunca podía llegar a la vicepresidencia. Por su parte las Fuerzas Armadas se opusieron argumentando que no iban a permitir que una mujer los gobernara en caso de fallecimiento del presidente.

A mediados de agosto, la CGT decidió convocar a un "Cabildo Abierto del Justicialismo" con el objeto de proclamar la fórmula PerónPerón, sintetizada en el slogan 'Perón Cumple, Evita dignifica'. El acto se realizó el 22 de agosto de 1951 sobre la Avenida 9 de Julio y se convirtió en la más grande manifestación de la historia argentina con más de dos millones de personas.

Perón no estaba convencido de la fórmula de la unidad. Sabía de la oposición militar pero estaba más preocupado por la enfermedad de Evita que, para esa fecha, como se puede ver en las imágenes de ese acto, estaba muy delgada, pálida y demacrada. El coronel habló en primer lugar y agradeció a la multitud por su presencia, pero omitió deliberadamente proclamar la fórmula con su mujer. A su turno habló Evita con lágrimas en los ojos y con la pasión de siempre:

> Hoy, mi general, en este Cabildo del Justicialismo, el pueblo, que en 1810 se reunió para preguntar de qué se trataba, se reúne para decir que quiere que el general Perón siga dirigiendo los destinos de la Patria. Es el pueblo, son las mujeres, los niños, los ancianos, los trabajadores, que están presentes porque han tomado el porvenir en sus manos, y saben que la justicia y la libertad únicamente la encontrarán teniendo al general Perón al frente de la nave de la Nación.
>
> Mi general: son vuestras gloriosas vanguardias descamisadas las que están presentes hoy, como lo estuvieron ayer y estarán siempre, dispuestas a dar la vida por Perón. Ellos saben bien que antes de la llegada del general Perón vivían en la esclavitud y por sobre todas las cosas, habían perdido las esperanzas en un futuro mejor. Saben que fue el general Perón quien los dignificó social, moral y espiritualmente. Saben también que la oligarquía, que los mediocres, que los vendepatria todavía no están derrotados, y que desde sus guaridas atentan contra el pueblo y contra la nacionalidad. Pero nuestra oligarquía, que siempre se vendió por cuatro monedas, no cuenta en esta época con que el pueblo está de pie, y que el pueblo argentino está formado por hombres y mujeres dignos capaces de morir y terminar de una vez por todas con los vendepatrias y con los entreguistas. (...)
>
> Es la Patria la que se ha dado cita al llamado de los compañeros de la Confederación General del Trabajo, para decirle al Líder que detrás de él hay un pueblo, y que siga, como hasta ahora, luchando contra la antipatria, contra los políticos venales y contra los imperialismos de izquierda y de derecha. (...)
>
> Yo no soy más que una mujer del pueblo argentino, una descamisada de la Patria, pero una descamisada de corazón, por-

que siempre he querido confundirme con los trabajadores, con los ancianos, con los niños, con los que sufren, trabajando codo a codo, corazón a corazón con ellos para lograr que lo quieran más a Perón y para ser un puente de paz entre el general Perón y los descamisados de la Patria.

Mi general: aquí en este magnífico espectáculo vuelve a darse el milagro de hace dos mil años. No fueron los sabios, ni los ricos, ni los poderosos los que creyeron; fueron los humildes. Ricos y poderosos han de tener el alma cerrada por la avaricia y el egoísmo; en cambio, los humildes, como viven y duermen al aire libre, tienen las ventanas del alma siempre expuestas a las cosas extraordinarias. Mi general: son los descamisados que os ven a vos con los ojos del alma y por eso os comprenden, os siguen; y por eso, no quieren más que a un hombre, no quieren a otro: Perón o nadie. (...)

Los que me atacan a mí no es por mí, mi general, es por vos. Es que son tan traidores, tan cobardes que no quieren decir que no lo quieren a Perón. No es a Eva Perón a quien atacan: es a Perón.

A ellos les duele que Eva Perón se haya dedicado al pueblo argentino; a ellos les duele que Eva Perón, en lugar de dedicarse a fiestas oligárquicas, haya dedicado las horas, las noches y los días a mitigar dolores y restañar heridas.

Mi general: aquí está el pueblo y yo aprovecho esta oportunidad para agradecer a todos los humildes, a todos los trabajadores, a todas las mujeres, niños y hombres de la Patria, que en su corazón reconocido han levantado el nombre de una mujer, de una humilde mujer que los ama entrañablemente y que no le importa quemar su vida si con ello lleva un poco de felicidad a algún hogar de su Patria. Yo siempre haré lo que diga el pueblo, pero yo les digo a los compañeros trabajadores que así como hace cinco años dije que prefería ser Evita antes de ser la esposa del presidente, si ese Evita era dicho para calmar un dolor en algún hogar de mi Patria, hoy digo que prefiero ser Evita, porque siendo Evita sé que siempre me llevarán muy dentro de su corazón. ¡Qué gloria, qué honor, a qué más puede aspirar un ciudadano o una ciudadana que al amor del pueblo argentino! (...)

Yo, mi general, con la plenipotencia espiritual que me dan los descamisados de la Patria, os proclamo, antes que el pueblo os vote el 11 de noviembre, presidente de todos los argentinos. La Patria está salvada, porque está en manos del general Perón.

A ustedes, descamisados de mi Patria, y a todos los que me escuchan, los estrecho simbólicamente muy, pero muy fuerte, sobre mi corazón.

Fue un discurso profundo, emotivo, pero aunque proclamó la candidatura de Perón no dijo nada de la suya. La gente comenzó a impacientarse y como nunca se produjo un diálogo directo entre las masas y Evita. El tiempo pasaba y nadie se movía de sus lugares. Evita apareció nuevamente sobre el balcón. Intentó responder con la voz quebrada pero el pueblo insistía en su postulación: 'Evita con Perón'. No supo qué decir pero al final anunció que esa noche respondería en un programa radial. Finalmente la multitud se dispersó. Nueve días después, el 31 de agosto, Evita anunció su decisión definitiva e irrevocable de declinar la nominación.

La conspiración de 1951

En los primeros días de setiembre su enfermedad empeoró y tuvo que pasar varias semanas en cama donde los médicos decidieron que, luego de un tratamiento que la mejorara, sería intervenida quirúrgicamente. Pero igual que en las jornadas de 1945 cuando renunció Perón a la Secretaria, la oligarquía y los militares reaccionarios no se conformaban con la renuncia de Evita: querían la cabeza de Perón.

El 28 de setiembre de 1951 estalló la primera intentona golpista. Nació en la Escuela de Caballería de Campo de Mayo y fue encabezada por el general Benjamín Menéndez. Al no concitar el apoyo de otras guarniciones fue rápidamente dominada. Los tribunales militares condenaron a más de 200 oficiales a varios años de cárcel, entre los que se encontraba el joven oficial Alejandro Lanusse.

Desde su lecho de enferma, Evita convocó a los líderes sindicales y les ofreció dinero para la compra de armas y la formación de milicias populares en caso que se produjera otra sublevación militar.

El 3 de noviembre Evita ingresaba al Hospital Lanús para ser intervenida quirúrgicamente por un oncólogo norteamericano. Pudo votar el 11 de noviembre desde su lecho de enferma pero ya no se recuperó de su mal. En esos días apareció el libro *La Razón de mi Vida* que fue distribuido masivamente por todo el país y un grupo de escritores pidió que el Ministerio de Educación le otorgara a la autora el 'Gran Premio de Honor'.

Durante 1952, Evita pasó largos períodos en cama. Estaba muy débil y había adelgazado considerablemente. Se dijo que en estos meses escribió un libro que recién vio la luz en 1987[37]. El 1 de mayo de 1952 en un acto convocado en la Plaza de Mayo pronunció un discurso duro contra los enemigos del peronismo que fue una despedida con su pueblo:

> Yo le pido a Dios que no permita a esos insectos levantar la mano contra Perón, porque ¡guay de ese día! Ese día, mi general, yo saldré con el pueblo trabajador, yo saldré con las mujeres del pueblo, yo saldré con los descamisados de la patria, para no dejar en pie ningún ladrillo que no sea peronista. Porque nosotros no nos vamos a dejar aplastar jamás por la bosta oligárquica y traidora de los vendepatrias que han explotado a la clase trabajadora, porque nosotros no nos vamos a dejar explotar jamás por los que, vendidos por cuatro monedas, sirven a sus amos de las metrópolis extranjeras; entregan al pueblo de su patria con la misma tranquilidad con que han vendido el país y sus conciencias; porque nosotros vamos a cuidar de Perón más que si fuera nuestra vida, porque nosotros cuidamos

---

[37] Al Libro se lo conoce como *Mi Mensaje* y salió a la luz en 1987 con prólogo de Fermín Chávez. El texto se encontraba en los archivos de Jorge Garrido, el escribano general de la Nación durante los mandatos de Perón.

una causa que es la causa de la patria, es la causa del pueblo, es la causa de los ideales que hemos tenido en nuestros corazones durante tantos años. Hoy, gracias a Perón, estamos de pie virilmente. Los hombres se sienten más hombres, las mujeres nos sentimos más dignas, porque dentro de la debilidad de algunos y de la fortaleza de otros está el espíritu y el corazón de los argentinos para servir de escudo en defensa de la vida de Perón.

Yo, después de un largo tiempo que no tomo contacto con el pueblo como hoy, quiero decir estas cosas a mis descamisados, a los humildes que llevo tan dentro de mi corazón que en las horas felices, en las horas de dolor y en las horas inciertas siempre levanté la vista a ellos, porque ellos son puros y por ser puros ven con los ojos del alma y saben apreciar las cosas extraordinarias como el general Perón. Yo quiero hablar hoy, a pesar de que el general me pide que sea breve, porque quiero que mi pueblo sepa que estamos dispuestos a morir por Perón y que sepan los traidores que ya no vendremos aquí a decirle 'presente' a Perón, como el 28 de septiembre, sino que iremos a hacer justicia por nuestras propias manos.

Hay mucho dolor que mitigar; hay que restañar muchas heridas, porque todavía hay muchos enfermos y muchos que sufren. Lo necesitamos, mi general, como el aire, como el sol, como la vida misma. Lo necesitamos por nuestros hijos y por el país en estos momentos inciertos de la humanidad en que los hombres se debaten entre dos imperialismos; el de derecha y el de izquierda, que nos llevan hacia la muerte y la destrucción. Y nosotros, un puñado de argentinos, luchamos junto con Perón por una humanidad feliz dentro de la justicia, dentro de la dignificación de ese pueblo, porque en éso reside la grandeza de Perón. No hay grandeza de la Patria a base del dolor del pueblo, sino a base de la felicidad del pueblo trabajador. (...)

Antes de terminar, compañeros, quiero darles un mensaje: que estén alertas. El enemigo acecha. No perdona jamás que un argentino, que un hombre de bien, el general Perón, esté trabajando por el bienestar de su pueblo y por la grandeza de la Patria. Los vendepatrias de dentro, que se venden por cuatro monedas, están también en acecho para dar el golpe en cualquier momento. Pero nosotros somos el pueblo y yo sé que estando el pueblo alerta somos invencibles porque somos la patria misma.

La muerte de Evita

El 11 de noviembre el pueblo argentino se presentó a las urnas para elegir autoridades nacionales. A diferencia de las elecciones del 46, las jornadas previas no tuvieron el fervor de aquellos días y se vivió en un clima de tranquilidad. Solo hubo una novedad: las mujeres votaban por primera vez. La fórmula oficialista era nuevamente PerónQuijano, y obtuvo 4.745.167 votos contra los 2.406.050 de los radicales BalbínFrondizi, y 300.638 votos que sumaban al resto de los partidos (conservadores, socialistas y demócratas progresistas). En esa jornada ingresaron por primera vez 6 mujeres al Senado y 21 a la Cámara de Diputados, todas elegidas por el peronismo.

En este segundo gobierno el peronismo inauguraba un nuevo período contando con la mayoría en ambas Cámaras y con un sólido respaldo popular expresado en las urnas, lo que hace que la oposición y especialmente los sectores oligárquicos se persuadieran de la imposibilidad de luchar contra Perón por medios electorales y se comenzó a gestar una etapa antidemocrática, de acceso al poder a través de un golpe militar.

El 1 de mayo de 1952 al inaugurarse la Asamblea Legislativa Perón pronunció un impactante discurso que terminó con las siguientes palabras:

> Creo firmemente que ya llega en el mundo la hora de los pueblos.
> Los pueblos están abriéndose camino entre la maraña de redes y sombras que los aprisionaba.
> Ninguna fuerza los podrá detener en ese camino de liberación.
> La sed de justicia que llena la boca y el corazón de la humanidad ya no podrá ser apagada ni con palabras ni con dinero...
> En nuestro tiempo se cumplirán inexorablemente las palabras de Cristo y serán bienaventurados los que tengan sed de

justicia porque ellos serán saciados; ¡y saciados de justicia en la plenitud de su realidad!

Yo me enorgullezco de que el pueblo argentino, levantando la doctrina peronista como bandera de sus ideales sea el que inicia la marcha de los pueblos en este momento trascendente de la humanidad.

La nuestra, señores, es una marcha de victoria ineludible.

Acaso nosotros, como todos los que en el mundo han levantado una bandera por primera vez, caigamos aparentemente derrotados en nuestro afán casi infinito de justicia y de libertad.

Pero la marcha no será interrumpida por nuestra caída.

Detrás de nosotros vienen todos los pueblos del mundo sedientos de libertad y de justicia.

La justicia y la libertad no se regalan. Se conquistan, se defienden y muchas veces hay que morir por ellas.

El 7 de mayo, Eva cumplía 33 años y el cáncer hacía estragos sobre su cuerpo. El 4 de junio, día de la investidura por segunda vez del general Perón, Eva insistió en acompañar a su marido en el trayecto de asunción que iba desde el Congreso hasta la Casa Rosada. Le inyectaron calmantes y le diseñaron un soporte bajo su tapado de piel para que pudiera permanecer de pie junto a Perón y así saludar a su pueblo. Durante todo el trayecto repetía "Qué lindo es el pueblo". Al finalizar el recorrido expresó "Yo siempre pensé que no alcanzaría a llegar a este 4 de junio. Dios ha sido bueno conmigo al permitirme ver este día de gloria para Perón". Fue su última aparición en público.

A partir de esa jornada y hasta su muerte miles de mujeres humildes se reunían en silencio en los portones de su residencia de Agüero y Libertador para rezar y pedirle a Dios por la salud de Evita. Pero no todos se conmovían por esta mujer que había dado la vida por su pueblo. Los sectores reaccionarios de la Argentina pintaban en las paredes de Buenos Aires 'viva el cáncer'.

El 26 de julio de 1952 Evita pasó a la inmortalidad. Perón permitió que embalsamaran su cuerpo y luego de un largo duelo sus restos fueron depositados en el local central de la CGT. Perón en su libro *Del poder al exilio. Cómo y quiénes me derrocaron,* relató las últimas horas junto a Evita:

> El primero de mayo de 1952 habló por última vez en público desde un balcón de la Casa Rosada. Le costó gran fatiga, tanto que al terminar el discurso se desvaneció entre mis brazos (...). El día antes de morir me mandó llamar y quiso permanecer sola conmigo (...), su voz era apenas un susurro... 'No abandones a la gente pobre... Es la única que sabe ser fiel" (...) Durante la noche, Evita tuvo un colapso y entró en coma (...). Antes de expirar, Eva me había recomendado no dejarla enterrar; quería ser embalsamada (...) De ella me quedan una fotografía, su carnet cívico y la última carta que me mandó el 4 de junio de 1952. Las pocas palabras que escribió son casi ilegibles, la escritura es irregular, incierta y fatigada. Se parece a su respiración, como la sentí aquella mañana inolvidable, pocos instantes antes de morir.

Manolo Quindimil, amigo de Evita y dirigente histórico de Lanús recordó aquellas jornadas:

> La gente se enteró de su enfermedad y levantó altares en los barrios y en las puertas de las fábricas. Eran como pequeños santuarios donde se encendían velas y todos rezábamos por su salud. El 26 de julio de 1952, cuando a las 20.25 se comunicó oficialmente su muerte, el pueblo se vistió de luto. Esa noche caminé bajo la lluvia acompañado por miles de personas, cuando llegué a la Residencia Presidencial, que en ese momento estaba en las calles Austria y Las Heras, la lloré[38].

El 17 de octubre de 1952 Perón leerá en el acto de Plaza de Mayo, el testamento de Evita que se lo conoció como *Mi Voluntad Suprema:*

---

38   Entrevista en el diario *Clarín,* Suplemento Especial *Siempre Evita, a 50 años de la muerte.*

"Quiero vivir eternamente con Perón y con mi pueblo. Ésta es mi voluntad absoluta y permanente y será también por lo tanto cuando llegue mi hora, la última voluntad de mi corazón (...)

Yo estaré con ellos, con Perón y con mi pueblo, para pelear contra la oligarquía vendepatria y farsante, contra la raza maldita de los explotadores y de los mercaderes de los pueblos (...)

Deseo que todos mis bienes, que considero en gran parte patrimonio del pueblo y del movimiento peronista que es el del pueblo; y que todo lo que dé *La Razón de mi Vida* y *Mi Mensaje* sean considerados como propiedad absoluta de Perón y el pueblo argentino.

Mientras viva Perón él podrá hacer lo que quiera de todos mis bienes, (...) Pero después de Perón, el único heredero de mis bienes debe ser el pueblo y pido a los trabajadores, a las mujeres de mi pueblo que lo exijan. (...)

Dios me perdonará que yo prefiera quedarme con ellos porque él también está con los humildes y yo siempre he visto en cada descamisado un poco de Dios que me pedía un poco de amor que nunca le negué".

1955

El golpe militar

La consagración de Perón para un segundo mandato en las elecciones nacionales de 1951 demostró que el peronismo era imbatible en las urnas. Fue entonces que la reacción oligárquica decidió que había un solo camino para derrotar al régimen: un golpe cívicomilitar. Paso a paso fueron organizando la oposición y aprovecharon cada error que el peronismo cometía desde el poder.

En el capitulo "La Patria Justa" se mostró cómo el país creció económicamente y se logró que la renta per cápita de los trabajadores sea la más alta del siglo. Pese a ello se empezó a notar en lo político una creciente burocratización con síntomas importantes de corrupción. Como ejemplo de ello, en abril de 1953 renunció Juan Duarte, secretario privado del Presidente, envuelto en un escándalo de negociados. Días después apareció muerto por un aparente suicidio. La noticia fue explotada por la prensa opositora.

El país estaba dividido entre peronistas y antiperonistas. Son momentos difíciles para la revolución y la burocracia enquistada en la estructura de gobierno no ayudó en nada a la pacificación del país. En vez de tender un puente con los sectores medios se tomaron medidas impopulares, concebidas en mentes burocráticas: obligaron a los empleados públicos a afiliarse al Partido Peronista; a utilizar luto eterno por la muerte de Evita; el libro *La Razón de mi Vida* se convirtió en texto obligatorio en las escuelas; se crearon listas negras para actores y actrices y una censura casi total se aplicó en los diarios de la oposición. Un ejemplo de los burócratas del gobierno, chupamedias de turno se produjo cuando un oscuro funcionario municipal decidió trasladar al escritor Jorge Luis Borges de un puesto en una biblioteca al de inspector de aves y huevos de la Municipalidad.

Raúl Apold, subsecretario de Informaciones, presionará sin límites a la intelectualidad, llegando a extremos tales como el de censurar a Hugo del Carril por su película *Las Aguas bajan turbias*, basada en el libro del escritor comunista Alfredo Varela. Merece recordarse que Hugo del Carril había grabado la versión más popular de "Los Muchachos Peronistas". Paralelamente se crea una comisión parlamentaria presidida por el diputado José Emilio Visca destinada a investigar supuestas actividades antiargentinas, que en la práctica tenía como misión controlar todas las publicaciones[39]. Fueron momentos difíciles que incluían a la oposición y a muchos escritores del pensamiento nacional. Raúl Scalabrini Ortiz y Arturo Jauretche no publicaron en esos años un solo libro.

En abril de 1953 se tensó definitivamente la relación con los partidos de oposición. La CGT había convocado a una movilización de apoyo al gobierno ante la presión de éstos. En momentos que se realizaba el acto estallaron varias bombas que causaron 7 muertos y más de 100 heridos entre los manifestantes. Perón estuvo duro con la oposición y les pidió a los participantes darles 'leña' a los enemigos de la revolución. El resultado del discurso de Perón fue que esa misma noche militantes exaltados incendiaran la Casa del Pueblo, sede del Partido Socialista, y el Jockey Club, además de atentar contra las sedes del radicalismo y los conservadores, sin que la policía ni los bom-

---

39   Esta comisión prohibió el primer libro de Jorge Abelardo Ramos *América Latina, un país*, que desde una posición de izquierda nacional independiente apoyaba al gobierno.

beros que observaban la acción intervinieran. El clima se enrarecía y decenas de dirigentes opositores fueron a parar a la cárcel: Balbín, Frondizi, Palacios y Pastor entre otros. A las pocas semanas fueron todos liberados[40].

La Universidad fue el otro bastión que utilizaron los sectores de la reacción para enfrentar al régimen peronista. Los estudiantes despreciaban a los profesores impuestos por el gobierno –que eran en su mayoría representantes del pensamiento más retrógrado y clerical– y asumían como propio el discurso opositor postulado desde la izquierda clásica y el radicalismo. La 'popularización' que se había producido en los claustros con la incorporación de numerosos jóvenes provenientes de los sectores de menos recursos, a los que la política del primer gobierno había permitido llegar a la Universidad, no alcanzaría sus frutos en esa época. La Universidad fue la punta de lanza de la reacción oligárquica y en las horas previas al golpe militar las palabras de Pavese se hicieron realidad:

"Los que sabían escribir no tenían nada que decir y los que tenían algo que decir, no sabían escribir".

Duro enfrentamiento con la Iglesia

La oposición no se detuvo en su avance contra el gobierno nacional. A mediados de 1954 sumó un nuevo aliado: la Iglesia Católica. A la distancia podemos observar que fue, quizás, uno de los mayores errores de Perón. En aquellos días en que el Frente Nacional estaba pasando momentos difíciles sumar un nuevo enemigo fue un grave traspié. Algunos escritores señalaron que los nueve años de gobierno habían desgastado la lucidez de Perón y que cierto aislamiento de los sectores populares luego de la muerte de Evita llevó al presidente a incorporar como propias las posiciones anticatólicas de su ministro de Educación, Méndez San Martín[41].

---

40   Alen, Luis, *Juan Domingo Perón: del nacimiento al exilio* (1895/1955), trabajo inédito.
41   Ibíd.

En 1946, un sector importante del clero, no tanto su jerarquía, apoyó la propuesta de Perón contra la Unión Democrática. Ya en el gobierno Perón incorporó la enseñanza religiosa en los colegios como devolución a ese apoyo. A partir de la segunda presidencia de Perón los sectores de clase media, profesionales, universitarios que, como laicos integraban en su mayoría la Acción Católica Argentina, empezaron a cuestionar al gobierno por la falta de libertad hacia los partidos políticos. La Jerarquía Eclesiástica, que nunca había simpatizado con la política popular del gobierno, especialmente con la figura de Evita[42], comenzó a criticar a Perón. En 1954 se creó con el apoyo de la Iglesia Católica y el Vaticano el Partido Demócrata Cristiano.

El presidente no dudó en responder con toda la artillería. En noviembre de 1954 reunió en la quinta presidencial a todos sus funcionarios, gobernadores, autoridades sindicales y empresarias y denunció con nombre y apellido a los miembros de la Acción Católica y a los obispos de las provincias de Córdoba, Santa Fe y La Rioja.

Pero no solo eran palabras.

Días después envió al Congreso varios proyectos de leyes que enardeció a la jerarquía de la Iglesia:

- Equiparación de derechos de hijos naturales y legítimos.
- Eliminación de la enseñanza religiosa de los establecimientos oficiales.
- Suspensión de los subsidios a la enseñanza privada.
- Se estableció el divorcio vincular.
- Legalización de los prostíbulos.
- Eliminación de feriados religiosos.
- Envío de un proyecto de ley para reformar la Constitución a fin de incluir la separación de la Iglesia y el Estado.

---

42   En el libro *La Fuerza es el Derecho de las Bestias* (1956) Perón dirá que "Eva Perón, perseguida y calumniada por los curas argentinos, hizo más obra cristiana en un día, que todos los sacerdotes de mi país en toda su vida. El pueblo argentino puede y lo dice todos los días. Por eso, las mujeres y los hombres del pueblo, cubrieron con su pecho los bustos de Eva Perón que los sacerdotes mandaron destruir con los jóvenes de Acción Católica y los chicos de sus colegios. Eva Perón era un peligro para ellos, porque el pueblo humilde le levanta altares y le prende velas".

La crisis con la Iglesia Católica no tenía retorno y como si todo lo señalado anteriormente fuera poco, Perón nombró 'asesor espiritual' de la presidencia a un falso cura que había sido expulsado de la Iglesia, el padre Pedro Badanelli. Además se dedicó a recibir a todo grupo religioso que circulara en aquel entonces por Buenos Aires, especialmente se le dio una amplia difusión a un pastor evangélico, Teodoro Hicks, quien llenaba la cancha de Atlanta con sus curaciones milagrosas[43].

Bombardear Plaza de Mayo

La tensión entre el gobierno y la oposición, que ya incluía a la Iglesia, a principios de 1955 era insostenible. Los obispos utilizaban sus púlpitos para criticar ferozmente al gobierno y muchos jóvenes de Acción Católica formaban comandos civiles que realizaban atentados con bombas de regular intensidad.

A principios de junio la Iglesia pidió autorización para organizar la procesión de Corpus Christi por las calles de Buenos Aires. El gobierno la prohibió pero la Iglesia decidió hacerla el día 11 dentro de la Catedral metropolitana. Ese día se reunió una multitud que llenó la Plaza de Mayo, donde se podía encontrar además de católicos, socialistas y comunistas que olvidaron su ateísmo y gritaron 'Cristo Vence' agitando pañuelos blancos. Al terminar el acto religioso una columna importante marchó hacia el Congreso y produjo algunos incidentes con la policía con acusaciones cruzadas por el incendio de una bandera argentina. Perón decidió encarcelar y expulsar inmediatamente del país al obispo Tato y a monseñor Novoa como responsables de las provocaciones del 11 de junio.

El éxito de la marcha religiosa terminó de convencer a la Marina que había que asesinar a Perón. La sublevación fue encabezada por el contralmirante Samuel Toranzo Calderón y el

---

43   Silletta, Alfredo, *Multinacionales de la Fe*, Editorial Contrapunto, Buenos Aires, 1988.

vicealmirante Benjamín Gargiulo con el apoyo del ministro Aníbal Olivieri. Planificaron bombardear la Casa Rosada el día 16 de junio de 1955.

Perón contó que esa mañana amaneció nublado:

> Como de costumbre, me levanté a las cinco de la mañana y a las seis y quince llegué a mi despacho de la Casa de Gobierno. A las siete concedí una audiencia al embajador de los Estados Unidos, mister Nuffer y a las 8 me reuní con el ministro del Ejército, general Franklin Lucero. Él me enteró de sus inquietudes en la Marina y me pidió que me trasladara al Ministerio del Ejército. A las 9,30 me informaron que el aeródromo de Ezeiza había sido tomado por aviones sublevados, entonces decidí ir al Ministerio[44].

A las 10 horas comenzó el bombardeo sobre la Casa Rosada donde se arrojaron más de 100 bombas, muchas de las cuales no explotaron, al mismo tiempo que el Batallón de Marina abría fuego y atacaba la Casa de Gobierno.

Muchas de las bombas cayeron sobre Plaza de Mayo y cientos de trabajadores, empleados públicos, mujeres y niños fueron masacrados. El gobierno no quiso dar las cifras de las víctimas, pero los datos extraoficiales hablan de más de 800 muertos, incluido un número muy alto de niños que visitaba la histórica plaza[45]. Las sirenas de las ambulancias no se apagaron por varias horas y podían observarse decenas de vehículos destruidos por las bombas y sangre en toda la plaza. Carlos Ruckauf, en aquel entonces un niño de tan solo 11 años, recuerda aquel día:

> Vivía en Catamarca y Alsina, barrio de Once. Esa mañana estaba fría y nublada. Sentí el ruido de los aviones y subí a la terraza de casa. Los vi pasar y casi al instante sentí las explosiones de las bombas y luego el humo que oscurecía el lugar. No

---

44   Ibíd., Perón, Juan Domingo, *La Fuerza es el Derecho de las Bestias*.
45   Entre los muertos estaban 40 escolares dentro de un trolebús que habían llegado desde el interior del país y visitaban la Plaza de Mayo.

sabía exactamente en qué zona pero me imaginé que podía ser la Plaza de Mayo y pensé en mi padre, que trabajaba en un comercio de seguros a una cuadra de la Casa Rosada. Por suerte al mediodía llegó a casa y me abrazó. No me contó nada, pero en su rostro se notaba que estaba asustado, seguramente luego de haber visto tantos heridos y muertos.[46]

Por la tarde, el ministerio de Marina era rodeado por fuerzas leales y el almirante Benjamín Gargiulo, jefe del motín, se suicidaba en su despacho[47]. Los aviones, luego de haber descargado sus bombas y balas asesinas, huyeron cobardemente hacia el Uruguay.

Hacia la noche una multitud de trabajadores enfurecidos se concentró en Plaza de Mayo. De allí grupos de militantes, ante la indiferencia de la policía, asaltaron y quemaron la Curia, los templos de Santo Domingo, San Francisco, San Ignacio, la Merced y San Nicolás de Bari[48].

El golpe cívico-militar

El país vivía momentos muy difíciles y Perón anunció una tregua política. Renunció a la presidencia del Partido Peronista 'para ser solo el presidente de todos los argentinos'. La nueva actitud del presidente hizo posible que Arturo Frondizi, titular de la UCR, hablara por la cadena de radio oficial. Pero ya era tarde. No había retorno hacia la pacificación del país y los atentados de los comandos civiles se intensificaron en calles y edificios públicos. Mientras tanto la Marina y parte del Ejército planificaban un nuevo golpe militar.

---

46   Entrevista con el autor
47   El almirante Rojas relatará en *El Observador* (del 11584) que la intención era matar a Perón "pero al fallar los cálculos meteorológicos, en lugar de la operación prevista para las nueve de la mañana, se hizo más tarde cuando Perón ya se había marchado".
48   En el incendio a la Curia se perdieron la biblioteca y 80.000 legajos del archivo eclesiástico del siglo XVII.

La tregua no había funcionado y el 31 de agosto, Perón publicó una carta en el diario *Democracia* donde anunció la intención de 'retirarse' del gobierno al considerar que ya había cumplido su misión. La CGT llamo rápidamente a una movilización a Plaza de Mayo. La gente le pidió que se quedara y Perón pronunció un discurso violento ante la multitud:

> Yo contesto a esta presencia popular con las mismas palabras del 45: a la violencia le hemos de contestar con una violencia mayor. (...) aquel que en cualquier lugar intente alterar el orden en contra de las autoridades constituidas o en contra de la Ley o la Constitución, puede ser muerto por cualquier argentino (...) Hemos de restablecer la tranquilidad, entre el gobierno, sus instituciones y el pueblo, por la acción del gobierno, de las instituciones y el pueblo mismo. La consigna de todo peronista, esté aislado o dentro de una organización, es contestar a una acción violenta con otra más violenta. ¡Y cuando uno de los nuestros caiga, caerán cinco de ellos!

Las palabras de Perón fueron el detonante de la oposición. El general Eduardo Lonardi se sublevó en Córdoba bajo el lema 'Dios es justo'. La Marina lo apoyó en su totalidad. También hubo alzamientos en los regimientos de Curuzú Cuatiá y en el Alto Montaña de Mendoza. El grueso del Ejército se mantuvo expectante a la espera de las medidas que tomaría Perón. Pasaron las horas y el gobierno no dio la orden de reprimir lo que llevó a que muchos generales empezaran a considerar la posibilidad del golpe de estado.

Mientras en el gobierno y en el Ejército persistían las dudas, la Marina y el almirante Isaac Rojas bombardearon la destilería del petróleo en Mar del Plata. Horas después anunciaron que bombardearían las destilerías de YPF en La Plata y cañonearían las usinas de la Ítalo, Segba y el centro de la ciudad de Buenos Aires.

Perón llamó a Franklin Lucero, su ministro de Guerra, y le entregó una carta ambigua donde señaló la posibilidad de renunciar para evitar los bombardeos y las muertes:

Yo que amo profundamente al pueblo, sufro un tremendo desgarramiento en mi alma presenciando su lucha y su martirio. No quisiera morir sin hacer el último intento por su tranquilidad y su felicidad. Si mi espíritu de luchador me impulsa a la pelea, mi patriotismo y mi honradez ciudadana me inclinan a todo renunciamiento personal en holocausto a la patria y al pueblo. Ante la amenaza de bombardeos a los bienes inestimables de la Nación y sus poblaciones inocentes, creo que nadie puede dejar de deponer otros intereses o pasiones. Creo firmemente que ésta debe ser mi conducta y no trepido en seguir ese camino. La historia dirá si había razón en hacerlo.

El día 20 de setiembre los generales decidieron que Perón debía renunciar y le informaron que le entregarían el gobierno al general Lonardi. Perón se reunió con algunos generales leales y analizó la situación en su residencia de la calle Austria. Finalmente decidió exiliarse en la embajada del Paraguay. El embajador del país hermano resolvió que para mayor seguridad del presidente sería trasladado de urgencia a la cañonera 'Paraguay' ubicada en la dársena D del puerto de Buenos Aires, la cual se encontraba en reparaciones.

El 23 de setiembre el general Lonardi asumía en Buenos Aires la presidencia ante una multitud que lo vivaba en Plaza de Mayo. El nuevo canciller, Dr. Mario Amadeo, anunció públicamente que a Perón se le darían todas las garantías de asilo y que podría partir hacia otro país.

El escritor Ernesto Sabato, integrante de la oposición a Perón, escribirá que esa noche, encontrándose en la provincia de Salta:

> mientras los doctores, hacendados y escritores festejábamos ruidosamente en la sala la caída del tirano, en un rincón de la antecocina vi cómo las dos indias que trabajaban tenían los ojos empapados de lágrimas. Y aunque en todos aquellos años yo había meditado en la trágica dualidad que escindía al pueblo argentino, en ese momento se me apareció en la forma más

conmovedora. Pues ¿qué más nítida caracterización del drama de nuestra patria que aquella doble escena casi ejemplar? Muchos millones de desposeídos y de trabajadores derramaban lágrimas en aquellos instantes, para ellos duros y sombríos. Grandes multitudes de compatriotas humildes estaban simbolizados en aquellas dos muchachas indígenas que lloraban en una cocina de Salta[49].

Los días pasaron y Perón continuaba en la cañonera 'Paraguay'. La Marina se oponía a que se marchara del país y preparaba un plan para ingresar a la nave y asesinar a Perón. Finalmente Lonardi que había prometido el "Ni vencedores ni vencidos", cumplió con su palabra y el 2 de octubre la cañonera partió de Buenos Aires río adentro para encontrarse con otra nave paraguaya que transportaba al Catalina T29, una aeronave anfibia que lo trasladaría hacia el exilio. Hasta allí va el Dr. Amadeo, canciller argentino quien intentará despedirse dándole la mano, pero Perón no aceptó. Era mediodía y vestía una campera color azul, pantalones de gabardina y una gorra con visera. Su rostro estaba serio. En pocos minutos la aeronave iniciaba el despegue y se desprendía del agua. Uno de los pilotos, el oficial Leo Novak, le entregó a Perón una buena cantidad de diarios argentinos de esos días. Mientras los hojeaba exclamó: "Algún día sabremos demostrarle al Pueblo la verdad sobre las infamias de las que ahora nos acusan"[50].

Comenzaba un largo exilio que duraría 17 años.

A los pocos días, ya en Paraguay, recibió al periodista norteamericano Bob Mayers, de la *Nacional Broadcasting Company*, quien le realizó una entrevista para la televisión norteamericana.[51]

Al final del reportaje el periodista le preguntó qué pensaba hacer para retornar:

---

49   Sabato, Ernesto. *El otro rostro del Peronismo*. Buenos Aires, Imprenta López, 1956. El escritor nunca permitió que se volviera a reeditar.
50   Pavón Pereira, Enrique, *Memorial de Puerta de Hierro*, tomo I, impreso por el Honorable Congreso de la Nación, Buenos Aires, 2001.
51   Ibíd.

"–¿Yo...? Nada, en absoluto".
Se produjo un breve silencio y agregó:
–"Todo lo harán mis enemigos".

Segunda Era

EXILIO Y RESISTENCIA
1956-1974

"Los yanquis reconocen a la Libertadora.
Villa Manuelita NO".
Pintada anónima de una barriada al sur de Rosario

1956

El tiempo de las bestias

El 23 de setiembre de 1955 se iniciaba una de las etapas más difíciles y complejas del peronismo. Fueron 18 años de proscripciones, persecuciones, asesinatos de militantes, exilios y resistencia civil para retornar a la vida política y el poder en 1973.

El general Lonardi, cercano a los sectores nacionalistas y católicos, asumió como presidente de la Nación; en tanto que el almirante Isaac Rojas, más próximo a los grupos liberales oligárquicos y antiperonistas, se constituyó en vicepresidente. Lonardi proclamó que no habría "ni vencedores ni vencidos" e intentó establecer algunos acuerdos con los dirigentes sindicales. La intención era mantener algunas medidas nacionalistas del peronismo pero sin Perón. Como ejemplo la CGT quedó en manos de Andrés Framini y Luis Natalini y se comprometió con el gobierno a realizar elecciones en todos los sindicatos. La tregua duró poco. A mediados de octubre los Comandos Civiles atacaron los locales sindicales y los tomaron a punta de pistola. El sector oligárquico-liberal del gobierno presionó y obtuvo la intervención de la CGT. Los gremios llamaron a la primera huelga para el 2 de noviembre y el gobierno detuvo a sus dirigentes.

El 13 de noviembre los sectores más reaccionarios destituyeron a Lonardi para poder 'desperonizar' el país. Asumió la presidencia el general Pedro Eugenio Aramburu y continuó como vice el almirante Rojas. Ya no hubo más contemplación hacia el peronismo. Se intervino la CGT y todos los sindicatos de base, se inhabilitaron más de 150.000 delegados de fábricas y se encarcelaron cientos de dirigentes justicialistas. El país fue una gran cárcel y se crearon comisiones especiales para 'detectar' todos los crímenes peronistas. Se anuló la Constitución del 1949 y se declaró vigente la de 1853. El general Aramburu ordenó robar el cadáver de Evita del local de la CGT y lo hizo desaparecer por más de 15 años. El escritor Tomás Eloy Martínez relató con precisión la siniestra trama de la sustracción del cadáver de Eva Perón[52].

En un reportaje a la revista *Noticias* Tomás Eloy Martínez cuenta que:

> El cadáver de Evita es el primer desaparecido de la historia argentina. Durante 15 años nadie supo en dónde estaba. El drama fue tan grande que su madre (Juana Ibarguren) clamaba de despacho en despacho pidiendo que se lo devolvieran. Y murió en 1970 sin poder averiguar nada. No sabía –nadie o casi nadie lo sabía– si la habían incinerado, si lo habían fondeado en el fondo del Río de la Plata. Si la habían enterrado en Europa...

El gobierno de Aramburu avanzaba en la represión y firmó el decreto 4.161 que prohibió el funcionamiento del Partido Peronista y toda exhibición de símbolos referidos al peronismo:

> La utilización, con fines de afirmación ideológica peronista, efectuada públicamente, o de propaganda peronista, por cualquier persona, ya se trate de individuos aislados, grupos

---

52 Martínez, Tomás Eloy, *Santa Evita*, Editorial Seix Barral, Barcelona, 1995.

de individuos, asociaciones, sindicatos, partidos políticos, sociedades, personas jurídicas, públicas o privadas, de las imágenes, símbolos, signos, expresiones significativas, doctrinas, artículos y obras artísticas, que pretendan tal carácter (...) Se considerará especialmente violatoria de esta disposición la utilización de la fotografía, retrato o escultura de los funcionarios peronistas o sus parientes, el escudo y la bandera peronista, el nombre propio del presidente depuesto, el de sus parientes, las expresiones peronismo, peronista, justicialismo, justicialista, tercera posición, P.P., las fechas exaltadas por el régimen depuesto, las composiciones musicales denominadas "Marcha de los muchachos peronistas" y "Evita capitana" o fragmentos de las mismas, la obra *La razón de mi vida* o fragmentos de la misma, y los discursos del presidente depuesto y de su esposa o fragmentos de los mismos (...)

Se imputaron a Perón todo tipo de crímenes políticos y morales. Se exhibió el vestuario de Evita, sus supuestas joyas, su ropa interior y más de 500 zapatos de Perón[53]. Se intentó mostrar al pueblo la opulencia del matrimonio. En esos días un periodista le preguntó en Paraguay sobre la gran cantidad de zapatos que se exhibía y con la chispa de siempre Perón respondió:

—¡Qué barbaridad! ¡Sabe Dios cuántas zapaterías habrán desvalijado estos vándalos para acumular tantos pares de zapatos, ni que yo fuera un ciempiés...!

Y el periodista no conforme agregó otra pregunta sobre la gigantesca fortuna que habría llevado al exilio:

—Si la tuviera, hubiera podido comprar a todos los que me traicionaron.

---

53 Las mujeres argentinas, que no olvidaban a Perón y Evita, comenzaron a ir diariamente hasta las rejas de la residencia que utilizaba el ex mandatario y colocaban ramilletes de "no me olvides", lo que llevó al almirante Rojas a dar la orden de demolición de la vivienda.

Una comisión especial dedicada a investigar la Fundación Eva Perón, que alimentaba a más de 11.000 niños, informó sobre varias irregularidades:

> Consta de observar que el vestuario de los niños es cambiado cada seis meses y que en las comidas se incluye ave y pescado, por lo que desde el punto de vista republicano y material es suntuoso, excesivo y no se ajusta a la formación austera de los niños.

Se ordenó la disolución de la Fundación Eva Perón y se quemaron toneladas de vestimentas, ropa de cama, instrumentos quirúrgicos y todo lo que llevara el sello de la Fundación, incluso pulmotores en momentos que Buenos Aires padecía de una epidemia de poliomielitis[54].

Perón dirá desde el exilio en Caracas:

> Han destrozado a martillazos un sinnúmero de pulmotores y puesto fuego en una inmensa montaña de colchones, sábanas, almohadas, etcétera, hasta convertirlos en una pira impresionante, so pretexto de llevar cada prenda, sobreimpresas el sello de la entidad, o sea de la Fundación, dejando al grueso de la población desprovista de las más elementales defensas sanitarias.

El plan Prebisch

Paralelamente a la represión política, el gobierno militar invitó al país al Dr. Raúl Prebisch, secretario ejecutivo de la CEPAL (Comisión Económica de América Latina) para que elaborara un diagnóstico sobre la situación económica. El informe, entregado un par de semanas después, señalaba que:

---

54 Monseñor Plaza anunció en esos días que la epidemia de poliomielitis que padecían los niños argentinos era el castigo de Dios por la existencia del peronismo.

La Argentina atraviesa la crisis más aguda de su desarrollo económico, más que aquella que el presidente Avellaneda hubo de conjurar "ahorrando sobre el hambre y la sed" y más que la del 90 y que la del 30 en plena depresión mundial (...) La política económica que se ha seguido en los últimos diez años ha provocado muy serias fallas estructurales. El Estado ha tomado una influencia considerable en las inversiones de capital y no las ha sabido orientar o realizar en la forma más conveniente para acelerar el ritmo de desarrollo del país y atenuar su vulnerabilidad exterior, que ha llegado ahora a su punto extremo.

Arturo Jauretche salió a responderle y publicó un libro denominado *Plan Prebisch, Retorno al coloniaje*[55] donde refutó toda la información del secretario de la CEPAL. En su libro explicará con detalles las adulteraciones de las cifras y la deformación de la interpretación y cómo se mintió para alterar la realidad. El análisis de Jauretche es contundente sobre el programa económico de la Libertadora:

Los argentinos apenas si tendremos para pagarnos la comida de todos los días. Y cuando las industrias se liquiden y comience la desocupación, entonces habrá muchos que no tendrán ni para pagarse esa comida. Será el momento de la crisis deliberada y conscientemente provocada (...) no habrá entonces más remedio que contraer nuevas deudas e hipotecar definitivamente nuestro porvenir (...) Llegará entonces el momento de afrontar las dificultades mediante la enajenación de nuestros propios bienes, como los ferrocarriles, la flota mercante o las usinas (...) Poco a poco se irá reconstruyendo el estatuto del coloniaje, reduciendo a nuestro pueblo a la miseria, frustrando los grandes ideales nacionales y humillándonos en las condiciones de país satélite.

---

55   Jauretche, Arturo, *Plan Prebisch, Retorno al Coloniaje*, Peña Lillo Editor, Buenos Aires, 1973.

Desde el exilio Perón también explicará los errores de la política económica del gobierno de Aramburu cuando liberó los precios y congeló los salarios a los trabajadores. Perón expresó que él hizo lo contrario:

> Yo tripliqué los salarios, pero al mismo tiempo impuse una congelación de precios. Los comerciantes no se perjudicaron porque la demanda aumentó considerablemente. Ganaron menos por unidad, pero más en el volumen de las ventas. Aramburu hizo lo contrario: congeló los salarios y liberó los precios. Resultado; ni los obreros ni los comerciantes están contentos, pues el poder de la compra y, por consiguiente la demanda, han disminuido. Eso ha creado una gran agitación gremial[56].

Los fusilamientos

El pueblo comenzó a organizar la resistencia, instrumentada a través de huelgas, sabotajes en empresas, algunos atentados con explosivos, pintadas y cánticos en eventos deportivos. Uno de los primeros documentos de Perón desde el exilio expresó lo siguiente:

> Los pueblos que no saben defender sus derechos merecen la esclavitud. Todos, en todo lugar, en todo momento deben hacer la guerra sin cuartel a la dictadura. Cada ciudadano, hombre o mujer, debe preguntarse cada día, qué ha hecho contra la dictadura por la libertad del Pueblo.
> Cientos de miles de ciudadanos muertos, perseguidos, encarcelados, torturados y escarnecidos, nos reclaman ese deber. El Pueblo, tiranizado por la dictadura, exige que luchemos por su salvación. La debilidad de una hora puede representar la esclavitud y explotación permanente.

---

56 Entrevista del periodista Plinio Apuleyo Mendoza en la revista *Elite*, de Caracas, 1956.

Para ello se debe:

> Luchar contra la dictadura mediante la resistencia civil para desgastarla, entre tanto se organizan nuestras fuerzas en la clandestinidad, para luego proceder a la paralización del país y a la toma del poder en cualquier forma, incluso provocando el caos.
>
> Previendo todos los casos, por si lo anterior no pudiese realizarse, mantener las organizaciones de nuestra masa cada día con mas cohesión y perfección orgánica para que, mediante su persistente acción política, se pueda llegar al gobierno y desde allí accionar hacia nuestros verdaderos objetivos[57].

El 9 de junio de 1956 un grupo de militares con apoyo de algunos dirigentes gremiales protagonizó un frágil levantamiento armado. El gobierno no dudó en reprimir la sublevación y ordenó fusilar a los jefes militares y a varios civiles. Fue una jornada triste en la historia del país y para muchos historiadores el acta fundacional de la violencia argentina de la última mitad de siglo XX. No solo fueron fusilados militares, también hombres indefensos, sin acusación ni juicio, fueron asesinados en los basurales de José León Suárez en forma clandestina. El periodista Rodolfo Walsh escribió un emotivo libro sobre dicha situación[58].

La dictadura estaba sedienta de sangre y pese a que el Consejo de Guerra resolvió que no habrá pena de muerte, el general Aramburu ordenó 27 fusilamientos a militares que participaron en la rebelión. El general Juan José Valle, líder del motín le escribió una carta a su verdugo horas antes de morir:

> Dentro de pocas horas usted tendrá la satisfacción de haberme asesinado. Debo a mi Patria la declaración fidedigna de los acontecimientos. Declaro que un grupo de marinos y de mi-

---

57 Cooke, John William, *Correspondencia* Tomo II, Editorial Parlamento, Buenos Aires, 1984.
58 Walsh, Rodolfo, *Operación Masacre*, Ediciones de la Flor, Buenos Aires, 1984.

litares, movidos por ustedes mismos, son los únicos responsables de lo acaecido.

Para liquidar opositores les pareció digno inducirnos al levantamiento y sacrificarnos luego fríamente. Nos faltó astucia o perversidad para adivinar la treta. Así se explica que nos esperaran en los cuarteles, apuntándonos con las ametralladoras, que avanzaran los tanques de ustedes aun antes de estallar el movimiento, que capitanearan tropas de represión algunos oficiales comprometidos en nuestra revolución. Con fusilarme a mí bastaba. Pero no, han querido ustedes, escarmentar al pueblo, cobrarse la impopularidad confesada por el mismo Rojas, vengarse de los sabotajes, cubrir el fracaso de las investigaciones, desvirtuadas al día siguiente en solicitadas de los diarios y desahogar una vez más su odio al pueblo. De aquí esta inconcebible y monstruosa ola de asesinatos.

Entre mi suerte y la de ustedes me quedo con la mía. Mi esposa y mi hija, a través de sus lágrimas verán en mí un idealista sacrificado por la causa del pueblo. Las mujeres de ustedes, hasta ellas, verán asomárseles por los ojos sus almas de asesinos. Y si les sonríen y los besan será para disimular el terror que les causan. Aunque vivan cien años sus víctimas les seguirán a cualquier rincón del mundo donde pretendan esconderse. Vivirán ustedes, sus mujeres y sus hijos, bajo el terror constante de ser asesinados. Porque ningún derecho, ni natural ni divino, justificará jamás tantas ejecuciones[59].

El odio hacia el peronismo no solo se daba en el Ejército y la Marina, los partidos políticos que integraban la Junta Consultiva apoyaron y felicitaron los fusilamientos. Una frase tristemente célebre de aquellas horas la dijo el dirigente socialista Américo Ghioldi: "Se acabó la leche de la clemencia".

---

59 Baschetti, Roberto, *Documentos de la Resistencia Peronista 1955-1970*, La Plata, Ediciones Campana de Palo, 1997.

Enterado Perón de los dramáticos acontecimientos expresó:

> El peronismo se ha llenado de mártires y entre ellos no hay un solo hombre que, como nuestros enemigos, pueda ser tildado de asesino con fundamento, como podemos llamarlos a ellos con razón. La sangre generosa de estos compañeros caídos por la infamia "libertadora" será siempre el pedestal de Abel, que los seguirá hasta su tumba, llenándolos de remordimiento y de vergüenza.

La Resistencia

La resistencia fue un movimiento único en nuestra historia que logró un gran consenso en los sectores populares y que pudo articularse a lo largo y a lo ancho del país bajo las directivas de un líder que se encontraba a miles de kilómetros de la patria.

Merece evocarse que la resistencia no fue solo de los dirigentes sindicales o políticos, los que integraban las estructuras del partido. El pueblo en su conjunto, de diversas maneras se opuso a la Libertadora y nunca negó su sentimiento de amor al líder. Norberto Salas nació, creció y vive todavía hoy en Lanús Este, habla de sus nietos, de su amor por Independiente y recuerda aquellos años:

> En el 55 tenía 22 años, mi adolescencia había transcurrido con el peronismo y el desarrollo económico y social que habíamos vivido en el barrio no era cuento, era real. A Perón y a Evita los llevábamos en nuestro corazón, estábamos agradecidos porque, por primera vez, alguien se había acordado de los que vivíamos del otro lado de la general Paz y cuando llegó la Libertadora y se prohibió nombrar a Perón, recuerdo que sobre mi saco me pegaba un ramito de *no me olvides* que era una de las formas más simple de resistencia a la dictadura[60].

---

60 La flor *"no me olvides"* se convirtió en un símbolo de la resistencia del pueblo

Perón comenzó a enviar sus 'directivas secretas', las cuales se reimprimían y circulaban por todo el país. El 1 de diciembre de 1955 envió su primera directiva:

> La disolución del Partido Peronista por decreto de la dictadura, no debe dar lugar a la dispersión de nuestras fuerzas.
> Es necesario seguir con nuestras organizaciones, tanto las mujeres como los hombres peronistas deben seguir reuniéndose para mantener el partido. Cada casa de un peronista será en adelante una unidad básica del partido.
> La Confederación General del Trabajo y sus sindicatos atropellados por la dictadura deben proceder en forma similar.
> Yo sigo siendo el jefe de las fuerzas peronistas y nadie puede invocar mi representación.
> Si hay elecciones sin el peronismo, todo buen peronista debe abstenerse de votar. Ésta es mi orden desde el exilio.

Desde el destierro Perón organizó la resistencia. Primero formó Comandos de Exiliados en países limítrofes que se comunicaban con Comandos Provinciales que organizaban la sublevación en cada región. En la Capital Federal nombró a un delegado personal: John William Cooke[61].

Las directivas de aquellos años eran de una dureza tal que hay que comprenderlas dentro de la represión salvaje de la dictadura militar. Perón planteó en uno de los primeros Documentos Generales del Comando Superior Peronista, terminar con la dictadura instrumentando cinco puntos básicos para la lucha:

---

peronista a la dictadura. Arturo Jauretche escribió unos versos que decían: "*¡No me olvides, no me olvides,/No me olvides!.../Canta el pueblo de Perón./No me olvides sobre el pecho,/no me olvides pegadito al corazón. /Volverán los no me olvides/cada año a florecer. /Con la flor de no me olvides/no olvidando esperaré. /No me olvides, no me olvides./No me olvides, les la flor del que se fue*".

61   Uno de los más importantes y lúcidos dirigentes peronistas de esos años. Diputado entre 1946 y 1952 fue detenido y encarcelado en octubre de 1955. Contó Perón que lo eligió como delegado porque "fue el único dirigente, que se conectó conmigo desde dentro del país, y el único en tomar abiertamente una posición de intransigencia". Falleció en setiembre de 1968.

Resistencia civil. Esta resistencia puede ser individual y de conjunto. En la resistencia individual cada uno hace lo que puede para causar daño a la dictadura. (...) En la resistencia de conjunto u organizada, se opera en diversos campos: en lo "militar" para copar las fuerzas o descomponerlas mediante un trabajo continuo sobre los cuadros de oficiales, suboficiales y sobre la tropa misma, para ponerlos a nuestro favor o neutralizarlos; en lo "económico" con el boicot a las compras y a la producción, realizando todo aquello que agrave el problema de la economía nacional; en lo "social" provocando un estado de perturbación permanente mediante paros y huelgas con motivos varios; en lo "político" mediante la agitación continua por la infiltración y la provocación. También pertenecen a esta clase las acciones realizadas por grupos especiales en el sabotaje activo, en la intimidación y en el ataque a personas y bienes de los que sirven a la tiranía.

Organización clandestina del pueblo. El Partido Peronista (M. y F.) debe formar sus nuevos cuadros por el sistema celular. Otro tanto deben hacer la CGT y los sindicatos disueltos. Todo ha de ser secreto. (...) Mediante la resistencia civil se desgastará a la tiranía, entretanto se completa la organización clandestina del pueblo y se prepara de la mejor manera el paro general revolucionario.

Paro general revolucionario. Cuando la resistencia civil haya desgastado al gobierno y la organización clandestina del pueblo esté pronta, se desatará la huelga general revolucionaria, cesando toda la actividad en el país hasta que la canalla dictatorial abandone el gobierno. El paro general revolucionario presupone un trabajo intenso para producirlo y una organización férrea para mantenerlo, recurriendo a todos los medios. Ningún gobierno puede resistirlo mucho tiempo.

Guerra de guerrillas. Para afirmar el paro general, es menester disponerse a desatar la guerra de guerrillas. El guerrillero ataca cuando es fuerte y desaparece frente a fuerzas superiores. Ataca por sorpresa, empleando la astucia. La rapidez en la movilidad es su característica. La tiranía debe verse atacada por un enemigo invisible que la golpea por todas partes, sin que ella pueda encontrarlo en ninguna. Contando con el apoyo de la población, la guerra de guerrillas es invencible. Durante la resistencia civil, los grupos de hombres organizados pueden comenzar la práctica de guerrillas, ejercitándose en llevar a cabo acciones de sabotaje y ataques a personas y bienes de la canalla dictatorial.

Acciones especiales: intimidación. El dominio por el terror es propio de los que temen al terror. La organización por el gobierno de su cuerpo de "gorilas" ha tenido por objeto aterrorizar a la población. Estos "gorilas" y los que los mandan son cobardes, porque sólo los gorilas asesinan a gente indefensa, enemigos vencidos o prisioneros. Es necesario individualizarlos y hacerlos conocer públicamente por medio de panfletos, señalando el lugar donde viven, para que se les prepare el fin que merecen.

A mediados de 1957 el gobierno dictatorial de Aramburu llamó a elecciones constituyentes para reformar la Constitución Nacional, ya que la de 1949 había sido anulada por decreto. Perón se opuso y emitió un mensaje para que la gente se abstenga de votar[62]. La orden se cumplió con éxito y muy pocos ciudadanos se presentaron a votar. El poder del líder sobre su pueblo se mantenía intacto pese a la distancia.

---

62 Decía Perón que "si por cualquier causa debieran hacerlo votaran en blanco o anularan su voto con la palabra asesinos".

1959

Exilio y resistencia

El exilio de Perón se inició formalmente en Paraguay. Luego de encontrarse y agradecerle personalmente al presidente Alfredo Stroessner por haberle permitido exiliarse, se instaló en la granja de Alejandro Gayol, un amigo argentino que residía en Asunción. En esos días, pasada la tensión sufrida en la cañonera paraguaya, se lo veía a Perón de buen humor. Continuaba levantándose temprano, dormía su religiosa siesta, vestía de sport. Lo único llamativo es que en aquellos días llevaba casi siempre un revolver en la cintura por temor a algún atentado[63].

El 8 de octubre, día de su cumpleaños, ofreció una conferencia de prensa donde no vaciló en atribuir los móviles del golpe de Estado a la "reacción oligárquica-clerical para entronizar el conservadorismo caduco". Al mismo tiempo agregó que él no había entregado la renuncia formal por lo cual continuaba siendo "el presidente de todos los argentinos". Las declaraciones

---

63   La policía paraguaya detuvo un par de comandos argentinos que habían cruzado la frontera con intención de asesinarlo.

produjeron un revuelo en Buenos Aires y el gobierno argentino presionó al paraguayo con la posibilidad de romper relaciones diplomáticas. El 17 de octubre Strossner dio la orden de trasladar a Perón al interior del país como una forma de tranquilizar al régimen argentino y alejarlo de la prensa internacional que intentaba entrevistarlo diariamente en Asunción.

El 2 de noviembre Perón partió en silencio de territorio paraguayo argumentando que iría a visitar la tierra de Rubén Darío por una invitación de Somoza. Su primera escala fue en el aeropuerto El Galeao de Brasil y de allí partió hasta la Guayana holandesa donde se quedó cuatro días argumentado problemas técnicos en el motor. Perón estaba tramitando la visa para instalarse en México, pero finalmente este país, por la presión de Estados Unidos, le negó la estadía. Partió hasta Caracas, pero sólo estuvo unas horas para luego sí instalarse en Panamá, donde fue recibido cálidamente por el gobierno y la población en general[64].

En tierras panameñas se encerró durante varias semanas en la habitación del hotel Washington para terminar la redacción de su primer libro en el exilio: *La Fuerza es el derecho de las Bestias*. En las horas de descanso recibía a exiliados y organizaba la resistencia en la Argentina[65]. En aquellos días la vida de Perón era muy sencilla. Él mismo relatará que:

> Mi comida es sana y frugal. No tomo alcohol, bebo agua, té, café y preferentemente mate. Me levanto en invierno y verano a las 5,30; almuerzo a las 11 horas. Duermo una siesta y me acuesto a las 23 luego de escuchar un poco de música, el único sedante que tolero[66].

---

64 La noche del 23 de diciembre de 1955 conocerá a María Estela Martínez, Isabelita, quien se convertirá en su tercera esposa.

65 Una de las tareas más importante del exilio fue responder la mayoría de las cartas que le enviaban. Para que no fueran confiscadas por la dictadura utilizaba los seudónimos 'pecinco' o 'gerente'.

66 Pavón Pereira, Enrique, *Perón, el hombre del Destino*, Volumen III, Buenos Aires, Edición de Abril Educativa y Cultural, 1973.

En el mes de julio de 1956 visitó finalmente Managua y en agosto de ese año se trasladó a Venezuela por invitación del presidente Marcos Pérez Jiménez hasta enero de 1959. La estadía en Caracas le permitió organizar encuentros más seguidos con los responsables de la resistencia y tener una comunicación más fluida con sus seguidores. Además de sus directivas por carta comenzó a grabar cintas que ingresaban clandestinamente a la Argentina y circulaban entre la militancia político-gremial.

El 25 de mayo de 1957, un grupo de militares organizados por la embajada argentina en Venezuela intentó asesinar a Perón. Una bomba destruyó el viejo Opel que utilizaba el general, salvando milagrosamente la vida el chofer que había bajado del auto para realizar compras. Horas después del atentado el gobierno de Caracas declaró persona no grata al embajador argentino y le otorgó 24 horas para abandonar el país.

En enero de 1959 se produjo un golpe de Estado contra Pérez Jiménez y Perón debió exiliarse en la embajada de la República Dominicana. Una semana después partirá con un salvoconducto hasta Santo Domingo. Allí se reunirá con el general Trujillo quien le brindará todas las atenciones posibles. Un año después, partirá definitivamente hacia España para residir en Madrid hasta su regreso al país en 1972. En este último viaje lo acompañarán Isabel, Alberto Campos, Américo Barrios y los caniches favoritos del general: Canela y Tinola.

El voto a Frondizi

La violencia de la dictadura sobre las masas peronistas produjo un quiebre en los sectores medios argentinos. Por primera vez las clases medias que habían sido el bastión del antiperonismo comprendían que éste había transformado seriamente al país y que el golpe del 55 era reaccionario y pro imperialista. La Unión Cívica Radical se dividió en dos. Por un lado los sectores conservadores y antiperonistas se agruparon detrás de Ricardo Balbín y Amadeo Sabattini. Por otro lado los jóvenes y los empresarios[67] que confiaban en un desarrollo nacional sin Perón lo siguieron a Arturo Frondizi.

A mediados de 1957 la dictadura estaba agotada. La resistencia peronista aumentaba cada día su presencia con huelgas y sabotajes. Finalizada la reforma de la Constitución, el general Aramburu llamó a elecciones para febrero de 1958 confiado que, proscrito el peronismo, el radicalismo de Ricardo Balbín triunfaría.

Frondizi sabía que para ganar las elecciones necesitaba realizar un pacto con Perón. Le ofreció el reconocimiento al peronismo y la anulación de todo proceso iniciado con el propósito de persecución política, además de revisar todas las medidas económicas desde la llegada de la dictadura.

Perón no respondió. Se tomó su tiempo y en el peronismo se produjo un fuerte debate sobre la abstención o el apoyo al frondicismo. La discusión fue ardua y figuras como Arturo Jauretche y Raúl Scalabrini Ortiz, desde la revista *Que*, apoyaron el acuerdo para romper con la dictadura[68]. Hacia fines de diciembre Perón reunió en Caracas a las principales figuras del peronismo para informarles de la decisión. Estaban entre otros John William Cooke, José Alonso, Vicente Saadi, Serú García, Enrique Oliva y Américo Barrios. Finalmente Perón firmó el pacto con Frondizi. Américo Barrios recuerda que Perón les dijo que:

> Si Frondizi cumple con el Pueblo y con el país, lo apoyaremos, pero si no cumple, será aniquilado por el desprestigio que le acarreará su traición y quedaremos solos, como únicos depositarios de la fe del Pueblo. Con el pacto cumplimos con un deber patriótico[69].

---

67   Eran los mismos empresarios que crecieron con el peronismo pero que no querían pagar los costos laborales que le imponía la presión del movimiento obrero. Como diría Perón querían hacer una tortilla sin romper los huevos.
68   Frondizi había escrito un voluminoso libro llamado *Política y Petróleo* donde planteaba una posición nacional de desarrollo económico. En la revista *Que* se hacía hincapié en estos postulados.
69   Ibíd., Pavón Pereira, Enrique, *Memorial de Puerta de Hierro*.

El acuerdo fue firmado por Juan Perón, Arturo Frondizi, John Cooke y Rogelio Frigerio. El mismo se mantendría en reserva hasta agosto de 1958, salvo que alguna de las partes no cumpliera con lo prometido.

Perón cumplió y envió cartas y cintas con su voz pidiendo que se votara por Frondizi para "impedir los planes continuistas de la tiranía (...) Esta decisión no implica una unión con las fuerzas que respaldan a Frondizi, es un acto de táctica política y una manera de expresar nuestro repudio por dos años y medio de opresión y vasallaje".

Ese verano del 1958 fue caliente. Las Fuerzas Armadas cuestionaban el posible acuerdo y anunciaban que no permitirían asumir a Frondizi. Éste a su vez decía que no había firmado ningún acuerdo y los sectores del radicalismo del Pueblo impulsaban cartas apócrifas donde Perón desmentía apoyar al frondicismo y pedía la abstención. Era tal la confusión que el mismo Perón llamó a una conferencia de prensa en Santo Domingo, horas antes de las elecciones y remarcó que:

> Hay que votar contra la candidatura de Balbín quien representa la continuidad de una política antipopular. No hay que votar en blanco ni por las candidaturas conservadoras y reaccionarias, ni por los neoperonistas, porque no pertenecen al Movimiento Peronista.

El 23 de febrero de 1958 más de cuatro millones de argentinos votaron la fórmula Frondizi-Gómez. La fórmula de Balbín obtuvo solo 2.600.000 y el voto en blanco cerca de 800.000[70].

El 1º de mayo el Doctor Frondizi asumió la primera magistratura y declaró que "El gobierno de la Nación, en nombre del pueblo, bajó el telón sobre cuanto ha ocurrido hasta ese preciso instante". Fueron solo palabras. No cumplió con Perón y traicionó su propio programa económico para llegar a un acuerdo rápido

---

70   El Comando Táctico expulsó a todos aquellos dirigentes que desoyeron la orden de Perón y decidieron presentarse con siglas neoperonistas a las elecciones. Entre los expulsados estaban Alejandro Leloir, Elsa Chamorro y Vicente Saadi.

con los Estados Unidos. Un mes después de asumir el gobierno, Arturo Jauretche, que se sentía decepcionado por los anuncios de Frondizi, contó que fue invitado a cenar por el presidente:

> En el momento de las ensaladas, le pregunté al Dr. Frondizi si las 500 páginas de *Política y Petróleo* las iba a comer con aceite y vinagre, en un no muy delicado rasgo de humor negro que solo puedo justificar en la honda pesadumbre patriótica que sentía y en el triste fin que le preveía al dueño de casa, condenado a cerrar su historial político de esta manera[71].

Huelgas y sabotajes

Frondizi estaba solo y acorralado. Perón le anunciaba que le quitaría el apoyo si no cumplía con lo prometido; los militares que habían realizado elecciones para que ganara Balbín lo presionaban para que no cumpliera el pacto con el peronismo y el *establishment* norteamericano, no conforme con los contratos petroleros, presionó al gobierno argentino a devaluar la moneda. En el Ministerio de Economía se sentaba un ultraliberal como el ingeniero Álvaro Alsogaray. El sueño desarrollista estaba terminado.

Los gremios peronistas comenzaron una serie de paros y huelgas y el gobierno decretó sin limitación de tiempo el estado de sitio y a continuación declaró el Plan de Conmoción Interna del Estado (CONINTES) que inició una feroz represión contra el peronismo. En esos días Perón le escribirá una extensa carta a John William Cooke refiriéndose a la nueva situación:

> Yo veo que cada día, la situación se va poniendo más peligrosa tanto para los enemigos, como para nosotros y, especialmente, para el país. La proscripción del peronismo se ha consolidado por la aprobación legal de los decretos leyes de la dictadura

---

71 Jauretche, Arturo, *Mano a mano entre nosotros,* Buenos Aires, Editorial Peña Lillo, 1975.

gorila; de manera que poco a poco debemos irnos convenciendo que, cerrados los caminos legales, solo nos va quedando la violencia para resolver nuestros problemas (...) Los gorilas, por su parte, deben ser los primeros convencidos de que, si anhelan volver al gobierno, deberán hacerlo por medio de un golpe de estado. Frondizi sigue su política peligrosa que, en vez de pacificar, parece destinada a despertar mayores odios y a hacer más denso el clima de perturbación general[72].

Pese a la represión, la resistencia peronista continuó con su ola de atentados al gobierno de Frondizi. Según datos oficiales del Ejército, entre el 1º de mayo de 1958 y el 30 de junio de 1961 se produjeron 1.022 colocaciones de cargas explosivas, bombas y petardos; hubo 104 incendios de vagones ferroviarios, plantas industriales, gasoductos, etc.; y se realizaron otros 440 actos de sabotaje tales como obstrucción de vías férreas, destrucción de torres de alta tensión, pérdidas intencionadas de combustibles, etc. En total 1.566 atentados. Un dato que merece recordarse, pese a la violencia de aquellos años, es que la mayoría de las acciones eran incruentas en vidas humanas[73].

El síntoma más claro de la resistencia peronista se vivió en enero de 1959 cuando el gobierno de Frondizi decidió privatizar el frigorífico Lisandro de la Torre en Mataderos. El gremio de la carne llamó a una huelga y ocupó las instalaciones del establecimiento. Las 62 Organizaciones peronistas apoyaron la medida y todo el pueblo de Mataderos se organizó para su defensa. La proclama fue redactada por John William Cooke y decía entre otros conceptos:

> Esta huelga es política, en el sentido de que obedece a móviles más amplios y trascendentes que un aumento de salarios o una fijación de jornada laboral. Aquí se lucha por el futuro de la clase

---

72   Ibíd., Perón Cooke *Correspondencia*, Volumen II.
73   Envar El Kadri, un dirigente juvenil de aquellos años relató que los primeros 'caños' los armaban con pólvora y unas latitas de pomada Washington y las ponían en los rieles de los tranvías para que explotaran.

trabajadora y por el futuro de la nación (...) Si los medios de lucha que ha usado no son del agrado de los personajes que detentan posiciones oficiales les recordamos que los ciudadanos no tienen la posibilidad de expresarse democráticamente y deben alternar entre persecuciones policiales y elecciones fraudulentas. No es posible proscribir al pueblo de los asuntos nacionales y luego pretender que acepte pasivamente el atropello de sus libertades[74].

La huelga fue acompañada por el cierre total del comercio de las zonas aledañas y prácticamente, una parte de Buenos Aires fue cerrada por la propia acción espontánea de sus habitantes. Durante cinco días consecutivos, 'en defensa del Frigorífico Nacional', un enorme sector de la ciudad, comprendido entre la Avenida Olivera y la Avenida General Paz, abarcando los barrios de Mataderos, Villa Lugano, Bajo Flores, Villa Luro y parte de Floresta fue exitosamente ocupado[75]. Se cortó totalmente el alumbrado público de la zona, se voltearon árboles para obstruir las calles y se levantaron barricadas en las avenidas de acceso. Se necesitaron 1.500 hombres armados de Gendarmería, Policía Federal y tanques del Ejército para recuperar el Frigorífico sin ahorrar víctimas.

Las jornadas de enero de 1959 demostraron que el peronismo mantenía intacta su fuerza en los trabajadores y que sólo con represión y violencia se lo podía hacer callar. El peronismo se había convertido en "el hecho maldito del país burgués" como gustaba calificarlo John William Cooke.

El triunfo de Framini

A mediados de 1959 las huelgas de los sindicatos complicaban cada día más al gobierno. Los bancarios realizaron una huelga de 70 días paralizando completamente el sistema financiero. También hubo huelgas prolongadas en los metalúrgicos, los tex-

---

74 Ibíd. Baschetti, Roberto, *Documentos de la Resistencia Peronista*.
75 Entre los dirigentes sindicales se destacó el compañero Sebastián Borro.

tiles y los cañeros de Tucumán. Frondizi avanzó en la represión y aplicó el Plan CONINTES[76] que permitía declarar zonas militarizadas a los principales centros o ciudades industriales y autorizaba allanamientos y detenciones sin previa autorización de un juez. Muchos gremios son intervenidos[77].

En 1960 se realizarán elecciones legislativas y Perón dará la orden de abstenerse. El oficialismo perdió un caudal importante de votos y triunfó el voto en blanco con el 25%. Mejoró la Unión Cívica Radical del Pueblo. Meses después se votó en Capital Federal para senador y triunfó el veterano dirigente socialista Alfredo Palacios. Había abandonado su lenguaje prorevolución libertadora para convertirse en un defensor de la revolución cubana con lo que ganó el voto de los más jóvenes.

El 18 de agosto de 1961, Frondizi recibió en forma secreta al comandante Ernesto 'Che' Guevara, ministro de Industrias de Cuba quien estará tan solo cuatro horas en el país. Estados Unidos y las Fuerzas Armadas Argentinas exigieron saber lo que se discutió en la reunión. Tiempo después se supo. En la reunión de cancilleres de la Organización de Estados Americanos, realizada en Punta del Este, los Estados Unidos pidieron la expulsión de Cuba, Argentina, Brasil, Ecuador y México se opusieron. Los militares argentinos denunciaron al gobierno de 'comunista' y lo presionaron para romper relaciones. Finalmente el 8 de febrero Frondizi cedió y rompió con el país hermano.

Finalmente no fue el tema Cuba lo que derrocó al gobierno desarrollista sino el resultado de las elecciones de 18 de marzo de 1962. Para esa fecha se llamó a elecciones de gobernador y legisladores. El peronismo había decidido presentarse con otros nombres[78] para no ser proscritos. La mayor discusión se pro-

---

76 El plan CONINTES permitió la detención de más de 3000 militantes peronistas.
77 En 1959 aparece en Tucumán el primer grupo guerrillero bajo el nombre de 'uturuncos'.
78 En la Capital Federal y la provincia de Buenos Aires el peronismo se presentó con el nombre de Unión Popular; en Córdoba, La Pampa, el Chaco, Jujuy y Tucumán bajo la sigla Partido Laborista; en Mendoza, Santiago del Estero y Entre Ríos con el nombre Tres Banderas; en Neuquén como Movimiento Popular Neuquino; en Río

dujo en el distrito de Buenos Aires. Frondizi estaba convencido de que el peronismo en Buenos Aires presentaría varias fórmulas con lo que sus votos se diluirían y con ello le permitiría triunfar a su partido. El argumento parecía lógico pues en el verano de 1962 decenas de candidatos viajaban a España para entrevistarse con Perón y obtener su aval. Un dato interesante es que casi todos los candidatos proponían llevar al gremialista Andrés Framini[79], dirigente textil, como candidato a vice gobernador por su prédica en el sindicalismo peronista. Perón que estaba preocupado por la dispersión del peronismo en la provincia mandó a llamar a Madrid al dirigente Framini y le comentó:

> Mire, Andrés, a usted lo quieren llevar de caballo y los demás quieren ser jinetes, porque ninguno quiere ser vice, todos quieren ser gobernadores pero yo lo voy a poner de jinete y vamos a ver quién va ser el caballo.

Perón anunció el 26 de enero que la fórmula sería Framini-Perón. Era una jugada magistral porque todos los demás candidatos tuvieron que declinar la candidatura, ya que nadie podía oponerse a una fórmula que llevara a Perón. El gobierno no se preocupó porque sabía que cuando se inscribiera automáticamente sería proscripta y con ello se aseguraba el triunfo. Pero el general se había guardado el as de espada y horas antes de la inscripción sacó su nombre y puso al dirigente Marcos Anglada, con lo cual se aseguró que a la fórmula no la vetaran y que el peronismo fuera unido tras un solo candidato.

El 18 de marzo el peronismo triunfó ampliamente en la provincia de Buenos Aires y en casi todo el interior del país. Las Fuerzas Armadas no podían tolerar el triunfo y derrocaron y encarcelaron al presidente Frondizi. Horas después asumiría el Dr.

Negro como Partido Blanco; en Misiones como Partido Justicialista y en Chubut y Santa Cruz como Partido Populista.
79   Falleció el 9 de mayo del 2001. Contó Miguel Bonasso, en un artículo de *Página/12*, que estaba mirando la película de Leonardo Favio *Perón, Sinfonía de un sentimiento*, en un encuentro organizado por la CTA cuando dejó este mundo a los 86 años.

Guido y anularía todas las elecciones. El sueño del desarrollismo había terminado para siempre.

Terminaré este capítulo recordando a Raúl Scalabrini Ortiz[80], un grande del pensamiento nacional que falleció el 30 de mayo de 1959. En sus últimos años mantuvo una asidua correspondencia con Juan Domingo Perón donde era elogiado continuamente por el ex presidente. En una carta fechada el 31 de diciembre de 1957 Perón le decía en un párrafo:

> Usted conoce el pesado trabajo de la prédica anticolonialista. Durante muchos años –lo recuerdo bien– se encontró casi solo en el combate. La conspiración del silencio, cuando no la persecución abierta, era problema permanente que le enfrentó con la miseria –sobrellevada dignamente– mientras quebraba las energías de numerosas inteligencias argentinas. (...) En fin entre nosotros no podemos contarnos historias tan recientes. Pero hay cosas innegables de las cuales no se puede prescindir en cualquier planteo presente o de futuro. A usted le cabe el honor del precursor, el formador de una promoción que alimentó la revolución nacional.

Ante los elogios de Perón, Scalabrini Ortiz le agradeció y le reiteró que si continuaban lo iban hacer entrar a la historia de este país. Perón le contestó el 18 de marzo de 1958:

> No soy yo, con una carta, quien lo hace entrar en la historia sino su obra incansable, su vocación patriótica y su sacrificada trayectoria. Nosotros siempre lo consideramos de los nuestros y cada una de sus líneas es un aporte al movimiento peronista que valoramos debidamente y apreciamos como parte de nuestro acervo. Usted ejerce una jefatura espiritual innegable.

---

80   Algunas obras del autor: *El hombre que está solo y espera*; *Política Británica en el Río de la Plata*; *Historia de los ferrocarriles argentinos*; *Aquí se aprende a defender la Patria*; *Bases para la reconstrucción nacional*.

1964

Operación Retorno

En la madrugada del 26 de enero de 1960 el general Perón partió desde Santo Domingo hacia España. Su intención era radicarse en Madrid, pero las autoridades españolas decidieron que en una primera etapa residiera en la ciudad de Torremolinos, una localidad cercana a Málaga. El general se instalará en un modesto chalet cercano al mar. Su vida sigue siendo sencilla. Por la mañana camina por la playa, charla con algunos pescadores y por las noches visita algún tablado flamenco para disfrutar de las danzas andaluzas. En l961 se casa con Isabelita en la Iglesia de la Virgen de la Paloma en Madrid y se dedicará a recorrer España, sin dejar su tarea política de conductor.

A fines de 1962 se instalará en un piso ubicado en la calle Arce N° 11, un barrio residencial muy cercano a Madrid. Desde su nueva vivienda paseará por las principales avenidas madrileñas, tomará un café en Plaza Mayor, recorrerá el Madrid de los Austrias y el barrio del Rastro. También será un asiduo visitante del Museo del Prado, especialmente acostumbrará detenerse en las obras de sus dos pintores favoritos: Murillo y Goya. Los fines de semana junto a Isabel, recorrerá las localidades vecinas como Segovia, Toledo o Aranjuez.

Su vida en Madrid seguirá siendo simple y sencilla. Se levanta a las seis de la mañana; lee los diarios durante el desayuno y sale a caminar un rato, frecuentemente con sus perros caniches. Una hora después regresa y se dedica el resto de la mañana a escribir, a mantener al día su correspondencia y a atender los asuntos más urgentes relacionados a la política. El almuerzo casi siempre es frugal[81]. Luego duerme su siesta y por la tarde recibe las visitas de los dirigentes que viajan desde Argentina para mantenerlo al tanto de las novedades del país.

En 1964, Perón adquirió un amplio terreno de 10.000 metros cuadrados en el barrio de la Fuente de la Reina, luego conocido como Puerta de Hierro. El barrio se encontraba a unos 10 kilómetros al noroeste del centro de Madrid. Allí construirá su quinta, en la que residirá hasta su regreso en 1973. La llamará *17 de octubre* y se convertirá en la meca de la mayoría de los dirigentes políticos argentinos.

Illia en el gobierno

Preso Frondizi asumió la primera magistratura el Dr. José María Guido, presidente provisional del Senado de la Nación. Los militares, que habían participado del golpe institucional se dividieron entre 'azules' y 'colorados'. El primer grupo lo comandaba el general Juan Carlos Onganía y querían llamar a elecciones sin la participación del peronismo, mientras que los colorados deseaban una persecución sin cuartel al peronismo en todos los ámbitos de la sociedad. Hubo varias escaramuzas armadas y las tropas azules vencieron. Finalmente el Dr. Guido llamó a elecciones nacionales para mediados de 1963.

Durante 1962 la recesión económica se agravará y el ingeniero Álvaro Alsogaray, nuevamente ministro de Economía, pos-

---

81 Su plato preferido era la polenta.

tergará el pago de sueldos y jubilaciones. Las medidas de fuerzas de los gremios continuarán pero se empezarán a percibir dos bandos dentro de la CGT. Uno, manejado por Augusto Vandor, más dispuesto a negociar; y otro más combatibo que unirá la lucha sindical a la lucha por el regreso del peronismo al poder. Este último impulsará un Plenario de las 62 Organizaciones en Huerta Grande, Córdoba.

En agosto de 1962 se produce un hecho que conmoverá las filas del movimiento peronista. El 23 de agosto es secuestrado el obrero metalúrgico y dirigente de la Juventud Peronista Felipe Vallese. Tenía 22 años y era delegado desde 1958 en la fábrica TEA. Militaba junto al dirigente Gustavo Rearte y había participado en el copamiento del puesto de la aeronáutica en Ezeiza. La justicia a instancias de su familia y de la UOM reconstruyó el camino hacia la muerte de Vallese hasta la comisaría de Villa Lynch donde desapareció después de ser torturado y asesinado. Su cuerpo jamás se encontró pero su nombre se convirtió en voz de lucha del peronismo. Hoy el salón de actos de la CGT lleva su nombre.

En marzo de 1963 los partidos políticos se comprometieron a rechazar cualquier proscripción. La campaña electoral será confusa y estará llena de alternativas porque todos esperarán las directivas de Perón. El partido Justicialista intentó llevar de candidato al Dr. Raúl Matera pero el gobierno lo proscribió. El general, entonces se inclinó por Vicente Solano Lima, candidato del Frente Nacional y Popular, integrado por la UCRI, los peronistas y algunos partidos menores. Poco antes de las elecciones el gobierno prohibió su participación y entonces Perón declaró la abstención.

Finalmente, el 7 de Julio se realizan las elecciones y la fórmula radical, integrada por Arturo Illia[82] y Carlos Perette, obtiene 2.424.475 votos. Detrás quedarán Oscar Alende, postulado por un desprendimiento de la U.C.R.I., con 1.593.002 votos, y Pe-

---

82 Ricardo Balbín, máximo dirigente radical, decidió no participar del comicio convencido del triunfo del peronismo. Es por ello que la fórmula es encabezada por un dirigente radical menor como era Arturo Illia.

dro Eugenio Aramburu, con 1.300.000, quien se postuló usando el eslogan 'Vote UdeIPA y no vuelve'. Los votos en blanco sumaron 1.884.435. Illia no consiguió mayoría propia en el Colegio Electoral pero los electores de Aramburu y de otros partidos menores se volcaron por la primera minoría.

Perón reaccionará muy duramente contra el triunfo radical:

> El 12 de octubre de 1963, el Dr. Illia recibirá la banda y el bastón simbólico, pero el poder y el gobierno permanecerán en manos de una banda de "gangsters" uniformados que desde hace 8 años los vienen explotando en su beneficio y en el de los intereses foráneos, pero este triste destino no le habrá sido impuesto a Illia por la adversidad, sino que lo habrá provocado él mismo por haberse complicado en el sucio manejo que llevó a la farsa del 7 de julio, que lo implica en cuanto ha ocurrido, está ocurriendo y ocurrirá en el futuro. Él sabe mejor que nadie que no es el Presidente de los argentinos, sino el Presidente de las fuerzas de ocupación; él conoce que si no hubiera habido fraude no hubiera sido elegido, pero más que todo esto, debe saber que, como Frondizi, caerá deshonrado y envilecido si no sabe reaccionar contra los nefastos poderes que lo manejarán en su provecho. Si el Dr. Illia es un hombre capaz y ecuánime, no lo puede ignorar; si es un hombre honrado, no lo puede aceptar[83].

El regreso que no fue

La CGT, manejada por el dirigente del vestido José Alonso, iniciará durante 1964 un plan de lucha contra el gobierno radical que provocará la ocupación pacífica de 11.000 establecimientos con la participación de casi 4.000.000 de trabajadores. La respuesta estatal y patronal llevó a que se iniciaran causas por más de 6.000 ocupaciones por el delito de usurpación. En esas

---

[83] Perón, Juan Domingo, *Obras Completas,* tomo XXIV, Editorial Docencia, La Plata, 1999

ocupaciones comenzó a sentirse cada vez con más fuerza la consigna 'Perón vuelve'.

Un grupo de dirigentes sindicales y políticos, encabezados por Augusto Vandor, Andrés Framini, Julio Guillán, Antonio Cafiero y Delia Parodi entre otros viajarán a España para convencer al general Perón de que regrese a la patria. Su argumento central es que, al pisar suelo argentino, un sector de las Fuerzas Armadas se sublevará junto al pueblo y el peronismo volverá al poder. En el verano madrileño de agosto Perón decidirá que se inicie en forma secreta la 'Operación Retorno', anunciando que retornará al país como prenda de paz[84].

El 17 de octubre el peronismo organizó en Plaza Once un acto con más de 60.000 personas. La comisión ProRetorno confirmó que muy pronto Perón volvería al país. El general envió el siguiente mensaje:

> Yo sé que en este 17 de octubre el peronismo está de pie en todo el país esperando mi palabra y mi llegada, por eso he decidido regresar inquebrantablemente en el año 1964, para cumplir como yo entiendo con la Patria y con el pueblo. No tengo ni intereses ni pasiones que defender, porque a esta altura de mi vida he renunciado a todo, y porque jamás la pasión ha llegado a conmover los dictados de mi deber. Todavía me queda la vida para ofrecerla, si ello es preciso para salvar al pueblo de la hecatombe que se vislumbra hacia su porvenir. (...) Debemos tender la mano de la paz para los que quieran asirse y empeñarnos en la unidad nacional sin odios ni revanchismos suicidas, como un anticipo de la que tendré personalmente dentro de los 60 días que restan para restaurar la paz que nosotros no alteramos, pero que el país necesita y el pueblo reclama.

Días después de los festejos del 17 de octubre arribó al país el general Charles De Gaulle y el pueblo peronista se lanzó a las

---

84 Durante todo el año se observaron miles de pintadas con carbón en las calles con la leyenda "Perón vuelve este año".

calles, sabiendo que no sería reprimido, para corear por la vuelta de Perón. La situación en el gobierno era tensa. Los militares le anunciaron a Illia que no permitirían el regreso del líder justicialista, mientras, los servicios secretos argentinos controlaban el aeropuerto de Madrid para saber si Perón se embarcaría. La prensa internacional también esperará la gran noticia en el aeropuerto de Barajas.

El empresario Jorge Antonio será el encargado de conseguir la aeronave para el traslado. Las empresas norteamericanas se opondrán a vender pasajes y finalmente Iberia aceptará realizar el viaje. El 2 de diciembre, en el vuelo 991, Perón y un grupo de argentinos se embarcan hacia Buenos Aires. Han ingresado a la máquina burlando la vigilancia de la prensa[85]. El gobierno español le informó al gobierno de Illia que la máquina se trasladará hacia Buenos Aires haciendo escala en Río de Janeiro. El canciller argentino llamó a Washington para que intercediera ante el régimen militar brasileño y así poder detener el viaje hacia Argentina.

El arribo de la aeronave al aeropuerto de El Galeao produjo un insólito espectáculo. El avión de Iberia fue rodeado e inmovilizado por un grupo de militares. Un oficial subió a la aeronave y le comunicó al comandante de la nave que no podían continuar viaje y que los pasajeros de origen argentino tenían que descender. El comandante de la nave se opuso de acuerdo a los acuerdos internacionales pero el oficial brasileño aclaró que estaban bajo jurisdicción militar. Acercándose a Perón le dijo:

—General, usted no puede continuar su viaje y debe regresar a España.
—¿A quién se debe tan arbitraria orden? —preguntó Perón.
—Al presidente del Brasil —es la lacónica respuesta.

Momentos después, los pasajeros son detenidos y obligados a descender de la aeronave. Permanecerán incomunicados y finalmente los obligarán a regresar a España. Las autoridades brasile-

---

85 Jorge Antonio lo escondió en el baúl de su auto para ingresar al aeropuerto.

ñas informarán que si la aeronave se desvía del camino a España serán derribados sin contemplaciones[86].

Finalmente el avión regresará a España y los pasajeros serán detenidos por orden del gobierno español. Perón será enviado durante un mes a la ciudad de Torremolinos y se le prohibirá hacer actividad política si opta por quedarse en ese país. La operación Retorno había fracasado[87]. Horas después el general Perón enviará una carta al pueblo argentino:

> El gobierno cipayo de este país ha frustrado mi primer intento de cumplir mi promesa de regresar al país. Una verdadera conspiración internacional dirigida y orquestada por los imperialismos dominantes con el concurso de los países en manos de usurpadores entregados y entregadores de sus pueblos, ha podido en esta ocasión más que la razón que nos asiste. El "Plan para el retorno", como oportunamente lo habíamos anunciado, es de pacificación hasta el 31 de diciembre, plazo que habíamos establecido para que los enemigos del Pueblo entraran en razón (...) la respuesta de nuestros enemigos al ofrecimiento de paz y al intento mío de entrar al país para lograrla, es la guerra. La responsabilidad de lo que ha de ocurrir en el futuro recaerá sobre ellos como así las consecuencias.

Neoperonismo y juventud

La Operación Retorno había fracasado. Perón se decidió por organizar el Partido Justicialista en todo el país y participar de las elecciones legislativas de marzo de 1965.

A mediados de enero se reunió el congreso ordinario de la CGT, bajo la advocación de Felipe Vallese y eligió nuevamente a José Alonso como secretario general. La situación estaba cada

---

86 Pavón Pereyra, Enrique, *Perón, tal como es*, Editorial M. Guemes, Buenos Aires, 1973.

87 John William Cooke sería muy crítico con los integrantes del comando de la Operación Retorno porque se había organizado sin la participación popular.

vez más violenta y los obreros ocuparon los establecimientos AS-TARSA con retención de sus directivos como rehenes. Medidas similares se producen en los ingenios azucareros en Tucumán. Hubo atentados cada vez más violentos, tanto de grupos de izquierda como de derecha[88].

En las elecciones legislativas de marzo el peronismo ganó ampliamente en todo el país. A partir del nuevo proceso electoral, Perón ordenó que todos los dirigentes peronistas que habían integrado o formado partidos provinciales o neoperonistas renuncien y se incorporen a la nueva estructura oficial del Partido Justicialista. Muchos dirigentes desobedecerán la orden y se enfrentaran a Perón, que luego del fracaso de la Operación Retorno, estaba debilitado y con prohibición de hacer declaraciones públicas en España.

¿Qué estaba pasando? Muchos dirigentes, especialmente sindicales, fueron domesticados por las prebendas y beneficios de los gobiernos de turno. Estaban cansados de luchar por Perón y prefirieron un peronismo más domesticado. Se los conocerá como neoperonistas y su figura más destacada será la de Augusto Vandor, secretario de la Unión Obrera Metalúrgica. El dirigente metalúrgico lanzará en esos días la siguiente frase: "Para salvar a Perón, hay que estar contra Perón".

Perón, mientras tanto, comenzó a aumentar los lazos con la dirigencia juvenil. Ya en 1962, Perón le había enviado un texto a la Comisión Reorganizadora de la Juventud Peronista exhortándolos a que se agrupen en una sola organización:

> La vanguardia de todo movimiento nacional ha de estar formada por la juventud, como síntesis de una evolución saludable y como emblema de un porvenir venturoso. Nuestro Movimiento cuenta con la juventud porque es idealista, sano y sincero, pero es necesario que esa juventud que lo nutre se organice para hacer sentir sus efectos.

---

88   Miembros de Tacuara ponen bombas en varios supermercados.

Los primeros grupos juveniles justicialistas habían nacido de grupos nacionalistas y del movimiento obrero. Muchos de ellos se formaron en la resistencia peronista y participarán en algún acto violento como el copamiento del puesto de la aeronáutica en Ezeiza o el robo del sable del general San Martín del Museo Histórico Nacional donde estaba en custodia.

Gustavo Rearte aparece como uno de los principales jóvenes que intentó agrupar a la juventud Peronista en aquel entonces. El 5 de agosto de 1964 se dará a conocer el Programa de la Juventud para la Resistencia Popular:

> Que la clase trabajadora, base esencial del Peronismo, es la única capaz de conducir consecuentemente, sin vacilaciones, hasta el fin, el proceso revolucionario arrastrando tras de sí a los sectores no comprometidos. Éstos han demostrado terminantemente que por sus vacilaciones y por su debilidad ante el enemigo, que conducen al compromiso y a la traición, no están en condiciones de asumir la dirección revolucionaria. Por lo tanto, los trabajadores constituyen la vanguardia del pueblo en la lucha contra la reacción.
>
> Que para que el movimiento pueda cumplir el papel de conducción que el proceso histórico y su condición de aglutinador de la clase trabajadora argentina le imponen, debe desprenderse de los elementos burgueses y reformistas que lo frenan y superarse. Para ello debe darse una estructura y una dirección revolucionaria centralizada, altamente representativa de las bases que incorpore los elementos ideológicos que permitan penetrar profundamente en las contradicciones de la sociedad y forjar un programa revolucionario mínimo que contemple las necesidades de todo el pueblo.

A fines de 1965 Perón, preocupado por el crecimiento de los grupos neoperonistas que cuestionaban su liderazgo, envió a su mujer, María Estela Martínez, más conocida como Isabelita a recorrer el país. En una carta a su amigo, el general Sosa Molina le contó que:

Muchos se están ya probando mi ropa, pero creo que a los candidatos de marras les queda grande ahora.

El viaje de Isabel tendrá como misión apoyar a aquellos candidatos que le eran fieles a Perón. El general estaba muy enojado con el grupo de sindicalistas manejados por Vandor:

> No me importa prescindir de un conglomerado amorfo y pactista como el de la CGT actual. No en vano la gobierna Vandor, que es un negociador típico, diplomado en dar las volteretas que sean necesarias con tal de sobrevivir. No les extrañe si corto relaciones con esta patulea infame.

En enero de 1966 las 62 Organizaciones se dividieron y el grupo que apoyará al general pasó a llamarse 'De pie junto a Perón'. La situación entre ambos bandos era muy tensa y cae asesinado el dirigente metalúrgico Rosendo García.

El mes de marzo será un mes clave para el liderazgo de Perón. Se realizarán elecciones para gobernador en Mendoza y el peronismo irá dividido. Por un lado Ernesto Corvalán Nanclares, el candidato de Perón apoyado por Isabel, y por otro Serú García, el hombre de Vandor. Finalmente ganará el hombre de Perón que duplicará en votos a García. El general dirá luego de las elecciones:

> En Mendoza me quisieron derrotar. Y de las derrotas políticas no se vuelve. Por eso tuve que ganar. Ahora bien, los que perdieron deben irse.

Luego de las elecciones de Mendoza crecerá la sensación de que el golpe militar es inevitable para frenar el triunfo del peronismo en las elecciones para gobernador en la provincia de Buenos Aires. Las revistas *Primera Plana* y *Confirmado* son las principales fuentes de versiones en ese sentido.

El 29 de mayo, día del Ejército, el titular del arma, general Juan Pistarini, pronunció un duro discurso delante del presidente Illia donde anunció un "vacío de poder" en el gobierno. Un mes después, el 29 de junio, las Fuerzas Armadas derrocaron al presidente radical. Nadie salió a defenderlo[89].

La Junta de Comandantes anunció que el general Juan Carlos Onganía sería el nuevo presidente. Muchos sectores del peronismo, especialmente los cercanos al sindicalismo de Vandor, verán con simpatía el golpe de Estado. Perón ordenará "desensillar hasta que aclare". No pasará mucho tiempo para observar que las Fuerzas Armadas venían a cumplir con el mandato de las empresas extranjeras y no del pueblo argentino. Perón dirá en una carta enviada el 28 de julio, solo un mes después del golpe, al historiador Enrique Pavón Pereyra:

> He visto, que como le decía aquí, las cosas de la dictadura militar siguen de mal en peor. Basta observar los nombramientos y los primeros pasos de los nuevos funcionarios para percatarse de cómo irán las cosas en el futuro. (...) En pocas palabras, cada día se perfila más esta dictadura como cipaya y reaccionaria, mechada de nacionalismo desfigurado, clericalismo y, sobre todo, ignorancia. Todo parece obra de inconscientes e irresponsables[90].

---

89 En la Plaza de Mayo, había un grupo de apoyo a Illía que no superaba las 300 personas.
90 Ibíd., Pavón Pereyra, Enrique, *Perón tal como es*.

1970

Luche y Vuelve

El golpe de estado de 1966, conocido luego como "Revolución Argentina" colocó como presidente al general Onganía. Esta vez, los militares no ocuparon el poder para entregárselo a la oligarquía nacional sino que representaban a las empresas extranjeras, que desde 1958 en adelante venían manejando cada vez más los resortes de la economía nacional.

El ministro de Economía fue el liberal Adalbert Krieger Vasena, quien aplicó el plan dictado por los monopolios extranjeros. El mismo consistió en congelar salarios, devaluar el peso en más del 40%, dar créditos a empresas extranjeras pero negárselos a las de origen nacional, anular los aranceles aduaneros con el fin de 'modernizar' la industria nacional, achicar bruscamente los presupuestos provinciales, con lo cual la economía del Interior empezó a desfallecer[91].

---

91 Se ordenó el cierre de los ingenios azucareros en Tucumán, lo que produjo que miles de familias quedaran sin trabajo, y lo que es peor sin futuro en su provincia.

El imperio, esta vez, venía por todo. Ya no solo se prohibiría el funcionamiento del peronismo sino el de todos los partidos políticos; se perseguiría a los sindicatos y además se intervendría la Universidad. Esta vez no había espacio para una seudodemocracia como la que había funcionado desde la caída de Perón.

La noche del 29 de julio de 1966 sucedió un hecho significativo en la Universidad argentina. Hasta ese entonces, los universitarios vivían su propio mundo donde elegían democráticamente sus autoridades, discutían libremente sobre la enseñanza laica o privada o los próximos pasos a seguir en la revolución cubana. Paralelamente a ese mundo feliz, la mayoría del país tenía vedado elegir a sus representantes, los militantes peronistas sufrían prisión, torturas y hasta desaparecían, como sucedió con Felipe Vallese. Esa noche la policía no respetó la autonomía universitaria e ingresó a los claustros golpeando violentamente a estudiantes y profesores por igual. La jornada se conoció como "La noche de los bastones largos". Pero el enfrentamiento con los estudiantes no terminó ahí. El 7 de setiembre de 1966 la policía de Córdoba asesinó de un tiro en la cabeza al estudiante Santiago Pampillón, convirtiéndose en la primera víctima del régimen de Onganía. La muerte de Pampillón sirvió también para unir por primera vez la lucha de estudiantes y obreros, ya que el joven asesinado además de estudiar en la Facultad de Ingeniería era delegado gremial de la fábrica Industrias Kaiser Argentina (IKA).

"La noche de los bastones largos" fue el final de una época donde los estudiantes descubrieron la persecución política, la misma que sufría el peronismo desde 1955. Julio Bárbaro, un estudiante de aquellos años, expresó:

> Son los años en que los jóvenes de la calle Corrientes descubrimos a Perón a través de las 'cátedras nacionales', de los escritores nacionales como Jauretche o Scalabrini y, en mi caso particular que venía del cristianismo, a través de pensadores como Theilhard de Chardin, Maritain y todo lo que significó el Concilio Vaticano II. Tampoco puedo olvidarme de la presencia de Raimundo Ongaro y la CGT de los Argentinos[92].

---

92   Entrevista con el autor.

La nueva política económica llevaba irremediablemente a un conflicto con los gremios, pese a la buena disposición del grupo que lideraba el *Lobo* Vandor. La primera gran huelga contra Onganía se produjo en el puerto de Buenos Aires cuando el gobierno impuso el régimen militar a los obreros de la zona. La resistencia fue dura, pero en menos de dos meses la conducción términó en la cárcel y la violencia militar la quebró.

Hacia febrero de 1967, el sindicalismo pactista reconoció que fue un error su posición acuerdista con el régimen y aprobó un Plan de Lucha que consistió en paros parciales y una huelga general de 24 horas el 1 de marzo y otra de 48 horas el 21 de marzo. La reacción de la dictadura fue violentísima. El gobierno dio a conocer un plan terrorista en los gremios y suspendió todas las personerías de los sindicatos. Horas después aprobó el Servicio Civil de Defensa, lo que posibilitaba el sometimiento al fuero militar de todo habitante mayor de 14 años. El Plan de Lucha, antes de comenzar, había fracasado.

La política económica liberal y extranjerizante de Onganía se complementó con un régimen político interno recalcitrante y medieval. La mayoría de los funcionarios, tanto civiles como militares, integraban los llamados "Cursillos de Cristiandad" que realizaban retiros espirituales en cómodas quintas o estancias de la provincia de Buenos Aires. Estos cursillos religiosos habían nacido en Francia y mezclaban pensamientos monárquicos medievales, fascistoides y cristianos[93].

Por último, merece destacarse que el régimen de Onganía comenzó a poner en práctica la llamada Doctrina de la Seguridad Nacional, que implicaba un nuevo rol de las Fuerzas Armadas, ya no solo dentro del territorio sino en función del conflicto con la Unión Soviética. Las fronteras ahora eran ideológicas y el enemigo de Occidente era el comunismo[94].

---

93 Era tan asfixiante el pensamiento de estos cursillistas que presionaron y lograron prohibir que se estrenara la ópera *Bomarzo* en el Teatro Colón de Buenos Aires.
94 El general Onganía había participado en la Quinta Conferencia de los Ejércitos Americanos realizada en *West Point* en 1964 apoyando esta tesis.

El trasvasamiento generacional

Perón se encontraba, como observamos en el capítulo anterior, en el momento más difícil de su conducción política desde 1955. El Partido Justicialista estaba prohibido junto a los demás partidos políticos, y la mayoría de los sindicatos, bajo la conducción del *Lobo* Vandor, confiaba en pactar con el régimen militar. La experiencia de la derrota vandorista en Mendoza había demostrado que en elecciones libres el pueblo seguía respondiendo a Perón, por lo cual Vandor jugó su última carta con el régimen militar.

El día que asumió Onganía llamó la atención entre los presentes del Salón Blanco de la Casa Rosada un grupo importante de sindicalistas: Vandor, Taccone, Niembro, Izzeta, Coria, Alonso y Cristofoli. Todos habían dejado la campera por el traje y la corbata. Las 62 Organizaciones, que controlaba Vandor, emitieron en esas horas un comunicado que expresaba su apoyo:

> Ante la situación que vive la República, como consecuencia de un gobierno que pretendió dar al país la dimensión del comité político, signado por la corrupción y el aventurerismo y el total desprecio hacia el pueblo y la Nación para servir intereses de minorías oligárquicas y antinacionales, las 62 Organizaciones cumplen con el deber de ratificar su permanente posición en la defensa de los derechos populares y de los supremos objetivos de la nacionalidad.

Perón, ya con 71 años cumplidos, y huérfano de dirigentes políticos[95] justicialistas decidió jugar una nueva carta, magistral como ha sido siempre su conducción política y apostó a la juventud, que día a día se acercaba al pensamiento nacional a través

---

95   Un referente político importante como John William Cooke se había distanciado en los últimos años del general Perón cuando había decidido instalarse largas temporadas en Cuba y defender al régimen de Fidel Castro. En los últimos años era común el envío de cartas a Perón pidiéndole que abandone Madrid para instalarse a vivir en La Habana.

de las 'cátedras nacionales', la apertura de la Iglesia hacia el mundo luego del Concilio Vaticano II y la llamada Teología de la Liberación y los libros de pensadores nacionales como Arturo Jauretche, Raúl Scalabrini Ortiz, Rodolfo Puiggrós, Jorge Abelardo Ramos y Juan José Hernández Arregui, entre otros.

En febrero de 1967 se realizó un congreso de la Juventud Peronista en Montevideo. Allí Perón envió un documento que luego sería conocido como el trasvasamiento generacional, donde invitaba a la Juventud Peronista a convertirse en la cabeza del movimiento justicialista:

> El Comando Superior Peronista, que siempre ha seguido una conducta acorde con las necesidades de la conducción general, se ha visto perturbado por las siguientes causas:
> a) División en la rama sindical del Movimiento, ocasionada por el enfrentamiento de dirigentes.
> b) Apatía en la acción de la rama política porque no existe aliciente de cargos a la vista para los dirigentes, o porque están fatigados por la larga lucha, o porque temen la represión.
> c) Falta de una acción unitaria por carencia de una conducción táctica apropiada como consecuencia de las anteriores causas, y
> d) Falta de unidad y solidaridad peronistas en el horizonte directivo y en parte de la propia masa, demostradas por una acción desganada que tiende a generalizarse.

Perón agregó en el documento que:

> Es indudable que tales defectos, especialmente imputables a los dirigentes, solo se podrán corregir mediante una verdadera revolución dentro del Peronismo, y esa revolución deberá estar en manos de la juventud del Movimiento. Por eso el Comando Superior ha venido propugnando desde hace tiempo la necesidad de un trasvasamiento generacional que pueda ofrecernos una mejor unidad y solidaridad, que presuponga para el futuro una unidad de acción de que carecemos en la actualidad.

Meses después Perón escribía una vez más contra los dirigentes sindicales colaboracionistas:

> Dirigentes que no se sientan con fuerzas para empeñar la lucha decisiva, tienen la obligación de entregar su cargo. Falta ahora una juventud decidida y enérgica que, como en 1943, quiera tomar el destino en sus manos. (...) Existen grupos de dirigentes sindicales más o menos obedientes a la presión oficial, y otros que son abiertamente colaboracionistas. Es así como el sindicalismo nacional ha ido cediendo a la descomposición impuesta por la dictadura militar[96].

La política del trasvasamiento generacional produjo la formación de decenas de grupos juveniles que se declaraban peronistas, muchos de ellos dentro de la Universidad. Los tres más importantes de aquel entonces fueron el UNE (Unión Nacional de Estudiantes) de origen cristiano con Julio Bárbaro y los Ateneos de Rosario, Córdoba y Santa Fe; Guardia de Hierro que comandó el *Gallego* Alejandro Álvarez, un obsesivo de la formación de cuadros políticos y el FEN (Frente de Estudiantes Nacionales) una agrupación liderada por Roberto *Pajarito* Grabois, un gran orador, que venía del marxismo y que en 1964 había sido el presidente del Centro de Estudiantes de Sociología, pero que, luego del golpe de Estado de Onganía, abrazó la causa del peronismo. Otros grupos, no tan importantes de esos años, fueron el JAEN (Juventudes Argentinas para la Emancipación Nacional) creada por Rodolfo Galimberti[97] y la Federación Universitaria de la Revolución Nacional (FURN), con sede en La Plata y fundada, entre otros, por Rodolfo Achem y Carlos Kunkel.[98]

---

96   Pavón Pereyra, Enrique, *Conversaciones con Juan Domingo Perón*, Colección Diálogos Polémicos, Buenos Aires, Editorial Colihue, 1978.
97   Por el grupo pasaron figuras como Carlos "Chacho"'Alvarez, Carlos Grosso y el 'Vasco' Othacehé.
98   Néstor Kirchner se sumó a dicha agrupación cuando fue a estudiar Derecho a la Universidad de La Plata. En los años setenta la agrupación se sumó a la JUP.

Paralelamente a la nacionalización de importantes sectores universitarios se produjo un hecho a fines de 1969 que conmocionó a la sociedad. Un grupo de oficiales argentinos fueron expulsados del Ejército por su ideología nacional y popular. Los oficiales dados de baja fueron los tenientes Julián Licastro, José Luis Fernández Valoni, Carlos Vergara y José Pastoriza y sancionados una docena más de jóvenes oficiales por su "ideología peronista y marxista". La mayor "culpabilidad" de estos oficiales, según el sumario militar, era que asistían a los cursos del historiador Juan José Hernández Arregui y leían los libros de Arturo Jauretche, José María Rosa, Abelardo Ramos y Sánchez Sorondo[99]. A los pocos meses Perón recibía en su casa de puerta de Hierro al joven Licastro, quien se incorporaría rápidamente al grupo de confianza de Perón.

El pueblo en las calles

El general Onganía soñaba quedarse 20 años en el poder pero en mayo de 1969 el Interior sublevado del país le dijo no. Todo comenzó en los comedores universitarios de Corrientes, continuó en Rosario con la muerte de un obrero y un estudiante, pasó por Catamarca, Tucumán, Salta, Río Negro y finalizó en Córdoba. En solo dos semanas el régimen militar colapsó.

El Interior había dicho basta. El jueves 15 de mayo en la provincia de Corrientes los estudiantes se movilizaron cuando el gobierno decidió privatizar el comedor estudiantil. La policía reprimió y murió el estudiante Juan José Cabral. La CGT local llamó a un paro en solidaridad. A partir de allí los estudiantes de otras ciudades del Interior llamaron a marchas y movilizaciones, las cuales fueron reprimidas violentamente por la policía, que dejaron decenas de heridos y muertos.

---

99   Julián Licastro junto a Carlos Grosso crearon los Comandos Tecnológicos. Por dicha agrupación pasaron Luis María Macaya, José Luis Manzano, José Octavio Bordón y el *"Chueco"* Mazzón.

Monseñor Devoto[100], obispo de Goya junto a un grupo de sacerdotes manifestó que:

> Éste es un conflicto entre quienes detentan el poder y los que quieren hacer uso de sus legítimos derechos a la libre expresión. Cuando un pueblo no puede canalizar sus aspiraciones por los medios habituales, es normal que busque otros para elevar sus reclamos.

El Interior estaba sublevado. Manifestaciones, incendios en las calles, destrucción de vidrieras, vuelco de autos y una furia popular que hará eclosión en Córdoba. En la *Mediterránea*, la CGT de los Argentinos y la CGT de Azopardo anunciaron un paro nacional para el día 30 de mayo. Un día antes, 29 de mayo, los obreros de las principales fábricas del cordón industrial de Córdoba marcharon hacia el centro de la ciudad en un paro activo organizado por los gremios. Entre las 11 de la mañana y las 14 horas se produjeron violentos enfrentamientos donde la policía debió retroceder. En poco tiempo los barrios son tomados por los manifestantes. Se incendian ómnibus y autos, se rompen vidrieras y se levantan barricadas con postes de luz, alambres y materiales de construcción. Por primera vez obreros y estudiantes lucharán codo a codo frente a las fuerzas del orden. Hacia las 17 horas el Ejército decidió intervenir e ingresó a la ciudad. La resistencia duró horas y más de una vez los militares debieron retroceder ante el avance de los trabajadores y estudiantes. Recién a altas horas de la noche tendrán el control total de la ciudad.

El abogado Eduardo Luis Duhalde junto a Rodolfo Ortega Peña viajaron en la noche anterior desde Buenos Aires a Córdoba:

> Recuerdo que con Rodolfo decidimos sobre la marcha tomarnos el tren –relata Eduardo Duhalde– porque percibíamos que ese paro activo sería trascendente, pero sinceramente nunca nos

---

100 Monseñor Devoto era uno de los obispos fundadores del Movimiento de Sacerdotes del Tercer Mundo que siguiendo los lineamientos de la Conferencia Episcopal Latinoamericana de Medellín habían hecho una opción preferencial por los pobres.

imaginamos lo que luego sucedió. Cuando llegamos algunos dirigentes no entendían mucho qué hacíamos allá, nos miraban un poco sorprendidos. Llegamos a las 8 de la mañana y cuatro horas después comenzaba un movimiento colectivo que se convirtió en una gran gesta popular que desbordó a las conducciones gremiales y estudiantiles. Nadie dirigió aquella jornada –incluso no había gran cantidad de consignas políticas– donde el pueblo en la calle explotó, dejó de ser espectador para ser protagonista e hizo retroceder al ejército en más de una ocasión. Fuimos sin lugar a dudas cronistas privilegiados aquel día[101].

El régimen de Onganía estaba eclipsado. El ministro del Interior, Guillermo Borda, intentó culpar a la "subversión perfectamente organizada y planificada". Pero era un error. El pueblo había dicho basta a la política extranjerizante que había destruido especialmente las economías regionales.

El 2 de junio, el general Perón desde Puerta de Hierro hará declaraciones:

> Frente a semejante anacronismo (el gobierno de Onganía) no puede quedar otra solución que prepararse de la mejor manera para derribar semejante estado de cosas, aunque para ello deba emplearse la más dura violencia. Esta gente se ha 'piyado' en serio y se siente con derecho propio en un lugar al que ha llegado 'con prepo' y de mala manera.

El 4 de junio, Onganía renovó todo su gabinete pero su suerte estaba echada. Las Fuerzas Armadas conspiraban de la mano del Comandante del Ejército, General Alejandro Lanusse[102]. Un año después, el 8 de junio de 1970 el general Onganía, que había soñado quedarse 20 años, era obligado a presentar la renuncia. Días después asumió el desconocido general Roberto Levingston, agregado militar en Washington.

---

101   Entrevista con el autor.
102   Lanusse, Alejandro Agustín, *Mi testimonio*, Buenos Aires, Editorial Laserre, Buenos Aires, 1977.

El sindicalismo dividido

El fracaso del Plan de Lucha de febrero de 1967 y de la intervención del gobierno produce que Augusto Vandor dé un paso al costado con la intención de recomponer las relaciones con Perón. Se hará cargo de la CGT una Comisión de los 20 hasta que se pueda llamar a la normalización de la central obrera. Durante 1967 el sindicalismo se dividirá en dos grandes corrientes, una que apoyará al régimen y otra que lo enfrentará. Recién, en marzo de 1968 los gremios, por pedido de Perón, llamarán a un congreso normalizador de unidad de la CGT. El encargado de la difícil tarea será el sindicalista Amado Olmos, que contará con el apoyo del líder justicialista. Lamentablemente, un mes antes del congreso sindical fallece en un accidente de auto. Al faltar el dirigente más prestigioso del sindicalismo de aquel momento, el congreso confederal fracasará y los gremios se dividirán en tres grandes corrientes:

- El sector participacionista con José Alonso, Rogelio Coria y Juan José Taccone, que nucleaba cerca de 600.000 trabajadores.
- La CGT de Azopardo, liderada por Vandor, con los principales gremios industriales y cerca de 800.000 obreros.
- La llamada CGT de los Argentinos, conducida por Raimundo Ongaro, que agrupaba los gremios de servicios con 500.000 afiliados. Este sector era el más rebelde pero también era el de menor poder movilizador.

Durante 1968 no hay grandes protestas sindicales, excepto la huelga por tiempo indeterminado de los trabajadores de YPF de Ensenada que se resistieron a aumentar su jornada laboral de 6 a 8 horas. La resistencia, luego de dos meses cesó y toda la comisión interna fue cesanteada por la dictadura. El 30 de junio de 1969 se produjo un hecho que conmovió a la dirigencia sindical cuando un grupo de desconocidos ingresó al edificio de la Unión Obrera Metalúrgica, ubicado en la calle La Rioja al

1900 y asesinó a tiros al *Lobo* Vandor[103]. Nunca se supo claramente quién mató al dirigente sindical. Las versiones recorrieron un amplio espectro que va desde la izquierda a la derecha. Se habló de grupos vinculados a la CIA o de un incipiente grupo guerrillero llamado Descamisados[104].

El general Perón en una entrevista con Enrique Pavón Pereyra se referirá a la muerte de Augusto Vandor[105]:

> Vandor tenía que terminar como terminó, el pobre. Era hábil e inteligente, y solía consultarme lo que hacía. Yo no le escatimaba mis advertencias: "Tenga cuidado, Vandor —eran mis textuales palabras—, no saque los pies del plato porque la organización puede tomar medidas. No soy yo quien va a tomarlas, porque siempre he perdonado a todos. Pero cuando usted procede mal, hay miles de ojos que lo observan". (...) La muerte de Vandor es tema para pensar. En 1968, Vandor, pidió una entrevista conmigo. Me trasladé entonces a Urún, cerca de la frontera con Francia. Allí, en una reunión, aclaramos bien los errores que él había cometido. Vandor confesó que tenía conexiones con gente del gobierno y de la embajada norteamericana. Le dije que tuviera cuidado, que eso era muy peligroso, porque si continuaba en ese tren sus propios compañeros iban a hacer público lo que pasaba, y si en cambio daba marcha atrás, la CIA y el gobierno lo mirarían con intenciones no muy buenas el día que les fallara. Vandor volvió a Buenos Aires, se abrió de esos compromisos, se incorporó a las '62', y ya ve, se la dieron. No necesito saber quién le pegó los tiros, porque sé quién los mandó pegar. En todo eso, claro, había dinero e intereses sucios de por medio.

---

103   Más allá de las críticas a la política sindical errada de este dirigente y de su enfrentamiento con Perón merece recordarse que la viuda de Vandor debió seguir trabajando toda su vida como enfermera en un policlínico para darle de comer a sus dos hijos.
104   El 26 de febrero de 1974 en la revista *Descamisados*, perteneciente a Montoneros, se relató que el grupo Descamisados que dirigían en aquel momento Dardo Cabo y Roberto Cirilo Perdía, ejecutaron al dirigente sindical.
105   Ibíd., Pavón Pereyra, Enrique, *Conversaciones con Juan Domingo Perón*.

Un año después, el 2 de julio de 1970 se logrará finalmente la unificación y normalización de la CGT, siendo elegido secretario general José Ignacio Rucci, un joven dirigente metalúrgico de San Nicolás que se ganará rápidamente la confianza del general Perón[106]. En sus primeras declaraciones dirá que:

> Llega la hora de hablar claro: o se abren los caminos que conduzcan a un gobierno apoyado en la voluntad expresa del país o la violencia se verá entronizada como factor de decisión en nuestro país y por ende en toda nuestra América.

Jóvenes y guerrilla

La década del sesenta fue revolucionaria en todo el mundo. Los jóvenes enfrentaron al sistema mundial de diversas formas: con la música, la ropa, el color, las drogas y la lucha política. En California fue el hippismo y en París el Mayo francés con 'la imaginación al poder'. En América Latina los jóvenes soñaron con el rock nacional, la revolución cubana, Camilo Torres o el 'Che' Guevara en Bolivia.

Félix Luna relató así la generación del sesenta:

> En la década del 60, coloreada por la música de los Beatles, conmovida por la gesta del 'Che' Guevara, atenta a las guerras de liberación de los pueblos subdesarrollados, maravillada por los viajes espaciales, sacudida por la revolución de las costumbres, la modificación de la moral tradicional y las novísimas formas de arte, el régimen de Onganía ofrecía un tono retrógrado, medieval, que ni siquiera tenía el mérito de una definición franca en ese sentido[107].

---

106   Luego de su visita a Puerta de Hierro se ganó la confianza del general. Cuentan que Perón lo consideró rápidamente como el "hijo que no tuvo" y era al único que le permitía todo tipo de bromas.
107   Luna, Félix, *Argentina, de Perón a Lanusse*, Editorial Planeta, Buenos Aires, 1992.

La descomposición de los partidos políticos, especialmente de la izquierda, era un síntoma claro en la Argentina de los sesenta. La discusión de los jóvenes pasaba por Argelia o Cuba, la Unión Soviética o China, la resistencia en Vietnam, la guerra popular prolongada o el foco armado como la chispa para encender la revolución. Una anécdota de aquellos años cuenta que un grupo de estudiantes argentinos viajó a China para entrevistarse con Mao Tse Tung. En la reunión, uno de los estudiantes, encandilado por la presencia del gran revolucionario, le expresó a viva voz: "¡Yo soy maoísta!". "¿Cómo?", le respondió Mao, simulando no haber entendido. "¡Yo soy maoísta!", repite el joven. A lo que Mao le contesta: "¡Si yo fuera argentino sería peronista!". Fueron años de largos y apasionados debates donde los jóvenes de clase media comenzaron a mirar con simpatía al líder que vivía exiliado en España como un elemento clave para la liberación del país.

Por otra parte, un grupo minoritario de esos estudiantes decidió que solo la lucha armada podía liberar a la Nación.

En la Argentina se habían producido antes de la llegada de Onganía dos experiencias de guerrilla rural, una peronista y otra marxista. La primera la protagonizaron jóvenes que se instalaron en los montes de Tucumán bajo la denominación de "Uturuncos" en 1959, pero fueron rápidamente desmantelados por el Ejército. La segunda experiencia se dio en 1963 cuando el periodista argentino Jorge Massetti, el comandante Segundo, enamorado de la revolución cubana y con el apoyo de Che Guevara, se instaló en la selva salteña, pero muy pronto fueron diezmados por la naturaleza climática y la gendarmería sin que el pueblo tomara conciencia de su existencia.

En 1967, un grupo de militantes del peronismo, que venían tanto de la Juventud Peronista Revolucionaria como del Movimiento Nacionalista Revolucionario Tacuara fundaron las Fuerzas Armadas Peronistas (FAP) y decidieron instalarse en los montes tucumanos para organizar el primer foco de resistencia que ayudará a traer al general Perón a su tierra. En una de sus primeras proclamas expresaron que:

Los hombres y mujeres que integramos la FAP luchamos fundamentalmente por los intereses de nuestro pueblo. Nuestro pueblo es peronista, por eso luchamos por el retorno del general Perón al Poder, sabiendo desde ya que la única y exclusiva forma de lograrlo es a través de las armas.

El 19 de setiembre de 1968[108] en la localidad de Taco Ralo son detenidos por un comando del Ejército. El general Perón se dirigirá por carta a los militantes detenidos y les señalará entre otros conceptos:

> El pueblo está en su derecho de luchar por su destino, hoy comprometido por la irresponsabilidad de estos traidores entregados al imperialismo yanqui. Los pueblos que no son capaces o no quieren luchar por su liberación merecen la esclavitud[109].

Desde el marxismo y el trotstkismo también se formaron en esos años otros grupos armados. En 1967, jóvenes que venían del Partido Comunista fundaron el Ejército de Liberación Nacional (ELN), cuyo objetivo era integrarse a las fuerzas del Che Guevara en Bolivia. Un par de años después este grupo se unirá a otros jóvenes, que simpatizaban con el peronismo, y formarán las Fuerzas Armadas Revolucionarias (FAR) bajo la conducción de Roberto Quieto.

En el quinto congreso del trotskista Partido Revolucionario de los Trabajadores realizado en 1968 se produjo una fuerte división. Por un lado, el sector mayoritario, dirigido por Nahuel Moreno se opone a la lucha armada[110] y por otro lado un grupo dirigido por Mario Santucho formará el Ejército Revolucionario del Pueblo (ERP). Finalmente en ese año un grupo de jóvenes que integraban el Partido Comunista Revolucionario, prochino, formarán las Fuerzas Armadas de Liberación (FAL).

---

108 Merece recordarse que ese mismo día falleció en Buenos Aires John William Cooke de una penosa enfermedad.
109 Revista *Cristianismo y Liberación*, setiembre de 1970.
110 Posteriormente este grupo pasará a denominarse Partido Socialista de los Trabajadores y participará de las elecciones de 1973.

Por último, en 1970, jóvenes pertenecientes a grupos nacionalistas católicos fundarán Montoneros, bajo la conducción de Fernando Abal Medina, Norma Arrostito y Mario Firmenich, entre otros. Merece destacarse que mientras las masas populares del Interior del país recorrían las calles que derrotaron al régimen de Onganía durante 1969, estos grupos armados no tuvieron ninguna incidencia en su accionar. Será recién en 1970 que llamarán la atención a la sociedad por la gran cantidad de atentados[111]. Tomás Eloy Martínez en un editorial de la revista *Panorama* señalará que:

> El lunes 14 de diciembre, los representantes de todas las áreas de la revista aportaron sus candidatos a la última tapa del año, consagrada al Personaje de 1970. Una semana más tarde, la abrumadora enumeración de los atentados terroristas que sacudieron a los argentinos durante el año, puso fin al debate: la gelinita, la metralla, los secuestros, los robos políticos eran —sumados— no solo el personaje dominante de estos doce meses; también habían marcado a fuego la historia argentina.

La aparición de la guerrilla urbana produjo una retracción de las masas movilizadas en el Interior del país. La historia demuestra que la actividad violenta con bombas, atentados y muertes retrae a los movimientos populares que no salen a la calle por temor. De allí que los grandes pensadores del socialismo (Marx, Engels, Lenin o Trotsky) siempre han condenado al terror anarquista.

De todos los hechos violentos de 1970, hubo uno que acaparó la mayor repercusión: el secuestro y asesinato del general Pedro Eugenio Aramburu. El 29 de mayo de 1970, un grupo armado con uniformes militares lo secuestró y posteriormente lo asesinó en la localidad bonaerense de Timote. Nadie se atribuyó su muerte y todo tipo de versiones circularon por aquellos días: desde que fueron los servicios de inteligencia de Onganía hasta algún grupo armado[112]. Recién se conocieron los responsables

---

111 Durante ese año se produjeron un total de 473 atentados, la mayoría cruentos.
112 En esos días fueron detenidos Julián Licastro y los llamados 'tenientes de Perón', a los que en un principio se les atribuyó el asesinato de Aramburu.

dos meses después cuando fueron detenidos un grupo de jóvenes que habían copado por un par de horas La Calera, un pequeño pueblo cordobés. La sociedad se conmovió cuando se enteró de que el hasta ahora desconocido grupo montonero estaba conformado por jóvenes de familias acomodadas y muy vinculadas a grupos católicos.

El discurso de Perón

Durante los meses de junio, julio y octubre de 1971 los cineastas Octavio Getino y Pino Solanas, del grupo Cine Liberación[113] entrevistaron al general Perón en Puerta de Hierro para realizar tres películas[114] sobre Actualización Política y Doctrinaria para la toma del Poder. En ese largo reportaje Perón esbozaba sus ideas fundamentales:

> El movimiento peronista es de todos los que lo formamos y defendemos. Y allí radica el derecho que cada peronista tiene, de sentir y de pensar para el beneficio común, como lo establece un viejo apotegma peronista: 'Que todos sean artífices del destino común, pero instrumento de la ambición de nadie'. Los hombres que vengan al peronismo deben hacerlo con la voluntad decidida de poner todos los días algo de su parte para ennoblecerlo y dignificarlo.

En cuanto al rol de conductor expresaba:

> La conducción debe ejercer sobre todas las fuerzas –sin violencia– su acción persuasiva, que es lo que trato de hacer yo. Es decir, que el que conduce el conjunto debe ser una suerte de Padre Eterno que bendice *urbi et orbe,* e influencia a todos para que esa bendición los alcance en forma de

---

113 El grupo había filmado la película *La Hora de los Hornos.*
114 Una película fue para todos los argentinos en general, otra para los militantes peronistas y una más corta para el público internacional.

encaminarlos hacia el objetivo, y desviarlos de los objetivos sospechosos que sostienen intereses parciales... Lo estratégico, toma el conjunto de las operaciones. Yo en este momento soy el conductor estratégico; tengo cuatro misiones: mantener la unidad del movimiento, mantener la unidad de doctrina; encargarme de las relaciones internacionales y revisar las grandes decisiones tácticas, que pueden tener influencia en la situación de conjunto sin detallar...

Sobre la integración latinoamericana y la tercera posición expresó:

Debe haber una tercera posición que es la que concibe el justicialismo, donde el hombre en una comunidad que se realiza, pueda también realizarse como ente humano. Ésa es la verdadera concepción del justicialismo que hace 25 años lanzamos nosotros en forma de una tercera posición, que cayó aparentemente en el vacío. Pero transcurridos esos 25 años, las dos terceras partes de los habitantes del mundo y sus comunidades están pujando por colocarse en esta tercera posición tan distante de uno como de otro de los imperialismos dominantes. (...)

Ya en el año 1949 dije, con motivo del tratado de complementación económica –que tenía por finalidad constituir una comunidad económica latinoamericana con fines de integración continental– que el año 2000 nos encontrará unidos o dominados. Ahora es preciso que sin pérdida de tiempo se unan férreamente para conformar una integración que nos lleve de una buena vez a constituir la patria grande que la historia está demandando desde hace casi dos siglos y por la que debemos luchar todos los que anhelamos que nuestros países dejen de ser factorías del imperialismo y tomen de una vez el camino de grandeza que nos corresponde por derecho propio. El futuro de un mundo superpoblado y superindustrializado será de los que dispongan de mayores reservas de comida y de materia prima, pero la historia prueba que tales reservas son soluciones si se las sabe y se las quiere defender contra el atropello abierto o disimulado de los imperialistas.

El general Perón también se refirió al concepto de socialismo y peronismo tan en boga en aquellos años:

> La determinación del término socialista hoy en el mundo es muy difícil, porque toma una enorme rama de extensión que va desde un movimiento internacional dogmático hasta uno abiertamente democrático. Dentro de ellos hay miles de degradaciones y uno lo puede observar en los cinco continentes los distintos sistemas todos basados en un socialismo. Ahora, existen las monarquías de un gobierno socialista y existen los movimientos marxistas pero del otro extremo; entre la extrema derecha y la extrema izquierda se escalonan todos los socialismos habidos y por haber. Nuestro movimiento en ese sentido es mucho más simple, es de base socialista porque pivotea sobre la justicia social que es la base de toda nuestra promoción revolucionaria. El socialismo nuestro puede caracterizarse así: en estos dos siglos, como ya he dicho anteriormente, se ha producido un avance extraordinario que supera a los diez siglos precedentes. Esto ha estado basado en la máquina, la empresa, la ciencia, la técnica y el hombre, el capitalismo, nacido de la revolución francesa que en estos dos siglos desde la revolución francesa hasta ahora ha hecho un sistema que ha hecho avanzar al mundo de una manera extraordinaria, especialmente en el aspecto científico y técnico. Pero los pueblos con esos medios técnicos se han esclarecido por la facilidad de la dispersión de las noticias del conocimiento. Y estos pueblos se dan cuenta que se ha avanzado estos dos siglos extraordinariamente pero a costa de un tremendo sacrificio de los pueblos. Entonces los pueblos se dan cuenta que ese mismo avance podrá ser más lento quizás pero se puede hacer sin necesidad de sacrificar a los pueblos. (...)
> El justicialismo lo que anhela es eso, seguir luchando por un progreso quizás no tan rápido como ha sido el de estos dos siglos, pero sí más justo, es decir, sin que el sacrificio gravite tremendamente sobre la espalda de los pueblos como ha estado gravitando hasta ahora a través del sistema capitalista. Entre

el socialismo internacional dogmático y el capitalismo, la diferencia no es tan notable porque uno es un capitalismo de Estado y el otro es un capitalismo individualista. Los dos someten: uno intensifica al hombre e indudablemente el progreso es extraordinario porque es una colmena en acción, el otro promulga por los intereses, se echa para adelante y obtiene también grandes resultados, pero los dos es a base del sacrificio de los pueblos.

Eso es el justicialismo. Busca esa forma de convivencia con gran acento en el aspecto social, que siempre el hombre sea de la comunidad y que la comunidad también sea del hombre. El gobierno justicialista es aquel que sirve al pueblo que no sirve otro interés que el del pueblo y que no hace otra cosa que lo que el pueblo quiere, y dentro de esa forma va luchando por la grandeza de la comunidad en que vive. Congeniar lo individual con lo colectivo ese es el proceso revolucionario nuestro y al hacerlo es una de las formas del socialismo.

La única fuerza cívica que conserva su estructura y su potencia, es el justicialismo y dentro de él, la clase trabajadora. Estas fuerzas representan el eje del movimiento revolucionario nacional.

En un tramo de la entrevista se refirió al significado de ser peronista:

> Peronista para mí, como conductor del movimiento, es todo aquel que cumple la ideología y la doctrina peronista. Por otra parte, esto lo hemos aclarado bien en el movimiento. Hay un decálogo del peronismo donde dice cuáles son las diez condiciones básicas que debe llenar un hombre para poder ser y sentirse peronista.
>
> Dentro de la acción política que se desarrolla todos los días vemos mucha gente que proviene de otros sectores políticos, que puede ser del comunismo, del conservadorismo, porque hay de todo en el huerto del señor. Por aquí han pasado las más diversas tendencias. Yo a todos les digo lo mismo: vean seño-

res cuando nosotros formamos el justicialismo vinieron hombres conservadores como el Dr. Remorino, que era secretario de Julito Roca, de manera que imagínense ¡del riñón de la oligarquía!, y fue un gran peronista y un buen servidor. Del otro lado vinieron sectores socialistas como Bramuglia, como Burlengui, y también del comunismo. Y todos esos hombres han demostrado a lo largo de estos años que han sido buenos peronistas, por qué vamos a presuponer que un hombre que se incorpora hoy debió haberlo hecho hace 25 años y va a ser peor que esos que se incorporaron entonces. En ese sentido, para ser realmente justicialista debe admitir que todos los hombres pueden ser buenos y que todos pueden tener razón e incorporarlo para servir al movimiento.

Es indudable que el hombre no puede ser perfecto, entonces tiene sus pasiones y tiene sus intereses. Las pasiones y los intereses individuales son los que desvían y deforman la actuación peronista, porque no podemos pedir que en cada peronista haya un santo, un héroe, eso no sale todos los días, es bastante con que sea un hombre con sentido y con sentimiento peronista.

Un hombre de nuestro movimiento podrá tener cualquier defecto, pero el más grave de todos será no ser un hombre del pueblo.

En la política ésto es tan cierto como la vida. En consecuencia todas esas condiciones son las que debe reunir un peronista.

El movimiento peronista es de todos los que lo formamos y defendemos y allí radica el derecho que cada uno tiene de sentir y de pensar para el beneficio común, como lo establece el viejo apotegma peronista: 'que todos sean artífices del destino común, pero ninguno instrumento de la ambición de nadie'.

Los hombres que vengan al peronismo deben hacerlo con la voluntad decidida de poner todos los días algo de su parte para ennoblecerlo y dignificarlo.

Éso es, en pocas palabras, una gran síntesis del movimiento justicialista.

Finalmente en un tramo de la película el general Perón se refirió a los enemigos de afuera y de adentro del movimiento justicialista y cómo detectarlos:

> Dice Mao Tse Tung: el que lucha contra un compañero es que se ha pasado al bando contrario. Eso lo hemos observado todos, no hay peronista que no haya observado este tipo de disidencia, siempre sospechoso, pero más que nada negativo para el trabajo de conjunto que debemos realizar. En el movimiento peronista eso tiene su remedio, porque el movimiento peronista ha sido creado y conducido en forma que desarrolle sus propias autodefensas. En esto hay una tremenda similitud entre el organismo fisiológico y el organismo institucional. En el organismo fisiológico ocurre un fenómeno del cual debemos aprender: si el hombre no tuviera sus autodefensas hace miles de años que habría desaparecido de la tierra, solamente son las autodefensas las que conservan la especie, no son ni los médicos, ni la penicilina desgraciadamente. Ahora, ¿cómo se generan esas autodefensas? El promotor de ello es el microbio, el agente patógeno que entra en el organismo, que a su vez genera sus propios anticuerpos, de donde salen las vacunas que crean las propias enfermedades. Ese microbio genera los anticuerpos, y son esos anticuerpos las autodefensas del organismo. En lo institucional pasa lo mismo. Cuando el movimiento justicialista fue creado yo me persuadí de esta necesidad y de esta verdad, y dejé actuar al movimiento con la mayor libertad posible. Cada uno hizo lo que quiso dentro de él, claro que eso dio lugar a que aparecieran algunos de los que se denominan traidores en la política o tránsfugas. Pero ¿qué son los traidores o los tránsfugas dentro de un organismo institucional de la política? Son los microbios, son los gérmenes patógenos que entran en el organismo, y tan pronto entran generan sus anticuerpos igual que el otro microbio y generan sus autodefensas para la organización institucional. Hemos visto muchos actos de las autodefensas que se han producido en el movimiento. Es decir el movimiento se defiende por sí, porque los movimien-

tos o los partidos políticos o las organizaciones institucionales que no tienen sus autodefensas desaparecen como habría desaparecido el hombre. Por eso la conducción de un movimiento político hace pensar en la necesidad de dar absoluta libertad.

Hay que tener en cuenta que cuando aparece un hombre de nuestro movimiento que lucha contra otro hombre de nuestro movimiento puede ser lo que dice Mao, que se haya pasado al bando contrario. Pero generalmente defiende un interés, no un ideal porque el que defiende un ideal no puede tener controversias con otro que defiende el mismo ideal. Es que en la política al haber más de dos ideales juegan los intereses. Y hay horas distintas, en 1955 fue la hora de los enanos, 1971 es la hora de los logueros. Entonces, son esos intereses los que han venido y siguen jugando, pero el peronista debe darse cuenta y cualquiera sean sus intereses no pueden estar sobre el ideal que todos defendemos y por el cual todos debemos luchar. Por eso el peronismo creó un apotegma que dice: para un peronista no puede ni debe haber nada mejor que otro peronista. Entonces cómo puede ser posible que un señor que está en la misma lucha esté luchando contra otro peronista cuando tiene al enemigo con el que tiene naturalmente que luchar.

El movimiento tiene enemigos de afuera y enemigos de adentro: quien no lucha contra el enemigo ni por la causa del pueblo, es un traidor, quien lucha contra el enemigo y por la causa del pueblo, es un compañero; y quien lucha contra un compañero es un enemigo o un traidor.

Cuando nosotros decimos que para un peronista no debe haber nada mejor que otro peronista, estamos levantando la bandera de la solidaridad dentro de nuestras fuerzas. Esa conciencia colectiva y esa conciencia social por la que nosotros luchamos.

Lo importante es comprender que todo este espíritu de solidaridad hay que imponerlo; hay que ir persuadiendo, si es preciso de a uno, para que cada uno sepa sacrificar un poco de lo suyo en bien del conjunto. Predicamos con el ejemplo que es la mejor de todas las prédicas.

Nuestra solidaridad no ha sido jamás ni sectaria ni excluyente. Para nosotros todos los que luchen contra los enemigos del otro país son nuestros amigos, y en el carácter de tal les hago llegar mi saludo emocionado y afectuoso.

1973

El Regreso del líder

Las Fuerzas Armadas habían optado por el general Levingston para que se encargara de la transición que implicaba la entrega del poder a la sociedad civil, luego del fracaso de cuatro años de Onganía. Pero el oscuro general, a los pocos días de haber asumido el poder, decidió que había llegado para quedarse por un largo tiempo. Primero se peleó con los partidos políticos que formaban La Hora de los Pueblos[115], luego con sus ministros y finalmente con los comandantes de las Fuerzas Armadas. La soberbia se había apoderado hasta que el 'viborazo'[116] lo echó de la Casa Rosada.

El 26 de marzo de 1971, el hombre fuerte de las Fuerzas Armadas, Alejandro Agustín Lanusse, asumió la presidencia. Lanusse era la única figura con reconocimiento entre los militares

---

115   En noviembre de 1970 diferentes partidos políticos –justicialismo, radicalismo, conservadores y socialistas argentinos– crearon La Hora de los Pueblos, presionando a las Fuerzas Armadas para que entregaran el poder.
116   Levingston había nombrado interventor de Córdoba al fascista Camilo Uriburu, quien declaró que llegaba a esa provincia a "cortar de un solo tajo la víbora del comunismo". El pueblo cordobés se movilizó en las calles y a los pocos días tuvo que renunciar.

que podía intentar una retirada decorosa del gobierno, intentando dejar un civil con acuerdo del peronismo. Por primera vez, los militares asumían que todas las tácticas utilizadas para proscribir al peronismo desde 1955 habían fracasado. Desde la lejanía, Perón mantenía su liderazgo, ahora ampliado por sectores estudiantiles y de clase media.

La estrategia de Lanusse era preservar el sistema, a partir de un Gran Acuerdo Nacional (GAN) conducido por las Fuerzas Armadas que permitiera, como máximo, llegar a un acuerdo con Perón para que el próximo presidente fuera el mismo Lanusse y, como mínimo, un civil que no fuera peronista. El general Lanusse nombró como ministro del Interior al Dr. Arturo Mor Roig, un prestigioso radical quien rápidamente acordó con el delegado de Perón, Jorge Daniel Paladino.

Las reuniones fueron secretas y durante varios meses el embajador en España, brigadier Jorge Rojas Silveyra y el coronel Cornicelli[117], mantuvieron frecuentes negociaciones con el general Perón. Lanusse estaba convencido de que el acuerdo con el viejo líder justicialista iba a funcionar. Lo primero que hizo fue la devolución de los restos de Evita[118], luego le reintegró el grado militar y los sueldos adeudados. Finalmente, concretó el cierre de 27 procesos judiciales abiertos desde 1955. Jacobo Timmerman desde el diario *La Opinión* calificaba a Perón de 'gran caudillo político' y a Lanusse de 'gran caudillo militar'. Pero se estaba lejos de un acuerdo. Perón mantenía el poder y un prudente silencio.

Mientras las negociaciones continuaban, Perón, en febrero de 1972, dio a conocer uno de sus últimos documentos titulado "La única verdad es la realidad". Allí analizó las condiciones económicas y políticas del país y planteó que la única forma de solución era llamar en el más breve plazo a elecciones nacionales. También planteó tomar una serie de medidas urgentes como el incremento del salario real, una moratoria amplia y generosa, la

---

117   Perón se burlaba llamándolo "coronel 'Vermichelli'".
118   El 3 de setiembre el embajador Rojas Silveyra entregará los restos de Evita al general Perón. Finalizando una larga historia de odio e infamia.

reducción de la presión impositiva, la elevación de los niveles de protección de la industria local y el crédito ágil y barato:

> Lanzamiento inmediato de grandes obras, comenzando por la de carácter energético y vial, teniendo en cuenta que para romper la inercia del actual proceso económico se impondrá asimismo la necesidad de llevar a cabo un vasto plan de viviendas, cuyo déficit es, por lo demás verdaderamente dramático, ya que oscila en los dos millones de unidades.

Perón estaba consciente de que por primera vez las Fuerzas Armadas estaban acorraladas y que existían posibilidades concretas de retornar al poder, pero para ello no había que cometer errores en la estrategia. Sabía que Lanusse iba a intentar, por todos los medios, sacarlo de la lucha política. Luego de un largo silencio el líder justicialista comenzó a mostrar su estrategia, la cual no sería comprada con títulos, honores o dinero. Decidió que había un solo camino y era el de presionar hasta las últimas consecuencias a Lanusse para que entregara el poder sin concesiones. Una de las primeras medidas fue reemplazar a Jorge Paladino[119] por Héctor Cámpora como delegado personal, un viejo militante que había ocupado la presidencia de la Cámara de Diputados en su primer gobierno. En segundo lugar nombrará como delegados juveniles a Julián Licastro[120] y Rodolfo Galimberti, un militante juvenil, que aunque no era montonero tenía contacto con el grupo[121].

El general Perón le pidió a Galimberti que unificara la Juventud Peronista. A mediados de junio de 1972 se realizó la uni-

---

119 Dirá Perón sobre Paladino: "Se enfermó de importancia. Él creyó que podía aplicar en política el principio matemático 'el orden de los factores no altera el producto' y, en vez de ser el delegado de Perón ante Lanusse, parecía el delegado de Lanusse ante Perón. Lo dejé sin sintonía". Testimonio del libro *Conversaciones con Juan Perón* de Enrique Pavón Pereyra.
120 Al poco tiempo Licastro se encargará de la Generación Intermedia, que abarcaba a los peronistas mayores de 30 años, especialmente profesionales.
121 Guardia de Hierro y el FEN intentaron oponerse pero a Perón nadie lo discutía y finalmente aceptaron la orden del general que nombró como uno de los delegados juveniles a Galimberti.

ficación entre los principales grupos que incluía a Guardia de Hierro, el FEN, el CdeO de Brito Lima[122] y los grupos que respondían a Galimberti, Montoneros y Descamisados. En el encuentro que se realizó en la Federación de Box se escucharon dos consignas: 'Perón, Evita, la patria peronista' y 'Perón, Evita, la patria socialista'. Finalmente se crearon las JP Regionales en todo el país. Lamentablemente las Regionales fueron rápidamente copadas por las organizaciones armadas y los grupos más tradicionales[123] fueron excluidos de su conducción. En poco tiempo, esta estructura fue la organización de superficie de los grupos armados peronistas.

Perón, que estaba al tanto del crecimiento de las 'formaciones especiales', las dejaba actuar, convencido de que abandonarían la lucha armada cuando cayera la dictadura. En la revista *Panorama* del 30 de junio de 1971 dirá:

> La vía de la lucha armada es imprescindible. Cada vez que los muchachos dan un golpe, patean para nuestro lado la mesa de las negociaciones y fortalecen la posición de los que buscan una salida electoral limpia y clara. Sin los guerrilleros del Vietcong atacando sin descanso en la selva, la delegación vietnamita en París tendría que hacer las valijas y volverse a casa[124].

En julio de 1972 se producirá el jaque mate al gobierno de Lanusse. Perón declarará a una revista[125] que el gobierno ha tenido una serie de reuniones entre junio de 1971 y abril de 1972 para sobornarlo y para que no acepte ser candidato. Como prueba de esos contactos muestra una serie de cintas de sus conversaciones con el coronel Cornicelli y un memorando firmado por Elías Sapag, por el cual se le ofrecían cuatro millo-

---

122   El Comando de Organización era un grupo peronista de derecha vinculado a los gremios con predicamento en La Matanza.
123   Guardia de Hierro y FEN
124   Anzorena Oscar, *Tiempos de violencia y Utopía*, Buenos Aires, Editorial Contrapunto, 1988.
125   La entrevista fue realizada por Gianni Corbi para *L'Expresso*.

nes de dólares a cambio de que no lanzara su candidatura para las futuras elecciones.

El general Lanusse y las Fuerzas Armadas empalidecieron. En una larga reunión en Campo de Mayo se resolvió que Perón era 'intratable' y que no podía ser candidato. También resolvieron que tampoco Lanusse. El 7 de julio, en la cena de camaradería de las Fuerzas Armadas, el general Lanusse anunciaba que para ser candidato a presidente se debería renunciar a cualquier cargo en el gobierno, con lo cual se autoexcluía, y se debía fijar residencia en el país antes del 25 de agosto de 1972, con lo cual apuntaba a Perón que residía en España. Como si ésto fuera poco estableció que si ninguna fórmula alcanzara el 50% de los votos válidos se llamaría a una segunda vuelta.

El general Perón no aceptó las reglas impuestas por el gobierno militar y denunció la cláusula de residencia como una nueva maniobra proscriptiva hacia el peronismo y con su genialidad manifestó:

> Lanusse parece que se autoproscribió al invitarme que hiciera lo mismo, pero su situación no es la misma que la mía. La misma posibilidad que tengo yo de ser rey de Inglaterra es la que tiene él de ser presidente constitucional de la República Argentina.

Lanusse estaba grogui pero salió igual a responderle y el 27 de julio en el Colegio Militar en un discurso volvió a atacar a Perón:

> Pero aquí no me corran más a mí, ni voy a admitir que corran más a ningún argentino, diciendo que Perón no viene porque no puede. Permitiré que digan: porque no quiere. Pero en mi fuero íntimo diré: porque no le da el cuero para venir.

A Perón le da 'el cuero'

El año 1972 es políticamente decisivo. Perón fiel a su estilo había comenzado el año negociando con Lanusse hasta que rompió en el mes de julio. A partir de allí comenzó a gestarse definitivamente el regreso de Perón. Era una jugada arriesgada, a suerte y verdad, donde no se sabía si los militares lo permitirían finalmente. Muchos dirigentes justicialistas se reunían con miembros de las Fuerzas Armadas para saber qué pasaría si Perón volvía al país. Antonio Cafiero recordó en una entrevista realizada por Carlos Eichelbaum para la revista *Los '70* que se reunió con Lanusse en la quinta de Olivos y le anunció que Perón había decidido volver al país, ante lo cual el general Lanusse empezó a gritar diciendo que "no iba a permitir que la negrada le hiciera un nuevo '17 de octubre'"[126].

Paralelamente a las difíciles negociaciones de Perón con el gobierno de Lanusse, la violencia de los grupos guerrilleros aumentó considerablemente. Estallaban bombas por todos lados, incluido el Sheraton de Buenos Aires; el ERP secuestró y asesinó al dirigente de la empresa Fiat, Oberdan Sallustro y los Montoneros ejecutaron al general Juan Carlos Sánchez, jefe del Segundo Cuerpo del Ejército, con sede en Rosario. El hecho más violento de ese año se produjo en el sur de nuestro país. El 15 de agosto fue copado el penal de Rawson lo que permitió la fuga de más de una veintena de miembros del ERP, FAR y Montoneros. Cuando llegaron al aeropuerto local solo pudieron huir seis dirigentes[127], quedando 19 militantes atrincherados en el edificio del aeropuerto donde pactaron su entrega. Los 19 detenidos fueron remitidos a la base Aeronaval Almirante Zar y masacrados el 22 de agosto por la Marina. Solo sobrevivieron con graves heridas tres militantes. La sociedad se indignó por esta carnicería y el Partido Justicialista brindó su sede para realizar el velatorio de

---

126 Revista *Los '70*, edición Internet.
127 Hacia Chile huyeron Mario Roberto Santucho, Domingo Mena, Enrique Gorriarán Merlo (ERP), Roberto Quieto (FAR), y Fernando Vaca Narvaja (Montoneros).

tres guerrilleros. La Policía Federal reprimió a los presentes ingresando con una tanqueta al local y secuestrando los cadáveres.

La violencia continuaba en las calles de Buenos Aires y Perón decidió que volvería al país el 17 de noviembre como prenda de paz. Antes de su regreso da a conocer las *Bases mínimas para el Acuerdo de Reconstrucción Nacional* donde plantea modificar urgentemente la política económica-social en base a un programa elaborado por la CGT y la CGE y la integración del Consejo Económico Social, el levantamiento del estado de sitio, la libertad de los presos políticos y gremiales y la designación de un oficial de las Fuerzas Armadas en el Ministerio del Interior, para alejar toda suspicacia sobre parcialismo político hasta que se realicen las elecciones.

Finalmente el 17 de noviembre el general Perón regresará al país luego de 17 años de ausencia. El Ejército y la policía cierran todos los caminos a Ezeiza. No permitirán que el pueblo se reencuentre con su líder. El operativo de seguridad contará con el despliegue de más de 35.000 efectivos, tanques, piezas de artillería y con una casi segura represión para quienes se quisieran acercar al aeropuerto.

Muchos jóvenes decidieron sortear las vallas de Ejército –algunos cruzaron a nado el río Matanza– en lo que fue una jornada fría y con lluvia. Eran momentos donde no había diferencias en los jóvenes militantes, tanto del sindicalismo como de la universidad, todos estaban unidos en el "Luche y Vuelve".

El ex diputado provincial Carlos Cottini, estudiante universitario de La Plata, recuerda aquel día cuando un grupo de jóvenes, entre ellos Néstor Kirchner, fue a esperar a Perón:

> Tomamos el tren hasta Burzaco, dormimos toda la noche en la estación y por la mañana, un día muy lluvioso, empezamos a caminar hasta el río Matanza. Éramos nosotros y miles más que queríamos llegar a Ezeiza. No pudo ser, el Ejército lo impidió.[128]

---

128   Entrevista con el autor.

Ya en tierra, el general Perón será trasladado por las Fuerzas Armadas al hotel del aeropuerto internacional. La situación es tensa, no se sabe el final. El general Perón contará así su regreso:

> Mi llegada fue un atropello de lo más brutal y sobre todo de lo más indigno, porque han procedido con un alto grado de indignidad. Ellos decían que era para darme seguridad y me tenían preso en una pieza en el hotel. Cuando al fin forcé la situación salí de la pieza y dije: 'si no estoy detenido me voy'; me pararon en la puerta con la policía, las armas y todo (...). Consigo salir e irme a mi casa (...). Me echaron todo el ejército, toda la policía, rodearon la casa; no podía moverse nadie allí. (...) Llegó un momento en que colocaron cañones antiaéreos en la esquina de mi casa, para asustarnos; pasaban aviones de la Marina, toda la noche volando bajo, también para tratar de intimidarme[129].

El general estuvo en el país casi un mes. Residió en una amplia casa adquirida para esa ocasión ubicada en la calle Gaspar Campos, localidad de Vicente López. Desde el primer día miles y miles de militantes, especialmente jóvenes, desfilarán para saludarlo[130]. El historiador norteamericano Joseph Page dirá:

> El carnaval que se desarrolló en Gaspar Campos reafirmó la unión mística que existía entre el conductor y su masa. Los largos años pasados en el exilio habían aumentado su atractivo, más que nunca, era ahora una figura paternal que proyectaba sabiduría y comprensión, un mensajero de paz, un símbolo de esperanza, la encarnación del mito eterno[131].

---

129 Reportaje de Ricardo Grassi en *Mayoría* del 11 de enero de 1973.
130 En su estadía se reunió con Ricardo Balbín, visitó la Villa 31, se entrevistó con la prensa nacional y extranjera y mantuvo una reunión secreta con dirigentes montoneros, la cual finalizó abruptamente cuando los jóvenes dirigentes quisieron 'apretarlo' en la conducción del movimiento.
131 Page Joseph, *Perón*, Editorial Javier Vergara, Buenos Aires, 1984

Tres días después de su arribo, en el restaurante *Nino* se reunirán todas las fuerzas políticas con excepción de los partidos oficialistas. Allí una comisión redactará un documento donde se reclamará la derogación de la cláusula inhibitoria del 25 de agosto, el levantamiento del estado de sitio, la libertad de los presos políticos y gremiales, y que el proceso electoral se desarrollará sin interferencias de ningún tipo. Finalmente el 14 de diciembre viajará a Asunción, de ahí a Lima y por último regresará a Madrid.

¿Qué había pasado con el regreso? Los consejeros de Perón le habían asegurado que el mismo día que retornara al país, un sector importante de las Fuerzas Armadas se sublevaría y junto al fervor del pueblo se reproduciría un nuevo 17 de octubre que le permitiría ser candidato a presidente. Pero nada de eso sucedió. Las Fuerzas Armadas ya no tenían nada de ese sentimiento nacionalista de 1943, simplemente eran reaccionarias y los sindicatos agrupados en la CGT no tenían el ímpetu de esos jóvenes trabajadores que desde el interior del país habían llegado a Buenos Aires en la década del 40.

El general Perón decidió en soledad jugar su última carta para retornar al poder. El mismo día que partió del país resolvió que los candidatos serían Héctor Cámpora y Vicente Solano Lima[132]. Perón sabía que a Cámpora, su delegado personal, le cabían las mismas inhibiciones que a él pues no residía en el país desde el 25 de agosto, con lo cual el gobierno lo proscribiría y el peronismo sin candidatos no se presentaría, obligando al gobierno a eliminar la cláusula, para frenar el caos que se originaría y así él poder ser candidato[133]. Inesperadamente, Lanusse aceptó la candidatura de Cámpora[134], violando su propia ley y, quizás creyendo que al no estar Perón como candidato, el justicialismo perdería en segunda vuelta.

---

132 La CGT y la rama política se oponen porque el candidato de ellos era Antonio Cafiero pero finalmente aceptan lo dispuesto por Perón.

133 Otra versión de aquel momento señalaba que Perón no presentaría candidatura a presidente concurriendo con las restantes candidaturas a gobernadores y legisladores, con lo cual era probable que Balbín fuera presidente.

134 La fórmula Cámpora-Solano Lima fue apoyada por el justicialismo, el Movimiento de Integración y Desarrollo, el Partido Popular Cristiano, el Movimiento Socialista para la Liberación Nacional y el Partido Conservador Popular, todos bajo el FREJULI (Frente Justicialista de Liberación).

Liberación o Dependencia

La campaña electoral tomará fuerza a partir de enero de 1973. Cámpora recorrerá el país y el peronismo ganará las calles. En poco tiempo cientos de Unidades Básicas se abrirán a lo largo y ancho del territorio argentino con una sola consigna: "Cámpora al gobierno, Perón al poder".

Las otras fuerzas políticas que se presentaron a la contienda no tuvieron una gran adhesión popular y solo aparecieron en programas televisivos. Por un lado estaba la Unión Cívica Radical con Ricardo Balbín, que día a día perdía adherentes en las clases medias y por otro las fuerzas reaccionarias, conservadoras y oficialistas con el ex marino Francisco Manrique, el Brigadier Ezequiel Martínez y Julio Chamizo por la Nueva Fuerza.

La campaña del peronismo fue atípica ya que no participaron de la misma los sindicatos y las grandes masas de trabajadores. El espacio fue ocupado por miles y miles de jóvenes de clase media, universitarios, que recientemente se habían hecho peronistas y que tenían una percepción totalmente contraria a sus padres que seguían siendo antiperonistas[135]. ¿Qué había pasado con los jóvenes y el peronismo? El proceso de la política reaccionaria de Onganía había expulsado de los claustros liberales hacia el pensamiento nacional a miles de jóvenes que escuchaban el discurso del trasvasamiento generacional de Perón y leían los libros de Rodolfo Puiggrós o Hernández Arregui sobre el peronismo y el socialismo nacional.

En los actos electorales los jóvenes de la "gloriosa JP" cantaban masivamente: "A la lata al latero/las casas peronistas son fortines montoneros"; "Fusiles, machetes, por otro 17"; "Duro, duro, duro/ vivan los Montoneros que mataron a Aramburu" y "Si Evita viviera sería montonera". Perón, que continuaba dudando de que las Fuerzas Armadas aceptaran el triunfo del peronismo en las elecciones de marzo, no dejaba de alentar a las 'formaciones especiales' y declaraba en la revista *Panorama* del 4 de enero de 1973:

---

[135] Sus padres creyeron que el peronismo era fascista y sus hijos que era socialista. La realidad demostraba que no era ni tan reaccionario ni tan revolucionario.

Si tuviera 50 años menos, no sería incomprensible que anduviera ahora colocando bombas o tomando justicia por propia mano.

Hacia fines de enero el general Lanusse se reunió con las máximas autoridades de las Fuerzas Armadas que expresaron su preocupación por el cariz de la campaña y dieron a conocer un comunicado para que firmaran todos los partidos políticos de 'enfrentamiento a la subversión y de no liberación de los presos terroristas'. El peronismo se opuso y señaló que 'el único pacto de garantías que tenemos es con nuestro pueblo'[136].

Hacia el final de la campaña electoral Perón tenía claro que era fundamental ganar en la primera vuelta, para que la dictadura no intentara ninguna maniobra fraudulenta. En una de sus últimas proclamas Perón dirá que:

> Es indudable que, en las actuales circunstancias, se inicia la etapa electoral más irregular y anacrónica de toda la historia política argentina. Es un fraude que, a pesar de que se lo ha querido hacer aparecer como legal, salta a la vista como una grosera maniobra tramada en contra de la mayoría.
>
> A pesar de ello pienso que la ciudadanía argentina, si quiere librarse de los efectos presentes y las consecuencias futuras de una dictadura militar que viene azotando al país desde hace dieciocho años, es preciso que, aun en las peores condiciones de ecuanimidad y honestidad, intente como sea tomar el gobierno en nombre y representación de una civilidad nacional que tiene ante sí la grave responsabilidad de salvar al país. (...) La disyuntiva es clara: liberación o dependencia. Para alcanzar esa liberación, será preciso comenzar por liberarse de las fuerzas de ocupación que han venido actuando y que pujan por establecer un continuismo inaceptable, en defensa de intereses que no son precisamente los de la Patria[137].

---

136   El gobierno intentó proscribir a Cámpora, pero Perón, rápido de reflejos, declaró que "en ese caso el candidato será el teniente Licastro, con lo cual si Cámpora les cuesta, Licastro les costará mucho más, pues es joven y militar".
137   Ibíd., Pavón Pereyra, Enrique, *Perón, el Hombre del Destino*.

El 11 de marzo el pueblo argentino votó masivamente la fórmula justicialista que obtuvo el 49% de los votos. Muy atrás quedó la UCR con solo el 21% y el partido de Manrique con el 14%. Finalmente, no habrá segunda vuelta y se festejará el regreso del peronismo después de 18 años de proscripción.

En el mes de abril se produjeron los primeros choques entre las 'formaciones especiales' y el general Perón. Rodolfo Galimberti organizará una reunión secreta en la casa de su novia, Julieta Bullrich, ubicada en Mansilla y Pueyrredón, entre Montoneros y Cámpora. Allí, luego de que el presidente electo perdiera la custodia de la Policía Federal se reunirá con Mario Firmenich y Roberto Cirilo Perdía. Los jefes montoneros le exigirán la libertad de los presos políticos y una serie de ministerios en el nuevo gobierno ya que ellos "pusieron los muertos y la gente en la calle para el regreso de Perón".

Cámpora, que no podía creer lo que escuchaba, fue duro en la respuesta:

> Un momento, que el que decide es Perón, yo soy solamente un soldado. Solo les puedo decir que los presos políticos quedarán libres porque di mi palabra en la campaña, sobre lo demás me llevo la lista y se la daré al general[138].

Días después, mientras Perón y Cámpora estaban reunidos en Europa para diseñar el nuevo gobierno, Rodolfo Galimberti en el acto de creación de la UES (Unión de Estudiantes Secundarios) planteó el primer apriete público al general, pedido por Montoneros, al señalar que "llegó el momento de crear las milicias populares". Perón, no dudó un momento y le ordenó a Cámpora que regrese al país para aclarar la situación. Ya en Buenos Aires, Cámpora expresará un severo mensaje:

> Aquellos sectores que asuman reinvidicación alegando representar intereses del pueblo y de la Nación. Deben comprender

---

138 Larraquy Marcelo, Caballero Roberto, *Galimberti, de Perón a Susana*, Buenos Aires, Editorial Norma, 2000.

que habiéndose pronunciado el pueblo argentino, son inadmisibles las actitudes que pretenden subrogar esa voluntad popular.

Días después Perón destituyó a Rodolfo Galimberti como delegado juvenil del Partido Justicialista. Los Montoneros a través de las JP Regionales aceptaron la orden de Perón y nombraron a Juan Carlos Dante Gullo.

Paralelamente al primer enfrentamiento de Montoneros con el general Perón y a horas de asumir el gobierno popular, el Ejército Revolucionario del Pueblo (ERP) emitió una declaración mesiánica anunciado que no dejaría de combatir por creer que:

> Los gobiernos de Cámpora y Perón representaban un serio peligro para las fuerzas revolucionarias argentinas, en la medida que ellas tenían la posibilidad de engañar o distraer ciertos sectores populares[139].

El grupo trotskista demostraba claramente su odio al peronismo y por sobre todo el desprecio hacia el accionar de las masas populares que con su voto permitieron que el general Perón pudiera estar otra vez en la patria.

Finalmente el 25 de mayo de 1973 el presidente Lanusse le entregará el poder al Dr. Cámpora en medio de una enorme movilización popular que abucheará a los gobernantes salientes con una consigna que cubrirá toda la plaza de Mayo: "Se van/se van/ y nunca volverán". Dos presencias extranjeras concitarán los mayores aplausos: la del presidente de Chile, Salvador Allende, y la de su colega cubano, Osvaldo Dorticós. Finalizada la ceremonia de asunción, miles y miles de manifestantes marcharán hasta la cárcel de Villa Devoto para exigir la liberación de los presos políticos. Finalmente en horas de la noche el presidente Cámpora firmará el decreto de indulto a todos los presos políticos[140].

---

139   Ibíd., Anzorena, Oscar. *Tiempos de violencia y utopía*.
140   Ya con los presos en libertad, el Poder Ejecutivo enviará una ley de amnistía al Congreso que será rápidamente aprobada.

La jura del presidente Cámpora produjo un gran alivio en la sociedad argentina. Era el final de 18 años de proscripciones al justicialismo, el movimiento político mayoritario de las últimas tres décadas.

La tercera presidencia

La llegada del peronismo al poder produjo una enorme felicidad que recorrió todo el país. Por primera vez en muchos años los dirigentes gremiales podían sentarse a discutir con la patronal sin temor a ser detenidos. La huelga y la reivindicación laboral eran legales. La Universidad no quedó ajena y el gobierno nombró rector de la Universidad de Buenos Aires a Rodolfo Puiggrós[141], un intelectual que había aportado al conocimiento del pensamiento nacional. Julio Bárbaro, que había asumido como diputado nacional por la Capital Federal, relató que en esos días se encontró con el periodista y profesor Mariano Grondona en la facultad de Derecho de la UBA:

> Caminábamos por uno de los pasillos cuando de pronto se escuchó en un aula la marcha peronista. Grondona se detuvo y me dijo 'pensar que cuando era joven esto acá no existía'. Recuerdo esa anécdota porque se notaba dolor en su rostro, lo vivía como una derrota histórica. Casi dos décadas después de haber sido derrotado Perón en 1955, la Universidad y las clases medias se habían nacionalizado[142].

El gabinete de Cámpora abarcaba a todos los sectores del justicialismo. Los ministros de Justicia (Antonio Benítez), Educación (Jorge Taiana) y Defensa (Ángel Robledo) pertenecían al peronismo histórico; el Ministerio de Trabajo (Ricardo Otero) a las 62 Organizaciones y Relaciones Exteriores (Juan Carlos Puig) e Interior (Esteban Righi) a los sectores juveniles encuadrados en

---

141 Sus libros más importantes son *Historia crítica de los partidos políticos argentinos*, *El Yrigoyenismo*, *La democracia fraudulenta*, *El peronismo: sus causas* y *El Proletariado en la revolución nacional*.
142 Entrevista con el autor.

la Tendencia. Por último, Perón se reservó dos ministerios: Bienestar Social (López Rega) y Economía (José Ber Gelbard).

El general estaba convencido de que el país necesitaba una tregua económica para salir adelante. Su criterio se basaba en concretar un programa de nacionalismo económico que permitiera el desarrollo de la Argentina sin descuidar a los trabajadores. Igual que en su primer gobierno llamó a un industrial para el Ministerio de Economía: José Ber Gelbard. El empresario estaba vinculado a la Confederación General Económica (CGE) que agrupaba a las pequeñas y medianas empresas nacionales.

El 8 de junio el Parlamento aprobó el llamado "Pacto Social" que se había forjado con el acuerdo de los sindicatos, la industria y el gobierno en torno a una serie de medidas que ayudaban a estabilizar los precios y redistribuir el ingreso de los asalariados. En síntesis, el acuerdo social consistía en un congelamiento de precios, un alza de salarios en alrededor del 20% y la suspensión de las negociaciones colectivas de salarios por dos años. Todo ésto sumado a un plan de austeridad en el sector público, un impuesto a las ganancias y a la tierra y créditos baratos a las empresas nacionales.

No pasó mucho tiempo para que el llamado 'Pacto Social' comenzara a ser boicoteado por distintos sectores. Desde la derecha muchos empresarios empezaron a sabotear el pacto y no entregaban sus productos en el mercado interno, porque las ganancias en las exportaciones eran mayores. Todo ello produjo la mafia del mercado negro y la falta de productos de primera necesidad en las góndolas de los comercios. Por otro lado, la Sociedad Rural comenzó una campaña sistemática contra el secretario de Agricultura, ingeniero Horacio Giberti, porque había presentado un proyecto de Ley Agraria que proponía un aumento de la producción agropecuaria so pena de castigar con un impuesto a los grandes latifundistas que no invirtieran en la producción[143]. Por su parte la recién creada Juventud Peronista Trabajadora (JPT) que respondía a Montoneros cuestionó el lla-

---

143 La posición de la Sociedad Rural fue apoyada por algunos senadores peronistas como Romero y Cornejo Linares entre otros. También desde la izquierda, las Ligas Agrarias la cuestionaban por reformista.

mado Pacto Social porque necesitaba continuar el conflicto con la patronal para poder intentar romper las conducciones sindicales que habían firmado el acuerdo[144]. Pese al boicot por derecha y por izquierda durante el primer año de gestión peronista la inflación mensual no superó el 1% por lo cual los trabajadores se beneficiaron por el alto consumo de ese periodo.

El Dr. Cámpora, un par de semanas después de haber asumido el gobierno, se trasladaba con todo su gabinete hasta España para acompañar el regreso del general Perón de su largo exilio. Se organizó una gran fiesta en Ezeiza para recibir al general y se preparó un palco de honor frente a la autopista Ricchieri y la ruta 205 para que Perón pudiera hablar a su pueblo. Lamentablemente el aparato de seguridad armado por el coronel Jorge Osinde por un lado y los militantes de las JP Regionales y Montoneros por otro se enfrentaron a tiros durante todo el día, lo que produjo un número elevado de muertos[145] y decenas de heridos.

En horas de la tarde se decidió que el avión aterrizaría en la base aérea de Morón. Una hora después del arribo, a las 18 horas, Perón se trasladó en helicóptero hasta la residencia de Olivos, sobrevolando la zona de Ezeiza donde más de dos millones de argentinos fueron a recibirlo y no pudieron escucharlo[146]. Un día después, Perón se dirigiría al pueblo argentino con un duro discurso por la cadena de radio y televisión:

> Llego casi descarnado, nada puede perturbar mi espíritu porque retorno sin rencores ni pasiones, como no sea la que animó toda mi vida: servir lealmente a la patria y sólo pido a

---

144   Dirá la JPT que a "espaldas del Pueblo firmaron el famoso Pacto Social que, nuevamente, cargará sobre los hombros de los trabajadores, los 18 años de devastación económica y robo descarado de nuestra riqueza".
145   Horacio Verbitsky solo reconoce una decena de muertos y más de trescientos heridos en su libro *Ezeiza*.
146   Los grupos de derecha acusaron a FAR y Montoneros de querer copar el palco para asesinar a Perón y las JP Regionales acusaron a "Los Osinde, los Brito Lima y los Rucci de no permitir que tres millones de argentinos gritaran por la Patria Socialista".

los argentinos que tengan fe en el gobierno justicialista; porque ése habrá de ser el punto de partida para la larga marcha que iniciamos (...)

Conozco perfectamente lo que está ocurriendo en el país. Los que crean lo contrario se equivocan. Estamos viviendo las consecuencias de una posguerra civil que aunque desarrollada embozadamente no por eso ha dejado de existir, a lo que se suman las perversas intenciones de los factores ocultos que desde la sombra trabajan sin cesar tras designios no por inconfesables menos reales.

Los peronistas tenemos que retornar a la conducción de nuestro movimiento, ponerlo en marcha y neutralizar a los que pretenden deformarlo desde abajo o desde arriba. Nosotros somos justicialistas, levantamos una bandera tan distante de uno como de otro de los imperialismos dominantes, no creo que haya un argentino que no sepa lo que ello significa. No hay nuevos rótulos que califiquen a nuestra doctrina ni a nuestra ideología. No es gritando la vida por Perón que se hace patria, sino manteniendo el credo por el cual luchamos. Los viejos peronistas lo sabemos. Tampoco lo ignoran muchos muchachos que levantan banderas revolucionarias. Los que pretextan lo inconfesable, aunque cubran sus falsos designios con gritos engañosos o se empeñen en peleas descabelladas, no pueden engañar a nadie. (...)

A los enemigos embozados, encubiertos o disimulados, les aconsejo que cesen en sus intentos, porque cuando los pueblos agotan su paciencia, suelen hacer tronar el escarmiento.

El arribo de Perón precipitó los acontecimientos y el 13 de julio el presidente Cámpora presentó la renuncia al cargo. Por la Ley de Acefalía ocupó el cargo Raúl Lastiri, presidente de la Cámara de Diputados y yerno de López Rega, quien convocó a elecciones para el 23 de setiembre.

Durante un mes se discutió fervorosamente quién acompañaría al general Perón en el cargo de vicepresidente. Perón quería que lo acompañara Ricardo Balbín en busca de lo que él llamaba la 'unión nacional' entre el justicialismo y el radicalismo. Los sindicalistas preferían a un hombre de sus filas o a Antonio Cafiero, un político con vuelo propio pero muy vinculado a la Unión Obrera Metalúrgica, pero aceptarían al dirigente radical si Perón lo pedía. Por su parte, la Juventud Peronista quería que la fórmula fuera completada con Héctor Cámpora para frenar el avance de la derecha y terminar con el 'cerco'[147]. Finalmente Perón, fiel a su estilo, nombró a su mujer y con ello suprimió cualquier lucha interna.

En los primeros días de setiembre Perón citó a la residencia de Olivos a las máximas figuras de la Juventud Peronista, incluidos los líderes de FAR y Montoneros. Allí les pidió la unidad, que participaran de su próximo gobierno y se comprometió a que fueran el recambio generacional que él había soñado. Solo agregó que deberían abandonar las armas. Pero una vez más la conducción de Montoneros no entendió el mensaje. Al salir del encuentro, Mario Firmenich expresó:

> El poder político brota de la boca de un fusil. Si llegamos hasta aquí ha sido en gran medida porque tuvimos fusiles y los usamos. Si abandonáramos las armas, retrocederíamos en posiciones políticas. En la guerra hay momentos de enfrentamiento, como los que hemos pasado y momentos de tregua en los que cada fuerza se prepara para el próximo enfrentamiento[148].

En las elecciones del 23 de setiembre se presentaron dos boletas con la fórmula PerónPerón. La oficial que pertenecía al FREJULI y la segunda con la sigla FIP (Frente de Izquierda Popular) y el logo "Liberación y Patria Socialista". El FIP era una pequeña agrupación que dirigía el historiador y político Jorge Abelardo Ramos. Perón obtuvo el 62% de los votos, de los cuales el 8%

---

147 Los dirigentes de la Tendencia creían que había un cerco de la derecha que le impedía recibir información a Perón y por eso no lo dejaron bajar en Ezeiza. Para romper el famoso cerco realizaron una multitudinaria manifestación de casi de 100.000 jóvenes para presionarlo a Perón con la fórmula de Cámpora.
148 Ibíd., Larraquy Marcelo, Caballero Roberto, *Galimberti, De Perón a Susana*.

(casi 900.000 votos) fueron con la boleta del FIP. Los votos, obviamente, no pertenecían al FIP sino a amplios sectores de la clase media que habían optado por Perón pero no por algunos de los funcionarios que lo acompañaban[149]. La Unión Cívica Radical obtuvo el 24% y Manrique solo el 12%. El general Perón se convertía en el primer argentino en obtener un tercer mandato por el voto popular.

El 25 de setiembre, dos días después del arrollador triunfo de Perón, es asesinado el secretario general de la CGT, José Ignacio Rucci. Fue un golpe durísimo para el general que tenía grandes expectativas en el dirigente gremial que lo venía acompañando en los últimos años luego de haber erradicado al vandorismo de la CGT. La muerte de Rucci fue un nuevo intento de Montoneros[150] para apretar a Perón[151] a que negocie con ellos el nuevo gobierno, pero también fue un golpe duro para el 'Pacto Social' que tenía como pilares a Perón, Rucci y Gelbard. Un par de días después, Perón, que no se iba a dejar apretar por las 'formaciones especiales', les advertirá en una entrevista realizada en Roma:

> Los guerrilleros dejan de perturbar la vida del país o los obligaremos a hacerlo con los medios de que disponemos, los cuales, créame, no son pocos (...) La guerrilla no constituye un problema político sino policial[152].

---

149   Arturo Jauretche votó a Perón con la boleta del FIP, según relató el escritor e historiador Ernesto Goldar en una conferencia ofrecida en el CEDEA (Centro de Estudios Argentinos) en el mes de julio de 1979, en la cual quien escribe este libro se encontraba presente.
150   Durante un largo tiempo los montoneros negaron ser los autores al comprobar que la sociedad y especialmente todo el peronismo rechazó de plano el asesinato.
151   En el velatorio de Rucci, Perón lloró en público y expresó "me cortaron las patas...".
152   Ibíd., Pavón Pereyra, Enrique, *Conversaciones con Perón*

La despedida

Buenos Aires en 1974 se parecía mucho a Orán, el pueblo argelino que un día es invadido por una plaga de ratas que trae la muerte y la enfermedad a su gente, tal como transcurre en la genial novela *La Peste* que Albert Camus escribió en 1947. Fue un año triste para el país donde murieron o fueron asesinados una docena de hombres importantes del pensamiento nacional comenzando por Juan Domingo Perón, Arturo Jauretche[153], Juan José Hernández Arregui, Silvio Frondizi, Rodolfo Ortega Peña, Atilio López y el sacerdote Carlos Mujica, entre otros.

El gobierno de Juan Domingo Perón transcurre en medio de hechos de violencia cada vez más sangrientos tanto de derecha[154] como de izquierda. En enero de 1974, el ERP intentó copar el regimiento del Ejército en Azul que dejó un tendal de muertos. Perón reaccionó duramente y denunció al grupo "como mercenarios que actúan mediante la simulación de móviles políticos". Horas después caía el gobernador Oscar Bidegain, ligado a la Tendencia Revolucionaria.

El gobierno decidió enviar una serie de normas para modificar el Código Penal y combatir dentro de la ley a los grupos armados. Un grupo de ocho diputados de la Juventud Peronista se opondrá. Perón los citó en la casa de gobierno y frente a las cámaras de televisión los desacreditó y les pidió que renunciaran si no estaban de acuerdo con apoyar las modificaciones al código penal[155]. Días después Perón se reunió una vez más con todas las

---

153   Arturo Jauretche falleció el 25 de mayo de 1974 y en uno de sus últimos reportajes expresó con relación al arte de escribir que "no me considero un literato sino un hombre que usa el instrumento de la pluma para contacto con sus paisanos, servirlos en lo que pueda... Para mí, el fin ha sido la comunicación, difusión y proselitismo... Escribo para que me lean y me gusta que me lean, pero no escribo para ser grato a ningún oído. Mi objeto es persuadir, especialmente a los no persuadidos... Trato de comunicarme para determinados fines, generalmente proselitistas; no puedo de tal manera separar literatura y pueblo".

154   López Rega había creado un grupo paramilitar llamado Triple A (Alianza Anticomunista Argentina) encargada de asesinar a cualquier persona reconocida por sus ideas progresistas.

155   Horas después presentarán la renuncia a sus bancas de diputados.

fracciones juveniles, esta vez sin Montoneros e intentó aislar al grupo armado de la juventud. Nacerá allí la JP Lealtad.

Durante la mañana del 1 de mayo de 1974, el general Perón se dirigió al Congreso Nacional para dar inauguración a las secciones parlamentarias. En el recinto dio un notable discurso político luego conocido como *El Modelo Argentino*[156], una síntesis de la historia del justicialismo y de los planes para marchar hacia la liberación nacional y la unidad latinoamericana.

Paralelamente el pueblo había sido invitado a llenar la Plaza de Mayo para recordar las históricas reuniones del día del trabajador en la década peronista y saludar al líder que había regresado a la patria. Se pidió a los gremios y a los distintos sectores del justicialismo que no llevaran carteles alusivos a sus corrientes y que solo portaran banderas argentinas. Montoneros, que seguía obsesionado con la teoría del 'cerco' decidió movilizar a su gente para asistir al encuentro popular. Ya en la plaza los Montoneros hicieron aparecer un inmenso cartel con su nombre y en poco tiempo se destacaron por cantar consignas agresivas hacia Perón: "Qué pasa, qué pasa General, que está lleno de gorilas el gobierno popular" o 'Rucci traidor, saludos a Vandor". Pero quizás el momento de mayor agresión hacia el general se produjo momentos antes de su discurso cuando Isabel salió al balcón para coronarla reina electa de los trabajadores. Allí insultaron a la mujer de Perón[157].

Cuando Perón tomó el micrófono ardía de ira y bronca. Se dirigió directamente a la juventud peronista y los expulsó de la Plaza. En un discurso breve pero vehemente los trató de 'estupidos' e 'imberbes':

> Hace hoy 20 años que en este mismo balcón y con un día luminoso como éste hablé por última vez a los trabajadores ar-

---

156 Ibíd., Perón, Juan Domingo, *El Modelo Argentino*.
157 Jorge Abelardo Ramos dirá en su libro *La Era del Peronismo* que "la juventud peronista repetía cíclicamente el odio de sus padres hacia las mujeres de Perón. Ni a los padres 'gorilas' ni a los hijos 'peronistas' les gustaban las mujeres que elegía Perón. En realidad, lo que en verdad rechazaban era a Perón".

gentinos. Fue entonces cuando les recomendé que ajustasen sus organizaciones, porque venían tiempos difíciles. No me equivoqué ni en la apreciación de los días que venían ni en la calidad de la organización sindical, que se mantuvo a través de veinte años pese a estos estúpidos que gritan.

Decía que a través de estos veinte años, las organizaciones sindicales se han mantenido inconmovibles, y hoy resulta que algunos imberbes pretenden tener más méritos que los que lucharon durante veinte años.

Perón siguió agradeciendo la lucha de las organizaciones gremiales durante los años de la resistencia y las columnas de la JP comenzaron a abandonar la plaza. Era el final de los Montoneros dentro del peronismo. A partir de ese momento no pudieron arrastrar más al pueblo que había observado con sus propios ojos cómo Perón los expulsaba. Se quedaron solos, sin la gente y sin la ideología, sólo les quedaron las armas que luego usarían indiscriminadamente. Un par de años después, en noviembre de 1976, Rodolfo Walsh criticaba duramente la conducción de Montoneros:

> En nuestro país es el movimiento el que genera la vanguardia, y no a la inversa, como en los ejemplos clásicos del marxismo. Por eso, si la vanguardia niega al movimiento, desconoce su propia historia y asienta las bases para cualquier desviación. (...) Si eso no se tiene en cuenta, la literatura china o vietnamita no nos sirve, porque tiende a confundir nuestra lucha social como una guerra colonial, en la que la organización en Movimiento, Frente, partido y Ejército tiene sentido porque se presupone la unidad del pueblo detrás de su conducción y contra el invasor extranjero.
>
> Hasta el 24 de marzo, cuando las condiciones eran inmejorables para esa lucha, desistimos de ella y en vez de hacer política, de hablar con todo el mundo, en todos los niveles en nombre del peronismo, decidimos que las armas principales del enfrentamiento eran los militares y dedicamos nuestra atención a profundizar acuerdos ideológicos con la ultra izquierda (...)

Durante el mes de mayo el líder justicialista estaba preocupado, no tanto por la juventud peronista, sino porque el plan económico que él había diseñado a través del Pacto Social comenzaba a resquebrajarse, ya que los precios máximos eran permanentemente violados por los empresarios y el mercado negro, y el desabastecimiento crecía día a día, con lo cual los trabajadores perdían el valor adquisitivo de sus salarios. Perón convocó a una nueva paritaria y al no llegar a un acuerdo con el sector patronal decidió por su cuenta darles un aumento salarial del 13% a los trabajadores. Los empresarios se opusieron y continuaron aumentando los precios.

El 12 de junio, por la mañana, Perón se dirigió a los argentinos por radio y televisión y expresó duros conceptos hacia quienes estaban promoviendo la contrarrevolución:

> Yo vine al país para lanzar un proceso de liberación nacional y no para consolidar la dependencia... Pero hay pequeños sectores, perfectamente identificados, con los que hasta el momento fuimos tolerantes, que se empeñan en obstruir nuestro proceso: son los que están saboteando nuestra independencia y nuestra independiente política exterior. (...)

Luego criticó a algunos 'diarios oligarcas' que insisten con el problema del mercado negro y el desabastecimiento y aclaró que:

> No hay que olvidar que los enemigos están preocupados por nuestras conquistas no por nuestros problemas. Ellos se dan cuenta de que hemos nacionalizado los resortes básicos de la economía y que seguiremos en esa tarea, sin fobia, pero hasta no dejar ningún engranaje decisivo en manos extranjeras.

La central obrera llamó a un paro y movilización a la Plaza de Mayo. En pocas horas el pueblo había llenado la histórica plaza para decirle presente a su líder. Fue también su despedida:

> Sabemos que tenemos enemigos que han comenzado a mostrar sus uñas. Pero también sabemos que tenemos a nuestro

lado al pueblo, y cuando éste se decide a la lucha, suele ser invencible. Hoy es visible, en esta circunstancia de lucha, que tenemos a nuestro lado al pueblo, y nosotros no defendemos ni defenderemos jamás otra causa que no sea la causa del pueblo. Yo sé que hay muchos que quieren desviarnos en una o en otra dirección; pero nosotros conocemos perfectamente bien nuestros objetivos y marcharemos directamente a ellos, sin dejarnos influir por los que tiran desde la derecha ni por los que tiran desde la izquierda. (...)

Compañeros, esta concentración popular me da el respaldo y la contestación a cuanto dije esta mañana. Por eso deseo agradecerles la molestia que se han tomado de llegar hasta esta plaza. Llevaré grabado en mi retina este maravilloso espectáculo, en que el pueblo trabajador de la ciudad y de la provincia de Buenos Aires me trae el mensaje que yo necesito. Compañeros, con este agradecimiento quiero hacer llegar a todo el pueblo de la República nuestro deseo de seguir trabajando para reconstruir nuestro país y para liberarlo. Esas consignas, que más que mías son del pueblo argentino, las defenderemos hasta el último aliento. Para finalizar, deseo que Dios derrame sobre ustedes todas las venturas y la felicidad que merecen. Les agradezco profundamente el que se hayan llegado hasta esta histórica Plaza de Mayo. Yo llevo en mis oídos la más maravillosa música que, para mí, es la palabra del pueblo argentino.

Un par de semanas después caía en cama enfermo para ya no levantarse más. El 1 de julio de 1974 fallecía en horas del mediodía de un paro cardiaco a los 78 años de edad. El pueblo lloró y un silencio triste cubrió a todos los argentinos, especialmente a los más humildes y desposeídos. Miles de trabajadores, mujeres, niños y ancianos desfilaron frente al féretro que contenía los restos del general Perón. Había muerto el hombre más importante del siglo veinte en la Argentina y quien había estado presente en el corazón del pueblo durante más de treinta años. Era el caudillo que había encarnado las esperanzas de millones de argentinos que carecían de voz. Era el patriota que había soportado el exilio durante casi dos décadas por el odio de los vendepatrias. Cuando Perón regresó a la Argentina en 1973 expresó con sencillas palabras el significado de gobernar un país:

> Si el pueblo está contento, eso es lo que me interesa. La mitad de la tarea de un gobierno, para mí, está en que el pueblo esté contento. El pueblo contento comienza el camino de la felicidad y ésa es una de las funciones fundamentales del gobierno. La otra es ejercer la grandeza del país. Éso se hace despacito y de a poco.

Unos años antes, el general Perón explicó lo que él consideró su mayor aporte al pueblo argentino:

> Yo he dicho muchas veces que quizás de todo el bien que yo pueda haber hecho a la colectividad argentina, uno es inigualable: el haber desarrollado en el pueblo argentino una conciencia social[158].

---

158 Perón, Juan Domingo, *Conducción política*, Ediciones de la Reconstrucción, Buenos Aires, 1973.

Tercera Era

Los años oscuros
1975-2002

"El peronismo se ha llenado de mártires y entre ellos no
hay un solo hombre que, como nuestros enemigos, pueda ser
tildado de asesino con fundamento,
como podemos llamarlos a ellos con razón".
Juan Domingo Perón

1976

El aniquilamiento

A partir de la muerte del general Perón la violencia política aumentó considerablemente en la Argentina. Las crónicas de los diarios trascurrían entre muertes, asesinatos, asaltos a cuarteles y amenazas[159]. Buenos Aires se hundió en el terror, tanto de derecha como de izquierda: asesinaron entre otros al profesor Silvio Frondizi, al director del diario *El Día*, David Kraiselburd, al dirigente radical Arturo Mor Roig y al diputado nacional Rodolfo Ortega Peña[160]. Su compañero y amigo, Eduardo Luis Duhalde relató que:

> El asesinato de Rodolfo Ortega Peña no hay que tomarlo como un hecho aislado, sino como el primero de una serie de asesinatos a figuras simbólicas de la resistencia peronis-

---

159   Un número importante de artistas y cantantes fueron amenazados por la Triple A, lo que implicó que muchos partieran hacia el exilio para preservar sus vidas.
160   En la década del sesenta había publicado junto a Eduardo Luis Duhalde una serie de libros que aportaron al pensamiento nacional. Entre los más destacados se cuentan: *Felipe Varela, caudillo americano*, *Facundo y la montonera*, *El asesinato de Dorrego y San Martín*, y *Rosas y el nacionalismo histórico*.

ta. Luego de Ortega Peña siguieron personalidades como Julio Troxler, una figura mítica de la resistencia, Atilio López, que había sido vicegobernador de Obregón Cano en Córdoba y uno de los pilares del cordobazo. También el sargento Irineo Chávez, uno de los sobrevivientes de la sublevación del general Valle en 1956 y el gringo Pierini, que fue uno de los fundadores del Movimiento Revolucionario Peronista (MRP) en la década del sesenta.

El asesinato de Ortega Peña produce una gran conmoción. Te diría que si el de Vallese produjo una conmoción en los años sesenta, el asesinato de Rodolfo produjo una conmoción mayor, con toda la dramaticidad de su entierro con la policía del comisario Villar queriéndose llevar el féretro. Con su muerte se perdió a un militante excepcional y a un intelectual irremplazable[161].

En medio de este caos, la agrupación Montoneros en un acto casi demencial, realizado en la Facultad de Derecho a principios de setiembre, anunció que pasaba a la clandestinidad porque muerto Perón el gobierno de Isabel "ha dejado de ser peronista y representativo". Esta medida dejó expuestos a miles de estudiantes y trabajadores que militaban en agrupaciones de superficie (como eran la JUP, JPT y la UES) a los grupos parapoliciales que rápidamente los identificaron. Paralelamente en esos días, el gobierno de Isabel separó del Ministerio de Educación a Jorge Taiana para nombrar a un personaje impresentable como Oscar Ivanissevich, quien intervino la Universidad de Buenos Aires, designando como interventor a un fascista como Alberto Ottalagano.

Antes de finalizar el año, Montoneros secuestró a los hermanos Juan y Jorge Born, directivos de la empresa Bunge & Born. Por el rescate la agrupación obtuvo la suma de 60 millones de dólares, que son rápidamente sacados del país hacia Cuba y Europa. En esos meses finales de 1974 dos hechos conmovieron a la sociedad. El primero fue la bomba que colocó la Triple A en

---

161   Entrevista con el autor.

el departamento del ex rector de la Universidad, Raúl Laguzzi, costándole la vida a su pequeño hijo Pablo de cuatro años. El segundo hecho se produjo en Tucumán cuando el ERP asesinó al capitán del Ejército Humberto Viola junto a su hija de tres años, además de herir de bala a otra hija de cinco años.

El gobierno de Isabel

El deterioro del gobierno de Isabel fue veloz. Los empresarios percibieron que muertos Perón y Rucci y sin Gelbard[162] el Pacto Social no tenía razón de ser. Los precios comenzaron a subir y el desabastecimiento aumentó considerablemente en los comercios por la falta de mercadería, la cual se encontraba en el mercado negro a otro precio. Todo esto produjo una escalada inflacionaria que perjudicó al salario de los trabajadores.

A partir de la muerte de Perón creció la influencia del astrólogo José López Rega sobre Isabel. El ex policía se hizo cargo de todas las secretarías bajo el ámbito de la presidencia, mantuvo el Ministerio de Bienestar Social y fue uno de los responsables del grupo terrorista paramilitar conocido como Triple A que tenía una de sus bases de operaciones en la sede del Ministerio. Su momento de mayor poder se produjo a mediados de 1975 cuando logró nombrar en el Ministerio de Economía al secretario de Seguridad de Bienestar Social Celestino Rodrigo[163]. Su política económica fue brutal hacia la clase trabajadora: devaluó la moneda en un 150%, elevó el precio de los combustibles en un 175% y las tarifas públicas en un 200%.

La inflación aumentó considerablemente y los sindicatos fueron a discutir sus salarios a paritarias. A los pocos días los gremios más importantes (UOM, Textiles, Bancarios) habían logrado aumentos de más del 100% en los sueldos. El Ministerio de Economía decidió que sólo aceptaría aumentos de salarios

---

162   Había renunciado en octubre de 1974 por presión de José López Rega.
163   El nuevo ministro de Economía era un miembro activo de una secta esotérica. Años después publicó un libro titulado *Alborada del Hombre*.

de hasta el 45%. Los gremios, unidos en las 62 Organizaciones y la CGT, bajo la cada vez más influyente Unión Obrera Metalúrgica de Lorenzo Miguel, dudaban en cómo enfrentar al poder del 'brujo' López Rega.

El 27 de junio se produjo una gran movilización espontánea de las bases trabajadoras hacia Plaza de Mayo, conocido como 'rodrigazo' donde los dirigentes gremiales se acoplaron e intentaron separar a la viuda de Perón de López Rega y Rodrigo[164]. Un día después, Isabel desoyendo la presión de los trabajadores, dio una conferencia anunciando que el aumento sería solo del 50%. El ministro de Trabajo, Ricardo Otero, renunció a su cargo.

La CGT llamó a una huelga de 48 horas para los días 7 y 8 de julio, con lo que se convirtió en el primer paro general contra un gobierno peronista. Las jornadas paralizaron a la Argentina y el gabinete de Isabel presentó la renuncia. El 19 de julio, en el avión presidencial, abandonaba el país José López Rega con el cargo de embajador extraordinario, para ya nunca más volver[165].

Las 62 Organizaciones obligaron a Isabel a cambiar el rumbo económico. Las carteras de Economía y Trabajo fueron ocupadas por Antonio Cafiero y Carlos Federico Ruckauf, un abogado del sindicato del Seguro de tan solo 31 años. Días después, la presidenta pidió una licencia por enfermedad y ocupó el gobierno Ítalo Luder, presidente provisional del Senado.

Antonio Cafiero intentó encauzar la economía pero los empresarios nunca aceptaron firmar un nuevo Pacto Social, por lo cual la inflación se disparó y ya no pudo detenerse más[166]. Todo el sistema comercial del país, desde las grandes empresas a las más pequeñas se consagraron a ocultar mercaderías, aumentar los precios y al desabastecimiento, con lo cual la inflación entró en una espiral que perjudicaba una vez más a los trabajadores.

---

164 El pueblo trabajador cantaba bajo la lluvia: "Que llueva, que llueva, que muera López Rega".
165 Durante 10 años estuvo huyendo de la Justicia y en 1986 fue apresado en Estados Unidos y extraditado a la Argentina, donde murió esperando su juicio.
166 En los primeros meses de gestión logró que la inflación se redujera de un 30% mensual a solo un 10%.

El terror, tanto de la Triple A como de los grupos armados, continuó. Ya no solo aparecían asesinadas figuras importantes de la política o el sindicalismo, sino que por primera vez se inauguraban las matanzas colectivas a estudiantes y trabajadores. La violencia no se detenía. El 5 de octubre más de 50 integrantes de Montoneros intentaron tomar el regimiento 21 de Infantería de Formosa, pero el ataque fue resistido valerosamente por los conscriptos. Los guerrilleros huyeron en un avión de Aerolíneas hacía la provincia de Santa Fe. Murieron un total de 13 soldados y 12 montoneros. Rodolfo Galimberti, en su biografía[167], contará que quedaron impactados por la ferocidad de los soldados que defendieron el cuartel, con lo cual quedaba demostrado el alejamiento de Montoneros del pueblo que años atrás los había visto con simpatía.

Horas después del atentado en Formosa, el gobierno de Isabel firmó un decreto que autorizó a las Fuerzas Armadas el cuidado del orden interno y la represión en todo el país contra el accionar de la subversión. Semanas antes había nombrado a Jorge Rafael Videla como Comandante en Jefe del Ejército. Era el paso previo para el golpe de Estado de marzo de 1976.

El golpe genocida

Hacia diciembre de 1975 las voces sobre un posible golpe de Estado aumentaban cada día más. Dos hechos hicieron tambalear aun más el precario gobierno de Isabel. Un grupo de militares de la Fuerza Aérea encabezados por el brigadier Jesús Capellini se sublevaron y tomaron el aeroparque de Morón, pero el intento fracasó por falta de consenso en la cúpula militar. El segundo acontecimiento se produjo el 23 de diciembre (en lo que se consideró la mayor operación guerrillera urbana) con el intento de copamiento del batallón de Arsenal Domingo Viejobueno de Monte Chingolo. El ataque fracasó porque el ERP estaba in-

---

167   Ibíd., Larraquy Marcelo, Caballero Roberto, *Galimberti, de Perón a Susana*

filtrado y los militares estaban esperándolos. Murieron más de 60 guerrilleros y decenas de heridos en una desorganizada fuga.

A fines de diciembre, Isabel realizará una última reunión con todos sus ministros en la Casa Rosada. Allí, la presidente les pidió la opinión a los presentes, porque tenía decidido nombrar embajador en un país europeo a su amigo *Lopecito* como acostumbraba llamar a López Rega. Pedro Arrighi, ministro de Educación apoyó la medida; en segundo lugar, Aníbal Damascò, ministro de Bienestar Social, consideró que el peronismo se iba a congratular con tal decisión; en tercer lugar, Ruckauf, ministro de Trabajo, señaló que uno a los amigos le debe dar todo, pero del Estado nada y consideró que López Rega era una persona muy mal vista en el peronismo y en el conjunto del pueblo. Isabel molesta le pasó la posta a Antonio Cafiero, quien también cuestionó la figura de López Rega con palabras muy duras y planteó su preocupación por el avance del Ejército en la vida institucional.

Un par de semanas después, Isabel aceptó la presión de la Junta de Comandantes para erradicar el último vestigio de peronismo en el gobierno al reemplazar a Antonio Cafiero y Carlos Ruckauf. Finalmente, en un intento desesperado para mantenerse en el gobierno llamó a elecciones adelantadas para el mes de octubre de 1976. Pero la suerte estaba echada y los sectores empresarios no se conformaban con la cabeza de los ministros sino que querían todo el gobierno. A principio de febrero, la Sociedad Rural, las Confederaciones Rurales Argentinas, la Cámara de Comercio, la Unión Comercial Argentina y la Cámara de la Construcción llamaron a un *lockout* patronal para el 16 de febrero. El paro fue total, hasta los quiosqueros cerraron sus puertas.

Para el mes de febrero las Fuerzas Armadas ya tenían elaborado un Plan de Gobierno, el cual lo habían consensuado con José Alfredo Martínez de Hoz, quien presidía el poderoso Consejo Empresario[168]. En las reuniones, Martínez de Hoz había planteado la preocupación porque el peronismo "impedía la libertad de trabajo, la producción y la productividad". Como en 1955, las Fuerzas Ar-

---

168   Ganadero y directivo de varias empresas extranjeras como la Ítalo y Acindar.

madas, la oligarquía terrateniente y los empresarios se unirían para derrotar al peronismo. También, como hace veinte años, pero por razones diferentes, amplios sectores de la clase media, cansados de la violencia en las calles de la república, esperaban que el Ejército "restableciera el orden y la tranquilidad" en el país.

El 24 de marzo de 1976, las Fuerzas Armadas derrocaron a Isabel[169] y tomaron el poder. La Junta de Comandantes designó como presidente a Jorge Rafael Videla[170]. El nuevo gobierno disolvió el Congreso y los partidos políticos e intervino la mayoría de los sindicatos. Muchos sectores de la sociedad respiraron aliviados porque creían que los militares venían por el debilitado gobierno peronista, los sindicatos y la guerrilla[171]. Se equivocaron. Las Fuerzas Armadas junto a la oligarquía y las empresas extranjeras tenían un plan y querían al país en su conjunto.

El peronismo, como en 1955, era derrotado sin librar ninguna batalla. Esta vez la situación era más dramática. Ya no estaba Perón en el exilio organizando la resistencia popular y las Fuerzas Armadas, no solo encarcelarían a los dirigentes políticos y sindicales, sino que en su plan estaba aniquilar todo vestigio de pensamiento nacional.

Dictadura, muerte y desaparecidos

El gobierno militar disolvió el Congreso, los partidos políticos, destituyó a los miembros de la Corte Suprema de Justicia, intervino la CGT y designó como ministro de Economía a José Alfredo Martínez de Hoz, quien implementará una política económica de destrucción de las empresas estatales y de estímulo a las inversiones extranjeras. En siete años de dictadura militar la deuda externa se cuadriplicó, se redujo la producción y el em-

---

169   Fue detenida, incomunicada y enviada a Neuquén durante cuatro años. En 1981 le permitieron salir del país, radicándose en Madrid. Fue indultada a fines de 1983.
170   La Junta Militar la compartió junto al almirante Emilio Massera y al brigadier Ramón Agosti.
171   Para marzo de 1976 la guerrilla estaba destruida militarmente luego del fracaso del ERP en los montes tucumanos y el aislamiento del pueblo peronista a Montoneros.

pleo industrial y la concentración de la riqueza –la brecha entre ricos y pobres– creció un 50%.

Las Fuerzas Armadas, para llevar a cabo el proceso de desmantelamiento del Estado de bienestar que había creado Perón dos décadas atrás, utilizaron la excusa de 'aniquilar la subversión' y con ello implementaron una política de terror que implicó el asesinato, la tortura, la persecución, la desaparición de personas y la apropiación de niños que paralizó a toda la sociedad. La violencia asesina de la dictadura involucró a miles de ciudadanos[172] que no tenían vinculación alguna con los grupos armados: profesores universitarios, delegados gremiales, sacerdotes[173] o estudiantes[174]. Según el informe de la CONADEP (Comisión Nacional sobre la Desaparición de Personas) funcionaron en el país más de 340 centros clandestinos de detención, dirigidos por altos oficiales de las Fuerzas Armadas, donde los detenidos eran alojados en condiciones infrahumanas y sometidos a toda clase de humillaciones y torturas. En el informe se dio cuenta de la desaparición de 8.960 personas, pero el balance de las víctimas aumentaría a cerca de 30.000 desaparecidos durante la dictadura[175].

Los militares, en las primeras horas del golpe de Estado, detuvieron a la cúpula gremial[176] y a cientos de dirigentes y delegados gremiales para descabezar posibles huelgas. Lorenzo Miguel, la máxima figura del sindicalismo, logró eludir durante tres días a los militares, hasta que un grupo de tareas lo secuestró el domingo 28 de marzo. Fue golpeado, torturado y recibió varios simulacros de fusilamiento. Dos días después fue "blanqueado"[177]

---

172 Muchos argentinos optaron por el exilio para preservar sus vidas.

173 El 14 de julio de 1976 la sociedad se conmovió con el asesinato de cuatro religiosos de la orden de los Palotinos en el barrio de Belgrano.

174 La mayor tragedia se vivió en setiembre de 1976 cuando varios estudiantes secundarios que reclamaban por el boleto estudiantil fueron secuestrados y asesinados en la ciudad de La Plata. A esa jornada se la conoce como La noche de los lápices.

175 En el libro *El Vuelo* de Horacio Verbitsky se dan detalles de cómo cientos de detenidos eran arrojados, muchos de ellos vivos, al Río de la Plata.

176 Casildo Herrera, secretario general de la CGT, se encontraba en el Uruguay cuando se produjo el golpe y se exilió en la embajada de México.

177 En *El Intocable*, la biografía sobre Lorenzo Miguel, escrita por Cárpena y Jaquelin, se menciona la posibilidad de que el almirante Massera haya presionado al

y llevado al barco Treinta y Tres Orientales[178] donde se encontraban las principales figuras políticas del peronismo incluidas en el Acta de Responsabilidad Institucional: Antonio Cafiero, Carlos Saúl Menem, Miguel Unamuno, Jorge Taiana, Pedro Eladio Vázquez, Diego Ibáñez y Pedro Arrighi, entre otros. El mismo Miguel relató años después su detención:

> Entraron cinco personas armadas con pistolas y ametralladoras. Con la forma amable que ellos acostumbraban me sacaron sin dejarme cambiar y me pusieron un hule en la cabeza. Me trasladaron acostado en el piso del asiento trasero con una manta encima. Llegamos a un galpón y, ahí sí, me pusieron una capucha, los ojos vendados con cinta adhesiva y las manos esposadas atrás...[179].

Las Fuerzas Armadas tenían claro que para destruir al peronismo había que destruir al movimiento obrero. Se implementó la Ley de Prescindibilidad que autorizaba a despedir a cualquier trabajador sin pagar indemnización; se dictó la ley 21.400 de Seguridad Industrial que militarizaba a los trabajadores en huelga; se modificaron más de la mitad de los artículos de la Ley de Contrato de Trabajo; se prohibió para siempre la CGT, se intervinieron los sindicatos, les quitaron las Obras Sociales y se congelaron los salarios, lo que implicó durante 1976 la pérdida de más de un 50% en los ingresos de los trabajadores.

La resistencia de los trabajadores comenzó a organizarse después del golpe de Estado y del shock que produjo en las bases el secuestro y la desaparición de cientos de delegados gremiales. Las primeras huelgas se hicieron en junio, julio y agosto en la industria automotriz, pero fueron brutalmente reprimidas con desapariciones, asesinatos y detenciones y la ocupación por parte de las

---

Ejército para que no le den muerte.
178   En julio fue enviado a la cárcel de Magdalena hasta que fue liberado con arresto domiciliario en 1978. Su libertad final la obtuvo recién en abril de 1980.
179   Cárpena Ricardo, Jacquelin Claudio, *El Intocable*, Editorial Sudamericana, Buenos Aires, 1994

Fuerzas Armadas de las fábricas[180]. Luego le siguieron huelgas en la rama de los metalúrgicos, los portuarios y en otra decena de gremios. Un ejemplo claro de aquella resistencia se vivió en el gremio de Luz y Fuerza entre octubre y marzo de 1977. El gremio comenzó con paros para recuperar los beneficios laborales que la dictadura le había quitado (aumentos por antigüedad, normas de salubridad, reconocimiento gremial, etc.). El 8 de octubre fueron secuestrados tres obreros de sus domicilios y los trabajadores decidieron realizar apagones y sabotajes que dejaron por varias horas sin energía a varias ciudades. Una semana después el gobierno hizo aparecer a los delegados que mostraban signos brutales de tortura. La protesta continuó con movilizaciones y paros hasta que el 11 de febrero fue secuestradodesaparecido el secretario general del gremio, Oscar Smith. En esos meses fueron dejados cesantes más de 600 delegados gremiales de Luz y Fuerza.

No hay duda de que la política oligárquicomilitar apuntaba a la clase trabajadora, columna vertebral del peronismo. Un reciente informe de la CTA (Central de Trabajadores Argentinos) presentado en el Juicio de la Verdad que se está realizando en la ciudad de La Plata señaló que el 70% de los desaparecidos eran trabajadores y que la intención del gobierno era establecer un nuevo orden en las relaciones laborales, basadas en la reducción de los beneficios laborales y en la disminución de los niveles salariales.

Para 1977 los grupos armados estaban totalmente derrotados[181], pero la represión de la dictadura continuará con secuestros y desapariciones para mantener el terror en la sociedad. Los hechos que más conmovieron durante ese año serán: la desaparición de las monjas francesas Alice Domon y Leonie Duquet, la de Hidalgo Solá, embajador en Venezuela, la de Edgardo Sajón, ex vocero de Lanusse, la de Oscar Smith, secretario general de Luz y Fuerza, la detención de Jacobo Timerman, director del diario *La Opinión* y el secuestro y muerte del escritor Rodolfo Walsh. Recordemos al-

---

180 Pozzi Pablo, *Oposición obrera a la dictadura*, Editorial Contrapunto, Buenos Aires, 1988

181 Los máximos dirigentes de Montoneros se marcharon hacia Europa y se exiliaron en Roma.

gunos párrafos de la Carta Abierta que escribió, al cumplirse el primer aniversario del golpe militar, el autor de *Operación Masacre*:

> La censura de prensa, la persecución a intelectuales, el allanamiento de mi casa en el Tigre, el asesinato de amigos queridos y la pérdida de una hija que murió combatiéndolos, son algunos de los hechos que me obligan a esta forma de expresión clandestina después de haber opinado libremente como escritor y periodista durante casi treinta años. El primer aniversario de esta Junta Militar ha motivado un balance de la acción de gobierno en documentos y discursos oficiales, donde lo que ustedes llaman aciertos son errores, los que reconocen como errores son crímenes y lo que omiten son calamidades (…) han restaurado ustedes la corriente de ideas e intereses de minorías derrotadas que traban el desarrollo de las fuerzas productivas, explotan al pueblo y disgregan la Nación. Una política semejante sólo puede imponerse transitoriamente prohibiendo los partidos, interviniendo los sindicatos, amordazando la prensa e implantando el terror más profundo que ha conocido la sociedad argentina. Quince mil desaparecidos, diez mil presos, cuatro mil muertos, decenas de miles de desterrados son la cifra desnuda de ese terror. Colmadas las cárceles ordinarias, crearon ustedes en las principales guarniciones del país virtuales campos de concentración donde no entra ningún juez, abogado, periodista, observador internacional. El secreto militar de los procedimientos, invocado como necesidad de la investigación, convierte a la mayoría de las detenciones en secuestros que permiten la tortura sin límite y el fusilamiento sin juicio.

En abril de 1977 un grupo de madres, con pañuelos en la cabeza, comenzaba a realizar una ronda alrededor de la pirámide de Plaza de Mayo reclamando por la aparición de sus hijos. Se las conocerá como las Madres de Plaza de Mayo que pronto concitarán la atención internacional[182].

---

182 Unos meses después se formaron las Abuelas de Plaza de Mayo que buscarán a sus nietos secuestrados o nacidos en cautiverio. Hasta la fecha más de 100 nietos fueron encontrados y recuperaron su identidad.

1980

Los años oscuros

El gobierno militar a principios de 1978 se dedicará a promocionar la organización del Campeonato Mundial de Fútbol a realizarse en la Argentina. El fútbol se convertirá en el tema excluyente de la sociedad y la mayoría del país pondrá una gran expectativa en la selección nacional. En junio de 1978 Argentina gana su primer campeonato mundial al vencer a Holanda por 3 a 1. Miles de argentinos se lanzan a las calles a festejar la conquista y por primera vez se vive una gran alegría colectiva desde el golpe de Estado de 1976. La Junta de Comandantes intenta capitalizar el festejo pero la sociedad argentina diferencia el hecho deportivo del político.

Paralelamente a la previa del Mundial de Fútbol se produjo un hecho que pasó inadvertido. En enero, Argentina declaró unilateralmente la nulidad del fallo arbitral sobre el litigio con Chile por las islas del Beagle[183]. Durante todo el año,

---

[183] El presidente Lanusse había pedido a la corona británica que resolviera sobre el litigio con Chile por el canal de Beagle. En 1977 los ingleses optaron por Chile.

mientras la gente disfrutaba del mundial de fútbol, aumentaban los aprestos bélicos en el sur argentino por parte de ambos países. Hacia fin de año, cuando parecía que las dictaduras de Chile y Argentina nos llevaban a una guerra entre hermanos, la mediación del Papa Juan Pablo II al enviar al cardenal Antonio Samoré para abrir un canal de negociación, traerá tranquilidad al pueblo argentino[184].

En 1979, los dirigentes Montoneros en el exilio, bajo la conducción de Mario Firmenich, decidirán, en su último acto, reingresar al país "para derrotar a la dictadura". La contraofensiva provocó la muerte de decenas de militantes que eran apresados al regresar al país. Realizarán una serie de atentados contra las casas de Guillermo Klein y Juan Alemann y asesinarán en pleno centro de la ciudad al empresario Francisco Soldatti[185].

El 14 de octubre de 1980 la dictadura militar acusa un duro golpe internacional cuando el arquitecto Adolfo Pérez Esquivel, director del Servicio Paz y Justicia y militante por los derechos humanos, recibe el Premio Nobel de Paz. Pérez Esquivel había estado detenido sin proceso por la dictadura militar. El gobierno declarará que el premio es parte de una "campaña antiargentina organizada por exiliados de origen extremista".

El general Roberto Eduardo Viola asumirá como segundo presidente del Proceso de Reorganización Nacional el 29 de marzo de 1981. Nueve meses después, las internas castrenses lo harán renunciar al cargo de presidente. Asumirá el general Leopoldo Fortunato Galtieri.

---

184   Meses después el general Luciano Benjamín Menéndez se sublevó en Córdoba con la intención de retomar el enfrentamiento con Chile. Finalmente depone las armas y es alejado del cargo.
185   Rodolfo Galimberti y el poeta Juan Gelman renunciarán a la organización denunciando a todos los niveles de la conducción por su foquismo y su aislamiento de las masas.

La economía de Martínez de Hoz

La excusa fue 'aniquilar la subversión' pero la principal razón del golpe de Estado fue la de instaurar un nuevo modelo económico. Este proceso debería destruir la política de desarrollo nacional que comenzó con el peronismo y que los procesos militares-oligárquicos anteriores no habían logrado llevar totalmente a cabo.

El peronismo, con toda su debilidad, había logrado en el periodo 1973-76 una política nacional de defensa de la clase trabajadora. En tres años logró un aumento de la ocupación laboral[186], mejoró el salario real, estableció pactos comerciales con los países del área socialista, nacionalizó los depósitos bancarios, el gobierno reorientó el crédito y se nacionalizaron las bocas de expendio de combustible con lo cual se le arrebató a las empresas extranjeras más de 300 millones de dólares anuales.

En l976 una camarilla de ganaderos y banqueros sin escrúpulos se apoderaron del Ministerio de Economía. Su máximo responsable será José Alfredo Martínez de Hoz quien impulsará una política económica de ajuste monetario de la balanza de pagos, basádose en la captación de capitales financieros externos. Esta política llevará a la destrucción de la industria nacional y demolerá el ingreso de los trabajadores en más de un 40%. Martínez de Hoz, a los pocos días de asumir sus funciones, señalará que "el salario real ha llegado a un nivel excesivamente alto en relación con la productividad de la economía".

En 1977 se instrumentará la nueva Ley de Entidades Financieras que liberó el mercado del dinero, dándole garantía estatal a todos los depósitos a plazo fijo. En poco tiempo las financieras y los bancos se reprodujeron por todo el país. Paralelamente el Banco Central liberó las tasas de interés por lo cual cada banco ofreció tasas altísimas para captar nuevos clientes y en pocos meses las tasas superaron el 130% anual. La "timba financiera" se había adueñado del país.

---

[186] Se aprobó la Ley de Contrato de Trabajo, una herramienta fundamental para la defensa de los derechos laborales.

La política financiera, conjuntamente con una apertura indiscriminada de la economía, llevó a que las empresas nacionales se endeudaran con bancos extranjeros al no poder pagar las altas tasas de los bancos nacionales. En poco tiempo muchas fueron a la quiebra. El país, mientras tanto, continuará solicitando créditos en el exterior con lo cual la deuda externa ascendió a más de 30.000 millones de dólares.

El argumento principal en 1976 para bajar los salarios y producir una apertura económica fue que un país no podía vivir con inflación. Dos años después Martínez de Hoz continuaba con 160% de inflación anual y el país se deterioraba rápidamente. En 1980 explotará el sistema financiero cayendo una docena de entidades por las altas tasas de interés. El caso más resonante será el del Banco de Intercambio Regional (BIR) que estafará a más de 350.000 ahorristas. Otro de los dramas que se vivió en aquellos años estuvo vinculado a aquellas personas que tomaron créditos hipotecarios. El Banco Central emitió la circular 1.050 que liberó las tasas de los créditos hipotecarios a la fluctuación del mercado, con lo cual miles de personas terminaron perdiendo la vivienda.

La llegada al gobierno del general Roberto Viola traerá a Lorenzo Sigaut como nuevo ministro de Economía. Se lo recordará porque aseguró que "el que apueste al dólar, pierde". Días después de ese anuncio realizará una fuerte devaluación superior al 30%.

En 1982, Estados Unidos subió la tasa de interés, lo que empeoró la situación de las empresas argentinas que se habían endeudado en el exterior. Paralelamente los capitales golondrinas que habían llegado a la Argentina con la intención de ganar dinero especulativo decidieron retornar, con lo cual se profundizó la crisis económica. En esos momentos Domingo Cavallo, presidente del Banco Central, decidirá estatizar la deuda privada. Le quedará al país una gigantesca deuda externa.

En siete años el país estaba fundido. La dictadura oligárquico-militar quebró al Estado nacional, a sus industrias y cuadruplicó la deuda externa. Cuando se inició el proceso militar cada argentino debía al exterior 320 dólares, en 1983 cada habitante debía 1.500 dólares.

Resistencia a la dictadura

La política de terror de la dictadura militar paralizó a la sociedad argentina. Los partidos políticos brillaron por su ausencia[187], los grupos armados estaban destruidos antes de asumir los militares y las organizaciones intermedias de la industria y el comercio apoyaron al nuevo modelo económico. Solo el movimiento obrero desde un principio se opuso al plan económico y al régimen militar. Tuvieron presos, desaparecidos, torturados[188] pero desde un principio se resistieron con huelgas, paros y movilizaciones. La primera movilización callejera la realizaron los trabajadores de Luz y Fuerza en enero de 1977; la primera huelga general fue en abril de 1979 y la primera gran movilización popular el 30 de marzo de 1982.

Un ejemplo claro de la conciencia gremial de los obreros argentinos se vivió a fines de 1976 cuando la dictadura militar decidió realizar un censo para saber qué trabajador mantenía la afiliación a su gremio y quién quería desafiliarse. La respuesta fue contundente, pese a la campaña en contra del gobierno, el 95% de los trabajadores decidió continuar vinculado a su gremio.

El escritor Álvaro Abós expresó en su obra *El Posperonismo* que:

> De pronto, en plena década del setenta, como si hubiera retrocedido en el túnel del tiempo, el sindicalismo argentino volvió a parecerse a aquel sindicalismo protoinstitucional

---

187 Algunos políticos hicieron declaraciones a favor del gobierno militar. Ricardo Balbín señaló que el general Videla "es un gran general para la democracia" y Raúl Alfonsín y Ángel Robledo apoyaron al régimen. Fernando Nadra, del Partido Comunista, elogió al general Videla.
188 Se calcula que en los primeros días del golpe hubo más de 1.200 secuestros solo en el Gran Buenos Aires.

de principio de siglo: ya no había locales donde reunirse, ya no había recursos económicos cobrados de planilla. La cuota había que percibirla obrero por obrero a la salida de la fábrica. La caja del sindicato volvió a estar vacía. El dirigente y el activista ya no podían ser funcionarios de tiempo completo: se tuvo que regresar al trabajo sindical hecho en la vigilia de cualquier otra tarea. Pero lo peor no fue eso. La tarea sindical, como en aquella prehistoria del movimiento obrero, volvió a ser una tarea riesgosa, una forja para el temple individual y colectivo de los hombres y mujeres que la abrazaban. Las huelgas ya no podían ser decretadas en un despacho y seguidas por televisión. Ahora, como hace ochenta y cien años, la huelga era la cárcel[189].

La política de la dictadura no dejó mucho espacio para que los dirigentes sindicales negociaran, como lo habían hecho en otros procesos dictatoriales, con la cúpula militar. El proyecto político-económico implicaba la destrucción de la industria nacional y con ello el cierre de fuentes de trabajo. Como siempre, hubo una minoría de dirigentes sindicales que intentaron negociar con el régimen para obtener algunos beneficios de los gobernantes, como participar en la delegación oficial de la Conferencia Anual de la Organización Internacional del Trabajo (OIT). Entre esos dirigentes se destacaban Ramón Baldassini y Jorge Triaca.

En marzo de 1977 se conformó la Comisión de los 25 integrada por gremios medianos no intervenidos que permitió negociar mejor con el gobierno militar. La comisión estaba compuesta entre otros por Aguas Gaseosas, Luz y Fuerza, Gastronómicos, papeleros y camioneros. La intención de 'los 25' era reivindicar todos los conflictos, aunque no estuvieran conducidos por los gremios y no perder el origen peronista del movimiento obrero. A fin de año, un sector más proclive a negociar con el gobierno y 'apolitizar' el sindicalismo, se separará y conformará la Comisión de Gestión y Trabajo.

---

189 Abós Álvaro, *El posperonismo*, Editorial Legasa, Buenos Aires, 1986.

Los conflictos sindicales continuaron durante 1978 y sumaron más de 4.000, destacándose las huelgas de los portuarios, el frigorífico Swift y la automotriz Fiat. Según el diario *El País* de España en los primeros 36 meses desde el golpe de Estado hubo 170 huelgas parciales, 300.000 actos de interrupción de tareas para reivindicar mejoras salariales y 1.750 millones de horas/años de trabajo a tristeza (desgano).

Los conflictos contra la dictadura continuaron durante 1979 y la Comisión de los 25, conducida por Roberto García y Roberto Digón, que también era acompañada desde su arresto domiciliario por Lorenzo Miguel, llamó para el 27 de abril al primer paro nacional contra el gobierno. La Comisión de Gestión y Trabajo se opuso al paro nacional. En la proclama de 'los 25' se señaló:

> Se convoca a todos los sectores a realizar una protesta nacional en demanda de la restitución del poder adquisitivo del salario y plena vigencia de la ley 14.250 de convenciones colectivas de trabajo, en oposición a la reforma de las leyes de asociaciones profesionales y de obras sociales(...)Sentimos sobre nosotros la mirada inquietante de los trabajadores que podrían sentirse abandonados a su suerte, lo que determina nuestra decisión de colocarnos a la cabeza de la protesta que se generaliza para unificarla con la decisión de una propuesta nacional.

El gobierno respondió con dureza. Declaró ilegal el paro, militarizó el gran Buenos Aires y seis dirigentes de 'los 25' terminaron presos por el término de dos meses. Los dirigentes sindicales señalaron que el paro tuvo una adhesión del 75%, pero cifras más reales señalaron un 50%, lo que igual implicó una cifra alta para la época represiva que se vivía en aquel entonces.

A partir del primer paro nacional, el movimiento obrero acumuló fuerza y aceleró su lucha contra el régimen militar al tomar fábricas (La Cantábrica, Sevel) y realizar 'paros sorpresivos' en numerosos establecimientos. Como respuesta el gobierno aprobó una nueva Ley de Asociaciones Profesionales que declarará caducos los mandatos sindicales, prohibirá la CGT y limitará las asociaciones de segundo grado.

A fines de año la Comisión de los 25 tendrá una nueva escisión al decidir este sector trabajar conjuntamente con el Partido Justicialista. El grupo que se alejó conformará con la Comisión de Gestión y Trabajo la Comisión Nacional de Trabajo (CNT), que mantendrá una posición más dialoguista con el gobierno.

Dos semanas antes del golpe militar de marzo de 1976, el gobernador chaqueño Deolindo Felipe Bittel había asumido la vicepresidencia del Partido Justicialista. Durante un tiempo estuvo detenido pero hacia 1977 comenzó a circular por Buenos Aires para ocuparse de pedir por la liberación de la presidente del partido que se encontraba detenida en Neuquén. Como autoridad máxima era acompañado por el secretario político del partido, el bonaerense y ex intendente de Avellaneda Herminio Iglesias. Lo acompañaban también otros dirigentes que intentaban darle organicidad al partido como Vicente Saadi, Miguel Unamuno, Antonio Cafiero y Julio Bárbaro.

Durante más de un año el gobierno norteamericano de James Carter presionó al gobierno militar para que permitiera que la Comisión Interamericana de Derechos Humanos de la OEA pudiera visitar el país para comprobar la situación de los derechos humanos. Finalmente Videla aprobó su arribo para el 6 de setiembre de 1979. El régimen montó una burda campaña en radio y televisión —"somos derechos y humanos"— para presionar a la Comisión Interamericana, pero miles de argentinos decidieron desoír al gobierno y realizar largas colas para presentar su denuncia sobre la desaparición de un familiar. La Comisión se encargó de visitar cárceles, entrevistarse con políticos, sindicalistas y recibir a familiares de desaparecidos. Como respuesta el general Videla señalará que solo hubo "algunos excesos" y Albano Harguindeguy, ministro del Interior, expresó que "la Argentina solo se confiesa ante Dios".

El peronismo presentó un duro documento a la Comisión de la OEA donde cuestionó severamente la doctrina de la Seguridad Nacional y la desaparición de miles de ciudadanos. El documento llevaba las firmas de Deolindo Bittel y Herminio Iglesias. Nadie más se atrevió a firmarlo. El mismo Bittel, durante un tiempo se escondió ante el pavor de posibles represalias por parte de los militares. Fue un texto sin precedentes para la época. Recordemos algunos párrafos:

> Nosotros, hombres del justicialismo, no hemos de permanecer impasibles, no haremos de nuestro silencio una conducta. Sentimos un imperativo, producto de nuestras convicciones y de nuestra larga y dura militancia en la causa de la Patria. En consecuencia, el dolor de una madre es nuestro dolor, el dolor de un hijo es también nuestro; el que no tiene pan y no le permiten decirlo, se hará voz en nuestras voces. Todos se harán voz en nuestras voces. Y ésto nos compromete a asumir el dolor de aquellos que padecen la cárcel, a través de 'actas', 'decretos', o 'bandos' en las prisiones, embajadas, domicilios y confinamientos; y de los que padecen —y son millones— este exilio interior de la represión, el silencio y el hambre. (...)
> El justicialismo denuncia el encarcelamiento, vejación y confiscación de los bienes de la señora presidente de la Nación Argentina, doña María Estela Martínez de Perón; de nuestro prestigioso dirigente gremial don Lorenzo Miguel y de tantos que padecen las consecuencias de las llamadas 'actas'. La muerte y/o desaparición de miles de ciudadanos, lo que insólitamente se pretende justificar con la presunción del fallecimiento, que no significa otra cosa que el reconocimiento de las arbitrariedades cometidas y el padecimiento de quienes se han atrevido o se atreven a levantar su voz y que han llevado o llevarán como 'pena' desde el silencio impuesto hasta la muerte...

A mediados de 1980 la Comisión de los 25 y Lorenzo Miguel decidieron reflotar la Confederación General de Trabajo (CGT) pese a la negativa del gobierno a reconocer una organización de tercer grado. Saúl Ubaldini, *el pibe*, un joven dirigente del gremio cervecero, será elegido secretario general. Una vez más la CNT, conducida por Baldassini, Triaca y el metalúrgico Rubén Marcos se opondrán.

La nueva CGT lanzará un nuevo paro nacional para el 22 de julio de 1981. El gobierno decidirá una vez más detener a sus dirigentes e intimidar con carros de asalto a la mayoría de las fábricas del Gran Buenos Aires. Pese a los militares y al no apoyo de la CNT, el paro fue total, con cifras superiores al 80%.

La dictadura retrocedía paso a paso[190] y los partidos políticos conformaron en julio de 1981 una comisión integrada por el Partido Justicialista, la Unión Cívica Radical, el Partido Intransigente, el Partido Demócrata Cristiano y el Movimiento de Integración y Desarrollo. Se la conoció como la Multipartidaria.

Para el 7 de noviembre la CGT conducida por Saúl Ubaldini convocó a una marcha llamada 'Paz, Pan y Trabajo' que saldría desde el estadio Vélez Sarfield hasta la Iglesia de San Cayetano, patrono del trabajo. La marcha contó con el apoyo de la recién creada Multipartidaria y convocó a más de 50.000 personas que corearon consignas contra la dictadura y pidiendo por los desaparecidos.

La culminación de la protesta popular organizada por el movimiento obrero se produjo el 30 de marzo de 1982 cuando la CGT de Saúl Ubaldini llamó a un paro con movilización hacia Plaza de Mayo. El gobierno la declaró ilegal y cercó todo el microcentro con miles de policías, carros de asalto, camiones, helicópteros y policías a caballo para impedir el avance de los trabajadores.

Durante toda la jornada los manifestantes se enfrentaron con la policía y cientos de ellos fueron encarcelados, incluido Saúl Ubaldini y los demás integrantes del secretariado de la CGT.

---

[190] En julio de 1981 un grupo de actores crea Teatro Abierto, una iniciativa independiente, que se convertirá en un gran éxito de público. Un incendio intencional destruyó el teatro en agosto pero la comunidad artística en su conjunto salió a respaldar la iniciativa, que será trasladada al teatro Tabarís.

La protesta también se hizo sentir en el interior del país, donde los trabajadores fueron reprimidos con violencia[191]. Sin lugar a dudas la marcha del 30 de marzo dejó herido de muerte al proceso militar y por primera vez el pueblo argentino perdió el miedo a la dictadura.

Malvinas y elecciones

El 2 de abril, el país se conmovió con la noticia de que las tropas argentinas habían desembarcado en Port Stanley (luego rebautizado Puerto Argentino), capital de las Islas Malvinas. El pueblo argentino apoyó la medida sin olvidar el significado de la dictadura militar y el 10 de abril se llenó la Plaza de Mayo para vivar por el país y contra el imperialismo inglés[192].

El general Galtieri y la Junta de Comandantes estaban convencidos de que los Estados Unidos serían neutrales porque en nuestro país se había implementado la llamada Doctrina de la Seguridad Nacional. También creían —porque habían leído poco sobre antiimperialismo— que los ingleses aceptarían la situación de hecho y discutirían el traspaso de las islas en las Naciones Unidas. Se equivocaron. Gran Bretaña movilizó una poderosa flota, la que denominó Task Force (Fuerza de Tareas) y recibió el apoyo logístico de Estados Unidos, su aliado estratégico en la OTAN y de todos los países europeos.

La Argentina no estaba sola. Todo el pueblo de América Latina y el resto del Tercer Mundo apoyaban la gesta de nuestro país. Por supuesto, que para luchar contra el imperialismo, el gobierno debería haber complementado una guerra total, no solo militar contra los ingleses. Ello implicaba nacionalizar las empresas del enemigo, declarar la moratoria de la deuda externa, embargar el Banco de Londres y América del Sur, incautar las estancias de la corona inglesa en

---

191   En Mendoza la policía mató de un tiro en el pecho al dirigente del cemento José Ortiz.
192   Era tal el descrédito de los militares que la convocatoria la realizó un locutor deportivo.

la Patagonia, cambiar la política económica liberal del régimen, levantar la veda de los partidos políticos y del sindicalismo.

Nada se hizo y el 14 de junio, después de una rápida visita del Papa Juan Pablo II, el general Mario Menéndez dispuso la rendición de las tropas argentinas.

El fracaso de la guerra de las Malvinas aceleró el deterioro del Proceso y la Junta de Comandantes, que ya había sustituído a Galtieri por el general Reynaldo Bignone, decidió llamar a elecciones para 1983.

A medida que la dictadura militar se debilitaba, los partidos políticos reunidos en la Multipartidaria ocuparon más espacios y las líneas internas de los partidos comenzaron a organizarse para proponer sus candidatos. El 16 de diciembre se realizó una masiva movilización por las calles de Buenos Aires, organizada por la Multipartidaria. La misma fue duramente reprimida por el gobierno y murió un manifestante. Paralelamente a la actividad política crecerán las denuncias sobre cadáveres NN que se descubrirán en varios cementerios y aumentarán los reclamos para saber qué pasó con los desaparecidos.

Todo 1983 fue un año eminentemente político. Por primera vez el peronismo se presentaría a una elección nacional sin su líder y conductor. Perón había señalado que 'su único heredero es el pueblo' y su muerte había dejado un vacío imposible de llenar. Durante 1982 y el verano de 1983 los partidos habían tenido que realizar una nueva afiliación partidaria con lo cual el pueblo se volcó masivamente a llenar las fichas afiliatorias. El peronismo logró más de 3.250.000 afiliaciones, convirtiéndose en el partido con más partidarios[193]. Otra vez surge el mito del eterno ganador, incluso cuando el líder ya no está presente.

A principios de 1983 varias organizaciones se habían constituído y actuaban dentro del justicialismo:

Antonio Cafiero y Deolindo Bittel crearon el MUSO (Movimiento Unidad, Solidaridad y Organización), el cual era

---

193 La militancia y la vuelta a las unidades básicas se dio en todo el país. En el sur, en el humilde barrio Nuestra Señora del Carmen de las afueras de Rio Gallegos, un joven Néstor Kirchner abría su primera unidad básica: "Los Muchachos Peronistas".

acompañado entre otros por Miguel Unamuno, Darío Alessandro y el grupo sindical de 'Los 25'.
- Ángel Robledo se había unido a Jorge Triaca y el sector sindical más dialoguista con el gobierno. El grupo conocido como Reafirmación Doctrinaria contaba con el apoyo de Raúl Matera pero ambos perdieron consenso hacia 1983 al ser vinculados cercano al régimen.
- Ítalo Argentino Luder contaba con el apoyo del Frente de Unidad Peronista que lideraba Eduardo Vaca.
- Vicente Saadi fundó Intransigencia y Movilización, un grupo que intentaba aglutinar lo que quedaba de la gloriosa JP, más algunos restos de ex montoneros. Su principal apoyo no estaba en la estructura del justicialismo sino en ser el propietario del diario *La Voz* y contar con el apoyo económico de Amelita Lacroze de Fortabat. Entre los fundadores se contaron Julio Bárbaro, Nilda Garré y Julio Mera Figueroa.
- Los que apoyaban la candidatura de Isabel eran conocidos como ultraverticalistas. Este sector lo integraban caudillos del Interior como Humberto Martiarena, Julio Romero y Carlos Saúl Menem. También estaba con Isabel la organización Guardia de Hierro que comandaba el *"gallego"* Alejandro Álvarez.
- Herminio Iglesias manejaba una porción importante de dirigentes locales de la provincia de Buenos Aires y recibía el apoyo de sectores vinculados a las agrupaciones de Manuel de Anchorena y de Guardia de Hierro.
- Carlos Grosso organizó una agrupación 'Convocatoria peronista' que utilizaba un lenguaje gráfico ajeno al folklore peronista. Su agrupación tenía fuerza en la Capital Federal, y también se la encontraba en el Gran Buenos Aires y en Córdoba.
- Por último, Lorenzo Miguel manejaba las 62 Organizaciones y el sector mayoritario de la CGT. Miguel estaba convencido de que el peso del aparato sindical volcaría a su favor cualquier elección interna y de allí que se había convertido en el principal referente de las candidaturas.

Al finalizar el verano de 1983, Antonio Cafiero estaba persuadido que sería el candidato a presidente de la Nación por el Partido Justicialista. Sabía que su agrupación política era la más importante y tenía asegurado el apoyo de 'los 25' y de las 62 Organizaciones[194]. Pero estaba equivocado. Lorenzo Miguel simpatizaba con Antonio Cafiero pero no le tenía confianza para que ocupara el cargo de presidente por su cercanía al grupo sindical de 'los 25'. Para el dirigente de la UOM Ítalo Luder era su hombre y Cafiero el candidato a gobernador de la provincia de Buenos Aires.

Frente a la interna del peronismo, la Unión Cívica Radical tenía ya su candidato, Raúl Alfonsín[195] que con un gran carisma, un lenguaje sencillo y un rechazo a la violencia se había apropiado de las banderas democráticas y comenzaba a golpear duramente a la dirigencia justicialista. La gran jugada política de Alfonsín se produjo el 25 de marzo de 1983 minutos antes de tomar el avión hacia su primera gira europea. Allí decidió, sin el consenso de su equipo asesor, expresar a los medios de comunicación que poseía información fehaciente sobre 'un acuerdo sindicalmilitar para truncar la democracia'[196]. Fue un derechazo a la mandíbula. El peronismo quedó nocaut. Nunca antes un candidato de un partido opositor lo enfrentaba así. Nadie salió a contestarle. Fue un grueso error porque el peronismo entregó los muertos y los presos durante el proceso[197]. Al regreso del viaje, Alfonsín fue más duro:

> Ha llegado el momento de denunciar este pacto de la derrota, este pacto del engaño. Es hora de decir basta, porque no po-

---

194 En febrero de 1983 en el balneario de Mar de Tuyú, Lorenzo Miguel le dio a entender que sería su candidato pero le pidió que no lanzara su fórmula hasta saber qué opinaba Isabel.
195 La muerte de Ricardo Balbín en 1981 le había dejado el partido libre a Alfonsín.
196 Merece recordarse que el almirante Massera mantenía reuniones con Isabel en Madrid y que aspiraba a que la ex presidenta lo eligiera a dedo.
197 El radicalismo dio cientos de intendentes al proceso militar. Solo en la provincia de Córdoba hubo 160 intendentes radicales.

drá ser la democracia de los pactos secretos. La democracia no puede jugarse al retorno de algunos que se han creído los patrones del movimiento obrero. Que nadie se confunda, estas no son banderas antiperonistas.

Las encuestas, hacia mediados de año, daban ganador a Raúl Alfonsín, pero nadie se atrevía a publicarlas. Temían un papelón porque el peronismo nunca había perdido una elección nacional. El mito era más fuerte que los números.

En la mañana del 22 de agosto en una de las oficinas del teatro Cómico perteneciente a Carlos Spadone se reunieron Lorenzo Miguel, Ítalo Luder, Antonio Cafiero, Deolindo Bittel y Herminio Iglesias. Miguel tomó la palabra y expresó que:

> Entre los cinco que estamos acá, tres llegaron a la recta final en iguales condiciones. La carrera fue una verdadera posta. Pero ahora hay que definirse[198].

Deolindo Bittel se apresuró a salir de la carrera presidencial argumentando que se conformaba con la vicepresidencia y apoyaba a Luder. Miguel por su parte expresó que no tenía preferencia por ninguno pero 'las 62' en un 90% preferirían como candidato a Luder y Herminio expresó que apoyaba la fórmula Luder-Bittel. Antonio Cafiero, acorralado, no tuvo otra opción que aceptar la situación. Fue entonces que Miguel planteó que se debería discutir la candidatura a gobernador de la provincia de Buenos Aires pero Herminio, con el apoyo de Bittel plantearon que ese no era el lugar de discusión[199].

Finalmente en el Congreso provincial bonaerense Herminio no permitió el ingreso de los sectores cafieristas y se oficializó su fórmula.

---

198 Cordeu Mora y otros, *Peronismo, la mayoría perdida*, Editorial Sudamericana, Buenos Aires, 1985
199 Desde hacía más de un mes Lorenzo Miguel intentaba que Herminio se bajara de la candidatura pero éste se negaba, incluso había amenazado con "barrer a tiros a quien se le opusiera".

Ítalo Luder lanzó la campaña electoral cuando solo faltaban 40 días para las elecciones nacionales[200] y participó de escasos actos visitando muy pocas provincias. El discurso de Luder era aburrido, no tenía emoción ni humor, le hablaba al pueblo con un tono medido, como si fuera una charla en la universidad y casi no participó en programas de televisión con el argumento de que 'salía mal su perfil'. A días de las elecciones el peronismo estaba paralizado y los militantes brillaban por su ausencia.

Paralelamente, Raúl Alfonsín avanzaba con un lenguaje popular, llano y convencido de que se le podía ganar al peronismo. Decidió, pese al temor otra vez de sus asesores, realizar un gran acto público en la cancha de Ferro para el 30 de setiembre. Fue un éxito, miles de personas se hicieron presentes y cantaban para 'Lorenzo que lo mira por TV' mientras que el candidato radical denunciaba a 'la patota sindical'.

Finalmente el peronismo decidió enfrentarlo y llamó a un gran acto en la cancha de Vélez Sarfield para conmemorar el 17 de octubre. Fue el primer acto masivo y el estadio se llenó quedando afuera más de 100 mil personas. Primero habló Carlos Ruckauf, candidato a senador por la Capital Federal, luego el dirigente sindical Saúl Ubaldini y cuando el locutor anunció la palabra de Lorenzo Miguel, vicepresidente primero del Partido Justicialista, un sector del CdO[201] comenzó a silbarlo y en pocos minutos todo el estadio lo empezó a silbar. Intentó hablar pero la rechifla fue mayor. La gente gritaba por Ubaldini y finalmente tomó el micrófono Herminio Iglesias y el público se calmó. Fue un golpe para Lorenzo Miguel y la dirigencia peronista[202].

---

200   El atraso se debió a que toda la dirigencia esperaba alguna noticia de Isabel, quien se mantuvo en silencio. Por otra parte recién luego de que se oficializó la fórmula Luder-Bittel el gobierno militar indultó a Isabel y le levantó la inhabilitación para ejercer cargos.
201   El Comando de Organización es un grupo de extrema derecha del peronismo, encabezado por Alberto Brito Lima, con base en La Matanza y enfrentado históricamente a las 62 Organizaciones.
202   En el cierre, el candidato Deolindo Bittel cometió el siguiente furcio: "Entre la liberación y la dependencia, elijo la dependencia".

Alfonsín no se detenía en su marcha hacia la Casa Rosada y realizó el cierre de su campaña en la Nueve de Julio, frente al Obelisco. El peronismo aceptó el reto y propuso el mismo lugar como cierre un día después. El 27 de octubre Alfonsín juntó cerca de 800.000 personas a lo largo de siete cuadras en un acto nunca visto antes por la cantidad de asistentes. Fue un discurso duro donde planteó una y otra vez el miedo a la violencia de 1973 y remarcó su propuesta de paz, democracia y estado de derecho. El acto terminó como en toda la campaña con el preámbulo de la Constitución:

> Nos, los representantes del pueblo de la Nación Argentina, reunidos en Congreso General Constituyente por voluntad y elección de las provincias que la componen, en cumplimiento de pactos preexistentes, con el objeto de constituir la unión nacional, afianzar la justicia, consolidar la paz interior, proveer a la defensa común, promover el bienestar general, y asegurar los beneficios de la libertad para nosotros, para nuestra posteridad y para todos los hombres del mundo que quieran habitar en el suelo argentino; invocando la protección de Dios, fuente de toda razón y justicia: ordenamos, decretamos y establecemos esta Constitución para la Nación Argentina.

Un día después, el peronismo, especialmente del Gran Buenos Aires, llenó la Avenida Nueve de Julio con más de un millón de personas. Fue una movilización imponente que intentaba demostrar que el peronismo estaba vivo pese a la muerte de su líder y del poco carisma de su candidato. Pero esta vez Ítalo Luder, a diferencia de toda la campaña, dió un gran discurso y le habló al pueblo peronista:

> Aquí está el peronismo consciente de la respuesta que le cabe dar como fuerza mayoritaria política y de los deberes que le caben; los mismos que ha rehuido las minorías usurpadoras que a lo largo de estos siete años nos han mantenido en una autocracia y en un vasallaje (…)

Durante siete años un régimen autoritario nos impuso una rígida disciplina social, quebró la seguridad jurídica y vulneró los fundamentos éticos del uso de la fuerza con una represión ilegítima. Y esta presencia es ahora la respuesta del pueblo, es la derrota definitiva de todas las dictaduras militares.

Pidió un minuto de silencio en homenaje a la memoria de Juan Perón y de Eva Perón y de todos los caídos en la lucha por la patria. Luego se dirigió a los hombres del radicalismo:

> Digamos desde acá a los campeones de la democracia, ¿dónde están los hombres de la democracia? ¿en los que llegaron al gobierno siempre en brazos del pueblo, de las grandes fuerzas populares, o en los que llegaron con la proscripción de las grandes mayorías populares, violando el compromiso asumido en la asamblea de la civilidad? ¿Dónde están los hombres de la democracia? ¿En los que hemos sido perseguidos, encarcelados, vilipendiados por las dictaduras militares, o en los que ofrecieron funcionarios a esas mismas dictaduras militares?[203].

Pero no alcanzó. Dos días después, el 30 de octubre de 1983, el peronismo perdía por primera vez una elección democrática[204]. Eran momentos difíciles. Se dejaba de ser mayoría aunque más de un 40% de la población había acompañado las banderas de Perón y Evita[205]. La dirigencia estaba cuestionada, había que barajar y dar de nuevo.

El 4 de noviembre, mientras la dirigencia peronista seguía estupefacta, apareció publicada en los medios de comunicación una Carta Abierta del genial Leonardo Favio:

---

203   Al finalizar el acto Herminio Iglesias decidió prender fuego un ataúd con corona y la inscripción 'Raul Alfonsín q.e.p.d.' Muchos analistas políticos señalaron que esa imagen le restó muchos votos al justicialismo.
204   La UCR obtuvo el 51.74% (7.725.173 votos) y el justicialismo el 40,15% (5.994.406 votos).
205   El peronismo ganó en 12 provincias pero perdió en los grandes centros como Buenos Aires, Córdoba y la Capital Federal.

Compañero, ¿Qué hacés sentado a la orilla del camino de la desesperanza? No hay tiempo para ello. No nos lo podemos permitir. Así nos señalan nuestros mártires, nuestra desolada América y la vida que avanza. Ser peronista hoy, más que nunca, es una ineludible responsabilidad. Aquí comienza la tarea de la reconstrucción de nuestro movimiento. 'El cruce del desierto' que debemos iniciar extirpando quirúrgicamente de las entrañas del mismo a los 'traidores expertos en roscas' que nos llevaron a postergar nuevamente nuestro sueño revolucionario, prolongando así el dolor de tanta gente.

1985

Recuperar la mayoría

El 10 de diciembre de 1983 el Dr. Raúl Alfonsín asumirá la primera magistratura en medio de fiestas populares que se realizarán en todo el país. Tres días después anunció frente a las cámaras de televisión que se derogaba la ley de autoamnistía y se reformaba el Código Penal para reprimir el delito de tortura con la prisión perpetua. También firmaba dos decretos para procesar a los integrantes de las tres Juntas de Comandantes del Proceso y a siete dirigentes de grupos armados que se encontraban en el exilio: Mario Firmenich, Fernando Vaca Narvaja, Roberto Perdía, Ricardo Obregón Cano, Rodolfo Galimberti, Héctor Pardo y Enrique Haroldo Gorriarán Merlo.

Una semana después conformó la Comisión Nacional para la Investigación sobre la Desaparición de Personas (CONADEP) encargada de recopilar datos sobre las violaciones a los derechos humanos durante la dictadura militar. La comisión fue presidida por el escritor Ernesto Sabato y conformada por prestigiosas personalidades como el Dr. René Favaloro, Gregorio Klimovsky, el obispo Jaime de Nevares y el rabino Marshall Meyer, entre otros. Poco a poco la población fue conociendo las brutalidades del proceso militar, como el extermino de miles de argentinos por pensar diferente al régimen. La CONADEP, luego de nueve meses de arduo trabajo, presentó al Presidente de la Nación un informe conocido como *Nunca Más* donde señaló que "tenemos la certidumbre de que la dictadura militar produjo la más grande tragedia de nuestra historia, y la más salvaje"[206].

Por su parte, el Consejo Supremo de las Fuerzas Armadas afirmó en forma provocadora, un día después de la presentación de la CONADEP, que había legitimidad en los actos y directivas del Proceso Militar durante 'la guerra contra la subversión'. Este vergonzoso pronunciamiento obligó al gobierno a buscar otras instancias para poder juzgar a las juntas militares. En abril de 1985, la Cámara Federal, presidida por el Dr. León Arslanián, inició el juicio contra los ex comandantes en jefe, que produjo un enorme interés dentro del país y en el exterior. Declararon decenas de testimonios con historias horrorosas y también conmovedoras. Finalmente el 9 de diciembre, el tribunal aplicó severas penas que van desde prisión perpetua para Videla y Massera y lapsos menores para los demás ex comandantes. En el juicio se destacó el rol jugado por el fiscal Julio César Strassera y su segundo, Luis Moreno Ocampo.

El presidente Alfonsín estaba convencido de que los gremios peronistas eran la prolongación de la dictadura militar –cuando en realidad fueron los únicos que la enfrentaron– y decidió simultáneamente juzgar las violaciones de derechos humanos por los militares, y arrasar con el sindicalismo peronista. Una semana después de asumir el mandato, el 16 de diciembre de 1983 envió a la Cámara de Diputados un proyecto de ley de reordenamiento sindical conocido como Ley Mucci, por la autoría del nuevo ministro de Trabajo.

El gobierno presentó el proyecto como la solución para la democratización del sindicalismo burocrático y autoritario. El

---

[206] La presentación del Informe fue acompañada por una gigantesca movilización popular a Plaza de Mayo.

punto más álgido del proyecto consistió en introducir la representación de las minorías en los cuerpos ejecutivos. Álvaro Abós, un periodista muy alejado de la dirigencia sindical, pero con una gran lucidez en la defensa de los trabajadores, explicó en un excelente trabajo sobre el sindicalismo que la introducción de las minorías en la junta directiva era sumamente peligrosa para el cuerpo sindical:

> El sindicato es una institución defensiva de los derechos de los trabajadores ante el poder de los empresarios. Su ejecutividad es imprescindible para contrarrestar la iniciativa patronal. La introducción forzada de las minorías arriesga con convertir los órganos ejecutivos sindicales en deliberativos, coagulando la capacidad de respuesta del sindicato. Por ello la representación de las minorías no suele ser reclamada, ni aquí ni en ningún lugar del mundo, por los propios trabajadores. Es posible que sea vista con agrado, en cambio, por el patronato[207].

El debate sobre el proyecto movilizó a toda la sociedad con manifestaciones en la vía pública y con un emotivo debate en la legislatura, la cual contó con sus respectivas barras en las bandejas de la Cámara de Diputados al canto de Perón o Alfonsín[208]. El proyecto fue aprobado por la mayoría radical y enviado al Senado para su discusión. Dos meses después, el 16 de marzo, los senadores peronistas con el voto de Elías Sapag, del movimiento Popular Neuquino, impusieron el rechazo por 24 a 22 votos. Un duro golpe para el radicalismo. Horas después renunciaba el ministro Antonio Mucci y era reemplazado por Juan Manuel Casella, quien acordaría un nuevo reglamento electoral de común acuerdo con el sindicalismo.

El gobierno de Alfonsín, luego del fracaso sindical, se embarcó en un nuevo proyecto publicitario al convocar a un plebiscito no vinculante para solucionar definitivamente el litigio con Chile

---

207 Ibíd., Abós Álvaro, *El Posperonismo*.
208 En un momento del debate ingresó a uno de los palcos Herminio Iglesias y el diputado Norberto Imbelloni gritó: ¡Viniste papá! produciendo la risa de los legisladores.

sobre el canal de Beagle. La dirigencia peronista, la misma de la derrota del 30 de octubre, no supo qué posición tomar. Si votaba por el sí quedaba como furgón de cola del radicalismo y si votaba por el no se enfrentaba al pensamiento de unidad latinoamericana del general Perón. Finalmente optó por la abstención[209]. Horas antes de votar se produjo un lamentable y bochornoso debate televisivo entre el senador Saadi y el canciller Dante Caputo, venciendo claramente en sus argumentos este último.

Finalmente en el referéndum del 25 de noviembre de 1984, más de 10 millones de ciudadanos se pronunciaron por la aceptación del laudo papal y dos millones y medio lo rechazaron[210].

Una vez más el pueblo peronista sentía que esos dirigentes no lo representaban pero también percibía que algo nuevo estaba por nacer.

La renovación peronista

El peronismo vivió durante 1984 una discusión interna muy fuerte. Figuras como Antonio Cafiero, Carlos Menem, José Manuel De la Sota y Carlos Grosso cuestionaron a los dirigentes de la conducción nacional, a los que tildaron de "mariscales de la derrota", pidiendo su renuncia y un llamado urgente a elecciones internas.

Un año después del fracaso electoral, Lorenzo Miguel y Herminio Iglesias convocaron en diciembre de 1984 a un Congreso Nacional del Justicialismo a realizarse en el teatro Odeón de Capital Federal. El congreso no permitió ningún tipo de disidencia y fueron insultados y abucheados aquellos dirigentes que plantearon alguna[211]. La mayoría de los congresistas se retiraron y dejaron sin quórum al congreso. Finalmente se eligió como vicepresidente primero al gobernador por Santa Fe, José María Vernet y se mantuvo como secretario general a Herminio Iglesias, incorporando a

---

209   Carlos Saúl Menem fue el único dirigente peronista que planteó votar por el sí y organizó un acto junto a Dante Caputo en La Rioja.
210   Votó el 70% de los inscriptos en el padrón electoral y de los votantes el 77,1% lo hicieron por la afirmativa.
211   Carlos Menem fue insultado al grito de "traidor, radical, hijo de puta".

Saúl Ubaldini como secretario gremial. El sector disidente, al que ya se lo conocía como renovador, decidió llamar a un nuevo congreso a realizarse en la ciudad de Río Hondo, Santiago del Estero. Allí se produjo un importante debate y se eligieron nuevas autoridades: vicepresidente primero al senador por San Luis, Oraldo Britos, Roberto García, de la Comisión de los 25 como vicepresidente segundo y José Manuel de la Sota como secretario general del partido. El congreso había contado con la presencia de 351 congresales de los 685 que componían el partido. Unos días después, Isabel enviaba un telegrama a ambos congresos para anunciar que renunciaba a la presidencia del Partido Justicialista.

El peronismo se mostraba dividido en 1985 y muchos sectores plantearon que había que romper para siempre con los llamados "mariscales de la derrota". El bloque justicialista de la Cámara de Diputados se dividió en dos: uno comandado por el sindicalista Diego Ibáñez y otro por el renovador José Luis Manzano. Paralelamente algunos intelectuales como José Pablo Feinmann y Álvaro Abós plantearon que no podía haber ningún tipo de unificación con la ortodoxia y rompieron con el partido cuando se anunció para el mes de agosto de 1985 la realización de un congreso unificador en la ciudad de Santa Rosa, La Pampa[212]. El congreso, que intentó llevar unido al peronismo en las elecciones legislativas de noviembre, fue rápidamente copado por los sectores ortodoxos, los cuales manejaban un número mayor de provincias e impusieron al senador Vicente Saadi como vicepresidente primero, como segundo al sindicalista Jorge Triaca y como secretario general a Herminio Iglesias. El acuerdo permitió realizar elecciones internas en todos los distritos, pero en la provincia de Buenos Aires el herminismo no admitió que se presentaran las listas de la renovación encabezadas por Antonio Cafiero[213].

---

212   El julio de 1985 Álvaro Abós publicó un artículo en la revista *El Periodista* de Buenos Aires titulado "Adiós" donde decidía irse del peronismo. El artículo produjo un gran debate en el peronismo.
213   Meses antes, en un Congreso provincial realizado en el Club Wilson de Valentín Alsina, la patota de Herminio decidió modificar la carga orgánica para mantenerse en el cargo durante seis años más.

En las elecciones de 3 de noviembre de 1985 el peronismo de la provincia de Buenos Aires fue dividido. Cafiero había formado por afuera de la estructura justicialista el Frente Renovador, una alianza con el partido Demócrata Cristiano de Carlos Auyero y los sectores sindicalistas de 'los 25'[214]. El cierre de campaña se realizó en plaza Once y Antonio Cafiero expresó:

> General, venimos a decirte que el 30 de octubre del '83 no fue vencido el proyecto histórico, sino una cúpula que no te supo interpretar.

El Frente Renovador realizó una excelente elección y obtuvo el 26% de los votos contra solo un 9% de la lista oficial de Herminio Iglesias. Por su parte, en Capital Federal la lista de Grosso, aunque perdió frente al radicalismo, realizó una muy buena elección que permitió el ingreso de cuatro diputados[215].

Ya no quedaron dudas de que, finalizadas las elecciones legislativas, el peronismo renovador se haría cargo de la conducción del partido. Antonio Cafiero apareció como la figura más importante de la renovación por ser en parte el dirigente más veterano que se incorporó al peronismo en las históricas jornadas del 17 de octubre de 1945 y quien podía argumentar en sus pergaminos haber tratado en forma directa con Perón y Eva Perón. Cafiero explicaba así el significado de la renovación peronista:

> En 1983 fuimos derrotados por primera vez en las urnas. Hasta entonces, nos jactábamos de que solamente la fuerza de la violencia nos había desplazado del poder, pero no el consenso del pueblo. Ahora el consenso del pueblo nos negaba el poder, entonces tuvimos que hacer una revisión crítica, porque habíamos perdido nuestra capacidad de convocar

---

214 En el noveno lugar aparecía un desconocido empresario papelero de La Matanza, que había obtenido ese lugar porque entregó el papel para la campaña. Su nombre: Alberto Pierri.
215 En Córdoba, el peronismo ortodoxo había ido unido a la renovación de De la Sota, con lo cual este también ingresaba a la Cámara de Diputados.

a las mayorías populares. Porque habíamos perdido, por primera vez desde nuestro nacimiento en la vida política, nuestra condición de fuerza política mayoritaria. Entonces comienza un proceso que ya no nos viene de afuera, viene de adentro del peronismo, es el proceso revisionista que dimos en llamar Renovación Peronista.

Otras figuras importantes fueron: Carlos Menem, que había triunfado en la provincia de La Rioja, Carlos Grosso en Capital Federal, José Manuel De la Sota en Córdoba, Jorge Busti en Entre Ríos y los mendocinos José Octavio Bordón y José Luis Manzano, este último presidente del bloque de Diputados del justicialismo. En marzo de 1986 la renovación de todo el país terminó de consolidar su posición en un congreso que se realizó en Parque Norte donde se eligieron como referentes nacionales a Antonio Cafiero, Carlos Grosso y Carlos Menem.

¡Felices Pascuas!

Bernardo Grinspun, el primer ministro de Economía de Alfonsín, no pudo detener el proceso inflacionario que llegó durante 1984 al 700%. En febrero de 1985 asumió el Ministerio de Economía Juan Vital Sourrouille, quien pondrá en marcha el Plan Austral que comprometió al gobierno a no emitir mientras se congelaban salarios y precios, creándose además una nueva moneda. Durante los primeros meses funcionó pero hacia fin de año comenzó a deteriorarse nuevamente la economía y los precios comenzaron a subir mientras que los salarios continuaban congelados.

La CGT, presidida por Saúl Ubaldini, organizó paros masivos durante todo el año con un alto acatamiento popular.

El gobierno de Alfonsín estaba convencido de que las severas condenas de la Cámara Federal a las Juntas de Comandantes terminaría para siempre el problema militar. Pero estaba equivocado. Decenas de denuncias se presentaron en la Justicia de todo el país contra miembros de las Fuerzas Armadas por delitos aberrantes. Todo ello produjo momentos de tensión entre el gobierno y las Fuerzas Armadas. Finalmente el gobierno envió en diciembre de 1986 un proyecto de ley llamado Punto Final, por el cual la justicia contaba con solo 60 días para procesar a un militar. El sector de la coordinadora radical intentó oponerse al proyecto pero el presidente Alfonsín fue contundente: "Se está con el proyecto o en contra mío"[216].

El peronismo se opuso y presionó con la presentación de un proyecto para declarar imprescriptibles los delitos de lesa humanidad. Por su parte, Saúl Ubaldini, en nombre del movimiento obrero señaló:

> Los trabajadores hemos sembrado con sangre el grito de libertad y de democracia, y no podemos renunciar a nuestro derecho a saber quiénes y por qué nos persiguieron[217].

Finalmente el 23 de diciembre la ley de Punto Final fue aprobada. Dos meses después, al finalizar el plazo de los sesenta días, los tribunales habían llevado a juicio a cerca de 300 oficiales –el gobierno creía que solo serían 30– gracias a la labor de los organismos de derechos humanos que trabajaron contra reloj en la presentación de pruebas y testigos. Pensada la ley para llevar tranquilidad al Ejército tuvo un efecto contrario y la citación de 300 oficiales produjo una fuerte irritación en los cuarteles.

El 15 de abril de 1987 el mayor Ernesto Barreiro, un represor del III Cuerpo del Ejército, se declaró en rebeldía y se refugió en el Regimiento de Infantería Aerotransportada de Córdoba, recibiendo la solidaridad de los jefes de la unidad. En Buenos Aires, el teniente coronel Aldo Rico, un héroe de Malvinas, tomó con un comando propio la Escuela de Infantería de Campo de Mayo y pidió la remoción del Jefe del Ejército, general Ríos Ereñú y una solución política para los oficiales de la guerra sucia.

---

216 El gobierno aceptó incorporar un artículo por el cual no se extinguirían las acciones por la sustracción de menores a pedido de las Abuelas de Plaza de Mayo.
217 Verbitsky Horacio, *Civiles y Militares*, Editorial Contrapunto, Buenos Aires, 1987.

El presidente Raúl Alfonsín concurrió al Congreso Nacional y expresó que:

> No he de hacer concesiones ante iniciativas o presión alguna que apunte a restringir el ejercicio de los derechos y las libertades que hacen a la naturaleza misma de la democracia. (...) Aquí no hay nada que negociar: la democracia no se negocia.

Horas después, el gobierno ordenaba terminar con la sublevación y se convocaba al general Ernesto Alais, del II Cuerpo del Ejército en Rosario que condujera sus tropas hasta la Escuela de Infantería[218].
El pueblo argentino, cansado de los militares, decidió por su cuenta comenzar a movilizarse a Plaza de Mayo y a Campo de Mayo en menor medida. El peronismo, en una reunión urgente conducida por Antonio Cafiero junto a Carlos Grosso y José Luis Manzano decidió apoyar al gobierno e invitar al pueblo a concurrir a Plaza de Mayo. Por su parte, la CGT conducida por Saúl Ubaldini anunció que el lunes comenzaría un paro general por tiempo indeterminado. Durante las tensas jornadas de Semana Santa el peronismo participó activamente en reuniones que se realizaban en la Casa Rosada y llamó la atención la presencia del viejo líder metalúrgico Lorenzo Miguel, quien defendió firmemente al gobierno:

> La memoria no nos puede fallar. A los gobiernos constitucionales hay que defenderlos y, si en su andar no han cumplido con su misión, es el pueblo mismo, por medio del voto, el que lo tiene que cambiar.

El domingo la Plaza de Mayo estaba colmada con más de 100.000 almas y el presidente Alfonsín salió a los balcones ha-

---

218 En una comunicación telefónica, relatada en el libro *Civiles y Militares* de Horacio Verbitsky, el general Alais le señaló a Rico que lo iba a sacar a cañonazos, a lo cual el teniente coronel Rico le contestó: "En cuanto usted haga tal cosa, yo voy a tirar un morterazo sobre la multitud, y después usted explique que no fue su cañonazo mal dirigido".

cia el mediodía para anunciarle al pueblo que en breve iría a negociar personalmente con los sublevados de Campo de Mayo, pidiendo a la gente que lo esperara. Ya en Campo de Mayo el presidente Alfonsín negoció con Aldo Rico que el general Ríos Ereñú sería reemplazado pero que el gobierno no aprobaría una Ley de Amnistía, solo una Ley de Obediencia Debida para salvar a la mayoría de los oficiales de menor rango[219].

A media tarde, con una amplia sonrisa, apareció Alfonsín en los balcones de Plaza de Mayo y luego del "Felices Pascuas" expresó que "la casa está en orden y no hay sangre derramada en la Argentina".

Un mes después, el radicalismo enviaba la Ley de Obediencia Debida a la Cámara de Diputados con la intención de cumplir el acuerdo de Semana Santa. El peronismo se opuso pero finalmente la ley fue aprobada por 119 votos contra 59[220].

Finalizado el conflicto con las Fuerzas Armadas, el gobierno se concentró en las elecciones a realizarse en el mes de setiembre en todo el país. La mayor preocupación estaba en la provincia de Buenos Aires porque el peronismo se presentaba unido y con un candidato fuerte como era el renovador Antonio Cafiero. La UCR eligió como candidato al dirigente bonaerense Juan Manuel Casella, que contaba con una buena imagen por su paso por el Ministerio de Trabajo.

El radicalismo, unos meses antes de las elecciones de setiembre, había decidido negociar con el sector más dialoguista del sindicalismo peronista que comandaban Jorge Triaca y Armando Cavallieri. El acuerdo significó que Carlos Alderete, titular de la Federación de Luz y Fuerza, jurara como ministro de Trabajo. La intención de Alfonsín al negociar con el llamado Grupo de los 15 tenía un doble significado: por un lado frenar los paros organizados por la CGT que encabezaba Saúl Ubaldini y,

---

219 Aldo Rico horas antes se encontró con Antonio Cafiero para intentar dividir el frente civil pero el candidato a gobernador por la provincia de Buenos Aires fue contundente al expresarle que el peronismo no votaría una ley de amnistía.
220 Antonio Cafiero expresó en una parte del debate que: "el radicalismo debe reconocer que está legislando 'con una pistola en la nuca'".

en segundo lugar, dividir al peronismo al incluir un hombre de sus filas en el gabinete radical[221].

El 6 de setiembre el peronismo se convertía nuevamente en mayoría. Retuvo todas las gobernaciones en juego y además se impuso en Mendoza, Entre Ríos, Chubut y en la estratégica provincia de Buenos Aires. El peronismo obtenía el 42% de los votos contra el 37 de la Unión Cívica Radical. El proyecto del tercer movimiento histórico era enterrado para siempre. La renovación peronista perdió solo en Capital Federal y en la provincia de Córdoba[222].

Las elecciones de setiembre consolidaron al sector renovador en desmedro de los llamados 'mariscales de la derrota'.

Cafiero-Menem: una interna caliente

La interna entre Antonio Cafiero y Carlos Saúl Menem comenzó mucho antes de las elecciones de setiembre de 1987. Un punto de referencia son las elecciones internas de noviembre de 1986 en la provincia de Buenos Aires[223]. Nadie dudaba de que Antonio Cafiero ganara las internas frente al sector ortodoxo, desgastado por haber seguido a Herminio Iglesias en las elecciones legislativas de 1985. Lo que no se esperaban los renovadores era que Carlos Menem decidiera presentarse a la interna bonaerense con su agrupación Federalismo y Liberación, y reclutó todos los restos de la ortodoxia que no se sentían representados por el cafierismo. La situación en el Secretariado General de la renovación se puso tensa y el grupo que integraban Grosso, De la Sota y Manzano plantearon la expulsión de Menem de la re-

---

221   El acuerdo entre el radicalismo y el grupo de los 15 fue tejido entre Enrique *Coti* Nosiglia y Luis Barrionuevo, el sindicalista que respondía a Carlos Menem.
222   En las listas cordobesas que formó José Manuel De la Sota incluyó a un economista independiente: Domingo Cavallo, quien había sido funcionario en la última etapa del Proceso militar.
223   El Congreso de Parque Norte había intervenido la provincia de Buenos Aires y nombrado interventor a Julio Mera Figueroa, responsable de llamar a elecciones libres en el distrito.

novación, pero Antonio Cafiero se opuso, argumentando que el caudillo riojano no era peligroso sino solo pintoresco.

Horas antes del comicio interno bonaerense, Federalismo y Liberación apoyó a Cafiero para gobernador pero lo enfrentó en todos los cargos distritales. Para sorpresa de muchos, el 6 de noviembre la lista de Menem obtuvo el 35% frente al 66% del Frente Renovador. Menem había sumado 70 congresales contra los 174 de Cafiero[224].

Luego del amplio triunfo del peronismo en las elecciones a gobernador de setiembre de 1987, Antonio Cafiero se convirtió en el candidato natural para encabezar la fórmula presidencial de 1989. La mayoría de los gobernadores del interior del país lo apoyaban menos Carlos Menem que horas después del triunfo cafierista llenó la Capital Federal con afiches que indicaban "Menem Presidente".

A fines de diciembre de 1987 el Congreso Nacional del Justicialismo eligió autoridades nacionales y por primera vez la renovación ocupó la mayoría de los cargos. Presidente fue Antonio Cafiero y vicepresidente Carlos Menem. Las 62 Organizaciones de Lorenzo Miguel solo incluyeron a José María Vernet como vicepresidente primero y los "25" ocuparon los principales cargos gremiales.

El peronismo, en enero de 1988, estaba en ebullición y solo se discutía la fórmula presidencial. La fecha de las internas era el 9 de julio. Algunos gobernadores como Jorge Busti y José Octavio Bordón plantearon una fórmula conjunta entre Cafiero y Menem pero ninguno quería aceptar ser segundo.

El 5 de marzo Carlos Menem anunció que el compañero de fórmula sería el renovador bonaerense Eduardo Duhalde. Era el primer llamado de atención hacia el cafierismo que estaba convencido de que el compañero de fórmula de Menem sería el impresentable Juan Carlos Rousselot vinculado a José López Rega[225]. Duhalde diría al aceptar que:

---

224   Un mes después, el Frente Renovador de José Manuel De la Sota ganó ampliamente la interna en Córdoba.

225   Se cuenta que Duhalde se sintió traicionado dos veces en menos de un año

Menem es el dirigente peronista de mayor trascendencia y popularidad tras la muerte del general Perón.

Una semana después, Antonio Cafiero decidió anunciar su fórmula que incluía al santafecino José María Vernet, el hombre elegido por Lorenzo Miguel y las 62 Organizaciones peronistas. Vicente Saadi también apoyaba esta fórmula que aparecía como la más integradora. El lunes 7 de marzo Cafiero invitó a la gobernación de La Plata a todos los referentes de la renovación para anunciarles la fórmula. Participaban ministros como Rodolfo Frigeri, su hijo Mario, Felipe Solá, sus amigos Guido Di Tella, Carlos *Chacho* Álvarez y el taxista Roberto García, y 'la banda' como se conocía al trío integrado por Carlos Grosso, José Luis Manzano y José Manuel De la Sota.

Carlos Grosso, que por pergaminos propios era el candidato a ocupar el cargo de vicepresidente pero que no podía porque la fórmula se convertiría en muy porteña, expresó que él renunciaba a ese puesto pero que el cargo lo debería ocupar un verdadero renovador como el gallego De la Sota. El cordobés dijo que no[226] pero Carlos Grosso se lo llevó a un cuarto contiguo y terminó convenciéndolo. Cafiero, sin que nadie comprendiera aceptó la candidatura del cordobés y con ello selló su derrota en las internas al romper su acuerdo con los sectores gremiales del partido.

Un día después, Lorenzo Miguel[227] salio públicamente a criticar la fórmula Cafiero-De la Sota:

> Nos van a tener que dar explicaciones de por qué se eligió al titular de un distrito que perdió en las últimas elecciones na-

---

por Antonio Cafiero. La primera vez fue cuando Cafiero rompió un acuerdo para que Duhalde fuera candidato a vicegobernador optando por Luis Macaya y la segunda cuando se enteró por los diarios que lo bajaban del primer lugar de la lista de diputados para ponerlo a Ítalo Luder.

226   Poco tiempo antes había fallecido su hija de seis años al ahogarse en la pileta de su casa.

227   La preocupación de Lorenzo Miguel es que no confiaba demasiado en Carlos Menem por sus discusiones cuando estuvieron presos en Magdalena y la jugada de Cafiero lo obligaba a apoyar a Menem para no quedarse solo.

cionales, como De la Sota. Nosotros en las 62 Organizaciones habíamos creído que ese equilibrio que tanto necesitaba el Movimiento Nacional Justicialista se había alcanzado con la fórmula Cafiero-Vernet, y en ese caso hubiéramos puesto todo el apoyo de las 62 Organizaciones.

De la Sota le contestó las críticas declarando que:

> Dos buenas noticias en un día. Soy candidato y Miguel me critica (...) Si a Lorenzo Miguel no le gustan las fórmulas que hay en el justicialismo que forme una él y se someta a la decisión de los afiliados (...) Las 62 Organizaciones son la rama seca del peronismo.

Menem estaba eufórico, porque de su soledad interna en el partido pasó a recibir el apoyo de Vicente Saadi y del aparato de las 62 Organizaciones que movilizó al sindicalismo en todo el país. Por su parte, Eduardo Duhalde logró el apoyo de varios intendentes del Gran Buenos Aires como los de Almirante Brown, Magdalena y Brandsen. Por último, sectores marginales como el Comando de Organización de Brito Lima y los montoneros del Peronismo Revolucionario apoyaron al riojano.

En marzo se realizó en Santa Rosa, La Pampa, una reunión de gobernadores justicialistas y el enfrentamiento entre los candidatos estaba en total ebullición.

Antonio Cafiero expresó:

> ¿Cómo se puede permitir que un candidato aparezca rodeado de los Montoneros y el Comando de Organización? El entorno que rodea a Carlos Menem es un grupo incoherente donde se funden figuras que vienen del montonerismo, con colaboradores de José López Rega y otros compañeros que solo podemos asociar con nuestros años negros de la derrota.

A lo que Carlos Menem contestó:

Cafiero no es un compañero. Cafiero es un botón. Lo que está haciendo es política de prontuario. Ésto es macartismo del más bajo y es una actitud que en 1976 dio como resultado la tremenda tiranía que nos ha tocado vivir, donde muchos de los falsamente delatados pagaron con cárcel y hasta con sus vidas[228].

La interna del peronismo no la definieron los discursos ni los aparatos, ni las crónicas periodísticas sino las barriadas más humildes del país.

Carlos Menem, en mayo se subió a un viejo camión –luego conocido como el menemóvil– y durante semanas recorrió los barrios más humildes del gran Buenos Aires. Almorzaba en las villas miserias o participaba de misas en humildes capillas. Miles de hombres, mujeres, ancianos y niños se agolparon en las calles para saludar al riojano que les hablaba poco pero les mostraba su afecto y besaba a todos los que se acercaban. Su discurso fue sencillo con menciones a Perón, a Evita, a la Virgen y rematando siempre con una consigna: "Síganme, no los voy a defraudar".

Finalmente, el 9 de julio se votó en todo el país y la fórmula Menem-Duhalde se impuso por el 53,4% contra el 45,8 de Cafiero-De la Sota. Esa noche, Antonio Cafiero[229] con cara apesadumbrada y triste anunció a los periodistas que:

> El pueblo peronista, haciendo uso de sus legítimos derechos y de su vocación democrática, ha elegido como fórmula presidencial para el año 1989 a los compañeros Carlos Menem y Eduardo Duhalde.

Lejos de la pelea entre Menem y Cafiero, en el sur comenzará a crecer la figura de Néstor Kirchner. El santacruceño había perdido las internas de 1983 frente a Arturo Puricelli, pero un

---

228 Cerruti Gabriela. *El Jefe*, Editorial Planeta, Buenos Aires, 1993.
229 Por tercera vez, Cafiero se quedaba sin poder ser candidato a presidente. La primera vez en 1973, Perón optó por Cámpora, pese a ser el candidato de la CGT; luego en 1983, Lorenzo Miguel prefirió a Ítalo Luder y finalmente la soberbia de los renovadores le impusieron a De la Sota en vez de Vernet.

acuerdo entre todos los sectores del peronismo le permitió ocupar la Caja de Previsión Social de la provincia. Pese a ser un cargo menor no lo desaprovechó y desde ahí le dio vuelo a su carrera política. Le imprimió ritmo a su gestión, aumentó el sueldo a los empleados y abrió más de 20 delegaciones en toda la provincia, que le permitió armar cuadros para su proyecto. Como la Caja tenía autonomía en el manejo de las finanzas pronto comenzó a ser mirado con recelo por el gobernador, quien decidió cortarle los ingresos del 14 al 5 por ciento. Kirchner se fue gritando a los cuadro vientos y se concentró en Río Gallegos donde ganó la interna y se presentó como candidato a intendente. Fue una elección cabeza a cabeza y ganó en 1987 por solo 111 votos.

1989

La vuelta al poder

Carlos Menem decidió, luego de su triunfo en las internas, realizar un extenso viaje por Europa y Siria, la tierra de sus ancestros y visitar la ciudad de Yabrud donde habían nacido sus padres. De regreso al país organizó la campaña electoral con vistas a las elecciones del 14 de mayo de 1989. El comando electoral lo formaron Carlos Grosso[230], Julio Mera Figueroa y Alberto Kohan junto a Eduardo Bauzá y Armando Gostanián en la comisión de Finanzas. La campaña, oficialmente, se lanzó en el mes de octubre en la provincia de La Rioja.

Por su parte, en el radicalismo, Eduardo Angeloz, gobernador de Córdoba, se impuso como candidato en el partido oficial y conformó la fórmula junto a Juan Manuel Casella. Alfonsín lanzó a mediados de agosto un segundo plan Austral para frenar la inflación con aumentos de tarifas y concertación de precios, pero la nueva propuesta no tuvo demasiado entusiasmo en la población.

---

230 Carlos Grosso y José Luis Manzano rápidamente abandonaron el barco de la renovación y se convirtieron en fervientes menemistas. Posteriormente lo hizo José Manuel De la Sota.

Carlos Menem había conformado en la interna un grupo de seguidores a los que se conoció como los "doce apóstoles". Ellos eran Julio Mera Figueroa, Juan Carlos Rousselot, Eduardo Menem, Julio Corzo, Eduardo Bauzá, Luis Barrionuevo, Rubén Cardozo, Augusto Alasino, Alberto Pierri, Antonio Vanrell, César Arias y Alberto Kohan. En plena campaña se le sumaron con peso propio sus secretarios Miguel Ángel Vicco y Ramón Hernández, los empresarios Luis Santo Casale y Armando Gostanián, y el periodista Juan Bautista Yofre[231].

Durante 1988 se produjeron dos nuevos episodios militares. En enero, el teniente coronel Aldo Rico se volvió a sublevar en la ciudad correntina de Monte Caseros pero a las pocas horas y al no recibir apoyo interno de otras guarniciones, se rindió ante las autoridades del Ejército. El segundo hecho se produjo el 2 de diciembre cuando los seguidores del coronel Mohamed Alí Seineldín se sublevaron y tomaron el regimiento de Villa Martelli exigiendo que el gobierno de Alfonsín cesara con las persecuciones en las Fuerzas Armadas. Luego de cuatro días de negociaciones y con la población civil que intentaba ingresar al cuartel el coronel se rindió y se puso a disposición de la justicia militar[232].

El 23 de enero de 1989, mientras se desarrollaba la campaña electoral, un grupo de jóvenes pertenecientes al Movimiento Todos por la Patria (M.T.P.)[233], que desde hacía más de un año dirigía Enrique Gorriarán Merlo, tomaron el regimiento militar de La Tablada haciéndose pasar por carapintadas para producir "un levantamiento popular que iniciaría el proceso revolucionario". El ejército en pocas horas recuperó el regimiento 3, luego de un sangriento enfrentamiento en el que murieron 7 milita-

---

231 El Tata Yofre era un periodista de *Ámbito Financiero*, de origen radical, que al cubrirlo en la campaña por las internas se deslumbró con el carisma de Menem y terminó siendo su vocero.

232 Un sector minoritario del menemismo mantenía contacto con los rebeldes que respondían a Seineldín.

233 Una semana antes el dirigente Jorge Baños, líder del M.T.P. denunció que estaba en marcha un golpe institucional para derrocar a Raúl Alfonsín y poner en su lugar al vicepresidente Martínez. La decisión había sido tomada en una reunión secreta por Seineldín, Menem y Miguel.

res, un sargento de policía y 28 guerrilleros. El líder del grupo, Gorriarán Merlo, que nunca ingresó a la unidad, huyó del país. Una decena de jóvenes fueron detenidos.

Carlos Menem en declaraciones públicas expresó:

> Se trató de un episodio tendiente a generar una situación de inestabilidad capaz de bloquear o condicionar el acceso al poder del justicialismo. Ahora resulta que los que me atacaban y me acusaban de complotar contra el presidente de la Nación y de pactar con algunos militares resultaron ser los peores enemigos de la democracia, fueron los mismos que perdieron su vida en La Tablada.

En febrero, el dólar se disparó y el gobierno debió reemplazar al ministro de Economía Juan Sourrouille por el diputado Juan Carlos Pugliese, quien no pudo aquietar el descalabro económico. El candidato radical expresó que el caos económico se debía a la desconfianza de los empresarios en el candidato Menem que prometía el salariazo y la revolución productiva.

Durante los dos últimos meses antes de las elecciones nacionales, Carlos Menem recorrió todo el país en el menemóvil y una vez más concentró su actividad en el Gran Buenos Aires junto a los más humildes que depositaban en él todas sus esperanzas. Su discurso, igual que en las internas, fue sencillo: salariazo, revolución productiva y unidad latinoamericana.

El 14 de mayo, la fórmula Menem-Duhalde obtenía el 47% de los votos contra el 38% de Angeloz-Casella. Menem había pasado todo el día en la provincia de La Rioja y en horas de la noche se dirigió desde el balcón de la casa de gobierno provincial a su gente y a todo el país:

> Vengo a convocar a todos los sectores. A las fuerzas de la producción, a los empresarios, los comerciantes, los ganaderos, los agricultores, a todos, a poner en marcha el país. Éste es el momento que aprovecho para convocar a todas las fuerzas del trabajo: Perón decía que gobernar es dar trabajo y vamos a hacer

realidad esa premisa. (...) Yo les pido que me sigan, hermanos y hermanas de mi patria. Síganme, que no los voy a defraudar.

Una vez más, el peronismo llegaba al poder en la Argentina. Esta vez no estaba Juan Domingo Perón.

Liberalismo y privatizaciones

El triunfo del peronismo había dejado aun más débil al gobierno de Raúl Alfonsín que ya no podía controlar el desbarajuste de la economía. Aumentaba el dólar, crecía la hiperinflación y una situación casi incontrolable se vivía en las barriadas del Gran Buenos Aires y el Gran Rosario. Alfonsín intentó llegar a un acuerdo con el peronismo para implementar un plan económico conjunto hasta la entrega del poder el 10 de diciembre, pero los sectores más menemistas se opusieron a compartir el gobierno[234].

Diez días después de haber triunfado, Carlos Menem acompañado por Erman González y Álvaro Alsogaray se reunió en las oficinas de Bunge & Born con sus directivos que le ofrecieron un plan económico y un hombre para comandar el ministerio de Economía. Menem estaba convencido de que ante la crisis económica que sufría el país debía otorgar el Ministerio a un hombre de la burguesía nacional como había hecho Perón con Miguel Miranda o José Ber Gelbard. Pero el país no era el mismo y los industriales de origen nacional habían desaparecido ante las grandes empresas multinacionales como Macri, Pérez Companc, Techint o Bridas. Finalmente Menem decidió llegar a un acuerdo con Bunge & Born que prometió invertir 3.500 millones de dólares y prestar para el Ministerio de Economía al ingeniero Miguel Roig, un ex gerente de la compañía.

---

234   Domingo Cavallo expresaba que había que dejar que se produjera el caos en el país para luego sí aplicar un nuevo plan económico. Hablaba de números sin comprender que en ese caos los que sufrían el hambre eran en primer lugar los pobres de la Argentina.

En junio la situación económica continuaba agravándose y empezaron a producirse saqueos[235] a supermercados en Rosario, el Gran Buenos Aires y en otras ciudades del interior del país con lo cual Alfonsín dispuso el estado de sitio[236]. El dólar volvió a dispararse y el presidente anunció que renunciaba a su cargo porque su gobierno ya no tenía espacio para enfrentar con éxito los problemas del país.

El 8 de julio, cinco meses antes de lo debido, Carlos Saúl Menem asumía la presidencia.

La jura del nuevo gobierno, con un hombre de Bunge & Born en el Ministerio de Economía[237] preanunciaba que la política tradicional del peronismo con desarrollo económico y equidad social seria rápidamente abandonada por un esquema fuertemente liberal[238] que el gobierno bautizó como 'economía social de mercado'. Carlos Menem en un giro inesperado decidió aprobar un amplio plan de privatizaciones que incluía a la mayoría de las empresas estatales como Aerolíneas Argentinas, ENtel, YPF, Gas del Estado, Obras Sanitarias de la Nación y Ferrocarriles Argentinos[239].

Roberto Dromi, un asesor del senador Eduardo Menem estuvo a cargo del Ministerio de Obras y Servicios Públicos que se encargó de llevar adelante todas las privatizaciones. En pocas horas el peronismo del gobierno apareció con un discurso inédito que fundamentaba la política privatizadora en déficit, falta de rentabilidad, altos costos, desinversión, etc. Como si esto fuera poco Menem nombró como interventora de ENtel a María Julia Alsogaray y cuando algunos legisladores intentaron recibir una repuesta lógica para tener que tragarse tal sapo, Menem les respondió:

---

235   El gobierno estaba convencido de que detrás de los saqueos estaban sectores carapintadas.
236   La represión por los saqueos dejó 14 muertos.
237   Miguel Roig falleció una semana después y asumió el cargo Néstor Rapanelli, otro gerente de Bunge & Born.
238   Álvaro Alsogaray fue nombrado asesor en temas de la deuda externa.
239   Merece recordarse que Menem se había opuesto en toda la campaña electoral a las privatizaciones de las empresas del Estado e incluso una semana después del triunfo en un programa de Bernardo Neustadt se opuso a la teoría de la ineficiencia estatal.

María Julia es una cruzada. Necesitamos a alguien capaz de enfrentarse al sindicato para que ENtel se privatice. Si tuviéramos que disolver a las Fuerzas Armadas llamaríamos a la izquierda. Para privatizar necesitamos de los liberales, que lo van a hacer con más convicción que nosotros los peronistas[240].

El gobierno vendió el 85% de Aerolíneas Argentinas a un precio irrisorio que incluía no solo la aerolínea sino el 66% del tráfico de cabotaje, el 45% del tráfico sudamericano, el 38% de los vuelos a Europa y una flota con 29 aviones. Por su parte, ENtel fue la empresa de telecomunicaciones más barata de las vendidas en el tercer mundo: 800 dólares por línea contra los 1.600 de México o los 3.300 de Malasia.

Privatizadas Aerolíneas y ENtel, se continuó con Ferrocarriles Argentinos, Gas del Estado, Obras Sanitarias de la Nación, SEGBA, SOMISA y la frutilla de las privatizaciones, YPF, una empresa que era orgullo de los argentinos desde su creación a principio de siglo.

La mayor aberración que cometió el gobierno en las privatizaciones, además del bajo precio, fue que aceptó como pago la compra de bonos para la capitalización de la deuda externa con lo cual nunca llegó el dinero contante y sonante que el país necesitaba para poner en marcha la economía. De esa manera se hubiera ayudado a crear nuevos puestos de trabajo para todos los trabajadores que quedaron en la calle por las privatizaciones y la desocupación no hubiera crecido en tal magnitud.

Pese al plan de privatizaciones, la economía continuó mal y hacia fines de 1990 se rompió la alianza entre Menem y Bunge & Born. Asumió como ministro de Economía Erman González y presentó un plan económico que mantenía la libertad de precios y de cambio pero que suspendía el retiro de plazos fijos –serían devueltos más adelante solo en Bonos Externos–, con lo cual la falta de circulante ayudó para que la espiral del dólar se detuviera.

---

240 Verbistsky Horacio, *Robo para la corona*, Editorial Planeta, Buenos Aires, 1991.

A fines de febrero de 1991 nuevamente se disparó el dólar y la inflación trepó a más de un 60% en un mes. Menem convocó a Domingo Cavallo quien presentó el Plan de Convertibilidad que obligaba al gobierno a no emitir moneda sin respaldo, quedando el peso atado al dólar y no pudiendo variarse la cotización sin una nueva ley del Congreso. El plan de Convertibilidad y otras medidas anexas estabilizaron la economía y en pocos meses la inflación desapareció de la Argentina.

Corrupción y escándalos políticos

La alianza con Bunge & Born y el plan de privatizaciones produjo una fuerte discusión en el seno del peronismo. Un grupo de diputados que se opusieron a las privatizaciones formó un bloque llamado Grupo de los 8, que integraban, entre otros, Luis Brunatti, Juan Pablo Cafiero, Carlos *Chacho* Álvarez, German Abdala y Franco Caviglia. Por su parte, el sector de la CGT[241] de Saúl Ubaldini y Lorenzo Miguel cuestionaba la política económica del gobierno pero no se atrevían a llamar a un paro nacional[242]. Antonio Cafiero, que en aquel entonces era el presidente del Partido Justicialista, planteó un tiempo después la disyuntiva del peronismo ante el vendaval menemista de aquellos años:

> Creo que el peronismo a través de Menem hizo una transformación productiva y económica absolutamente indispensable más allá de los excesos, errores y de las cosas que no nos gustan de ese proceso. Pero creo que si el peronismo terminase rindiendo pleitesía al producto bruto interno, olvidaría su raíz y su identidad histórica. Si el peronismo se conformase con los grandes equilibrios macroeconómicos, que hoy nos ufanan y ciertamente con razón, pero que no hace que esos grandes equilibrios bajen al microbolsillo de los hombres y las muje-

---
241 El sector menemista que respondía a Luis Barrionuevo había dividido la CGT en un bochornoso congreso que se realizó en el Teatro General San Martín.
242 El primer paro se realizó recién en 1991.

res de nuestro pueblo, el peronismo habría concluido lamentablemente o lo hubiéramos derrotado nosotros mismos. (...) Tenemos que recuperar algunos aspectos de identidad histórica que hoy aparecen demasiado sumergidos: la justicia social sigue siendo la bandera esencial del peronismo; aún en un mundo globalizado la independencia económica es un valor que tenemos que asumir no para realizar o querer repetir el proceso del pasado, que no tiene cabida en el mundo moderno, pero sí para guiar la acción de nuestros gobernantes; la soberanía política se está cumpliendo como lo predijo Perón. Claro que no lo podemos hacer si desde el mismo gobierno hay voces que nos dicen que el peronismo ha terminado y lo que se viene es posperonismo, que nuestro ciclo histórico ha terminado; ésto es lo que los peronistas no vamos a admitir, no por nosotros sino por todos aquellos que nos precedieron y que dieron mucho para que el peronismo siga viviendo y todavía sea la gran esperanza de los argentinos del siglo XXI.

Otro dirigente, como Julio Bárbaro, que renunció al cargo de Secretario de Cultura del gobierno de Menem, señaló que:

En un principio a mí no me asustó la llegada del liberalismo al peronismo en los noventa. Pensé que todavía el peronismo estaba vivo y que sucedería igual que en la década del sesenta cuando el socialismo se acercó al peronismo y se nacionalizó. Pensé que el liberalismo, al acercarse al peronismo, se nacionalizaría, lo que hubiera implicado estar hoy como Brasil, pero sucedió que Menem se liberalizó como peronista, porque para él eran más importante los negocios que el movimiento nacional y ahí está su mayor traición[243].

A mediados de 1990, Menem percibía que el partido y la CGT lo enfrentarían si su alianza con Bunge & Born no daba rápidos resultados. Los sectores liberales que apoyaban las pri-

---

243   Entrevista con el autor.

vatizaciones decidieron organizar con el apoyo del periodista Bernardo Neustadt una Plaza del Sí. Menem tuvo su primer acto en Plaza de Mayo organizado por *Tiempo Nuevo*, los Alsogaray y el inefable Luis Barrionuevo. Esa noche, muchos peronistas históricos que habían luchado en la resistencia sintieron vergüenza de su presidente.

Los hechos de corrupción y los escándalos políticos transcurrieron durante la primera etapa del gobierno de Carlos Menem como pan caliente. Los bonos solidarios; los guardapolvos adquiridos por el Estado a un precio muy superior al mercado; la adjudicación de las obras de la nueva planta de etileno en la Petroquímica Bahía Blanca; el gasoducto argentinochileno; el aumento de los miembros de la Corte Suprema de Justicia y la concesión del 40% de las rutas del país a la llamada Patria Contratista[244].

El presidente Menem finalizaría 1990 con la firma de los indultos a los jefes de la última dictadura militar y a los dirigentes montoneros, pese a que la mayoría de la población se oponía a tal medida. Gabriela Cerrutti en su libro *El Jefe* describió ese instante en que Menem firmó la libertad de los asesinos:

> Cuando todos estuvieron firmados rebuscó en el montón de hojas apiladas hasta encontrar nuevamente la correspondiente a Albano Harguindeguy. El hombre que se había ensañado con él porque era turco, negro y riojano. El que lo había mandado a Las Lomitas y estaba preso, entre otras razones, por la causa que él, Carlos Saúl Menem, le había iniciado por privación ilegítima de la libertad. Ahora que era todopoderoso lo estaba perdonando. ¿Podía haber una venganza mayor? Harguindeguy lo odiaba, lo despreciaba, y ahora le debía su libertad. Menem sonrió y su sonrisa se espejó sobre la mesa lustrada, enmarcada por la sombra de los decretos y el reflejo de la imagen de la virgen del Valle que había colocado sobre el escritorio el día de la llegada a la Casa de Gobierno[245].

---

244   Las empresas invirtieron 100 millones de dólares y solo en el primer año ganaron 400 millones.
245   Ibíd., Cerrutti Gabriela, *El Jefe*.

Los reyes magos de 1991 le traerán al gobierno de Menem un nuevo escándalo de corrupción. El diario Pagina/12 publicaba una carta de Terence Todman, embajador de Estados Unidos denunciando un pedido de coima de Emir Yoma al frigorífico norteamericano Swift. Carlos Menem señaló que esa información era falsa y que esa carta no existía, confiando en que la embajada y el frigorífico la desmentirían. Pero el embajador confirmó la carta y con ello el primer gran escándalo en el gobierno. Un par de días después el presidente modificaba su gabinete alejando a Roberto Dromi, Álvaro Alsogaray, Humberto Romero, Alberto Kohan y Emir Yoma.

Al segundo gran escándalo de la gestión menemista se lo conocerá como Yomagate[246] y se produjo dos meses después del Swiftgate. El 16 de marzo de 1991 la revista española *Cambio 16* publicó una extensa investigación sobre el lavado de dinero en Argentina desde la asunción del presidente Menem. La publicación sindicaba como principales responsables al sirio Ibrahim Al Ibrahim, asesor en el aeropuerto de Ezeiza, Amira Yoma, secretaria privada del presidente y Mario Caserta, secretario de Recursos Hídricos.

El escándalo del Yomagate enfrentó por primera vez al menemismo con Eduardo Duhalde a quien le intentaron trasladar la responsabilidad por haber firmado el decreto que nombraba al sirio en Ezeiza[247]. El ex presidente Duhalde relató los momentos vividos en aquel entonces:

> Recuerdo que fui hasta la reunión de gabinete y comencé a los gritos. Menem pidió que todos se retiraran de la sala y nos quedamos solos, junto a Hugo Anzorreguy. Ahí, el presidente empezó a despotricar contra su familia política y me prometió que iba a aclarar todo (...) A mí me llamó la atención que Ibrahim Al Ibrahim fuera a Ezeiza porque no tenía necesidad de un cargo de asesor. Fue por eso que le agregué tres letras a la

---

246 Sobre el tema existe un excelente libro de Román Lejtman, *Narcogate*.
247 En 1989 el entonces vicepresidente a cargo del Ejecutivo firmó el decreto 682 para nombrar al sirio Ibrahim Al Ibrahim por pedido de Amira.

firma del decreto. Después, la prensa dijo que significaba, 'Feliz Cumpleaños, Amira' pero no era así. Yo puse las letras porque el próximo que debía firmarlo era Granillo Ocampo, y las letras significaban 'Firmado con Amira', para que supiera que me lo había traído ella a la firma, y por las dudas de que Menem no estuviera al tanto. Hoy estoy seguro de que la firma de ese decreto fue absolutamente intencional[248].

Ibrahim Al Ibrahim que percibía la pelea entre los Yoma y Duhalde decidió jugar para sus protectores y declaró ante el juez:

> Cuando fui designado, yo le agradecí personalmente a Duhalde y él mismo me solicitó que cuando fueran los señores Lenci y Bujía, los atendiera personalmente.

Las declaraciones de sirio Ibrahim Al Ibrahim involucrando a los secretarios privados de Duhalde sacaron de quicio al entonces vicepresidente de La Nación que declaró a una radio sobre los Yoma:

> Desde que asumimos los estamos soportando. Todos los meses, todas las semanas, cada quince días, aparecemos en los diarios con cosas de ese tipo. No hay derecho, nadie los ha elegido, no hay derecho a que sometan al presidente, a mí, al gobierno y a los argentinos, que nos tengan permanentemente ocupándonos de ellos.

La causa del Yomagate que alborotó a la ciudadanía continuó en el ámbito judicial. Amira fue sobreseída y Mario Caserta condenado a siete años de prisión, mientras que el sirio Ibrahim Al Ibrahim se fugó a Siria.

Pese a los escándalos, el peronismo se presentó en setiembre de 1991 a las elecciones nacionales con la seguridad de que el plan económico estaba funcionando y con caras nuevas en los princi-

---

248   Entrevista con el autor.

pales distritos: Eduardo Duhalde en Buenos Aires, Ramón Ortega en Tucumán, Carlos Reutemann en Santa Fe y en Santa Cruz ganaba por escasos tres mil votos el joven Néstor Kirchner. El justicialismo triunfó ampliamente y solo sería derrotado en la provincia de Catamarca.[249]

---

249 El pueblo catamarqueño se encontraba movilizado por el asesinato de la adolescente Maria Soledad en manos de personajes vinculados al poder político. En las elecciones la gente le da la espalda para siempre a la familia Saadi.

1995

Menemismo y reelección

A principios de 1993, el país se desarrollaba a un ritmo de crecimiento anual del 6%. El éxito del Plan de Convertibilidad llevó a que la clase media comenzara a tomar créditos y a endeudarse en dólares. La falta de inflación produjo un cambio en la cultura económica de la población y un boom en el consumo de los sectores medios que aumentaron la popularidad de Carlos Menem mas allá de los escándalos del Yomagate y del atentado terrorista en la Embajada de Israel[250].

Solucionado el problema económico el presidente Menem comenzó a planificar la reforma de la Constitución para poder presentarse a la reelección. El radicalismo se oponía y algunos senadores como Antonio Cafiero, José Bordón y Alberto Rodríguez Saa se resistían a aprobar un dictamen sin acuerdo de la oposición. Por su parte, el gobernador Duhalde comenzaba a criticar el modelo económico y cerraba la provincia al menemismo[251]. En la campaña

---

250 Ese año el ministro Cavallo depositó 4.000 millones de dólares en al Reserva Federal de los Estados Unidos como garantía para ingresar al Plan Brady.
251 En la interna del justicialismo para elegir candidatos en Buenos Aires el duhaldismo le ganó al menemista Rousselot por el 93% de los votos.

para las elecciones del 3 de octubre, Eduardo Duhalde utilizó un discurso enmarcado en temas provinciales y no invitó al presidente a ninguna de las masivas caravanas por el Gran Buenos Aires. El día de la elección el peronismo ganó en 18 provincias, incluyendo la Capital Federal. Duhalde obtenía el 48% de los votos en Buenos Aires y se convertía en el posible sucesor de Menem si la reforma constitucional no se aprobaba. Por su parte, el *Lole* Reutemann también salía fortalecido por su triunfo en Santa Fe mientras se debilitaba Palito Ortega que perdía frente al general Bussi en Tucumán.

El Pacto de Olivos

A mediados de año, el presidente le pidió al ministro del Interior, Gustavo Béliz, que realizara una serie de reuniones con el radicalismo para lograr un acuerdo en la reforma constitucional. Béliz, al tener la negativa de Alfonsín y De la Rúa, le planteó al presidente llevar adelante la reforma pero sin reelección con lo cual el presidente se convertiría en el político más importante de la historia. Menem hizo silencio y el joven ministro asoció silencio con consentimiento, con lo cual realizó explosivas declaraciones al diario *Clarín*:

> No es posible la reelección a cualquier precio... Si alguien cree que la reforma constitucional se logrará comprando votos, está loco.... El menemismo está en un punto de inflexión en el que tiene que decidir si se desvía hacia el lado de los alcahuetes y los mediocres o va para el lado de los funcionarios con prestigio como Cavallo, Ortega o Reutemann.

Horas después, el ministro Béliz que unos meses atrás había señalado que estaba parado "en medio de un nido de víboras", en relación a los manejos de Eduardo Bauzá y Carlos Corach, renunciaba al cargo. Menem quería nombrar a un incondicional como Carlos Corach pero Eduardo Bauzá sostuvo en una reunión del menemisno puro que "después de los zapatitos blancos tenemos que poner a un tipo decente o los medios nos matan". Finalmente, el presidente optó por el diputado Carlos Ruckauf, que mantenía una muy buena imagen en la sociedad y no contaba con aparato político propio. Tiempo después, cuando el menemismo observó que el ministro del Interior se inclinaba a una alianza con Eduardo Duhalde, pidieron su cabeza. Carlos Menem, que en ese momento pensaba solo en la reelección, bromeaba ante los que pedían la cabeza del nuevo ministro con que "algún peronista en el gabinete hay que tener".

Menem estaba preocupado porque ni los ministros políticos ni los legisladores llevaban adelante el proyecto por la reforma constitucional[252]. En el mes de setiembre Menem se reunió con el sindicalista Luis Barrionuevo en la quinta de Olivos. Allí le pidió que se encargue de obtener la reforma constitucional a través de su amigo Enrique "Coti" Nosiglia.

Luego del fracaso del radicalismo en las elecciones de octubre, Nosiglia comenzó a ablandar a Raúl Alfonsín, para llegar a un acuerdo con Menem y así frenar un posible plebiscito que dejaría muy mal la imagen del partido de Yrigoyen. En la mañana del 14 de octubre, en plena negociación, el presidente Menem sufrió un leve desvanecimiento por el cual fue internado. Allí se le diagnosticó un soplo carotídeo y fue intervenido de urgencia. La operación fue impecable pero el país se paralizó. El periodista Atilio Cadorín del diario *La Nación* describió así la jornada: "Fue un instante en que el país contuvo la respiración. Si el tiempo es veloz, parecía suspendido, quieto". Un día después, Raúl Alfonsín lo visitaba en el sanatorio y recomponían la relación personal.

Unos días después, en un bar de la avenida Libertador y Coronel Díaz, Luis Barrionuevo y el "Coti" Nosiglia negociarán el acuerdo que posteriormente se conocerá como Pacto de Olivos. En un libro anterior[253] recreo la escena del bar donde solo dos hombres decidieron el destino del país:

---

252   Raúl Alfonsín declaraba en público que "Ni loco le daría la reelección a Menem. La reforma no se hará gracias a Dios".
253   Silletta Alfredo, *Jaque al Peronismo*, Latinoamericana Editora, Buenos Aires, 2001.

"–Contame por qué me hiciste dejar todo para reunirme con tanta urgencia –interroga Barrionuevo, antes que Nosiglia llegara hasta su mesa, unos minutos más tarde que el sindicalista.

–Lo logramos –lanzó en un susurro casi eufórico el "Coti"–. Raúl aceptó. Me costó, pero ya se había ablandado un poco cuando el turco casi se muere, y ahora que sabe que en una semana será el presidente del Comité Nacional me autorizó a avanzar.

–¿Qué quiere para avanzar en el acuerdo? –interrogó nuevamente el amigo Luis, hurgando en el servilletero en busca de papel para anotar.

El "Coti" toma aire antes de comenzar a enumerar: –En primer lugar, la elección directa de presidente y vice. Después, una reducción de mandato de 6 a 4 años. Tercero, elección directa del intendente de Buenos Aires; cuarto, el ministro coordinador; quinto, la elección directa de tres senadores en lugar de dos; uno de ellos por la minoría; sexto, *ballotage* al cincuenta por ciento de los votos; y por último, tres miembros de la Corte y Consejo de la Magistratura.

–Mierda, que no es poco –silbó cabizbajo Barrionuevo–. Por lo que hablé con Carlos estamos cerca, pero no creo que negocie lo del *ballotage* al cincuenta. Conociéndolo como lo conozco, me animo a anticiparte que te va a contraofertar con el cuarenta para llegar al cuarenta y cinco. –Levantó la cabeza para seguir: –Y lo de la Corte es complicado, pero ahí tenemos varios alcahuetes que si se hacen los duros podemos apretar para que renuncien.

–Raúl me recalcó que Menem tiene que anunciar la suspensión del plebiscito y que no tiene problemas en reunirse con él personalmente –anticipó Nosiglia– pero el encuentro tiene que ser secreto y en un lugar neutral, porque no llega a la elección del Comité Nacional si acuerda con Menem. Antes lo matan. Después del 12 de noviembre lo podrán tirar a la prensa.

–No hay problema. Ustedes elijan el lugar que yo le aviso al jefe.

El 4 de noviembre de 1983, en la casa del ex canciller Dante Caputo, Carlos Menem y Raúl Alfonsín se reunieron secretamente para acordar la reforma. Participaron del encuentro Eduardo

Duhalde, Eduardo Bauzá, Luis Barrionuevo, Carlos Becerra, Mario Losada y el "Coti" Nosiglia. Finalmente, el 14 de noviembre, cuando Alfonsín ya era presidente del Comité Radical, se reunieron en la quinta de Olivos y anunciaron públicamente el pacto. La sociedad en general apoyó el acuerdo. Cansada del tema de la reelección, consideraba que Menem merecía la posibilidad de un período más al haber dominado la hiperinflación.

El 10 de abril de 1994 el peronismo ganó las elecciones para convencionales constituyentes con el 38% de los votos, sobre un magro 20% de los radicales. Los triunfadores morales de la elección son el Frente Grande de "Chacho" Álvarez y el MODIN de Aldo Rico, que se habían opuesto al llamado Pacto de Olivos. Finalmente el 2 de agosto, la Asamblea Constituyente aprobará la nueva constitución que habilitaba a Menem a un nuevo período por única vez y que incorporaba el *ballotage* si ningún candidato superaba el 45% de los votos.

En la provincia de Buenos Aires, Eduardo Duhalde había conseguido 65 sobre un total de 138 constituyentes provinciales, cinco menos de los que necesitaba para tener mayoría absoluta. En una alianza inédita, el radicalismo, el Frente Grande y el MODIN se unieron para oponerse a Duhalde. Luego de muchas idas y venidas el gobernador logró romper la extraña alianza y acordó con el MODIN la posibilidad de un plebiscito vinculante para obtener un nuevo período[254]. El plebiscito se realizará el 2 de octubre y Duhalde obtendrá más del 61% de los votos, trepando a casi un 90% en el Gran Buenos Aires.

Elecciones, créditos y convertibilidad

A mediados de 1994, el Plan de Convertibilidad comenzó a mostrar signos contradictorios. Por un lado los números de la macroeconomía mostraban un crecimiento importante que

---

254   Los medios de comunicación hablaron de la entrega de fuertes sumas de dinero tanto en el pacto con Rico como en el acuerdo con Alfonsín.

nos ubicaban entre los tres primeros países del mundo, luego de China y Tailandia pero, por otro lado, la desocupación creció considerablemente a partir de las privatizaciones. Al no crearse nuevas fuentes laborales, la recesión se notó primero en el interior del país con importantes estallidos sociales[255]. Por su parte, los gremios de la CTA organizaron una Marcha Federal que reunió a más de 80.000 personas en Plaza de Mayo.

Una vez más, Duhalde, que se sentía fortalecido por el plebiscito, planteaba cambios en el modelo económico:

> Después de la estabilidad tiene que venir el trabajo y la producción, una manera de alcanzar el crecimiento –como lo hicieron otros países– para dar respuestas a los reclamos sociales.

A lo que Carlos Menem respondía:

> La situación socioeconómica es excelente y no existen posibilidades de otros estallidos sociales.

Un hecho que conmocionará al país se produjo el 18 de julio de 1994 cuando estalló un cochebomba en la sede de la AMIA (Asociación Mutual Israelita Argentina) ubicada en la calle Pasteur del barrio de Once. El atentado provocó la muerte de 86 personas y más de un centenar de heridos.

Hacia fin de año, los medios de comunicación se concentraron y especularon con el hombre que acompañará a Carlos Menem en la fórmula. Allí estaban Palito Ortega, Carlos Reutemann, Carlos Ruckauf, Eduardo Menem, Irma Roy y Antonio Cafiero. Durante semanas, Menem dirá que "al vice lo tengo in pectore". Finalmente, el 2 de enero de 1995, frente a una multitud de periodistas Menem anunció a Carlos Ruckauf como compañero de fórmula.

Frente a la candidatura oficial se presentaba como novedad el FREPASO, una alianza entre "Chacho" Álvarez y el "Pilo" Bor-

---

[255] El de mayor repercusión se produjo en la provincia de Santiago del Estero donde la represión fue violentísima.

dón, quienes se presentaron con un discurso de abierta oposición al modelo económico de Menem y de lucha contra la corrupción. Por su parte, el radicalismo estaba viviendo una profunda crisis política y no lograba un buen candidato para las elecciones. Angeloz como De la Rúa no aceptaron y finalmente la candidatura recayó en Horacio Massaccesi, gobernador de Río Negro.

La campaña electoral para las elecciones del 14 de mayo tomará fuerza en el verano cuando los medios de comunicación discutirán si habrá o no segunda vuelta. La palabra *ballotage* está en boca de todos. Carlos Menem es el único político que públicamente señalará una y otra vez que no habrá segunda vuelta, basando su campaña electoral en la estabilidad económica y confiando en que la clase media –que se encontraba endeudada en dólares por los créditos bancarios– votara la continuación del modelo.

El 15 de marzo, una trágica noticia causó conmoción en toda la sociedad. El hijo del presidente, Carlitos Menem, murió en un accidente al derrumbarse su moderno helicóptero cerca de la ciudad de San Nicolás, en la provincia de Buenos Aires. Zulema Yoma, la madre del joven, comenzará una larga lucha en los estrados judiciales argumentado que no se trató de un accidente sino de un asesinato.

Dos meses después, el 14 de mayo, la fórmula Menem-Ruckauf obtendrá el 50% de los votos contra el 29,2 de Bordón-Álvarez (no existiendo necesidad del ballotage) y con una muy mala elección del radicalismo con solo el 17% de los votos.

El presidente surgió como un gran ganador de las elecciones nacionales y con porcentajes superiores a los esperados. El país había producido uno de los cambios estructurales más importantes y la convertibilidad permitió a la clase media tomar créditos en dólares, cambiar su vivienda o su automóvil. Pero no todo era color de rosa. En ese mes se conocieron las cifras de la desocupación que fueron record con más del 18% de la población sin trabajo. Mientras la clase media disfrutaba de la convertibilidad los sectores empobrecidos y la industria nacional la padecían.

En la provincia de Buenos Aires, el gobernador Duhalde le había encargado a su mujer la responsabilidad de los programas sociales. El principal programa fue el plan nutricional maternoinfantil, conocido como Plan VIDA, destinado a niños de hasta cinco años y mujeres embarazadas. El programa se organizó a través de 30.000 mujeres, conocidas luego como *manzaneras*, las cuales se encargaban de llegar diariamente con leche y cereales a todos los niños. "Chiche" Duhalde recordó:

> El programa llegó a más de 1.200.000 beneficiarios y eso me permitió conocer muy de cerca la situación de aquellos años. A mediados del '94 aumentó considerablemente el pedido de trabajo tanto de los hombres como las mujeres a través de las cartas que recibía. Recuerdo que en aquel momento uno leía los diarios y observaba que los números de la macroeconomía decían que a Argentina le iba muy bien, pero extrañamente a los argentinos les iba cada vez peor y esa situación me atormentaba. Ya se notaba un incremento acelerado de la pobreza[256].

A principios de 1995 se paralizó la economía argentina cuando se produjo la crisis del "tequila" en México. Toda la región latinoamericana sucumbió. Los capitales golondrinas extranjeros retiraron su dinero. En solo tres meses, los depósitos en moneda extranjera disminuyeron en más de 7.000 millones de dólares. A partir de allí, el gobierno comenzó a aplicar las recetas del FMI con aumentos de impuestos y reducción del gasto publico. Durante 1995 y 1996 la recesión económica produjo un aumento de la desocupación y por primera vez la gestión de Menem empezó a ser cuestionada por un alto porcentaje de la población. Las protestas sociales crecieron en todo el país. Nace con fuerza el Movimiento de Trabajadores Argentinos (MTA), liderado por el dirigente camionero Hugo Moyano[257] y Juan Manuel Palacios de la Unión Tranviaria Automotor (UTA) que cuestionó las políticas de Carlos Menem.

A la situación anterior se le sumó el deterioro de la relación entre Menem y Cavallo. El presidente soportaba las embestidas del

---

256   Entrevista con el autor.
257   Hugo Moyano ganó las elecciones del gremio de Camioneros en 1992 y fue una de las figuras que se enfrentó a las políticas neoliberales del menemismo.

titular de Economía contra sus otros ministros pero en el mes de agosto de 1995 dijo basta. Fue cuando el ministro Cavallo se presentó ante el Congreso de la Nación y denunció el accionar del cártel liderado por Alfredo Yabrán. Durante más de 11 horas reveló la existencia de mafias que operaban con el Estado nacional y sin nombrarlos involucró a funcionarios del gobierno[258]. Unos meses después, aprovechando que la recesión continuaba en el país lo reemplazó por Roque Fernández, titular del Banco Central.

La protesta social continuará contra la política económica y el 8 de agosto la CGT realizará una huelga general, medida que se repetirá en setiembre. Por su parte, los partidos de la oposición organizarán varios 'apagones' como una forma nueva de protesta. Duhalde, que cada día se encontraba más distanciado del gobierno, planteará públicamente y en cada reunión de gabinete a la que era invitado que el modelo económico debería ser modificado:

> Menem se volvía loco –cuenta Duhalde– porque no podía escuchar hablar de pobres; desconfiaba de los índices de desempleo y pronosticaba que el país iba a estar como en 1993[259].

---

258   Menem salio públicamente a defender a su amigo Yabrán y declaró en una revista que Yabrán era un empresario de primer nivel que pagaba sus impuestos.
259   Entrevista con el autor.

1999

El triunfo de la Alianza

En enero de 1997, el presidente Menem estaba decidido a modificar nuevamente la Constitución Nacional y a luchar por la re-reelección, pero esta vez las condiciones políticas eran muy diferentes a 1993. Las encuestas sobre su imagen no superaban el 15 por ciento y los partidos de la oposición se oponían a reformar la Carta Magna. Por su parte, importantes figuras del peronismo se oponían y aumentaban las críticas a la política económica.

Menem llamó para el 17 y 18 de enero a una cumbre justicialista en Chapadmalal. Allí el menemismo operó abiertamente y no permitió ninguna discusión sobre la situación económica que imperaba en el país. Menem fue más allá y en el discurso de inauguración pidió que los justicialistas "no se embanderen en la crítica voraz y destructiva de la oposición", agregando que "para estar en contra, hay que estar afuera del partido y del gobierno. El que se quiera ir, se puede ir, y el que quiera volver por la misma puerta, lo puede hacer".

Una semana después, Eduardo Duhalde y Carlos Ruckauf se reunieron en Villa Gesell para organizar una nueva estrategia dentro del justicialismo y así poder enfrentar a Carlos Menem. Allí se acordó que "Chiche" Duhalde podría encabezar las listas de legisladores en las elecciones de octubre si continuaba en alza en las encuestas, y que Carlos Ruckauf comenzaría a caminar la provincia de Buenos Aires para pelear la candidatura a gobernador en 1999, todo ello en vistas de fortalecer la candidatura de Duhalde a presidente de la Nación.

Mientras tanto, Néstor Kirchner, el gobernador de Santa Cruz, que ya había sido reelecto en 1995, comenzó a preparar su proyecto a nivel nacional. Por un lado mostraba una provincia sin conflictos sociales, saneada económicamente y con pleno empleo[260]. En octubre de 1998 conformó el grupo Calafate con la intención de reunir a los sectores progresistas del peronismo y apoyar la candidatura de Duhalde frente al menemismo. Estaban, entre otros, Alberto Fernández, Julio Bárbaro, Ernesto Jauretche, Roberto Digón, Carlos Tomada, Esteban Righi, Carlos Kunkel y Jorge Taiana. Miguel Bonasso, que había ido a cubrir la noticia como periodista para *Página 12*, recuerda que: "Néstor me confesó, de manera elíptica, sus aspiraciones presidenciales. Salíamos de una reunión y marchábamos a una cena, arrastrados por el viento patagónico, cuando me detuvo en medio de la calle desolada y me dijo con su dicción trabajosa: 'Están, ¿te das cuenta? Los compañeros están y podemos dar vuelta a este país como una media. Si no somos tontos podemos construir el país que soñábamos allá en los setenta'"[261].

Un asesinato político

El 25 de enero de 1997, el fotógrafo José Luis Cabezas fue asesinado en una cava cercana a Pinamar. Cabezas[262] se encontraba trabajando para la revista *Noticias* y la noche anterior, horas antes del secuestro y asesinato, había estado cubriendo los festejos

---

260 Hay que recordar que por la privatización de YPF, la provincia había recibido más de 500 millones de dólares por regalías adeudadas.
261 Diario *La Nación*, 9 de octubre de 2010
262 Era padre de tres pequeños niños: Agustina, Juan y Candela de tan solo seis meses.

del cumpleaños del empresario Oscar Andreani en su chalet de la calle Burriquetas, a tan solo 70 metros de la casa del gobernador Duhalde[263]. Allí lo esperó la banda del policía Prellezo para secuestrarlo, en zona liberada y trasladarlo hasta la cava, donde lo asesinaron brutalmente de dos balazos, para luego quemarlo dentro del auto.

En horas de la tarde, el gobernador de la provincia de Buenos Aries se enteró del asesinato del periodista:

> Cuando regresé a mi casa en horas de la tarde recibí un llamado de Anzorreguy, informándome que el muerto era un periodista de la revista *Noticias* y que había sido asesinado. Cerré el celular y casi al instante me llamó mi secretario de Seguridad, contándome sobre las características del asesinato –esposado, con el cuerpo y el coche incendiado–. Me di cuenta que estábamos en presencia de un crimen mafioso. Y pensé en Yabrán. No sé por qué, pero pensé en Yabrán[264].

Duhalde suspendió su actividad política y tomó en sus manos el caso, conformando un equipo especial a cargo del secretario de Seguridad, Eduardo De Lazzari y el comisario Víctor Fogelman. Pasaron los días y no se tenía ninguna pista sobre los asesinos, solo que esa noche hubo zona liberada para los asesinos que actuaron con total impunidad. El gobernador para acelerar la investigación ofreció una recompensa de 300.000 pesos e impulsó en el Congreso Nacional la Ley del Arrepentido.

Dos semanas después, la policía detuvo en Mar del Plata a la banda de "Pepita la pistolera"[265] y se los responsabilizó del crimen. Carlos Menem, que estaba preocupado porque los medios de comunicación comenzaban a hablar de su amigo Alfredo Ya-

---

263 Un año antes, el gobernador Duhalde hablando de su conflictiva relación con el menemismo le señaló a la periodista Olga Wornat en una charla *off de record* que un día "me van a tirar un muerto. Estos tipos son capaces de cualquier cosa para destruirme, de no dejarme llegar".
264 Entrevista con el autor.
265 Margarita Di Tullio regenteaba un cabaret de poca monta en Mar del Plata.

brán, envió a Pinamar a los ministros Carlos Corach y Alberto Kohan. Los funcionarios, luego de entrevistarse con el juez en Dolores, expresaron apresuradamente a los medios de comunicación que el crimen estaba resuelto y detenidos los autores materiales e intelectuales del asesinato.

Duhalde hizo silencio. No estaba convencido como la sociedad en general, de que los autores fueran los "pepitos". En los primeros días de abril, el gobernador recibió una información que cambiaría el eje del crimen. Un grupo de ladrones de poca monta, de la zona de Los Hornos, en La Plata, junto a Gustavo Prellezo, un policía de la bonaerense, serían los responsables del asesinato de José Luis Cabezas.

Paralelamente a la investigación judicial, la policía bonaerense adquirió del FBI un programa informático para establecer relaciones e identificar a personas a través de sus huellas dactilares o realizar cruces de llamadas telefónicas. Al programa se lo conoció como *Excalibur* y en poco tiempo se convirtió en un arma mortal para el menemismo al analizar en tiempo record más de sesenta mil llamadas.

El *Excalibur* detectó que el oficial Prellezo se comunicaba habitualmente con Gregorio Ríos, jefe de la custodia del empresario Yabrán. También se supo que el empresario postal se comunicaba habitualmente con funcionarios y políticos del gobierno de Menem. En las listas que trascendían a la prensa aparecían Eduardo Menem, María Julia Alsogaray y los ministros Carlos Corach, Erman González y Elías Jassan. Este último tuvo que renunciar porque declaró públicamente que no conocía a Yabrán y el *Excalibur* demostró que en poco tiempo recibió más de cien llamadas del empresario.

El gobierno intentó contraatacar y Alberto Kohan y Carlos Corach explicaron que el empresario postal no estaba procesado. Unas semanas después, Menem ordenaba a Jorge Rodríguez, Jefe de Gabinete, que lo recibiera en la casa de gobierno. Fue todo un escándalo y Menem desde Nueva York expresó que "el empresario sufre una campaña de desprestigio".

El gobernador Duhalde respondió a la provocación del presidente y señaló que:

Únicamente un marciano puede decir que hay dudas sobre la presunta vinculación de Alfredo Yabrán con la investigación por el asesinato de José Luis Cabezas. Yo no digo que sea culpable. Sería una irresponsabilidad de mi parte. Pero que existen dudas sobre él, lo saben hasta los chicos de jardín de infantes.

Horas después de la visita de Yabrán a la Casa Rosada se conocía un nuevo listado del *Excalibur* con llamadas del empresario postal a la Casa de Gobierno, más exactamente a la secretaria privada del presidente y también a la quinta de Olivos. La situación entre el presidente y el gobernador estaba muy tensa, por lo cual los operadores de ambos lados coordinaron una reunión secreta el 27 de junio en la casa del senador Eduardo Menem.

Allí se resolvió frenar la escalada de enfrentamientos y prepararse para las elecciones legislativas del 26 de octubre. Las listas del *Excalibur* desaparecieron de los medios de comunicación[266].

La coalición democrática

Carlos Menem, luego de la cumbre de Chapadmalal y del asesinato de Cabezas que obligó al gobernador a concentrarse en resolver el crimen, decidió lanzarse a la búsqueda de la reelección. La táctica del gobierno era reglamentar el artículo 40 de la Constitución sobre la consulta popular y a partir de allí llamar a un plebiscito no vinculante para presionar a la oposición.

Chacho Álvarez realizó una jugada soberbia. Lanzó al ruedo la candidatura de la senadora capitalina Graciela Fernández Meijide en la provincia de Buenos Aires. Las encuestas mostraron que medía muy bien y que los radicales aparecían terceros cómodos en la provincia más allá de que el candidato era Raúl Alfonsín.

---

266   La investigación por el crimen de José Luis Cabezas continuó y el 3 de febrero del 2000, los jueces de la Cámara de Dolores condenaron a Gustavo Prellezo, Horacio Braga, Sergio González, Héctor Retama, José Luis Auge, Aníbal Luna, Sergio Cammaratta y Gregorio Ríos a prisión perpetua por el asesinato a Cabezas. Alfredo Yabrán se suicidó el 20 de mayo de 1998.

A mediados de año, Eduardo Duhalde, con las encuestas en la mano, observó que su mujer estaba mejor que los candidatos del justicialismo Antonio Cafiero y Alberto Pierri. No dudó y la puso encabezando la lista, convencido que le ganaría a Fernández Meijide. Ya candidata, la oposición salió a criticarla planteando que el gobierno había elegido el camino del asistencialismo sin estimular el crecimiento productivo. Melchor Posse expresó que:

> El peronismo ha pasado de ser el impulsor de la justicia social a ser una distribuidora de alimentos, (...) *Chiche* no es la sucesora de Evita, sino la heredera de las damas de beneficencia.

A finales de julio, Raúl Alfonsín realizaba una jugaba magistral, similar a la del Pacto de Olivos. Al ver que en las encuestas estaba tercero, negoció con *Chacho* Álvarez un acuerdo electoral para armar una alianza con vistas a las elecciones de octubre. El acuerdo implicaba que el FREPASO encabezaba las listas pero en 1998 se realizarían internas abiertas para elegir el candidato a presidente. El acuerdo se selló en la casa de Federico Polak y participaron del mismo Alfonsín, De la Rúa, Terragno, Álvarez y Meijide. Había nacido la Alianza[267].

El justicialismo estaba absorto y tanto Menem como Duhalde salieron a responderle. El presidente expresó que "esta Alianza me recuerda a la famosa, y siniestra, Unión Democrática" y el gobernador señaló que "serán castigados por hacer una unión entre gallos y medianoches para vencer al peronismo".

La campaña electoral fue acaparada por *Chiche* Duhalde y Fernández Meijide. La senadora era la mimada de los medios de comunicación y *Chiche* trataba de evitarlos. En los últimos meses la discusión principal en los medios era saber si habría o no debate televisivo. La discusión se tornaba más áspera y *Chiche* Duhalde le respondió en un programa radial a Fernández Meijide que le criticaba la política social de las manzaneras:

---

[267] El más reacio a aceptar la Alianza era Fernando De la Rúa pero Álvarez lo fue a ver a su casa y lo convenció: "No te equivoqués, la Alianza te llevará a la presidencia".

Creo que es gorila; cada día me convenzo más de que es gorila, porque cuestionar con tanta liviandad nuestra tarea social es no darse cuenta del sufrimiento de la gente.

La campaña estaba caliente y cuando la candidata justicialista dijo que no debatiría, la senadora, rápida de reflejos, le ofreció el debate a Eduardo Duhalde, que es "quien maneja la campaña del PJ".

Finalmente llegó la fecha del 26 de octubre y el peronismo tuvo un duro revés en todo el país donde la Alianza obtiene el 45% de los votos contra solo el 35% del peronismo. En la provincia de Buenos Aires, Fernández Meijide le ganó a "Chiche" Duhalde, convirtiéndose en la primera derrota electoral de Eduardo Duhalde. Esa noche, en una conferencia de prensa, el gobernador señaló ante los medios que era "el único responsable de la derrota".

Un trabajo elaborado por el Centro de Estudios de la Opinión Publica (CEOP) determinó que la principal causa de la derrota fue la falta de trabajo y que, por ello, cuatro de cada diez electores que en 1995 habían votado al PJ, ahora lo hacían por la oposición. La segunda causa, indicó el muestreo, fue que el 33,9% de quienes dejaron de votar al gobierno tomaron esta determinación por no haber cumplido éste con las promesas de 1995[268].

Menem-Duhalde: la última batalla

A principio de 1998, Carlos Menem estaba convencido de que para obtener la re-reelección debería primero vencer a Eduardo Duhalde y luego implementar a través de la Corte Suprema de Justicia un fallo favorable a un nuevo mandato. El 6 de enero, el ultramenemista Roberto Fernández, interventor del justicialismo en La Rioja se presentó ante la Justicia para declarar nula la cláusula transitoria que impedia a Menem ser candidato por tercera vez.

---

268 Otros datos significativos muestran que *"Chiche"* consiguió una alta adhesión entre los sectores populares, pero casi nula en las clases medias y altas. El 79,2% del voto a *Chiche* se registró en los sectores humildes y sólo un 20% en la clase media y alta.

El enfrentamiento entre Menem y Duhalde estaba cada vez más virulento y ya no solo se discutía sobre la candidatura de 1999 sino sobre los temas económicos del país y hasta sobre los casos de corrupción del gobierno[269]. En un reportaje realizado por *Clarín* en Anillaco, el presidente, por primera vez en público, exteriorizó sus deseos de continuar en el poder:

> –Si la Constitución me lo autoriza y la gente me lo pide yo continuaría en el gobierno; si no, en el '99 alguien va estar en el gobierno y Menem en el poder. Rápidamente, un periodista de *Clarín* le preguntó si estaba seguro de lo que estaba diciendo. –¿Después no lo va a minimizar o dar marcha atrás?
> "–Yo no doy marcha atrás. Lo repito, alguien del justicialismo va a estar en el gobierno y yo en el poder, ¿por qué no?
> –Entonces, usted no quiere un candidato, quiere un títere –aseveró el hombre de prensa.
> –Un títere no. Cámpora no fue un títere.
> –Entonces quiere un Cámpora...
> –No quiero un Cámpora. Pero Cámpora fue un hombre elegido por el pueblo y en un renunciamiento llamó a Perón.
> –Y a usted le encanta esa posibilidad...
> –No... –fue la escueta respuesta de un Menem sonriente que guiñaba el ojo, dando a entender su mentirita, mientras los presentes lo ovacionaban con un aplauso.

Menem continuó avanzando en sus deseos de ser candidato y le ofreció a Palito Ortega que lo acompañara en la fórmula y para que mejorara en las encuestas lo nombró Secretario de Desarrollo Social. Paralelamente las calles de Buenos Aires se llenaron con carteles que sentenciaban 'Menem 99 ¿Y si no, quién?'. Pero Eduardo Duhalde no se achicaba y denunciaba por radio que "la mayor responsabilidad es la del presidente y la reelección implicaría un derrumbe de la seguridad jurídica y la estabilidad económica".

---

[269] Los diputados del PJ bonaerense habían solicitado que se investigaran los acuerdos entre Yabrán y el grupo Exxel.

Mientras en Buenos Aires se desarrollaba la pelea entre Menem y Duhalde, en el Sur, el gobernador de Santa Cruz, Néstor Kirchner, continuaba reuniendo a su grupo Calafate. En una de sus reuniones asegura con gran optimismo que más temprano que tarde "vamos a gobernar este país por los más necesitados, los que están y lo que no están".

El menemismo decidió llamar a finales de junio a un Congreso Nacional del Justicialismo para recibir el apoyo de los congresales y pedir la autorización judicial para modificar la cláusula constitucional. Para no arriesgarse a una división del congreso, decidieron rechazar la mitad de los delegados bonaerenses. Duhalde resolvió no participar del mismo y replicó con un derechazo certero al mentón del presidente al firmar, el 9 de julio, un proyecto de consulta popular para la provincia de Buenos Aires sobre la re-reelección de Menem[270].

El viernes 17 de julio comenzó el congreso partidario sin la presencia de los congresales de la provincia de Buenos Aires ni de Santa Fe[271]. Pese a ello, el menemismo juntó solo 400 delegados con lo cual apareció muy debilitado el proyecto de la re-reelección. Menem, que se encontraba pescando en la provincia de Corrientes junto a Alberto Kohan y su vocero Raúl Delgado, decidió que renunciaría a la candidatura. Cuatro días después, anunciaba en una conferencia de prensa realizada en la quinta de Olivos que:

> Luego de un análisis meditado y sereno, he resuelto excluirme de cualquier curso de acción que conlleve la posibilidad de competir en 1999... A los compañeros los exhorto a desistir definitivamente y desactivar toda acción de cualquier tipo que hayan activado en esa dirección... Este presidente dejará el poder indefectiblemente el 10 de diciembre de 1999.

A sesenta kilómetros de Olivos, el gobernador Duhalde agradecía a Dios que el episodio de la re-reelección terminara y anun-

---

270 Las encuestas decían que en la provincia de Buenos Aires el voto en contra sumaba más del 80% entre el duhaldismo y la oposición.
271 La jueza Servini de Cubría consideró validos solo a 788 congresales de los 1078.

ciaba que levantaría el plebiscito bonaerense. Esta vez Menem había perdido la batalla, pero en su interior la guerra continuaba.

El 29 de noviembre se realizaron en la oposición las elecciones abiertas entre Fernando De la Rúa y Graciela Fernández Meijide, venciendo ampliamente el radical. Esa misma noche, para no dejar heridos en la Alianza, se decidió que "Chacho" Álvarez lo acompañaría a De la Rúa y Fernández Meijide sería la candidata a la gobernación de la provincia de Buenos Aires.

Carlos Ruckauf, que estaba primero en las encuestas justicialistas decidió una semana después de que se oficializara la candidatura de Meijide, salir a patear el tablero, convencido de que para ganar en la provincia de Buenos Aires había que sacar a Pierri del peronismo bonaerense. El 6 de diciembre en un reportaje exclusivo del diario *Página/12*, el vicepresidente expresó que todavía no sabía si iba a ser candidato a gobernador:

> Pero antes quiero conocer las reglas de juego porque a Pierri no lo quiero como presidente del partido... No es nada personal, pero la mayoría de los peronistas cree que su presencia afecta las chances del partido... Pierri es el candidato a derrotar en las internas, pero si él dice que apoya a Duhalde sería bueno que renuncie a pelear cualquier cargo.

El periodista le preguntó si Pierri era sinónimo de Herminio Iglesias y Ruckauf señaló:

> Bueno, yo por Herminio tengo un respeto personal, porque en los momentos duros él tuvo algunas actitudes importantes, como fue el hecho de haber firmado un documento a favor de los derechos humanos en plena dictadura militar (...) Yo recibo intendentes y militantes que me piden que sea candidato a gobernador. Lo único que he dicho es que, para que yo participe de una responsabilidad como esa, debo tener la garantía de que Pierri no esté a mi lado.

Las declaraciones públicas de Carlos Ruckauf conmocionaron al justicialismo bonaerense. Menem, rápido de cintura, lo invitó a Alberto Pierri a Anillaco y allí declaró que "Alberto es mi amigo".

El 20 de diciembre de 1998, José Manuel De la Sota triunfaba en las elecciones para gobernador de Córdoba. Menem estaba exultante porque había apoyado fervientemente al "Gallego" y el triunfo lo envalentonaba a pelear nuevamente por la re-reelección. De la Sota, que se había comprometido en ayudarlo presentó en su carácter de presidente del justicialismo cordobés un escrito ante el juez federal Ricardo Bustos Fierro pidiendo la inconstitucionalidad del artículo 90 y una medida cautelar para que permitiera al ciudadano Carlos Menem postularse en las internas del PJ.

Carlos Menem le ofreció al "Lole" Reutemann que lo acompañara en las internas nacionales pero el santafesino rehusó aceptar. Por su parte, le armó una lista en las internas provinciales a Duhalde-Ruckauf con Antonio Cafiero y Alberto Pierri, confiando en obtener minoría. Finalmente las elecciones internas se realizaron en Buenos Aires y la fórmula Ruckauf-Solá arrasó con más del 80% de los votos[272]. El menemismo recibió el golpe y Duhalde, que ya avanzaba imparablemente hacia su candidatura presidencial, cerró la fórmula con Ramón "Palito" Ortega.

A fines de mayo, el candidato justicialista igualaba en las encuestas a Fernando De la Rúa. En junio se produjo un debate público entre los dos candidatos con relación al tema de la deuda externa. Fernando De la Rúa había expresado en el Encuentro Anual de la Internacional Socialista, que se realizaba en Buenos Aires, que "el mundo tendría que tener una consideración política del tema de la deuda externa". Duhalde, que estaba convencido de que el modelo económico vigente estaba agotado, redobló la apuesta del candidato radical y planteó que los países occidentales tendrían que 'condonar' parte de la deuda externa. El *establishment* argentino enloqueció y De la Rúa pidió disculpas: "Argentina debe honrar su deuda externa y cumplir con sus obligaciones". Pero el candidato justicialista profundizó su idea y explicó que:

---

272 Alberto Pierri perdió incluso en La Matanza.

Los argentinos no podemos tener una actitud tan cobarde de defender los intereses de los acreedores y no de los deudores. ¿Hasta dónde es lícito pagarla si éso significa hambre y mortandad.

Días después viajó a Italia y se reunió con el papa Juan Pablo II para sumarse al pedido de la Iglesia de una condenación de las deudas con motivos del año jubilar. La polémica sobre la deuda externa duró aproximadamente un mes y el candidato peronista había perdido más de 10 puntos frente a su rival. La crítica fue despiadada por parte del mundo económico y hasta por el propio presidente Menem. La clase media seguía enamorada de la convertibilidad: un peso, un dólar, y no aceptaba que ningún candidato se enfrentara a los designios del Fondo Monetario Internacional.

Néstor Kirchner era el jefe de campaña de Duhalde pero en agosto decidió renunciar cuando se enteró de que el bonaerense, sin decirle nada, había contratado a la consultora brasileña de Duda Mendonca e incorporado al menemista "Chiche" Araoz. A los gritos, Kirchner dio un portazo y por los próximos dos años no volvieron hablar.

El 8 de agosto[273], Carlos Reutemann ganó las elecciones para gobernador por Santa Fe. Eduardo Duhalde, que venía muy golpeado porque el menemismo apostaba más al radicalismo que al candidato justicialista, le planteó a Reutemann que renunciaba a la candidatura si él aceptaba encabezar la fórmula. El ex corredor de fórmula 1 lo meditó durante un tiempo pero no aceptó[274]. Durante los primeros días de setiembre, Duhalde presentó su plan de Concertación para superar la recesión que se agudizaba en el país. El plan contemplaba una rebaja del IVA al 15% para reducir el precio de los productos de consumo masivo, refinanciación de los créditos de las Pymes, apoyo al compre argentino, y exención impositiva durante un año para las pequeñas empresas.

---

[273] La última jugada del menemismo contra la candidatura de Duhalde había sido la de permitir que se realizaran antes de octubre las elecciones para gobernador en varias provincias y así debilitar las presidenciales.
[274] Ibíd., Silletta Alfredo, *Jaque al Peronismo*.

A fines de setiembre, el peronismo realizó un importante acto en el estadio de River Plate con más de 70.000 personas. Allí Duhalde se refirió a la concertación y embistió contra el candidato radical:

> Los que quieran ajuste, que voten a De la Rúa... Yo no seré presidente de un gobierno perverso que tenga que seguir ajustando el cinturón de los trabajadores... Nosotros no somos esclavos de los organismos internacionales.

Pero no alcanzó. La noche del 24 de octubre se confirmó el triunfo de la Alianza en las elecciones nacionales por diez puntos de diferencia (48,5 a 38,8)[275]. La gente, cansada del modelo económico, la corrupción de muchos funcionarios y los altos índices de desocupación, votó por quien mejor mostraba el cambio.

El peronismo había fracasado en su conjunto. La convertibilidad, que había sido el remedio para salir de la hiperinflación terminó asfixiando a nuestra economía. Desaparecieron ramas enteras de la industria, se desarticuló el aparato productivo y el desempleo alcanzó niveles nunca registrados en nuestro país. Pero lo más vergonzoso de la gestión del gobierno de Carlos Menem fue que la brecha entre el ingreso *per cápita* del 10% más rico y del 10% más pobre se amplió casi un 70%.

---

275 Carlos Ruckauf triunfó en la provincia de Buenos Aires por el 48,3% contra el 41,4 de la Alianza. El triunfo se debió a un voto masivo de los sectores humildes al justicialismo.

2001

Protestas, saqueos y cacerolas

El 10 de diciembre Fernando De la Rúa asumía la presidencia de la Nación. Por primera vez en el país gobernaba una alianza política constituida por dos fuerzas: el radicalismo y el FREPASO. El presidente, que se sentía más cómodo con "Chacho" Álvarez que con la estructura del partido creado por Leandro N. Alem, organizó su primer gabinete con figuras de su confianza y manteniendo el equilibrio entre las dos fuerzas. El ministerio de Economía fue reservado a José Luis Machinea, Relaciones Exteriores a Adalberto Rodríguez Giavarini, Educación a Juan Llach, Defensa a Ricardo López Murphy, Interior a Federico Storani, Desarrollo Social a Graciela Fernández Meijide, Trabajo a Alberto Flamarique y Salud a Héctor Lombardo.

José Luis Machinea se encontró con un déficit superior a lo que señalaba el menemismo. Roque Fernández había anunciado que era de 4.500 millones de dólares pero en realidad llegaba a 15.000 millones de dólares[276]. El Fondo Monetario Inter-

---

276 Si se le sumaba la deuda de las provincias más el aumento de la tasa de interés internacional.

nacional le exigió al país que mantuviera el equilibrio fiscal y Machinea optó, apoyándose en la popularidad de De la Rúa, en plantear un fuerte 'impuestazo' con lo cual produjo el primer encontronazo con quienes habían sido sus votantes. Paralelamente el gobierno decidió enviar al Congreso de la Nación una ley de Reforma Laboral para flexibilizar las relaciones entre el capital y el trabajo y 'mostrarse' ante el FMI decididos a realizar los cambios estructurales que el menemismo no había completado.

El gobierno, pasados los primeros días, necesitaba imperiosamente encontrar un interlocutor válido dentro del peronismo que mantenía un caudal importante de legisladores, especialmente en el Senado. Pero en el partido de Perón ésta vez no había un cacique sino varios:

- Carlos Menem era el presidente formal del Consejo Nacional Justicialista pero ya no controlaba demasiado el partido y luego del 10 de diciembre decidió crear un gabinete paralelo, llamado 'de las luces' con personajes desprestigiados como Víctor Alderete y María Julia Alsogaray.
- El trípode de Carlos Ruckauf, José Manuel De la Sota y Carlos Reutemann, gobernadores de las tres provincias más importantes del país.
- El resto de los gobernadores justicialistas que abarcaban preferentemente las provincias chicas.
- Los senadores justicialistas que eran mayoría en el Senado y que podían voltear cualquier ley enviada por el gobierno. Allí se ubicaban entre otros a Augusto Alasino, Jorge Yoma, Eduardo Menem, Eduardo Bauzá y Antonio Cafiero.

El gobierno dudaba a quién privilegiar pero finalmente se inclinó por los tres gobernadores, especialmente se acercó a Carlos Ruckauf que había decidido ayudar al gobierno nacional e ignoró a los senadores justicialistas anunciándoles que no negociaría con ellos. Fue un error. Ruckauf le advirtió al gobierno: "Negocien porque hay votos que no se resuelven solo con política" y les recordó que al propio Menem nunca le aprobaron los gastos de rendición anual de su ultima gestión.

El gobernador bonaerense que contaba con las dos cámaras provinciales en manos de la oposición decidió jugar directamente con el gobierno de De la Rúa[277] y así obtener el apoyo para que la Alianza le aprobara leyes fundamentales sobre la seguridad en la provincia de Buenos Aires. El 10 de febrero del 2000 Fernando De la Rúa llegaba con varios ministros hasta la gobernación de La Plata como un gesto de convivencia política. Allí Ruckauf apoyó tibiamente el proyecto de Ley Laboral del gobierno y éste presionó a los miembros de la Alianza provincial para que se votaran las leyes vinculadas a la reforma judicial que incluían el endurecimiento de las excarcelaciones.

Carlos Menem, que perdía su poder dentro del peronismo, decidió llamar a una reunión ampliada del Consejo Nacional Justicialista con la presencia de los gobernadores y del 'gabinete de las luces', pero Carlos Ruckauf le anunció que no iría y cuestionó la conducción del ex presidente:

> Yo no puedo pensar que un gabinete que es parte del pasado pueda conducir las políticas de las provincias, cuando cada gobernador sabe con mucha más precisión qué es lo que esta pasando, dónde nos aprieta el zapato, cuáles son las cosas que tenemos que hacer para solucionarle el problema a la gente que nos eligió para gobernar.

Menem, que no lograba reunir el Consejo Nacional decidió visitar, luego de dos meses de no hablarse con Ruckauf, la gobernación de La Plata para obtener su apoyo pero no lo logró.

Finalmente la reunión del Consejo Nacional Justicialista no se realizó. No solo Ruckauf, De la Sota y Reutemann rechazaron ir sino que los gobernadores de las provincias chicas decidieron pedirle la postergación. Menem tragó saliva, hizo silencio y decidió viajar al exterior a dar algunas conferencias. 'Allí lo comprendían mejor', pensó para sus adentros.

---

277   El gobierno de De la Rúa también negociaba con De la Sota y se comprometía a que sus legisladores apoyaran las leyes de privatización en Córdoba.

El poder dentro del peronismo cambiaba lentamente de orilla.

El 13 de abril la revista *Veintidós* de Jorge Lanata publicaba en tapa que la ministra Fernández Meijide había nombrado en el gobierno a su profesor de tenis. De la Rúa y Álvarez intentaron proteger a la ministra que no se había podido reponer de la derrota en la provincia de Buenos Aires. El secretario de Deportes de la Nación dijo que el profesor "no era un ñoqui y que cumplía un papel importante en su secretaría". Pero la tormenta sobre Fernández Meijide no terminaría allí y horas después se conocería un nuevo escándalo. Su cuñado, interventor en el PAMI, no había dicho nada que su mujer, hermana de Graciela, recibía una prestación del PAMI. Fue un escándalo y Meijide, aunque continuó en su cargo, nunca pudo recomponer su alicaída imagen.

En los primeros días de mayo, el gobierno se sintió fortalecido nuevamente cuando el candidato oficial a Jefe de Gobierno por la Capital Federal, Aníbal Ibarra, le ganó a Domingo Cavallo en la primera vuelta con casi el 50% de los votos. Pocos días después la información oficial anunciaba que el desempleo superaba el 15%. El país no crecía y el conflicto social explotó en Salta con el corte de rutas de los piqueteros y una violenta represión de la gendarmería. Días después, el conflicto estallaba en La Matanza pero los rápidos reflejos del gobierno provincial ayudaron a la solución sin que se produjeran hechos de violencia.

Durante el año 2001 los piqueteros[278] se convirtieron en el mayor dolor de cabeza del gobierno aliancista. Hubo cortes de rutas en todo el país que dejaron más de 8 muertos en el primer año de gobierno. Era común en aquellos días ver los cortes de ruta con neumáticos quemándose y cientos de desocupados esperando una respuesta del gobierno.

En plena crisis social, el ministro de Economía, José Luis Machinea, anunció un segundo recorte en el gasto público por más de 900 millones de dólares, para cumplir con las metas del Fondo Monetario Internacional. Entre los recortes se decidió bajar el salario

---

[278] El movimiento piquetero era conducido por el *"Perro"* Santillán de la Corriente Clasista y Combativa de orientación prochina y por el diputado Luis D'Elia, miembro de la CTA, con más incidencia en la zona de La Matanza.

de los empleados públicos. Por primera vez un grupo de diputados de la Alianza, liderado por Elisa Carrió y Alicia Castro, decidirán abandonar el bloque oficialista y oponerse al recorte del gobierno. El vicepresidente Álvarez apoyará las medidas y presionará al bloque de legisladores oficialistas para que voten los recortes[279].

Antonio Cafiero decidió realizar para fines de junio un seminario sobre "La identidad del Peronismo hoy" donde participarían destacadas figuras del peronismo y los principales referentes del momento: Menem, Duhalde, Ruckauf, De la Sota y Reutemann. La intención de Cafiero era la de encontrar puntos de coincidencias para actualizar la doctrina del justicialismo pero el seminario se convirtió en una nueva batalla por el control del partido.

El divorcio esperado

Joaquín Morales Solá, en su habitual columna política de los domingos en el diario *La Nación* escribió el 25 de junio del 2000 el siguiente párrafo en su artículo titulado "Carencias y defectos del Gobierno":

> Incluso, habrían existido favores personales de envergadura a los senadores peronistas –para sorpresa de algunos–, después de que estos aprobaran la reforma laboral; esas concesiones fueron conversadas y entregadas por dos hombres prominentes del gobierno nacional. La puerta que se abrió es un precedente arriesgado, en el que el intercambio de favores reemplazaría a la política. ¿Qué línea prevalece? ¿La de aquellos favores a cambio del voto para una ley o la del vicepresidente Carlos Álvarez, que viene denunciado a los senadores peronistas y a la corporación senatorial por el uso que ésta hizo de los recursos de la Cámara?

---

[279] El sindicalismo dirigido por Hugo Moyano le realizó un masivo paro al gobierno en el mes de junio. Los gobernadores justicialistas decidieron no descontar el día.

El breve comentario produjo el mayor conflicto institucional desde el retorno de la democracia en 1983 que llevó un par de meses después a la renuncia del vicepresidente de la Nación. ¿Qué había sucedido? En el mes de abril se había aprobado en el Senado la Ley de la Reforma laboral, pero con el paso de los días comenzó a circular la versión de que para llegar a un acuerdo con los senadores, el gobierno de la Alianza había sobornado a los legisladores de ambas bancadas.

Morales Solá había escuchado la versión de las coimas y la chequeó con cuatro fuentes del Senado. Todos en forma directa o indirecta le confirmaron que hubo coimas y que en el justicialismo las administró Augusto Alasino, el jefe de la bancada. Un senador le relató al periodista:

> Bueno, un día estaba con Alasino, en su despacho, y de pronto se levantó y fue hasta la caja fuerte y trajo un sobre lleno de dólares. 'Ésto es por la reforma laboral', me dijo. Yo pensé: ésto es una chambonada tan grande que va a terminar mal. Así que recibí el sobre porque si no me iban a culpar de la filtración. Menem lo hacía de otra manera: cada senador debía ir a ver a un ministro o a un funcionario determinado y nadie se enteraba. Pero ahí estaba Alasino repartiendo sobres como panes de Navidad. Ésto termina mal, me dije[280].

El artículo de Morales Solá había pasado desapercibido hasta que un mes después el senador Antonio Cafiero planteó una cuestión de privilegio en el recinto y recordó lo señalado por el periodista de *La Nación*. El vicepresidente Carlos Álvarez que conocía los trascendidos que circulaban por los pasillos y que se afligía pensando que su ministro de Trabajo y amigo estuviera involucrado, decidió salir al ruedo. En un reportaje exclusivo que le realizó el diario *Página/12* señaló que:

---

[280] Morales Solá Joaquín, *El sueño eterno*, Editorial Planeta-La Nación, Buenos Aires, 2001.

Habiendo un periodista que ha planteado esta cuestión hay que avanzar en la investigación para determinar si ocurrió o no. Si fuera verdad, sería un elemento de decadencia terminal.

En la misma nota apuntó a Fernando de Santibáñes, jefe de la SIDE, donde se realizarían operaciones contra personas y circularía plata negra para distintas operaciones[281].

En esos días Álvarez se distanció de Alberto Flamarique, el ministro de Trabajo y se reunió con el presidente de la Nación para discutir el tema de los sobornos:

–Vos y yo, cada uno tiene su problema. Creo que el dinero de las coimas salió del gobierno –sentenció Álvarez– y ése es tu problema. Pero se pagaron en el Senado, donde el responsable soy yo. Ése es mi problema, porque si me callo me tomarán por pelotudo y por cómplice. ¿Qué hacemos?

–Mira, hacé lo que te parezca. Solo cuidá de no aparecer vos como el que quiere que se investigue y yo como el que quiero ocultar. Éso no es bueno –respondió el presidente[282].

El escándalo sobre los sobornos continuó y el senador Jorge Yoma planteó abiertamente que habría que investigar al propio De la Rúa por las supuestas coimas. El gobierno tembló pero todos intentaron proteger la figura presidencial. El mismo Álvarez expresó: "Pongo las manos en el fuego; Fernando De la Rúa no estuvo ni siquiera enterado de un acuerdo corrupto".

La investigación pasó a la Justicia y cayó en el juzgado de Carlos Liporaci, quien a las pocas horas de comenzar la pesquisa expresó que tenía "serios indicios de que hubo sobornos" en el Senado. Pero al poco tiempo, el cuestionado juez decidió comenzar a cerrar la causa al no tener pruebas para el proceso judicial. Finalmente, renunció a su cargo para no ir a juicio políti-

---

281   Álvarez estaba convencido de que la SIDE había operado contra su persona al denunciar una relación afectiva paralela con una funcionaria del FREPASO que no era su mujer.
282   Ibíd., Morales Solá, Joaquín, *El sueño Eterno*.

co, ya que paralelamente se lo investigaba por la compra de una propiedad valuada en más de un millón de pesos que no podía justificar con sus ingresos como juez de la Nación.

A finales de setiembre, el presidente De la Rúa estaba desgastado por los escándalos del Senado y resolvió que era el momento de modificar su gabinete. Sus hombres de confianza le habían planteado que el nuevo gobierno debería fortalecer 'la imagen presidencial'. El presidente sacó del ministerio de Trabajo a Alberto Flamarique pero en vez de enviarlo a la casa lo nombró Secretario General de la Presidencia; lo trajo a Chrystian Colombo, un hombre de Nosiglia, como Jefe de Gabinete y lo confirmó a Santibáñes como jefe de la SIDE. En Trabajo nombró a Patricia Bullrich.

En horas de la noche, Álvarez se encerró en su despacho y realizó un *racconto* de las medidas tomadas por Fernando De la Rúa. Su sensación –acertada por otro lado– fue que el cambio de gabinete no se había realizado para oxigenar el gobierno sino para limitar el accionar del vicepresidente. El viernes 6 de octubre en horas de la mañana decidió renunciar. La Alianza tembló. Alfonsín, Storani, Fernández Meijide y el mismo De la Rúa intentaron convencerlo de que no presentara la renuncia[283], pero Álvarez había decidido volverse a su casa.

El FREPASO continuó en el gobierno pero la Alianza, que había llegado al poder en diciembre de 1999, se había roto para siempre.

La vuelta de Cavallo

La salida de Álvarez debilitó al gobierno. La economía continuaba estancada y el mundo financiero observaba cómo se recuperaba el país de la crisis institucional. Las consultoras norteamericanas eran muy pesimistas con la evolución de la economía y el riesgo país comenzó a trepar, superando los 900 puntos, lo que

---

283   Alberto Flamarique renunció a la Secretaría General de la Presidencia.

hacía imposible el acceso al crédito internacional. En esos días se empezó a hablar de la vuelta al gobierno de Domingo Cavallo, más exactamente a la presidencia del Banco Central.

El gobierno no encontraba el rumbo y en el mercado financiero internacional se empezó a analizar la posibilidad que se declarara el *default*. En forma paralela el movimiento piquetero cortaba nuevas rutas y se expandía por todo el territorio nacional.

Finalmente, hacia fin de año el gobierno norteamericano conjuntamente con la banca extranjera le otorgó al gobierno un blindaje financiero por 20.000 millones de dólares que le permitió alejarse del tan temido *default*. Para la entrega del mismo, el FMI presionó al gobierno para que realizara un nuevo ajuste en las provincias, lo que implicaba la pérdida de muchos millones de dólares que iban hacia la ayuda social y al pago de sueldos provinciales. Los gobernadores se opusieron pero al final cedieron para no convertirse en los malos de la película.

El blindaje llegó al país y el gobierno se puso eufórico, incluso *Chacho* Álvarez les informaba a sus amigos que tenía ganas de volver como jefe de gabinete e incorporar a Domingo Cavallo al Banco Central o a la Cancillería[284].

Mientras tanto, el peronismo cumplía un año de su derrota electoral y nuevamente se sentía fortalecido, no tanto por haber realizado una profunda autocrítica sino porque la Alianza se había debilitado demasiado pronto. Carlos Ruckauf, José Manuel De la Sota y Carlos Reutemann aparecían como las figuras más importantes del peronismo, un escalón más atrás aparecía Néstor Kirchner. Carlos Menem, debilitado en la interna partidaria y en las encuestas, decidió viajar por el mundo con su nueva y joven novia Cecilia Bolocco. Por su parte, Eduardo Duhalde, en silencio, comenzó a rearmar su tropa en la provincia de Buenos Aires para pensar en su candidatura a senador nacional. Por último, los senadores, luego de los escándalos por las coimas, perdieron protagonismo y optaron por el silencio.

---

284 Darío Lopérfido salió con una campaña grafica ridícula: "blindaje 2001", como si ello significara algo para el común de la gente.

A mediados de enero del 2001, Carlos Ruckauf decidió aceptar una invitación del gobernador cordobés José Manuel De la Sota para asistir a la Fiesta Nacional del Folklore en Cosquín. Más allá de la visita de cortesía, los gobernadores discutieron la estrategia del peronismo en vista del 2003 y plantearon una serie de medidas para reactivar la economía. Las medidas que le enviaron al presidente De la Rúa consistían en rebaja de impuestos nacionales, provinciales y municipales, especialmente de la industria automotriz y de la industria láctea.

La cumbre fue a solas, sin testigos ni esposas. No hubo declaraciones públicas pero en la intimidad reconocieron que los dos aspiraban a ser candidatos a presidente por el justicialismo. La mayor preocupación de ambos era que si el país no salía de la recesión aumentaría el caos y no aguantaría ninguna economía provincial, con lo cual arrastraría a todos los gobernadores. El país tenía que crecer porque era la única manera de bajar la desocupación.

Un mes después, Carlos Ruckauf y José Manuel De la Sota visitaban a Carlos Reutemann en Rosario para demostrar la buena convivencia de los tres presidenciables del justicialismo. En público anunciaron que no discutieron de candidaturas y que solo se concentraron en los temas regionales. Pero era solo una verdad a medias. En la intimidad se pusieron de acuerdo en no enfrentarse públicamente y en mantenerse alejados de Carlos Menem.

Mientras tanto, en la costa bonaerense comenzó un nuevo round entre Menem y Duhalde. El ex gobernador bonaerense criticó al ex presidente por propiciar algunas candidaturas de senadores desprestigiados por el escándalo de las coimas. También acusó a Menem de haber utilizado todo el aparato contra su candidatura. Por su parte, el riojano señaló que los peronistas bonaerenses deberían armar listas por afuera de la estructura que maneja Duhalde que 'es un perdedor nato'.

A principio de marzo la economía empeoraba en vez de crecer. La crisis económica financiera que explotó en Turquía en la última semana de febrero contagió a los mercados emergentes, lo que llevó a retirar fondos de la Argentina. Sectores cercanos a Fernando De la Rúa tantearon a Domingo Cavallo para que se incorporara al Banco Central[285]. El 2 de marzo el ministro de Economía José Luis Machinea presentó la renuncia. Horas después asumía el Ministerio de Economía el Dr. Ricardo López Murphy.

El nuevo ministro anunció un nuevo ajuste que implicaba un recorte en el gasto público por casi 2.000 millones de dólares en el año 2001 y por 2.500 millones en el 2002. La tijera apuntaba especialmente a Educación, al PAMI y al ANSES[286]. El FMI rápidamente saldrá a apoyar las medidas. La Alianza estaba conmovida y los jóvenes universitarios salieron a las calles —con el apoyo de los radicales de Franja Morada— a cuestionar al gobierno. Medio gabinete presentó la renuncia: Storani en Interior, Juri en Educación, Macón en Desarrollo Social y la segunda línea integrada por los frepasistas Fernández Meijide, Garré, Puiggrós y Martínez.

De la Rúa, esta vez quedaba solo. Ni Alfonsín, ni Álvarez lo apoyarían en este nuevo ajuste. El gobierno caminaba a los tumbos y dos días después el presidente le soltó la mano a López Murphy y lo llamó a Domingo Cavallo. El ministro volvía nuevamente al poder con una importante expectativa de la gente, especialmente de la clase media que confiaba que inventaría algo similar a la convertibilidad. De la Rúa intentó sumar al peronismo al gobierno pero los gobernadores y el propio Menem se opusieron.

Domingo Cavallo solicitó "superpoderes" al Congreso y fiel a su estilo expuso ante la opinión pública que los legisladores que no lo apoyaran serían los responsables de la debacle del país. Finalmente, Raúl Alfonsín y "Chacho" Álvarez convencieron a su tropa de darle el poder a Cavallo. Entre las primeras medidas económicas se implementó una nueva política arancelaria y se impuso un impuesto a las transacciones económicas para recaudar rápidamente dinero. En el exterior

---

285 En esos días el presidente del Banco Central, Pedro Pou, estaba muy cuestionado por varios informes sobre lavado de dinero que había presentado la diputada Carrió.
286 El ministro anunciaba un recorte de 900 millones durante dos años en las universidades nacionales.

desconfiaban del impulsivo ministro y el riesgo país superó por primera vez la barrera de los 1.000 puntos. Esta vez, merece recordarse, el ministro de ojos azules no contaba con el dinero de las privatizaciones de Menem.

El 24 de abril el fiscal Carlos Stornelli solicitó que el ex presidente Carlos Menem declararse ante el juez federal Jorge Urso como sospechoso de ser el jefe de una asociación ilícita que vendió ilegalmente armas a Croacia y Ecuador. Además, el fiscal pidió que se lo interrogara por falsedad ideológica del contenido de los tres decretos que facilitaron el desvío de 6.500 toneladas de armamentos.

La causa se había iniciado hace años pero en los últimos tiempos el juez Urso decidió darle impulso por pedido de la Cámara Federal. Poco tiempo antes una nueva declaración de Luis Sarlenga, ex interventor de Fabricaciones Militares, llevó a prisión a Emir Yoma y Erman González por asociación ilícita. Menem y su defensa no le dieron importancia y señalaron en los medios que solo era una persecución política. Finalmente el 7 de junio el juez Jorge Urso dispuso que Menem quedara preso[287].

Por ser un ex presidente y tener más de 70 años se le permitió el arresto domiciliario en una quinta del gran Buenos Aires. El menemismo intentó convertirlo en "un perseguido político" y le inició juicio político al juez Urso[288]. El resto del peronismo le brindó la solidaridad pero remarcó la independencia de la justicia. Por su parte, el gobierno optó por el silencio pero tanto De la Rúa como Alfonsín expresaron que no era bueno para el país que un ex presidente estuviera preso. Según encuestas difundidas por los medios de comunicación, un sector amplio de la sociedad se sintió reivindicada, más allá de su inocencia o no, por la detención de Carlos Menem.

---

287 La indagatoria se había adelantado cuando Menem se casó con Cecilia Bolocco y pidió ausentarse del país para irse de luna de miel.
288 El juez Urso integraba la famosa servilleta de los jueces complacientes al menemismo que Corach exhibió frente a Cavallo.

De la Rúa: triste, solitario y final

Con la llegada de Cavallo, el presidente entregó las riendas del poder, a la espera de los frutos económicos que le permitieran soñar una vez más con la reelección en el 2003. Pero fue solo un sueño, la economía no se reactivó y la sombra del *default* continuó por la abultada deuda externa y los compromisos de Argentina. El ministro de Economía decidió estirar el pago de los intereses de la deuda externa y planificó un megacanje con nuevos bonos que se pagarían después del 2008. Finalmente el gobierno argentino anunció que rescató bonos por cerca de 30.000 millones de dólares, lo que le permitió respirar por unos meses. A continuación, el ministro Cavallo anunció la implementación de una Ley de Déficit Cero[289], que implicaba un nuevo recorte en los salarios de los empleados públicos. Con el anuncio de la nueva Ley, el ministro decidió enfrentarse con las provincias y responsabilizarlas por la situación argentina, con lo cual la mayoría no pudo pagar sus aguinaldos y parte de sus salarios. El gobierno resolvió no pagarle a los gobernadores una deuda de más de 1.200 millones de dólares con lo cual las provincias entraron en una virtual cesación de pagos.

A mediados de julio Carlos Ruckauf, el gobernador de la provincia de Buenos Aires, planteó al gobierno nacional la creación de un bono federal que le permitiría a las provincias poder pagar una parte de sus salarios y así aumentar la liquidez de los trabajadores sin recortar sus magros ingresos. La discusión de un aumento de liquidez para ayudar a la reactivación de la economía se trasladó al gobierno nacional pero Domingo Cavallo se opuso porque el "bono federal alteraría el principio básico de la convertibilidad, al estar en presencia de una emisión de moneda encubierta". Ante la insistencia de algunos ministros por la difícil situación de las provincias, Cavallo expresó que "a Rucucu no lo vamos a ayudar hasta que le baje el sueldo a los emplea-

---

[289] El Estado se comprometía a que no gastaría más de lo que recaudaba, priorizándose los vencimientos de la deuda externa.

dos de la provincia, sino seguirá manteniéndose primero en las encuestas"[290].

A fines de julio, la provincia de Buenos Aires se encontraba en una posición crítica al no contar con el dinero suficiente para pagar los salarios por la baja recaudación, la falta de crédito externo y por la gigantesca deuda de la Nación a la Provincia. Ruckauf reunió en el despacho del Banco Provincia a varios ministros, intendentes y al ex gobernador Duhalde y afirmó:

> Ya lo decidí, no tengo opción o bajo los sueldos o creo un bono para pagar un porcentaje del salario. Prefiero crearlo ahora, antes que la provincia estalle. Yo sé que algunos gremios me van a putear, pero confío que la gente y los comercios, especialmente los minoristas lo van a comprender y se van a encargar de mantenerlo uno a uno con el peso.

El 14 de octubre se realizaron elecciones legislativas en todo el país. Las ganó ampliamente el peronismo que se impuso en 17 de los 24 distritos con más de 5.400.000 votos (un 30% de los votos). La Alianza fue la gran derrotada al perder en solo dos años mas de 5.000.000 de votos y quedar tercera, al ser superada por el llamado 'voto bronca' que obtuvo cerca de 4.000.000 de votos[291]. La Agrupación de Elisa Carrió y la izquierda en general realizaron una buena elección en Capital Federal.

El ganador fue Eduardo Duhalde y el peronismo bonaerense que le sacó más de 20 puntos a la Alianza y duplicó al 'voto bronca' en la Provincia. En la noche del domingo, el ahora senador por la provincia de Buenos Aires le pidió al presidente "que escuche el ultimátum de las urnas y que reemplace al ministro de Economía por un industrial". Mientras tanto en la Casa Rosada un grupo de funcionarios cercanos al hijo del presidente ar-

---

290 Encuestas realizadas en esos días mostraban a Ruckauf junto a Carrió como los políticos con mejor imagen.
291 Para el llamado "voto bronca" se sumaron los votos en blanco, nulos o impugnados. El voto bronca se destacó en Capital Federal y en las provincias de Santa Fe y Río Negro.

gumentaron delirantemente que el voto bronca fue para todos y que De la Rúa "salvó su ropa" ya que no era candidato. Otros funcionarios creyeron que era el principio del fin del gobierno aliancista. Estos últimos tenían razón.

A partir de las elecciones de octubre comenzó la debacle final para el gobierno de De la Rúa. Ya nadie creía en la palabra del presidente ni en la del ministro Cavallo. Era tal la decadencia que el gremio docente se negó a participar del Censo Nacional que se realizó el 17 y 18 de noviembre. En esos días el gobierno lanzó un nuevo paquete de medidas destinadas a producir la reactivación económica y a disminuir el costo de la deuda pública, que implicaba una vez más estatizar las deudas privadas.

Paralelamente, el 20 de noviembre quedó libre Carlos Menem por un fallo de la Corte Suprema de Justicia que aseguró que no hubo delito de "asociación ilícita" en la causa por la venta ilegal de armas a Ecuador y Croacia. En el fallo, la Corte fue muy severa con la instrucción del juez Urso señalando que "faltaron pruebas" y se "inventaron argumentos" para privar de la libertad al ex presidente. Fernando De la Rúa expresó que el gobierno no tuvo nada que ver con el fallo de la Corte y reiteró el respeto irrestricto a la Justicia[292].

Hacia fines de noviembre la situación política y económica del país se deterioraba velozmente y los ahorristas comenzaron a sacar el dinero de los bancos para pasarlos a cajas de seguridad, enviarlos al exterior o guardarlos en el colchón. En la última semana de noviembre más de 1.000 millones de dólares fueron retirados de los bancos lo que sumaba más de 3.000 millones en el último mes[293]. La corrida bancaria llevó al ministro Cavallo a implementar un 'corralito bancario' para salvar de la quiebra a un número importante de entidades financieras. El corralito significaba la confiscación de más de 62.000 millones

---

292   La diputada Elisa Carrió expresó que "La Corte fue puesta para garantizar los negocios y la impunidad y hoy cumple con uno de los máximos jefes. No nos sorprende este fallo, porque la Corte Suprema fue siempre leal al régimen".
293   En los dos años de gobierno de la Alianza las reservas del Banco Central bajaron en más de 20 millones de dólares.

de dólares depositados por la gente en el sistema bancario. De esa cifra el 72% tenían depósitos de hasta 1.000 pesos; el 24% de hasta 25.000 y el 3%, de hasta 50 mil dólares. Finalmente el gobierno permitía que la gente retirara sólo 250 dólares por semana en efectivo y que utilizara el resto a través de la tarjeta de débito. El decreto que instrumentó todas estas medidas llevaba el número 1570/01[294].

El 13 de diciembre el gobierno de Fernando De la Rúa recibió en la Casa Rosada al ex presidente Carlos Menem en una nueva apertura del diálogo político. Allí el ex presidente se mostró solidario con el gobierno y expresó que "ambos coincidimos en que sería imposible y desastrosa una devaluación" e insistió en su propuesta de dolarización. Horas antes a la reunión, Domingo Cavallo le había enviado un mensaje a través de uno de los asesores a su ex jefe:

> Decile a Menem que nos apoye. Le conviene. De la Rúa quiere terminar, pero Carlos necesita tiempo para crecer dentro del peronismo.

Un sector importante del peronismo salió a responderle al encuentro De la Rúa-Menem. Carlos Ruckauf señaló que conformaban un "matrimonio" porque eran "los padres del modelo" y aclaró que en el justicialismo no se apoyaba la dolarización:

> Es un problema matrimonial. Es el mismo que tienen todos los padres del modelo, por eso con el FMI la semana pasada se tiraban platos con Cavallo y ahora se dan besitos, y lo mismo ocurría entre De la Rúa y Menem (...) el nexo entre De la Rúa y Menem es Cavallo. Yo quiero otro modelo. Esa reunión fue la cristalización de una alianza para dolarizar y estoy en desacuerdo. La dolarización consolida el modelo.

---

294 En pocos días, colapsó el sistema bancario porque miles de personas se agolparon en los bancos para poder obtener tarjetas de débito que les permitieran retirar algún dinero en efectivo.

Por su parte, Néstor Kirchner señaló: "dolarizar es una idea de Menem totalmente aislada y veo al gobierno muy cerca de las posturas de Menem". También Reutemann, Rodríguez Saa y Duhalde criticaron las posturas del ex presidente.

Mientas De la Rúa recibía a Menem, la ciudad de Rosario vivió su día de furia cuando fueron saqueados varios supermercados y la policía provincial reprimió a la gente que pugnaba por ingresar a los comercios. Como corolario de la difícil situación vivida en el sur de la provincia de Santa Fe, el gobierno anunció que el desempleo llegó a su punto máximo en el país con el 18,3% de la población económica activa, lo cual equivale a más de 2.5 millones de argentinos.

El martes 18 de diciembre los asaltos a supermercados se produjeron en varios puntos del país. Hubo enfrentamientos en la Capital Federal y en el gran Buenos Aires: Ciudadela, Ramos Mejía, San Isidro, Munro, Morón, Moreno, Lanús y La Tablada. También en Entre Ríos, Santa Fe, Mendoza y Santiago del Estero.

El miércoles 19 comenzará la jornada más dura del gobierno de De la Rúa cuando desde horas muy tempranas se inicien saqueos por todo el gran Buenos Aires que conmoverán al país[295]. Desde pequeños minimercados hasta hipermercados como Auchan en La Tablada y comercios de electrodomésticos serán saqueados. La tensión aumentó en horas de la tarde cuando más de 400 empleados del Centro de Distribución de Coto en Monte Grande se armaron con palos a la espera de un millar de personas que intentaban ingresar. La acción de la policía salvó que se produjera una guerra de pobres contra pobres[296]. La televisión mostraba las imágenes y las frases de los carenciados que repetían una y otra vez: "tenemos hambre", "no doy más", "no tengo laburo", "queremos comer".

En horas de la tarde, el entorno presidencial de la Casa Rosada señalaba que los saqueos estaban organizados por sectores que

---

295 Camarasa, Jorge. *Días de Furia*, Editorial Sudamericana, Buenos Aires, 2002.
296 Una imagen televisiva conmovió a toda la sociedad: el comerciante de origen chino Jian Shi, dueño de un minimercado, lloraba desconsoladamente luego de haber sido saqueado.

respondían a Ruckauf, que apostaba al caos para que se caiga el gobierno nacional. "Desde la Provincia están fogoneando los saqueos", expresó un ministro y criticaba el accionar de la policía de Buenos Aires. Pero estaban equivocados, solo era la desesperación de los hombres del gobierno nacional que no sabían qué hacer para detener la caída final. En verdad, Ruckauf en horas de la mañana había ordenado a Juan José Álvarez, secretario de Seguridad que sea firme con la policía:

> No quiero represión contra la gente que busca comida. Mi mano dura es con los delincuentes no con los necesitados. Si el gobierno nacional quiere reprimir que declare el estado de sitio y envíe la gendarmería. Juanjo, te reitero: que nadie vaya a confundirse, que la mano dura es con los delincuentes no con los humildes.

Por la tarde, el secretario Álvarez tuvo un encontronazo con las autoridades del gobierno cuando le expresaron que la policía no actuó en los saqueos:

> No es así, la bonaerense reprimió. Hicimos más de 2.500 detenciones, pero no hicimos la represión que hizo la Federal. A la bonaerense le dimos órdenes de actuar con firmeza, pero respetando primero la vida, después la integridad física y después los bienes materiales[297].

Finalmente en horas de la noche, Fernando De la Rúa firmó el decreto que declaraba el estado de sitio en todo el país. Los enfrentamientos habían dejado cuatro muertos en todo el territorio.

---

[297] Meses después, en el diario *Clarín* (205-2002) el Dr. Álvarez expresó: "Sacamos a diecisiete mil policías a la calle, de los poco más de veinte mil operativos, sobre un total de cuarenta y cinco mil que tiene la fuerza. Es decir: usamos a todos. No todos son policías anti disturbios. Yo diría que son muy pocos. Agotamos el stock que teníamos de setenta y tres mil balas de goma. Se detuvieron a casi tres mil personas. Se dispararon tres mil cuatrocientas granadas de gas lacrimógeno, tuvimos a ochenta y dos policías heridos, infinidad de patrulleros rotos, y nadie puede denunciar a un solo muerto en esos días a causa de las balas policiales. No me pueden decir que la Policía dejó hacer".

Esa noche en el barrio de Belgrano R la gente comenzó a golpear sus cacerolas en protesta por el caos económico social que vivía el país. Los canales de aire reflejaron el cacerolazo del barrio de Belgrano, que luego del discurso de De la Rúa –que no dijo nada– se reprodujo en todos los barrios de la Capital Federal. Hacia las 11 de la noche, en muchos barrios la gente había decidido tomar las esquinas y en silencio, sin consignas políticas, golpeaban sus cacerolas. Las principales concentraciones se hicieron notar en Belgrano R, frente al Cid Campeador, en la intersección de Córdoba y Pueyrredón, en la avenida Gaona, en Independencia y Callao y en varios barrios más. Espontáneamente la gente empezó a circular por las avenidas hacia Plaza de Mayo, el Congreso, la casa de Cavallo en Libertador y Ortiz de Ocampo y la residencia presidencial de Olivos.

El periodista Daniel Hadad desde su programa *Después de Hora* mandaba móviles a Plaza de Mayo y al Congreso y poco después anunciaba que Cavallo había renunciado. Más de 4.000 personas que se encontraban alrededor de la vivienda del ministro aplaudieron y decidieron ir a Plaza de Mayo. Hacia la 1 de la mañana del jueves miles de argentinos gritaban la consigna "que se vayan" al son de las cacerolas y también cantaban el himno nacional. Cerca de las 2 de la mañana comenzó la represión de la Policía Federal con gases lacrimógenos y la mayoría de la gente se volvió a sus casas. Un sector más pequeño de ciudadanos se quedó combatiendo a la policía en la zona del Congreso hasta que se retiró por avenida Callao luego de soportar la gran cantidad de gases lacrimógenos y balas de goma que tiró la Policía Federal.

De la Rúa llamó a una reunión urgente en la residencia de Olivos para analizar la situación[298]. En primer lugar 'renunció' a Domingo Cavallo y se acordó que se buscaría un acuerdo con el

---

[298] El periodista Jorge Camarasa en su libro *Días de Furia* cuenta que Inés Pertiné y su prima expresaron mientras miraban las imágenes televisivas que "todo esto es culpa de los medios. Nadie de la prensa lo apoyó. Acá tienen, ésta es la Argentina que se merecen... Éste es un país de mediocres".

peronismo para nombrar a un nuevo gabinete. Mientras tanto, se decidió que la Plaza de Mayo tenía que estar vacía para que el gobierno no sintiera la presión popular. El estado de sitio se tenía que cumplir para demostrar fortaleza.

En la mañana del 20 de diciembre la Plaza de Mayo estaba totalmente vallada por la policía para impedir la llegada de manifestantes. Pero la gente igual se acercó y el gobierno ordenó una brutal represión contra los manifestantes. La policía montada pasaba por encima de la gente con sus caballos e incluso sobre las Madres de Plaza de Mayo que se encontraban allí como todos los jueves para realizar su ronda por la Verdad y la Memoria de sus hijos desaparecidos. Hacia la media tarde la represión fue violentísima en los alrededores de microcentro con 5 muertos y 41 heridos de balas, más cientos de manifestantes heridos[299].

De la Rúa decidió en un intento desesperado para no irse de la Casa Rosada convocar al peronismo a un gobierno de unidad nacional a través de un discurso televisivo. Pero ya era tarde y a las 19 horas renunció al cargo de presidente de la Nación. La Alianza había gobernado tan solo 740 días y sus resultados eran catastróficos: las reservas del banco Central se redujeron en más de 20.000 millones de dólares y la desocupación aumentó del 13 al 20%. Paradojas de la vida: la misma clase media que lo había votado hacía dos años, ahora desahuciada, con sus ahorros confiscados, más empobrecida, se había lanzado a las calles para echarlo.

El país quedaba destruido y el peronismo, con mayoría en ambas cámaras, tenía que hacerse cargo del gobierno. La aceleración de los tiempos encontró a un peronismo dividido en sus ideas sobre cómo salir de la recesión y comenzar a construir un país grande. La discusión ideológica postmenemismo no se había podido realizar.

La dirigencia peronista, muerto Perón en 1974, fracasó en el gobierno de Isabel y posteriormente en el de Carlos Menem. Ahora tendrá una tercera y quizás última oportunidad para demos-

---

299 Los muertos de las últimas horas en todo el país sumaron 32 personas.

trar que el peronismo es un movimiento esencialmente popular y como decía el general Perón en la primera de las *Veinte Verdades*: "La verdadera democracia es aquella donde el gobierno hace lo que el pueblo quiere y defiende un solo interés: el del pueblo".

Cuarta Era

La Resurrección del Peronismo
2002-2010

"Formo parte de una generación diezmada, castigada con dolorosas ausencias; me sumé a las luchas políticas creyendo en valores y convicciones que no pienso dejar en la puerta de entrada de la Casa Rosada".
Néstor Kirchner

2002

El infierno de Dante

Argentina se encontraba a fines del 2001 en una crisis terminal. El país había soportado durante 25 años la implementación de políticas neoliberales que destruyeron año tras año su sistema productivo. El régimen militar de 1976 transformó los recursos productivos en una economía de acumulación financiera y de transferencia permanente de recursos al exterior, unida a la apertura general de la economía. La destrucción del aparato productivo y la desindustrialización, llevó a la expansión del desempleo y al aumento de la pobreza. En la Argentina peronista de 1975 había veintidós millones de habitantes y menos de dos millones de pobres. En el medio de la crisis, con treinta y ocho millones de personas, más de veinte eran pobres y de esos veinte, alrededor de siete millones vivían en la indigencia.

La renuncia de Fernando de la Rúa no sorprendió a nadie, excepto a su mujer Inés Pertiné que no quería armar las valijas y mudarse de la quinta de Olivos hasta la llegada de los nuevos ocupantes. "Dejate de embromar que nos vamos ya a Villa Rosa", le dijo con fastidio el ya ex presidente. Su salida anticipada llevó tranquilidad a una sociedad angustiada por el estallido social. El senador Ramón Puerta, presidente provisional del Senado, debió hacerse cargo formalmente de la primera magistratura.

El peronismo —sin imaginar que De la Rúa maduraba su renuncia— había convocado a una reunión de gobernadores y otras altas autoridades legislativas en la provincia de San Luis. Allí estaban presentes la mayoría de los gobernadores justicialistas y los legisladores, entre ellos Ramón Puerta, quien recibió telefónicamente el anuncio de la renuncia De la Rúa.

La reunión de San Luis había sido llamada por el Frente Federal Solidario, el espacio donde confluían los gobernadores de las provincias chicas pero, ante la grave crisis institucional, habían aceptado participar las tres provincias grandes: Buenos Aires, Santa Fe y Córdoba. Carlos Reutemann y José Manuel De la Sota estaban presentes, pero Carlos Ruckauf y Eduardo Duhalde no pudieron llegar a la provincia puntana por las malas condiciones climáticas. Las provincias chicas le plantearon a Ramón Puerta hacerse cargo de la presidencia hasta que se convocara a elecciones, pero el misionero señaló que sólo aceptaría si era para completar los dos años de gobierno que falataban. José Manuel De la Sota y Néstor Kirchner se opusieron, considerando que era fundamental llamar a elecciones en un período no mayor de tres meses. Carlos Reutemann mantenía silencio. Todos los presentes vacilaron y Adolfo Rodríguez Saá se levantó de su silla y dijo:

> Si no hay inconvenientes, si mis colegas gobernadores no ponen reparos, quiero decirles que estoy dispuesto a hacerme cargo de la presidencia durante este período de transición.

La mayoría de los presentes estuvo de acuerdo y plantearon continuar la discusión en Buenos Aires, durante las horas previas a la Asamblea Legislativa, para acordar las características del llamado a elecciones.

El viernes 21 de diciembre, en vísperas de la convocatoria a la Asamblea Legislativa, fue un día agitado en la interna no resuelta del peronismo. No fue sencillo, pero finalmente el peronismo acordó presentar un paquete cerrado que incluía a Rodríguez Saá como presidente por sesenta días, el llamado a elecciones generales con Ley de Lemas, y la autorización para que Carlos Menem pudiera presentarse como candidato.

Pese a ser mayoría en ambas Cámaras, al peronismo le costó mucho conseguir los 164 votos −le faltaban cinco− para obtener la mitad más uno y así discutir la modificación de la Ley Electoral. El radicalismo, el ARI, el FREPASO y los partidos provinciales se oponían a la Ley de Lemas. Finalmente, con el apoyo de los votos del cavallismo, el PJ logró quórum propio y bajó al recinto. La discusión en la Asamblea Legislativa duró más de siete horas y se centró en la cuestionada Ley de Lemas. También se confrontó el llamado a elecciones en medio de la crisis más profunda que vivía la Argentina. Los dirigentes peronistas argumentaban que "si desatamos el paquete, se cae todo" y, particularmente, el nombre de Rodríguez Saá. Mientras tanto, el puntano decidió irse a su casa a esperar en familia el fallo de la Asamblea. Finalmente, en horas de la madrugada, Adolfo Rodríguez Saá logró 169 votos a favor y 138 en contra, con lo cual pudo cumplir su sueño de jurar como presidente de todos los argentinos.

El domingo 23 de diciembre a las 11:42 horas, recibió en la Casa Rosada el bastón de mando y la banda presidencial. Atrás había quedado un enérgico discurso ante la Asamblea Legislativa que lo había nombrado presidente por 45 días, hasta que se realizaran los comicios previstos para el 3 de marzo de 2002. El puntano declaró la suspensión del pago de la deuda externa −con aplausos y vítores de la mayoría de los legisladores−, levantó el estado de sitio, prometió la creación de un millón de puestos de trabajo, revocó el recorte salarial del 13 por ciento y prometió que mantendría la convertibilidad.

El anuncio de la suspensión del pago de la deuda externa pública, que alcanzaba los 132.000 millones de dólares, impactó inmediatamente en el país y en el exterior. Hacía ya tiempo que la Argentina estaba en *default* y muchos organismos públicos y privados internacionales sabían que ese momento llegaría tarde o temprano. Lo preocupante era el arreglo de la situación a futuro.

El Estado tenía compromisos que vencían en los primeros meses de 2002 –intereses por 11.000 millones de dólares–, y sin crédito internacional era muy difícil que se cumpliera con los pagos.

A horas de asumir el gobierno, Adolfo Rodríguez Saá consideró que no era necesario salir de la convertibilidad, y ratificó una paridad de uno a uno entre el peso y el dólar: "A la convertibilidad hay que preservarla" confirmó, y negó que estuviera pensando en devaluar o dolarizar: "Esos son términos que se manejaban en el viejo esquema económico". Fue una declaración por demás extraña en defensa de la convertibilidad.

La realidad era que en ese momento, los bancos y las empresas privatizadas ya estaban consumando un fuerte *lobby* para frenar cualquier proyecto de pesificar la economía. Los banqueros Manuel Sacerdote y Emilio Cárdenas se movieron en defensa de sus instituciones financieras y las privatizadas recibieron el apoyo de un abogado de lujo: el ex jefe del gobierno español Felipe González. El socialista viajó a Buenos Aires a pedido de las empresas españolas para intentar evitar cualquier tipo de medida que perjudicara a las empresas privatizadas con capitales ibéricos. Literalmente, González "apretó" a Ramón Puerta y a Rodríguez Saá para que no pesificaran la economía.

Merece recordarse que Carlos Ruckauf, José Manuel De la Sota, Carlos Reutemann y Néstor Kirchner, sólo por nombrar a quienes se candidateaban como presidenciables por el peronismo, no renegaban abiertamente de la convertibilidad en público. Solo Duhalde estaba convencido de que, debido a la profundidad de la crisis, había que rehacer todo el sistema y únicamente con la pesificación total de la economía se podía salir de la recesión.

A las pocas horas de haberse instalado en el gobierno, comenzó a pronunciarse por los pasillos de la Casa Rosada la frase "el Adolfo llegó para quedarse por muchos años". Quienes lo conocían expresaban su propio deseo: si durante los primeros meses le iba bien, se quedaría hasta 2003. Por eso aparecieron las calles empapeladas con el siguiente texto: "Adolfo tiene lo que hay que tener para llegar a 2003". Y había un toque de ironía: las dos letras O del nombre del presidente fueron reemplazadas por huevos.

Durante su estadía en Balcarce 50, Rodríguez Saá se caracterizó por realizar anuncios tras anuncios: promesas de creación de un millón de puestos de trabajo, aumentos de salarios, rebaja de salarios de funcionarios –"nadie ganará más de 3.000 pesos"–, eliminación de ministerios, venta del parque automotor y de aviones. Su gestión parecía hiperkinética: recibía a las madres de Plaza de Mayo, a los piqueteros Luis D'Elía y Juan Carlos Alderete, al embajador inglés Robin Christopher y a los gobernadores que venían a visitarlo. También se trasladaba al histórico edificio de la CGT y se reunía con todos los sectores gremiales, desde Rodolfo Daer hasta Hugo Moyano. A todos les daba la respuesta que estaban esperando; incluso le ofreció hacerse cargo de la parte comunicacional del gobierno al periodista Horacio Verbitsky.

Además de la sonrisa permanente del nuevo presidente, los argentinos –especialmente la clase media– tenían una sola preocupación: los depósitos por 66.185 millones de pesos y dólares que habían quedado dentro del "corralito". Como si esto fuera poco, surgía un nuevo inconveniente: el feriado bancario retenía unos 55.000 cheques sin posibilidad de cancelación, de los cuales gran parte pertenecían a grandes empresas que debían pagar los salarios a sus trabajadores.

El viernes 28 de diciembre, nueve días después de la gigantesca movilización que expulsó a Fernando De la Rúa, los porteños volvieron a las cacerolas y se concentraron una vez más en la Plaza de Mayo con la consigna "que se vayan todos". La protesta había comenzado al mediodía, frente a los tribunales, para manifestarse contra la resolución de la Corte Suprema de Justicia que le negó a un ahorrista sacar su dinero del "corralito". Hacia la noche, la policía reprimió la concentración y se enfrentó violentamente con un pequeño grupo de manifestantes que ingresó al Congreso de la Nación por la puerta principal de la Avenida Entre Ríos, provocando destrozos y prendiendo fuego numerosos muebles. La gente encarnó con gruesos epítetos en algunos funcionarios nacionales, como Carlos Grosso o José María Vernet[300], su bronca contra toda la clase política.

---

300 Habían sido nombrados por Rodríguez Saa como ministro y secretario de Estado.

Durante la noche del viernes y la madrugada del sábado, Adolfo Rodríguez Saá escuchó los cacerolazos de los grupos apostados frente a la residencia de Olivos. Esperó el llamado de los mandatarios provinciales, pero ninguno se comunicó. Por primera vez, sintió la soledad del poder. El sábado por la mañana le pidió la renuncia a todo su gabinete y convocó a una reunión con los gobernadores peronistas en la residencia de Chapadmalal. Durante esa jornada, varios gobernadores lo criticaron en público y en privado:

- Carlos Reutemann le achacó que "por haber nombrado a Reviglio y a Vernet, ahora tengo cacerolazos en mi provincia".
- Carlos Ruckauf consideró que "primero hay que tener un plan de gobierno y después funcionarios que hayan sido elegidos por ser gente experimentada, pero sin prontuarios".
- Néstor Kirchner denunció "un pacto entre menemistas, aliancistas y dirigentes del gobierno para suspender los comicios del 3 de marzo" y pidió a la gente que no guardase las cacerolas.
- José Manuel De la Sota, quien ya había elegido al intendente de La Plata, Julio Alak, como compañero de fórmula, criticaba al gobierno por no haber implementado el cronograma electoral.

Luego del anuncio de la convocatoria a la cumbre en Chapadmalal, desconfiando de los planes del presidente y convencido de que en esa reunión iba anunciar su anclaje por dos años, el "Gallego" De la Sota decidió marcar el teléfono de Néstor Kirchner y en pocos minutos se formó una cadena de llamados para boicotear el encuentro.

La reunión de Rodríguez Saá del domingo 30 de diciembre en el chalet Nº 3 de Chapadmalal fracasó. Sólo seis de los catorce gobernadores peronistas se hicieron presentes, y el único representante de las provincias grandes era Carlos Ruckauf, que no podía faltar por ser el anfitrión en la provincia. La reunión comenzó tensa, pero tranquila, enumerando los aciertos y errores de su breve gestión. Hacia el mediodía, un cable de la agencia de noticias Télam con críticas abiertas de De la Sota al gobierno provocó el llamado telefónico del puntano:

> ¡Vos cagaste todo, Gallego! Pero, ¿sabés una cosa? No vas a ser presidente. ¡Te voy a hacer mierda! –bramó Rodriguez Saá–.
> Si querés que te apoye, tenés que mantener las elecciones para marzo. ¿O te pensaste que soy boludo? – le respondieron desde Córdoba.

Finalizada la comunicación, Rodríguez Saá les recordó a los presentes que había convocado a todos los gobernadores. Y que no iba a soportar semejante desplante:

> No sigo, renuncio. Me vuelvo a San Luis a golpear una cacerola. Muchachos, ahora consíganse a un "De la Rúa", porque yo no soy forro de ustedes. Háganse cargo.

Para calmar los ánimos, Carlos Ruckauf le propuso que se hiciera una nueva reunión el 2 de enero en Olivos, pero el puntano no quiso escuchar. Se levantó de su sillón, llamó a sus ministros y se marchó al aeropuerto de Mar del Plata, donde lo esperaba el avión presidencial que lo llevaría a su provincia natal[301]. Con la reunión abortada, mientras se subía al helicóptero de la provincia de Buenos Aires, Carlos Ruckauf fue el encargado de adelantarle a Eduardo Duhalde la renuncia del hasta entonces presidente.

Absorta, la sociedad argentina se desayunó a las once de la noche con un mensaje por cadena nacional de radio y TV. Con errores técnicos que entrecortaban su imagen y su voz, Rodríguez Saá anunciaba su renuncia a la presidencia de la Nación. Dos horas antes, había llamado a Ramón Puerta –de regreso en Misiones– para comunicarle que renunciaba y que nuevamente debería hacerse cargo del gobierno hasta llamar a una Asamblea Legislativa. El misionero le respondió que él también renunciaba

---

301   En el aeropuerto de Mar del Plata, Ramón Puerta y Gildo Insfrán intentaron convencerlo de una nueva reunión, pero Rodríguez Saá se opuso.

y que no pensaba conducirla: 'se hará cargo Eduardo Camaño o quien sea'[302]. Minutos después del discurso de Rodríguez Saá, el cordobés De la Sota, mencionado por el puntano en su discurso, le respondió a través de la prensa que "no descargue culpas en otros; ya debemos ir a elecciones".

Eduardo Camaño, un peronista de Quilmes, había llegado a la presidencia de la Cámara de Diputados como representante del poderoso peronismo bonaerense.

Desde horas muy tempranas del lunes 31 de diciembre, el chalet de Lomas de Zamora se convirtió en el centro de todas las negociaciones con los diferentes sectores del peronismo y la oposición. Duhalde hablaba con todos. El radicalismo y un sector del FREPASO lo apoyaban para que se hiciera cargo. El menemismo se oponía y el "Gallego" De la Sota y Néstor Kirchner querían que se llamara a elecciones para marzo.

Duhalde llegó a un Congreso completamente vallado y aislado por la policía en prevención a los anuncios de nuevas movilizaciones de protesta, pero también de seguidores del bonaerense. Como gesto hacia la oposición, se dirigió en primer lugar al despacho de Raúl Alfonsín. No se veían personalmente desde hacía un mes, pero hablaban casi a diario. Duhalde recordaba que el mismo día que De la Rúa anunció su renuncia, el caudillo radical lo llamó por teléfono y opinó que él era el hombre indicado para manejar la situación y completar los dos años de mandato. Luego conversó con algunos representantes de los partidos provinciales y, finalmente, marchó a la reunión del bloque de legisladores peronistas, que sumó a los gobernadores para el debate.

Duhalde anunció que no pensaba postularse para presidente en 2003. Que el suyo sería un gobierno de transición, un gobierno parlamentarista de unidad nacional. Que el país estaba a punto de incendiarse y que tenía un plan para salir de la recesión y volver a crecer. De la Sota, resignado por haber quedado en mi-

---

302   Horas después llegaba al Congreso la renuncia de Ramón Puerta con un certificado médico adjunto, donde le diagnosticaban asma y la imposibilidad de reintegrarse a sus funciones.

noría, le confirmó que no pondría piedras en el camino. Lo propio hizo Néstor Kirchner. Por último, Duhalde solicitó explícitamente a los gobernadores que se integraran a su gobierno para darle mayor fortaleza. Le ofreció los cargos más importantes a De la Sota, Kirchner[303] y Marín, pero todos se negaron.

Finalmente a las 23:15 del 1º de enero de 2002, Eduardo Duhalde era elegido por la Asamblea Legislativa para ocupar la Presidencia de la Nación con 262 votos a favor, 21 en contra y 18 abstenciones. Había llegado la hora de jurar como presidente de todos los argentinos. Lo que no se le había dado en las urnas en 1999, lo lograba con el voto mayoritario de la Asamblea.

Durante su discurso no hubo sonrisas ni se cantó la marcha peronista. Con gesto grave y voz firme, enfrentó al pleno en el Hemiciclo y explicó la gravedad institucional que vivía el país. Fue en ese discurso donde señaló que "el que depositó dólares recibirá dólares y el que depositó pesos recibirá pesos".

La soledad del poder

El miércoles 2 de enero, Eduardo Duhalde llegó muy temprano a la Casa Rosada. Fue saludado por la guardia de granaderos, y el personal de ceremonial lo acompañó hasta el despacho presidencial.

La Casa Rosada parecía tierra arrasada: no había café, agua mineral o toallas en el baño privado[304]. Se puso a repasar por enésima vez los nombres de quienes se integrarían a su gabinete. Gran parte serían bonaerenses, porque los gobernadores no aceptaron formar parte de su equipo, excepto Carlos Ruckauf. Hasta último momento insistió con Néstor Kirchner, con

---

303   "En noventa días voy como tu jefe de gabinete. Ahora no puedo aceptar porque hinché demasiado con elecciones ya", le dijo el santacruceño a Duhalde el día de la jura del gabinete nacional. En realidad Alberto Fernández quería que aceptara con el argumento que desde ese cargo "nos ahorramos toda la campaña". En cambio, su esposa Cristina Fernández se opuso desde un principio.

304   En la residencia de Olivos no había ni sábanas ni fundas para las camas. El personal relató que la mujer de un ex presidente "arrasó con todo".

el jujeño Eduardo Fellner y con el entrerriano Jorge Busti. Finalmente supo, al conformar el gabinete, que su fuerte estaría en la estructura del peronismo bonaerense y su alianza en el Congreso con el radicalismo y con un sector del FREPASO.

El equipo económico estaba comandado por Jorge Remes Lenicov, quien trabajó día y noche en el proyecto de una ley de emergencia económica que se envió al Congreso de la Nación. Las principales medidas consistían en derogar la ley de convertibilidad; pesificar las deudas bancarias menores a 100.000 dólares y las tarifas de los servicios públicos; y otorgar amplios poderes al Ejecutivo para reestructurar el sistema financiero, bancario y cambiario. También se suspendían por tres meses los despidos a los trabajadores y se autorizaba un *Per Saltum* para frenar los recursos de amparo que se presentarían para esquivar el "corralito" bancario.

Remes Lenicov tenía claro que, para salir de la convertibilidad, había que recorrer un camino difícil y doloroso, pero que no había otra alternativa debido al agotamiento del modelo. Un *paper* elaborado por el equipo económico mostraba a las claras el agotamiento de la convertibilidad:

- Cuatro años de recesión con deflación destrozaron una parte importante de la economía real, los ingresos fiscales y las carteras de los bancos.
- Pérdida del 22% de los depósitos y del 45% de las reservas internacionales en los últimos meses de 2001.
- Deuda corporativa insostenible con el exterior por sus niveles y descalces de monedas (deudas en moneda extranjera con acreedores externos, e ingresos en pesos en el país).
- Salida neta de capitales durante 2000 y 2001: pérdida total del crédito externo (incluido el de los organismos multilaterales) agravado por la declaración del *default*, con consecuencias adicionales negativas sobre los ya deteriorados niveles de crédito comercial.
- Continua y creciente pérdida de competitividad, ocupando en 2001 uno de los últimos lugares en el ránking mundial (43 sobre 48).

- Déficit fiscal consolidado (Nación y Provincias) fuera de control, que alcanzó 15.000 millones de dólares en 2001, equivalente al 6% del PBI.
- Control de cambios e inconvertibilidad de la moneda en diciembre de 2001; la relación reservas a base monetaria al tipo de cambio $1 = u$s1 era negativa.
- Riesgo país más alto del mundo en diciembre 2001; todos daban por descontada la salida de la convertibilidad y, por tanto, la inminencia de una devaluación.
- Pérdida de la unidad monetaria, por la creación y circulación de cuasi-monedas provinciales que representaban el 30% de la base monetaria y el 65% del dinero en circulación.
- Sistema financiero deteriorado en términos de solvencia por el aumento de la mora y destruido en materia de liquidez por la fuga de depósitos.
- Creación artificial de dólares virtuales.
- Instauración del "corralito". Imposibilidad de abrir los bancos porque la demanda de dólares era muy superior a la disponibilidad.
- Niveles históricos sin precedentes de desempleo y pobreza, y caída sistemática de los salarios reales.
- Falta de motores de crecimiento del PBI.
- Récord de quiebras.
- Comercio exterior trabado: había pedidos de despacho de importaciones por u$s 5.000M (40% de las reservas disponibles).

En sólo 48 horas, el equipo económico envió al Congreso de la Nación la Ley de Emergencia Pública y de Reforma del Régimen cambiario. Los ejes principales del programa implicaban:
Devaluación y flotación administrada.
- Conversión a pesos de las obligaciones contraídas en dólares.
- Normalización de la liquidación de divisas.
- Retenciones transitorias a las exportaciones para atender la emergencia social.
- Acuerdo entre la Nación y las Provincias para reducir el déficit provincial, iniciar el ordenamiento fiscal y eliminar el piso de la coparticipación y los bonos provinciales.

- Buscar alternativas al "corralito" y opciones para nuevos depósitos.
- Conversión a pesos de las tarifas de los servicios públicos y renegociación limitada de las concesiones.
- Pedido de financiamiento internacional para la reactivación (Corporación Financiera Internacional y Banco Mundial).
- Estabilización macroeconómica reforzada mediante políticas destinadas al aumento del consumo (planes sociales), exportaciones e inserción internacional.
- Ampliación del financiamiento para la cobertura de programas sociales de emergencia: plan alimentario, de medicamentos y de ingresos para Jefes y Jefas de hogar desocupados.
- Renegociación de la deuda externa pública a partir del acuerdo con el FMI.
- Apoyo para la renegociación de la deuda externa privada con el fin de evitar la quiebra de empresas seriamente afectadas.
- Reestructuración del sistema bancario y del mercado de capitales (para el corto plazo).

El 4 de enero, horas después de asumir la presidencia, Duhalde realizó la primera reunión oficial con empresarios en Olivos. La corporación industrial de la UIA (Unión Industrial Argentina) participó a pleno. Entre las caras más visibles se distinguían Carlos Bulgheroni, Cristiano Ratazzi, Aldo Roggio, Alfredo Coto, Roberto Favelevic y Julio Massara. También participaron los dirigentes sindicales de ambas CGT, Hugo Moyano y Rodolfo Daer. La imagen hacía recordar al Pacto Social impulsado por Juan Domingo Perón y José Ber Gelbard en 1973. En su mensaje, el presidente aclaró:

> Vengo a decirles que debemos terminar con décadas de una alianza que perjudicó al país, que es la alianza del poder político con el poder financiero y no con el productivo. (...) El proceso de desnacionalización argentina ha sido tremendo. Tenemos que proteger lo que nos queda, y de lo que nos queda empezar a cambiar el rumbo.

Las presiones del *establishment* económico sobre el gobierno de Duhalde fueron colosales. Las principales partieron de empresas como Telecom, Telefónica y Repsol. Alfonso Cortina, el máximo referente de Repsol-YPF llamaba varias veces al día al ex presidente Menem, autoexiliado en Chile, para que sus gobernadores y legisladores amigos se opusieran a la pesificación de las tarifas y, particularmente, a las retenciones petroleras. Luego se quejó frente a José Manuel De la Sota "porque llamé cuatro veces a Duhalde y no me contesta el llamado". A lo que el "Gallego" le contestó: "¿Qué querés que haga? Si Duhalde tampoco responde a los gobernadores del PJ".

Desde Buenos Aires, el matutino *Ámbito Financiero* preanunciaba que el plan económico del gobierno, al que denominaba "Plan Reyes Magos" –por su aprobación el día 6 de enero– terminaría en una hiperinflación mucho peor que en la época de Alfonsín.

El sector financiero y la banca privada presionaban para que se suspendiera el camino de la pesificación y se marchara hacia la dolarización total de la economía. Por entonces circuló un documento llamado "Plan Cárdena", preparado por el ex embajador argentino ante la ONU Emilio Cárdenas, el grupo inglés HSBC y los estadounidenses Bank Boston y Citibank, en el que le ofrecían a Duhalde levantar el "corralito" trayendo los dólares del exterior, pero como "contraparte" pedían agenciarse de los bancos nacionales que suponían quebrados por no tener fondos para devolver los depósitos. Y, como frutilla de postre, como si quedarse con los bancos nacionales fuera poco, el gobierno debería dolarizar la economía. Por esos mismos días, Joaquín Cottani, de *Lehamn Brothers*, también recomendaba que "lo único que Argentina puede hacer hoy es dolarizar". Por su parte, Aldo Abraham hacía una interpretación similar: "Acá no existe sistema financiero. Esto es el colmo del absurdo. Vamos a terminar en una dolarización". Los grupos petroleros, a través del gobernador Jorge Sobisch de Neuquén, presionaban en contra de la aplicación de la ley que imponía retenciones a la comercialización externa de hidrocarburos.

El equipo económico presentó un programa de emergencia que consistía en normalizar la economía; restaurar el equilibrio macroeconómico; detener la caída para empezar a reactivar y contener la crisis social; restablecer las relaciones con el exterior después del *default*; y diseñar las reformas estructurales imprescindibles para definir una estrategia de desarrollo a futuro. Cuando se hizo público, obviamente el programa no gozó de popularidad porque la gente —especialmente los sectores medios— sólo estaba interesada en que le devolvieran sus depósitos en dólares y que se mantuviera la convertibilidad. Remes Lenicov trataba de aclarar el panorama:

> Durante 2001, más de 15.000 millones de dólares de reserva se habían fugado del país, con lo cual la convertibilidad había muerto hacía mucho tiempo. Algunos plantearon que había que ir una dolarización total de la economía, pero esa medida era imposible porque no estaban los dólares y además no solucionaba los problemas de tipo de cambio que volvieran hacer competitivo al país. La devaluación fue inevitable.

La idea del equipo económico era ir hacia una flotación libre de tipo de cambio, pero las pocas reservas en el Banco Central lo hacían muy riesgoso. Por eso se fijó un tipo de cambio a 1,40 por dólar, consintiendo un dólar paralelo que rápidamente trepó a 1,70 por unidad. Posteriormente, con el fallo de la Corte Suprema de Justicia (el caso Smith)[305] que permitió la salida de dólares del "corralito", la divisa llegó a pisar los 4 pesos.

El gobierno decidió que la opción más justa para no licuar los ahorros de la gente era convertir todo a pesos, con actualización. Eso significaba llevarlo a 1,40 más el CER (Coeficiente de Estabilización de Referencia) —el índice que recogía la inflación—[306]. También se decidió, luego de un arduo debate, pesificar uno a

---
305 La Corte declaró la "inconstitucionalidad" del corralito.
306 Luego, los legisladores lo modificarían en base al aumento de salarios.

uno todas las deudas menores a 100.000 pesos, para ayudar a quienes habían obtenido créditos hipotecarios y para las pequeñas empresas –en situación crítica luego de 10 años de convertibilidad– a las que les sería muy difícil el pago de sus créditos. En este punto se produjo un claro enfrentamiento entre Remes Lenicov y el ministro de Producción, De Mendiguren. El equipo económico quería pesificar las deudas a 1,20 pesos, pero los industriales se plantaron en uno a uno, con el argumento de estimular rápidamente la producción y evitar más quebrantos. Finalmente, Duhalde terció por la postura de los industriales. Este sistema fue conocido como "pesificación asimétrica" que más adelante, con el crecimiento de las exportaciones agropecuarias y la recuperación económica, se mostraría como un acierto.

La clase media movilizada

El "voto bronca" de las elecciones de octubre, las movilizaciones del 19 y 20 de diciembre, la inmovilización de los depósitos bancarios y la obligada bancarización que terminó rompiendo la cadena de pagos, provocaron la salida a la calle de la clase media porteña. Hicieron sonar sus cacerolas, primero en la puerta de sus casas, luego en los cruces de avenidas y finalmente se desplazaron hacia la Plaza de Mayo. El gobierno de la Alianza cayó solo y muchos creyeron ver en la consigna "que se vayan todos" el inicio de un proceso revolucionario.

La devaluación y pesificación de la economía llevó a la clase media –horrorizada porque perdía sus ahorros en dólares– a reunirse en forma inédita en asambleas barriales para luego movilizarse contra los bancos. Destrozaron las fachadas, los cajeros automáticos y atacaron los domicilios de numerosos políticos, a los cuales culpaban de todos los males del país.

Algunos teóricos vinculados a las teoría del contrapoder[307] creyeron ver en estas asambleas barriales su sueño realizado de lu-

---

307   Entre los teóricos más conocidos están John Holloway y Antonio Negri

char por el poder sin tomar el poder. La consigna "que se vayan todos" significaba que se fuera todo lo que tuviera relación con el Estado: partidos políticos, sindicatos, etc. Para estos teóricos, las asambleas eran un proceso de reelaboración colectiva sobre las nuevas formas de emancipación que les ayudara a deshacerse de todo el peso de los discursos políticos tradiciones (revolucionarios, reformistas, nacionalistas) para asumir un nuevo lugar de creación radical.

Pero este sueño de la comuna parisina, de la horizontalidad del poder, duró poco porque los partidos de izquierda argentinos –que siempre fueron minoría– encontraron en las asambleas el hueco para conducirlas. Rápidamente, los grupos de izquierda se pusieron al frente de la mayoría de las reuniones barriales como si fueran asambleas universitarias. Este hecho, sumado a que era imposible mantener una movilización permanente de la ciudadanía, produjo la lenta dispersión de sus integrantes para terminar quedando sólo como un sello de goma más para algunos partidos radicalizados.

Las negociaciones con el FMI

El 10 de enero, el gobierno de Duhalde admitió públicamente que no se podría levantar el "corralito" por el término de un año porque los bancos no tenían respaldo para devolver los depósitos. Esa noche, los ahorristas, encolerizados, condujeron un fuerte cacerolazo contra las autoridades con movilización hacia la Plaza de Mayo. Mientras tanto, el gobierno preocupado por la situación social, organizó junto a la Iglesia, las ONG y el empresariado un espacio conjunto denominado 'Diálogo Social', con el objetivo de buscar elementos consensuados de contención a la crisis.

Un par de días después, el gobierno declaró la emergencia ocupacional e instrumentó la inmediata aplicación del plan "Jefas y Jefes de Hogar", por medio del cual otorgaría subsidios a las 500.000 personas con mayores necesidades.

Las presiones de adentro continuaban, pero se le sumaron grupos extranjeros. El titular del FMI, Horst Kohler, advirtió públicamente al presidente que "el populismo no es salida para la crisis argentina" y que "de la situación actual no se sale sin el sacrificio de la gente". Su funcionaria número dos, Anne Krueger, manifestó en consonancia que la solicitud de un préstamo de 15 millones de dólares para la Argentina le había parecido "demasiado alta". En un áspero diálogo que mantuvo con el ministro de Economía Remes Lenicov, le planteó su oposición a una pesificación asimétrica "porque eso perjudica a los bancos" y le exigió la flotación libre del dólar.

También los ministros de finanzas de la Unión Europea, reunidos en Bruselas, sugirieron que el gobierno argentino debía profundizar la economía de mercado y solicitaron que la crisis no la pagara el sector financiero. Finalmente, desde la vernácula Universidad del CEMA (Centro de Estudios Macroeconómicos), el economista Carlos Rodríguez declaró en un extenso reportaje publicado por *Ámbito Financiero* que el país marchaba hacia la hiperinflación y una eventual dolarización:

> No quiero pensar lo que van a ser los cacerolazos en el medio de una hiper. Lo que quiere el gobierno es licuar el "corralito" con una hiperinflación y es muy irresponsable permitir que la población crea que es culpa de la banca extranjera.

La última semana de enero fue la más conflictiva para el gobierno. El jueves 24, Duhalde se reunió con los gobernadores y llegó con ellos a un acuerdo para realizar un ajuste de ocho mil millones que le permitiera armar mejor el presupuesto y ablandar la posible ayuda del FMI. Pese a la tensión, no hubo fisuras con los gobernadores. El viernes 25 se realizó el primer cacerolazo nacional en contra del "corralito", la Corte Suprema y la "clase política", con movilizaciones en las principales ciudades del interior del país y en la Capital Federal. En la Plaza de Mayo hubo incidentes entre la policía y manifestantes, con el saldo de 30 detenidos. Dos días después, la Corriente Clasista y Combativa y la Federación de Tierra y Vivienda realizaron una marcha nacional que partió del kilómetro 38 de la ruta 3, en la localidad de La Matanza, hasta Plaza de Mayo. La marcha contó con el apoyo de las asambleas barriales y, especialmente en la zona de Liniers, los comerciantes salieron a las calles para darle apoyo[308].

A los pocos días de haber asumido, el gobierno de Duhalde dejó trascender que iría por la Corte, argumentando que la renovación, además de producirse en los partidos políticos, debía también —como reclamaba la gente— ampliarse a la Corte Suprema de Justicia. Duhalde creía que alcanzaría con la renuncia de tres o cuatro miembros de la llamada "mayoría automática", pero el FREPASO y el radicalismo querían que se formalizara el juicio político contra todos sus miembros, propuesta que sería apoyada por el ARI de Elisa Carrió. El jefe de gobierno capitalino, Aníbal Ibarra, fogoneaba la idea:

> La sociedad necesita objetivos que la movilicen y le permitan mantener esperanzas. La renovación de la Corte es uno de esos objetivos y requiere una fuerte decisión política.

Durante el mes de enero, los legisladores activaron la Comisión de Juicio Político y comenzaron a estudiar varios proyectos de remoción de la Corte a través del juicio político.

El 27 de enero, la Comisión de Juicio Político de la Cámara de Diputados decidió iniciar el proceso a los nueve miembros. En ese momento, el oficialismo dudaba con instruir el juicio para algunos miembros o para todos. La oposición y parte del peronismo decidió que iría por todos. Fue un grave error: no era lo mismo Enrique Petracchi que Julio Nazareno. El juicio masivo abroqueló aún más a la Corte, que luego materializaría un contraataque casi mortal para el gobierno.

---

308 Eduardo Slutzky, un empresario y comerciante de la zona que participó activamente en las asambleas barriales, apoyó a los piqueteros y entabló una amistad con Luis D'elia que lo llevó, dos años después, a integrar una fórmula política que se presentó en las elecciones para gobernador de la provincia de Buenos Aires.

El 1º de febrero en horas del mediodía, la Corte disparó un exocet que hizo temblar los cimientos de la Casa Rosada. El tribunal declaró que el decreto del 3 de diciembre firmado por De la Rúa y Cavallo era inconstitucional. El fallo, basado en la solicitud del ahorrista Carlos Smith, lo habilitó para retirar sus ahorros del banco. En la práctica, este dictamen –aunque individual– sentaba jurisprudencia para que el resto de los "acorralados" se presentara judicialmente a recuperar su dinero.

El gobierno sintió el impacto. Duhalde suspendió la conferencia de prensa anunciada para esa misma tarde, con motivo de cumplirse el primer mes de gobierno. También se canceló el viaje de Remes Lenicov a Estados Unidos. En los pasillos de la Casa Rosada se habló de "golpe institucional". Un ministro lo explicó así:

> No puede ser que seis jueces de dudosa moral quieran darle el empujón final al país que está al borde del precipicio. Para mí que atrás de esto están los menemistas y dos o tres bancos extranjeros que quieren que se caiga todo el sistema para luego ellos quedarse con todo y dolarizar la economía.

El presidente estaba enojado, porque creía también que era "un golpe de Estado menemista a través de la Corte, con lo cual el país se vendrá abajo". Duhalde se reunió con sus principales colaboradores para analizar cómo responder. Y, sobre todo, cómo solucionar el problema del "corralito" antes del lunes siguiente porque, como se sabía, los bancos no contaban con los 60.000 millones de dólares que reclamaban los ahorristas. El fallo se entendió como un claro desafío político al anuncio del juicio político en la Cámara de Diputados. El presidente dedujo con sus funcionarios que "vendrán por nosotros". Finalmente se decidió anunciar esa misma noche que no habría marcha atrás con la pesificación y que se avanzaría con el juicio político, mientras se ordenaban nuevos feriados bancarios para el lunes y martes, para poder estudiar una respuesta a la Corte.

Fue una jornada febril y agobiante en la quinta de Olivos. El equipo económico, los ministros y los asesores del presidente circulaban por la casa, los alrededores y los jardines. Duhalde se reunió en Olivos con representantes del oficialismo y la oposición: Juan Carlos Maqueda, Eduardo Camaño, Jorge Matzkin, Raúl Alfonsín, Carlos Maestro, Leopoldo Moreau, Marcelo Stubrin, Darío Alessandro y Nilda Garré. Allí se decidió acelerar los mecanismos del juicio político para todos los miembros de la Corte y tomar las medidas necesarias para que no se cayeran los bancos por el retiro masivo de los depósitos. "Vamos a mantener la calma –dijo el presidente– porque con este fallo nos quieren llevar puestos a todos".

Finalmente, el gobierno decidió mantener la "normalidad" y actuar dentro de la ley, por lo cual el juicio político llevaría un tiempo. Tres días después del fallo de la Corte, Remes Lenicov presentó un nuevo programa económico plasmado en un decreto de necesidad y urgencia, donde se permitía acceder a la totalidad de los sueldos y jubilaciones y se autorizaba a realizar algunas transacciones con parte del dinero de los depósitos[309].

Por su parte, la Comisión de Juicio Político aprobó por unanimidad (justicialismo, radicalismo, ARI y FREPASO) el inicio del mismo a todos los miembros de la Corte Suprema.

En medio del caos por el fallo de la Corte, el gobierno de Duhalde convirtió a pesos todos los depósitos. Así se decidió la conversión a la paridad de 1,40 más un monto que se actualizara por la inflación llamado Coeficiente de Estabilización de Referencia (CER). Paralelamente, todos los depósitos menores a 30.000 dólares (el 93% del total) que no quisieran que se los pesifique, podrían optar por un bono en dólares a largo plazo (posteriormente esa medida fue rechazada por el Congreso). Además, todas las deudas con el sistema financiero en dólares y de cualquier monto se pesificarían 1 a 1[310]. El ministro Remes Lenicov lo explicó tiempo después:

> Muchos nos acusaron de haber licuado deudas de las grandes empresas al pesificar uno a uno, pero no fue así. Si no se

---

309 Esa noche, nuevamente se hicieron sentir las cacerolas en los barrios porteños.
310 Como compensación, el Estado le entregaba a los bancos un bono respaldado por el Estado, pero les pesificaba los préstamos garantizados por 42.000 millones de dólares que arrastraba desde la época de Cavallo.

pesificaban los créditos bancarios, la incobrabilidad iba a ser del 85 por ciento. Al haberlos convertido en pesos uno a uno, la incobrabilidad bajó a un 15 por ciento. Si uno mira la lista, se beneficiaron las pequeñas empresas y no las grandes, pues estas tenían en su mayoría financiamiento externo por lo cual muchas de ellas entraron en *default*.

El ministro anunció que cuando finalizara el feriado bancario el dólar flotaría libremente y el Banco Central controlaría que la divisa norteamericana no se fuera por las nubes, en lo que en la jerga económica se conoce como "flotación sucia".

El gobierno mantuvo durante una semana los bancos cerrados y finalmente el lunes 11 de febrero comenzó a funcionar el dólar libre. El temor de los días previos a la apertura, hizo que el Ejecutivo tomara todas las medidas a su alcance para frenar la posibilidad de una ola especulativa que arrastrara el dólar a 5 o 10 pesos, como plantearon algunos economistas del *establishment* que trabajaban para dolarizar la economía. El gobierno presionó a los exportadores para que ingresaran como mínimo 1.000 millones de dólares en los siguientes dos meses, para contar con nuevas reservas que pudieran ser utilizadas ante una posible escalada del dólar.

El anuncio de las medidas económicas más la flotación libre del dólar le permitieron al ministro Remes Lenicov viajar por primera vez a Washington para explicar, personalmente, sus alcances a los funcionarios del gobierno norteamericano y del Fondo Monetario Internacional. Las reuniones fueron cordiales pero tensas. En uno de los diálogos, Remes fue muy directo:

> No podré hacer eso en menos de tres meses, salvo que quieran que les empiece a mentir como hacían antes otros funcionarios.

El ministro lo supo al culminar la ronda de encuentros: el FMI no pensaba prestar los 9.000 millones de dólares pendientes; mucho menos los 20.000 millones soñados cuando el gobierno se hizo cargo. El organismo internacional retrucó con que quería "un programa sustentable". Lo "sustentable" implicaba:

- Flotación libre del dólar sin participación del Banco Central.
- Un nuevo recorte del gasto público en el presupuesto nacional y otro nuevo en las provincias.
- Derogación de la ley de quiebras[311].
- Solución definitiva del "corralito" sin perjudicar a las entidades bancarias.

El ministro regresó con las manos vacías y Eduardo Duhalde, convencido que la ayuda no llegaría rápidamente, se decidió a efectuar retenciones a las exportaciones petroleras para obtener dinero fresco. Las petroleras pusieron el grito en el cielo e inmediatamente anunciaron aumentos en los precios de las naftas y el gasoil, además de amenazar con dejar a muchos trabajadores en la calle. Cabe recordar que en la Ley de Emergencia Económica del 6 de enero las retenciones estaban contempladas, pero durante todo un mes las compañías ejercieron presiones para que no se aplicaran.

Febrero se había convertido en otro mes difícil para el gobierno. El fallo de la Corte que permitió el retiro de dólares a través de los amparos; la flotación libre del dólar, más las presiones del *establishment* para que se dolarizara la economía, había provocado que la divisa estadounidense se acercara a los 3 pesos.

Los organismos internacionales de crédito habían decidido no ayudar a la Argentina, como castigo por haber declarado el *default* más grande de su historia. Los Estados Unidos y el FMI querían demostrarle al mundo cómo se castigaba a un país que sacaba "los pies del plato".

La presión sobre la Argentina era de tal intensidad que los economistas Rudi Dornbusch y Ricardo Caballero, miembros del *Massachussets Institute of Technology* (MIT) publicaron un documento que planteaba la necesidad de que el país resignara su soberanía en las cuestiones financieras a favor de "un comité de banqueros centrales extranjeros experimentados". El documento titulado "Argentina: Un plan de rescate útil" remarcaba:

---

311 El Congreso había modificado la Ley 25.563 que suspendía por nueve meses las ejecuciones judiciales por deudas, con lo cual se impedía que las empresas fueran compradas por extranjeros.

El resto del mundo debe proporcionar ayuda financiera a la Argentina. Pero debe hacerlo solamente sobre la aceptación de Argentina de la reforma radical y del control en manos extranjeras de la supervisión del gasto, de la emisión de dinero y de la administración de impuestos. Cualquier préstamo externo deberá obrar como puente entre el agujero de las necesidades fiscales inmediatas y el día, un año o dos más adelante, donde la reforma 'radical' cree finanzas sustentables. La Argentina ahora debe ceder mucho de su soberanía monetaria, fiscal, reguladora y del gerenciamiento de activos por un período extendido, por ejemplo cinco años. (...) Un comité de banqueros centrales extranjeros experimentados debe tomar el control de la política monetaria de Argentina. Esta solución podría tener mucho de la reputación y virtudes de un comité monetario, sin los costos de tener que adoptar una política monetaria adaptada a las necesidades de otros. Los nuevos pesos no se deben imprimir en territorio argentino. (...) Una campaña masiva de privatización de puertos, de aduanas, y de otros obstáculos dominantes a la productividad debería ahora ocurrir. La desregulación de los sectores de la venta al por mayor y de la distribución es esencial. Otro agente extranjero experimentado debe controlar estos procesos, así como cercionarse de que los ingresos se conserven seguros para que todos los argentinos presentes y futuros lo compartan. (...)

Desde adentro, los llamados "economistas serios" no se quedaban atrás y hacían rodar todo tipo de versiones para que el dólar siguiera aumentando y el país se desestabilizara aún más. Recordemos algunas declaraciones de aquellos días[312]:

> Las condiciones para una política monetaria independiente no están dadas. Sus beneficios son ilusorios y las modificacio-

---

312 Merece recordarse que en octubre de 2002, el periodista del suplemento *Cash* del diario *Pagina/12*, Roberto Caballero, publicó un excelente trabajo donde desenmascaraba a los economistas del *establishment* y sus desaciertos.

nes al tipo de cambio son desestabilizadores políticos. A medida que aumente el dólar libre, los efectos patrimoniales de la devaluación amenazan con desintegrar la Nación. (Pedro Pou, ex titular del Banco Central)

No habrá moneda ni banca por dos generaciones; esto termina en una hiperinflación. (Jorge Avila, CEMA)

El mejor escenario esperable es que a fin de año el dólar cueste 5 pesos y la inflación supere el 175 por ciento; el peor es un dólar a 20 pesos y una hiperinflación del 1100 por ciento. (Miguel Ángel Broda, economista)

Sin ninguna duda habrá una inflación de tres dígitos anuales. (…) El sistema financiero se va a quedar con pocos o ningún depósito; van a pasar muchos años antes de que un argentino vuelva a hacer un plazo fijo en el país. (Manuel Solanet, FIEL)

Con esta devaluación vacía de plan, se marcha derecho a la hiperinflación y no se podrá ver a Eduardo Duhalde llegando hasta fin de año. (Roberto Cachanosky, economista)

A mediados de febrero, la situación del gobierno comenzó a tornarse cada vez más difícil. El Fondo apretaba cada vez más, los ahorristas continuaban con sus quejas frente a los bancos, los piqueteros presionaban, los gobernadores —especialmente De la Sota y Kirchner— insistían con el llamado a elecciones, y el sector financiero, en su conjunto y en consonancia con Carlos Menem, hacía votos para que Duhalde se cayera para así implementar el proyecto dolarizador. El peronismo bonaerense y algunos gobernadores aliados, como Jorge Busti, consideraron que era el momento de organizar una gran movilización de apoyo al gobierno en Plaza de Mayo. Duhalde no estaba muy convencido y temía un enfrentamiento con los sectores medios que se movilizaban contra los bancos.

A mediados de enero, el Presidente había decretado[313] la emergencia ocupacional y había creado el programa "Jefas y Jefes de Hogar" destinados a todas las mujeres y hombres a cargo de menores de 18 años que se encontraran desocupados. El Plan tenía por

---

313 Decreto Nº 165 del 22 de enero.

objeto brindar una ayuda económica a las familias sin ingresos con el fin de garantizar el Derecho Familiar de Inclusión Social. El beneficiario tenía que asegurar la concurrencia escolar de sus hijos y el control de la salud de los mismos; también podrían recibir programas de capacitación laboral para su futura reinserción laboral.

En los primeros días de marzo, el presidente supo que los inscriptos para el plan superarían el millón y medio de personas, y sin dudar, le ordenó al ministro de Economía que aplicara retenciones a las exportaciones sobre las materias primas del 10 por ciento; 5 por ciento a las manufacturas de origen agropecuario e industrial, mientras mantenía el 20 por ciento a las exportaciones de petróleo crudo y el 5 por ciento a sus productos derivados. El cálculo era que el Estado podría recaudar 1.400 millones de dólares para destinar a los planes sociales. Eduardo Duhalde explicó, en una charla con el autor, el porqué de las retenciones:

> Necesitábamos dinero fresco rápidamente para concretar el Plan Jefas y Jefes de Hogar y ya sabíamos que el FMI nos lo iba a retacear. Por lo cual decidí implementar las retenciones a las exportaciones del campo y a los hidrocarburos. Mire, una de las medidas más revolucionarias que implementó Perón en la década del cuarenta fue la creación del Instituto argentino de Promoción del Intercambio (IAPI) que se encargaba del control estatal del comercio exterior. En aquel momento, el IAPI era el único comprador de las cosechas, las cuales luego se vendían a un precio superior en el exterior. Con la diferencia, el Banco Central se encargaba de dar créditos baratos al sector industrial. Hoy esa política con un Estado débil hubiera sido imposible de aplicar, pero decidimos que las retenciones al campo y a las petroleras iban a ayudar a paliar el hambre de los más humildes.

El 20 de marzo, el Tango 01 trasladó a Duhalde a la ciudad de Monterrey, México, en su primer viaje al exterior como presidente de la Nación. Allí participó de la Conferencia de Naciones Unidas sobre financiamiento, además había pautado encuentros con los presidentes de México y de España, Vicente Fox y José María Aznar, respectivamente; el titular del BID, Enrique Iglesias; el secretario general de la ONU, Kofi Annan; y, lo más importante, con el presidente del Fondo Monetario Internacional, el alemán Horst Köhler[314]. En pleno vuelo, Duhalde se enteró de que el mandatario norteamericano había apuntado que "la Argentina tenía que realizar las reformas necesarias para recuperar la confianza del FMI". A partir de allí, Anne Krueger y Condoleeza Rice recrudecieron su discurso contra el gobierno argentino y "la falta de un plan económico".

El viernes 22 por la mañana, el presidente Duhalde –acompañado por su canciller, su ministro de economía y su vocero, Eduardo Amadeo– se reunió en el Hotel *Holliday Inn*, cerca de la sede de la cumbre mexicana, con Horst Köhler, flanqueado por Anoop Singh, Thomas Dawson y Chris Salmon. La reunión, sumamente tensa, duró más de una hora. El mandatario argentino comenzó explicando que fue un error la forma en que se declaró el *default* y rápidamente realizó una descripción de la difícil situación que atravesaba el país, especialmente por el 40 por ciento de sus habitantes bajo la línea de pobreza. Por su parte, Köhler le sintetizó que el organismo a su cargo no estaba convencido de ayudar al país en tanto y en cuanto no se hicieran reformas económicas más profundas, además de liberar el dólar y derogar las leyes de quiebras, de subversión económica y la de coparticipación federal de impuestos.

Todas esas propuestas –dijo Duhalde– llevarán mucho tiempo, porque las tiene que discutir el Parlamento y los gobernadores, por lo cual le propongo que avancemos de a poco, punto a punto. Ustedes nos van ayudando y nosotros encauzamos la economía.

–No, señor presidente. Sólo vamos acordar sobre la base de un paquete integral. Mire, le reitero, queremos dólar libre, derogación de las leyes mencionadas. Y lo más importante: reducir la estructura del Estado. En cualquier país, el costo salarial representa el 5 por ciento del gasto público y en su país está por encima del 11 por ciento. Así no hay presupuesto que aguante.

---

314   El presidente George Bush había rechazado una reunión privada con el presidente argentino. Sólo se cruzaron en la cena organizada por Vicente Fox, donde se intercambiaron las usuales palabras de cortesía de los encuentros diplomáticos.

Köhler, sin decirlo, estaba recitando un *paper* que los funcionarios del Fondo hacían circular en forma extraoficial. En el mismo se señalaba que había que despedir entre 400.000 y 500.000 agentes, entre el Estado nacional y las provincias; rebajar los sueldos y dejar que el dólar se disparara para que una nueva hiperinflación terminara de devastar el país[315].

Duhalde miró fijo al burócrata, levantó un grado el tono de su voz y se le acercó:

> –Usted no sabe lo que es un país en depresión. Ustedes me piden más sacrificio. Yo no puedo evitar que haya sacrificios, pero no me pueden pedir más. Tengo un límite que no voy a pasar. Por otro lado, usted dice que la política le hace mal a la economía. Quiero recordarle que en los últimos diez años en mi país mandó la economía, y así nos fue.

En Buenos Aires, la situación continuaba cada vez más complicada. El FMI apretaba, el dólar seguía subiendo. El Scotiabank Quilmes cerró sus puertas y varios bancos anunciaron que irían a la quiebra si continúa el goteo de los amparos[316].

El ministro de Economía planteo la creación de un bono compulsivo, la reprogramación de los depósitos y una ley tapón para que el gobierno pudiera apelar los amparos para que lleguen a una instancia superior y así frenar la salida de dinero. Junto a esas propuestas, se enviaban los proyectos para reformar la Ley de Quiebras y derogar la Ley de Subversión Económica, como exigía el FMI para continuar la negociación. Duhalde no estaba convencido del plan bonex y Remes Lenicov le anunció su renuncia el 22 de abril.

Duhalde convocó a todos los gobernadores a la residencia de Olivos y finalmente se firmó un acuerdo de 14 puntos para acompañar las políticas del gobierno nacional.

---

315   En esas horas, en Buenos Aires el dólar superaba la barrera de los 3 pesos pese a las intervenciones del Banco Central.
316   Hasta ese momento se habían retirado cerca de 9.000.000 de pesos.

Mientras tanto, buscaba un nuevo ministro de economía. Desde liberales como Javier González Fraga, Carlos Melconian y Guillermo Calvo, hasta economistas del peronismo como Eduardo Setti o Daniel Carbonetto. Finalmente optó por Roberto Lavagna, un economista que siempre había estado en contra de la convertibilidad y que tenía un perfil industrialista. Era peronista y se llevaba bien con los radicales.

Lavagna, la mañana del sábado 27 de abril juró como ministro y por la tarde se reunió con los gobernadores. Allí desplegó varios temas: no anclaría el dólar; había que aprobar la derogación de la Ley de Quiebras y Subversión Económica; modificar el CER para que se aplicara con relación al aumento salarial y no a un plan de bonos compulsivos; y no más ajustes a las provincias. Esto último sonó como una dulce melodía en los oídos de los gobernadores.

En mayo, la situación económica continuaba enmadejada: la recaudación de abril sumaba sólo 2.884 millones de pesos y la inflación había trepado al 10,4 por ciento. Lavagna trabajó intensamente para la modificación de las leyes de Quiebras y Subversión Económica, pero se encontró con que los senadores se oponían a la derogación de esta última norma. El FMI exigía su anulación para proteger a los banqueros extranjeros que estaban siendo procesados a partir del "corralito". Los radicales, el FREPASO, la izquierda y parte del peronismo se oponían a su derogación por temor a que varios banqueros quedaran impunes[317].

Mayo terminaría con la derogación de la Ley de Subversión Económica a partir de una dramática sesión en el Senado. Se vivieron momentos difíciles cuando el oficialismo[318] no lograba los votos necesarios, hasta que cinco minutos antes de la votación, la sena-

---

317 Merece destacarse que Alicia Oliveira y Esteban Righi, desde los sectores progresistas, señalaban que la ley era incompatible con el Estado de Derecho y que solamente la dictadura podía utilizar esa norma.
318 Horas antes, el avión de la gobernación de Santa Cruz viajó hasta la provincia de Corrientes para trasladar al senador liberal Lázaro Chiappe, que votaría en contra de la derogación.

dora radical por Río Negro, Amanda Isidori, a pedido del gobernador Pablo Verani, se levantó de la sesión permitiendo el empate, con lo cual el presidente de la Cámara, Juan Carlos Maqueda, utilizó el doble voto para aprobar la anulación de la norma.

La derogación de ambas leyes no mejoró la relación con el Fondo Monetario. Köhler, Krueger y Singh seguían corriendo el arco y exigían nuevas medidas porque su intención no era llegar al acuerdo sino facilitar el estallido de la economía. Un ejemplo dramático de esos días lo vivió el ministro Lavagna en su gira por los Estados Unidos cuando trataba de explicar que se habían cumplido todas las metas: derogación de leyes y flotación libre del dólar. Köhler lo interrumpió:

–Ministro, nuestros técnicos sostienen que la solución para la Argentina es una hiperinflación.

–Nuestro gobierno no está de acuerdo en aumentar el dolor de los argentinos. Le recuerdo que, contra todos los pronósticos, en junio la inflación creció sólo un 4 por ciento y aumentamos la recaudación.

El Fondo siguió presionando y en la última semana de junio el dólar pisó los cuatro pesos. Días después, se supo que durante el 25 y 26 de junio, varios bancos extranjeros –Bank Boston, Deutsche Bank, Citibank y HSBC– compraron un paquete importante de dólares, con lo cual la cotización aumentó considerablemente. La compra fue ejecutada a pedido de funcionarios del FMI que querían acelerar su plan de derrumbe del gobierno.

A fines de junio, cuando el ministro de Economía era prácticamente extorsionado en el exterior por el Fondo Monetario Internacional, el dólar superaba los cuatro pesos; las reservas del Banco Central seguían en picada y todavía no se percibía la ansiada reactivación económica, sucedió en Avellaneda un hecho trágico que conmovió al gobierno nacional y cambió su destino.

Muerte en la estación de Avellaneda

El miércoles 26 de junio se esperaba una jornada tensa pero no diferente a la de cientos[319] de cortes de rutas, calles y puentes que organizaban las agrupaciones de piqueteros y los grupos de ahorristas frente a las sedes bancarias en todo el país. En las últimas semanas, algunos sectores del gobierno habían planteado públicamente que la protesta tenía que organizarse y que no se permitirían más cortes generales de puentes o entradas a la ciudad. El ministro del Interior, Jorge Matzkin, y el titular de la SIDE, Carlos Soria, se habían enfrentado con el responsable de la policía, Juanjo Álvarez, quien se oponía a cualquier tipo de represión más allá de los inconvenientes que implicaba cada movilización.

Esa trágica mañana, en cercanías del puente Pueyrredón, la policía bonaerense había desplegado un centenar de efectivos para impedir la toma del puente. A mediodía, una columna de piqueteros de la Coordinadora de Trabajadores Desocupados Aníbal Verón, que transitaba desde la bajada del puente hacia la Capital, y otra del movimiento Teresa Rodríguez, que avanzaba por la avenida Mitre, encerraron al medio a los efectivos de la bonaerense. Ante las primeras piedras, la policía comenzó a reprimir con gases lacrimógenos y balas de goma, lo que produjo la corrida de manifestantes que recrudecieron su ataque con piedras y palos. La mayoría se replegó por las avenidas Mitre y Pavón y la policía los persiguió violentamente.

El encargado del operativo, comisario inspector Alfredo Franchiotti, ingresó con un grupo de policías al *hall* de la estación de trenes de Avellaneda y disparó una salva de postas de acero de 8,6 milímetros, las mismas que contenían los cartuchos de la escopeta calibre 12,70 hallados sobre la espalda del joven Darío Santillán[320] que, en ese momento, socorría a Maximiliano Kosteki, otro militante herido que estaba en el suelo con una bala en el pecho.

---

319   Durante todo el 2002 se produjeron más de 15.000 manifestaciones en Argentina sin que se repitiera lo sucedido en Avellaneda.
320   Darío Santillán era un joven de 21 años que pertenecía al MTD y militaba en el humilde barrio La Fe de Monte Chingolo.

Dos horas después, el comisario Franchiotti apareció en la puerta del hospital de Lanús haciendo declaraciones sobre "la violencia extrema" de los manifestantes y sus sospechas de que muchos estaban "armados". Poco tiempo después se conoció que había dos jóvenes muertos, probablemente con balas de plomo. Pasaron horas dramáticas hasta encajar las piezas del rompecabezas. Por la noche todavía había silencio oficial, y tanto el gobierno nacional como el provincial "compraron" la teoría sobre la escalada de violencia y el enfrentamiento entre grupos piqueteros.

Durante la mañana del jueves, el gobierno sostuvo la misma postura de un posible enfrentamiento de grupos políticos. A las dos de la tarde de ese día, el gobernador Solá reunió en su despacho a su ministro de seguridad y al comisario Franchiotti, quien le relató su versión de los hechos y cómo "ayudó" a Santillán, llevándolo herido al hospital. A esa misma hora, Luis Verdi, encargado del grupo comunicacional de Casa de Gobierno descubrió que Santillán estaba vivo antes de que la policía ingresara a la estación de trenes. Luego se comprobó que los responsables de la muerte de Santillán eran policías bonaerenses. Esa misma noche, miles de militantes de agrupaciones piqueteras, políticas y gremiales manifestaron pacíficamente por las calles de Buenos Aires para repudiar la muerte de los dos jóvenes[321].

En el medio del silencio, el gobernador de Santa Cruz, Néstor Kirchner repudió la represión policial y señaló que:

> No quiero ver más argentinos muertos en las calles. El 27 por ciento de desocupación y los 19 millones de pobres abonan el clima de violencia social actual, donde los que no tienen trabajo se quejan y salen a cortar rutas, y los que lo tienen se quejan porque se ven perjudicados.

El fin de semana Duhalde decidió una caminata más larga que la habitual por los jardines de la residencia de Olivos. Ensi-

---

321 Durante todo el día, Juanjo Álvarez conversó con los principales referentes para que la movilización no se desbordara.

mismado, evaluó el peso de su cargo y decidió en soledad adelantar las elecciones para descomprimir la tensión. Demasiados frentes abiertos: la renuncia de Mario Blejer en el Banco Central, el continuo enfrentamiento con el Fondo Monetario Internacional, el alza del dólar, los banqueros que insistían con el bono compulsivo, el regreso de Menem y ahora la muerte de dos militantes sociales. A la noche lo anunció públicamente:

> He decidido que dentro de cuatro meses, a partir de hoy, los argentinos elijan en internas abiertas y democráticas, sus candidatos a presidente y vicepresidente de la República. Y, ciento veinte días después, todos decidiremos quién nos conducirá los próximos cuatro años.

Aires frescos del Sur

A partir de julio, el clima económico apocalíptico empezó a disiparse. La inflación continuaba en baja, el dólar se calmó y el Banco Central comenzaba a ganar reservas, había superávit primario y la recaudación llegaba a 5.200 millones de pesos. Pese a todos estos síntomas positivos, el Fondo Monetario Internacional continuaba poniendo trabas para llegar a un acuerdo. Una y otra vez aparecían nuevos reclamos: liberación del "corralito" en forma inmediata, "candado" a la venta de reservas del Banco Central, bono compulsivo para favorecer a los bancos, etc.

En plena negociación con el Fondo, la Corte Suprema de Justicia lanzó un nuevo misil: declaró inconstitucional el decreto 896 del gobierno de la Alianza que recortó un 13 por ciento los salarios estatales. El gobierno negó la vinculación entre esta medida y la del oficialismo de elevar a juicio político a sus miembros, pero en la práctica se decidió que había que terminar rápidamente con el tema para no seguir siendo extorsionados por los jueces menemistas.

La cúpula del FMI continuó con su política hostil hacia la Argentina. El 23 de septiembre, en una insólita conferencia de prensa con los corresponsales brasileños y argentinos en Washington,

Horst Köhler, Anne Krueger y Anoop Singh criticaron abiertamente la política económica del gobierno y aclararon que si no había acuerdo era "sólo por culpa de la Argentina". Ante tal situación, Eduardo Duhalde se convenció de la imposibilidad de un arreglo firmado con las autoridades del Fondo y resolvió avanzar con los contactos políticos europeos.

En octubre, Lavagna viajó a los Estados Unidos y explicó a las autoridades norteamericanas los porqués de la necesidad de un acuerdo, entre otros, para alivianar a las próximas autoridades elegidas por el voto popular. La Argentina no estaba pidiendo un adelanto, sino la prórroga de los vencimientos. Por enésima vez, la burocracia del FMI rechazó la posibilidad de un acuerdo y exigió un incremento de tarifas para las privatizadas, la liberación total de los controles cambiarios y un nuevo ajuste en las provincias.

El 14 de noviembre, Argentina debía abonar con reservas más de 800 millones de dólares al Banco Mundial; caso contrario, las negociaciones continuarían estancadas. Duhalde decidió estudiar junto a su ministro la alternativa de un nuevo *default*, en caso de no llegar a un acuerdo con el organismo internacional. La decisión era compleja, porque no pagar significaba aislar más al país del mundo y perder el acceso a líneas de pre financiación para las exportaciones. Pero pagar implicaba que las reservas se consumirían dramáticamente, porque el total de vencimientos hasta mayo de 2003 totalizaban 4.541 millones de dólares, sobre un total de 9.481 millones en reservas.

Lavagna en conferencia de prensa aclaró que "podemos seguir viviendo sin un acuerdo con el Fondo", ratificando que no se usarían más reservas para los vencimientos internacionales. Paralelamente, los legisladores justicialistas presentaron dos proyectos de resolución por medio de los cuales se definía como ilegal el pago con nuestros ahorros. Los funcionarios del Fondo no iban a permitir el desaire de la Argentina declarando un nuevo *default*, por eso, Anne Krueger amenazó nuevamente con represalias:

> Si Argentina cayera en cesación de pagos con los organismos internacionales, sufriría serias consecuencias y deberían ser suspendidos los programas sociales y otros con el banco Mundial y el BID.

El anuncio del adelantamiento de las elecciones produjo un intenso movimiento dentro de los partidos políticos, especialmente dentro del peronismo. Los medios de comunicación inmediatamente pusieron los ojos en Carlos Reutemann, gobernador de Santa Fe, con alta imagen positiva en la población. El santafecino era uno de los pocos políticos que habían salvado su imagen del "que se vayan todos". Parco en sus declaraciones, Reutemann fue colocado en el centro del escenario, pero mantuvo su perfil bajo y sólo conversó públicamente con un medio provincial:

> Es una enorme responsabilidad. Lo tengo que estudiar con mucha seriedad, aunque la intuición me marca la negativa, –aclaró sobre una posible candidatura a presidente–.

Duhalde estaba convencido de que una fórmula encabezada por Reutemann alcanzaría para ganarle la interna a Carlos Menem y su proyecto dolarizador.

Por entonces, comenzó a discutirse con ardor si en las elecciones se debía votar sólo por el presidente o ampliarlas a todos los cargos legislativos. Duhalde, Reutemann, Carrió, Kirchner y Zamora coincidían en votar por la segunda alternativa. La titular del ARI le envió un fax al gobernador de Santa Fe invitándolo a apuntalar públicamente las elecciones ampliadas:

"(...) pues aunque nos separan posiciones ideológicas, te considero un político honesto y con sentido común".

"Lole" le respondió telefónicamente y reafirmó su conformidad con el llamado a votar por todos los cargos, pero le aclaró que todavía no había aceptado ser candidato[322].

Tras siete días de idas y vueltas, súbitamente, Reutemann declinó su candidatura y disparó una frase que trajo más confusión a su negativa:

---

322   Esa "buena onda" se rompió cuando 10 días después Reutemann – que ya se había bajado de la candidatura– expreso que Carrió lo amenazó con "una abstención revolucionaria" si no se votaban todos los cargos. La dirigente del ARI respondió que "Reutemann me confesó que le tiene miedo a Menem".

"He visto algo que no puedo decir en público que me terminó de convencer. Pero no sé si alguna vez lo voy a contar".

A partir de allí se multiplicaron las opiniones sobre el porqué del renunciamiento, sintetizadas en:
- Tuvo miedo (poco creíble, habiendo sido corredor de Fórmula 1).
- Por respeto o miedo a Carlos Menem, su iniciador en política.
- Porque un video íntimo con otra persona lo comprometía.
- Porque no era su tiempo.

Esa última fue la teoría más realista, ya que "Lole" estaba convencido de que la sociedad argentina avanzaba hacia un gobierno peronista de centroizquierda y, por lo tanto, sus ideas –más cercanas a la centroderecha– lo hubieran enfrentado con un sector importante de la sociedad.

Eduardo Duhalde no lo podía creer. Cuando los síntomas económicos empezaban a dar sus frutos, el peronismo no tenía un candidato claro para enfrentar a Menem. Pese a ello, mantuvo la calma frente a la histeria de muchos de sus colaboradores. A sus ministros y amigos les decía lo mismo:

> Mi candidato era el "Lole", pero al bajarse tenemos que esperar. El peronismo bonaerense no apoyará a nadie por ahora. Veamos a los candidatos. El "Gallego" (por De la Sota) se lanzará en los próximos días y el "Flaco" (por Kirchner) ya está haciendo campaña. También podría ser Felipe, si crece en las encuestas. Pero lo importante es que para ganar, cualquier candidato peronista necesita el apoyo de la provincia de Buenos Aires. Dejemos que el agua corra por el río.

José Manuel De la Sota sintió que era su oportunidad, la que se le había negado en diciembre de 2001. Lo primero que hizo fue llamar a Carlos Reutemann para confirmar que realmente abandonaba la carrera presidencial. Posteriormente, organizó un pequeño acto –estilo americano– con toda su familia ante la prensa y anunció que sería candidato en la interna del justicialismo. Los números de las encuestas no le daban bien, pero confiaba en remontar la tendencia a partir de ese momento.

Si la declinación de Reutemann había provocado zozobra en la Casa Rosada, en la provincia de La Rioja todo era alegría. El menemismo sabía que le sería muy difícil vencer al santafesino. Ese era un motivo de festejo. Estaban convencidos de que el "veranito económico" se terminaría y que la economía explotaría hacia fin de año, con lo cual Carlos Menem regresaría como salvador.

Entre Duhalde y Menem había un tercero en discordia: Adolfo Rodríguez Saá, quien mantenía un alto porcentaje de adhesión en las encuestas (20 por ciento) y su estrategia consistía en responsabilizar por igual a Menem y a Duhalde por la crisis económica.

El presidente decidió mantener los canales abiertos con todos los candidatos del peronismo, excepto con Menem. A José Pampuro le pidió comunicación permanente con Néstor Kirchner; a Aníbal Fernández con De la Sota y al ex senador Jorge Villaverde con Adolfo Rodríguez Saá. Durante julio y agosto, los medios de comunicación especularon sobre quién sería finalmente el candidato del gobierno: un día el gobierno estaba con De la Sota porque realizaba un acto en Avellaneda; otro día con Rodríguez Saá o con Kirchner o, lo más pintoresco, se afirmaba que la relación con Menem había mejorado y que cicatrizaban las "viejas heridas".

El 31 de agosto, la oposición encabezada por Elisa Carrió, Luis Zamora y Víctor De Gennaro –acompañados por la izquierda tradicional– encabezaron un importante acto frente al Congreso de la Nación bajo el lema "que se vayan todos". No hubo discursos, pero los presentes cantaron otra vez la vieja consigna y reclamaron elecciones para todos los cargos.

A mediados de septiembre, la Casa Rosada se preocupaba porque la figura del "Gallego" De la Sota no crecía, pese al apoyo del peronismo bonaerense. Algunos intendentes del Gran Buenos Aires se reunieron con Duhalde, le expusieron que con el cordobés no iban a ningún lado y sugirieron acordar con Rodríguez Saá, que "cae bien en los sectores humildes".

Duhalde les recordó que en diciembre de 2001, Ruckauf se mantenía primero en intención de voto; un mes después era De la Sota y en ese momento las encuentas le daban bien a Rodríguez Saá, pero estaba estancado con una fuerte imagen negativa desde hacía dos meses:

> Muchachos, aprendamos de Perón. Hay que desensillar hasta que aclare. Mientras tanto, vamos a fortalecer la estructura de la provincia y no hay que perder de vista que el enemigo a vencer es Menem y todo el *establishment* económico.

Ante la floja performance del cordobés, el gobierno infló la figura de Felipe Solá para sondear cómo respondía la sociedad. Eduardo Amadeo deslizó a la prensa que Duhalde miraba con simpatía la candidatura presidencial del bonaerense. La propuesta puso paranoico al gobernador, que salió a los gritos a desmentir que quería ser candidato presidencial. Una anécdota pinta de cuerpo entero la situación vivida por Solá: un grupo de intendentes del conurbano lo esperaba para una reunión. Cuando entró, antes de saludar comenzó a vociferar:

> –¡El negro (Duhalde) me quiere cagar, me quiere mandar de candidato a presidente! ¡Siempre me caga!

El intendente de Tres de Febrero, Hugo Curto, lo saludó entonces con ironía:

> –Escuchame, pibe: no eras nadie y el Negro te hizo vicegobernador; no sos nadie y el Negro te dejó como gobernador. Seguís siendo nadie y te ofrece la presidencia. ¿Por qué el Negro no me cagará un poquito a mí de esa forma?

Todos los presentes festejaron, menos Felipe.

A mediados de octubre, la Justicia Electoral a cargo de la doctora María Romilda Servini de Cubría, suspendió el llamado a elecciones internas abiertas y simultáneas. La resolución le permitió al Consejo Nacional Justicialista –presidido por Carlos Menem– confirmar las internas para mediados de diciembre. Eduardo Duhalde redobló la apuesta y para zanjar el entuerto convocó al Congreso Nacional Justicialista, con oposición menemista a través de un recurso en la justicia. La jueza resolvió que el Congreso no tendría validez, pero las figuras principales del peronismo decidieron hacerlo igual: "Acá hacemos política. Un juez no nos va a dictar los caminos ni los tiempos", dijeron varios hombres de la Rosada.

Finalmente, el congreso partidario se llevó a cabo, más allá de la validez judicial, con la presencia de 585 delegados –se necesitaban 460 para deliberar– y se convirtió en un importante triunfo para el presidente, que se metió en el bolso al 70 por ciento del peronismo. El Congreso decidió postergar las internas hasta el mes de enero y se votaron nuevas autoridades. En el encuentro, Cristina Kirchner exigió legitimidad: "Somos demasiados para ser tratados desde la clandestinidad por algún sector de la Justicia" y José Manuel De la Sota, chicaneando a Menem, reflexionó: "No me imagino a Juan Perón recorriendo los pasillos de Tribunales con un escrito".

Al día siguiente Duhalde recibió sigilosamente a José Manuel De la Sota y a Néstor Kirchner en su casa de Lomas de Zamora. Durante un par de horas discutieron sobre el futuro del peronismo y la importancia de continuar un modelo productivo. Hacia el final, Duhalde intentó por todos los medios convencerlos para que se unieran en una misma fórmula y sugirió que debía ser encabezada por el que mejor midiera en las encuestas:

> Aunque todavía están parejos, el "Flaco" viene creciendo y cae bien en los sectores independientes. Creo que sería mejor candidato en una segunda vuelta para enfrentar a Menem, pero es una decisión de ustedes.

La Justicia envió veedores al segundo congreso partidario que se realizó el 5 de noviembre en el estadio de Obras Sanitarias. Esta vez se reunieron 612 congresales, siete gobernadores y un sinnúmero de legisladores de todo el país, demostrando que el peronismo estaba allí. Sólo faltó lo más rancio del menemismo. El congreso ratificó la realización de internas para el 18 de enero, confirmó las nuevas autoridades partidarias e implantó la Junta Electoral. Eufórico durante toda la jornada, Duhalde supo que era un duro golpe para su eterno rival, pero igual instruyó no agredirlo demasiado y dejar algún camino abierto.

Un ministro que participó del congreso hizo una picante reflexión:

> No hay dudas que al país le está yendo bien. En enero estábamos solos, nos daban por muertos en una semana, éramos los enfermos de lepra y ahora parecemos una modelo de Pancho Dotto a la que todos quieren tocar.

El funcionario tenía razón. Un *paper* que circuló entonces, señalaba lo siguiente:
- El *establishment* estimaba un dólar entre los 8 y los 20 pesos. La cotización rondaba los 3,50 y la tendencia era a la baja.
- Se decía que quedarían 10 bancos; pero había más de 80.
- Se sostenía que nunca más habría depósitos bancarios y éstos superan los 84 mil millones.
- No se estimaba un contagio regional, pero la crisis cayó con toda la fuerza sobre Brasil y Uruguay;
- Se calculaba un déficit de 15.000 millones y era sólo de 5.400 millones.
- Se afirmaba que se marchaba inexorablemnente hacia la hiperinflación y la inflación rondaba el 40 por ciento anual.

Entre la vorágine de las internas y las negociaciones con el Fondo Monetario Internacional, el gobierno promulgó la Ley 25.649 que obligaba a la utilización de medicamentos por su nombre genérico. Duhalde recuerda la importancia de la Ley:

> Argentina, antes de la devaluación, era el quinto país más caro del mundo en materia de medicamentos y entre enero y mayo del

2002 éstos aumentaron considerablemente por lo cual los más perjudicados fueron, como siempre, los más humildes. Este hecho llevó a mi gobierno a instaurar una nueva política de medicamentos que fuera más eficiente y que garantizara el acceso a toda la población. Junto a esta ley de genéricos implementamos el Programa Remediar, que garantiza el acceso gratuito a los medicamentos para la población más vulnerable de nuestro país.

Diciembre se inició con una buena noticia para el gobierno. El ministro de la Corte Carlos Fayt, debió presentar su excusación "indeclinable" para votar la re dolarización de los depósitos, al reconocer que era titular de un plazo fijo en el Banco Nación y un más que probable interés personal. Durante meses, Fayt había ocultado esa información, a diferencia de sus pares Enrique Petracchi y Gustavo Bossert, ya excusados en el caso. Fue la primera vez que la "mayoría automática" –Nazareno, Vásquez, López y Moline O'Connor– no reunían los cinco votos necesarios para discutir la pendiente re dolarización de los depósitos bancarios.

A principios de diciembre, Rodríguez Saá aún mantenía un 14 por ciento de adhesión, pero estaba estancado y comenzó a cometer errores, tales como anunciar que desconocería todos los acuerdos internacionales y que renovaría íntegramente la legislación argentina. Por detrás, con un 10 a 12 por ciento de intención de voto, aparecían Carlos Menem, Néstor Kirchner y Elisa Carrió, mientras que De la Sota no alcanzaba el 8 por ciento. Aunque no lo anunció públicamente, Duhalde comenzaba a tomar partido por Néstor Kirchner. No sólo le gustaba el "Flaco": siempre le estaría agradecido por haber sido el único gobernador que lo acompañó en su pulseada de 1999 contra Carlos Menem.

El 14 de diciembre, el presidente viajó a Santa Cruz para participar del 60º aniversario de la fundación de la mina de carbón de Río Turbio. Aterrizó en El Calafate por la mañana para encontrarse con Kirchner y discutir un posible acuerdo en favor de su candidatura. Durante las primeras horas de la tarde se trasladaron a Río Turbio y participaron juntos de los actos. Allí, Duhalde sólo dejó trascender que "Kirchner es un gran candidato". Luego regresaron a El Calafate y se reunieron a solas. Además de garantizar el apoyo de la aceitada estructura del peronismo bonaerense, ambos coincidieron en mantener el proyecto productivo. Se acordó que no habría internas y que todos los candidatos podrían presentarse por adentro del peronismo. De buen humor, el presidente terminó admirando las bellezas naturales de El Calafate antes de emprender el viaje de regreso.

Una semana antes, Néstor Kirchner en su residencia de gobernador habló con Cristina, su compañera de toda la vida, y le planteó:

–Voy a cerrar con Duhalde. Venimos bien, pero necesitamos los intendentes del conurbano para ganar las elecciones, sino, no llegamos a la segunda vuelta.

–No me gusta. Hay mucho poder en el conurbano y nosotros venimos de una provincia chica.

–Voy a ser presidente y a mí nadie me va a dar órdenes. El bastón de mando lo voy a tener yo y la caja también. Nadie va a doblegar mis convicciones.

El 18 de noviembre, luego de dos días de reuniones en la quinta de Olivos, el gobierno nacional y los gobernadores firmaron un nuevo pacto político-económico para presionar a las autoridades del Fondo sobre la necesidad de cerrar un acuerdo. En la cita se pactó el sostenimiento de la rebaja de dos puntos del IVA; se asumió el compromiso de aprobar el presupuesto 2003; se ratificaron los acuerdos fiscales entre la Nación y las provincias y se llegó a un acuerdo para que el Congreso no aprobara nuevas prórrogas a las ejecuciones hipotecarias. También se le puso fecha a las elecciones nacionales: el 27 de abril para la primera vuelta y el 18 de mayo para el ballottage, con traspaso de mando previsto para el 25 de mayo de 2003. El acuerdo fue firmado por 20 de los 24 gobernadores[323].

En enero ya era *vox pópuli* que el candidato oficial era Néstor Kirchner. El santacruceño era el mejor posicionado, pero nunca

---

323   Se opusieron a la firma las provincias de La Rioja, Salta, La Pampa y San Luis.

había tenido demasiado *feeling* con el resto de los gobernadores y con la estructura del peronismo. Duhalde intentó, una y otra vez convencer a los mandatarios provinciales en dos temas centrales: que Kirchner era el mejor candidato para enfrentar a Menem y que las internas de febrero había que suspenderlas porque el peronismo se quebraría. Juan Carlos Mazzón se encargó de analizar con los gobernadores la mejor alternativa a las internas: podía ser una Ley de Lemas, donde cada candidato sumaba los votos para su partido, pero se corría el riesgo de que la oposición y la Justicia la declarara inconstitucional; o la propuesta del gobernador Romero, una especie de neolemas en la que un partido presentaba varios candidatos pero los votos no se sumaban.

Duhalde se cansó de explicar que no estaban dadas las condiciones para ir a internas con los padrones manejados por Carlos Menem; que el peronismo corría el riesgo de fracturarse, por lo cual era importante que el Congreso del Partido Justicialista optara por el sistema de neolemas. Finalmente, reunido el congreso a fines de enero, aprobó la moción de presentar varias fórmulas.

A mediados de enero, las reuniones en la residencia de Olivos entre Duhalde y Kirchner eran habituales, hasta que el presidente develó un secreto que ya era público: el peronismo bonaerense apoyaría a Néstor Kirchner como candidato. Y así lo justificó oficialmente:

> Kirchner es un candidato nuevo, es la renovación del peronismo y la lucha por un nuevo país; es un abanderado, un luchador que quiere continuar la senda de este plan económico signado por la producción y el trabajo.

Pocas horas antes del anuncio al santacruceño, Duhalde tuvo que neutralizar a varios jefes del conurbano que insistían con que sólo él podía vencer a Menem en una elección:

> –A Kirchner no lo conocen en el conurbano; el turco nos va a ganar o la gente va a votar a Rodríguez Saá, que en esta zona tiene mejor llegada –le argumentó un intendente.

—Se equivocan, muchachos. El flaco creció solo en los últimos meses sin nuestra ayuda; mucho más que Rodríguez Saá que sigue estancado desde septiembre. Por supuesto que Menem todavía le gana, pero cuando todo el peronismo bonaerense lo apoye, alcanzará para ganarle o, al menos, para empatarle. Ahora, es importante que lo lleven a recorrer toda la provincia, especialmente el conurbano.

La resistencia continuó, especialmente en el interior del país, porque el gobierno no pudo cambiar la convicción de muchos gobernadores[324] de que Carlos Menem ganaría la elección. Se equivocaron. El envión de Duhalde se reflejó rápidamente en las encuestas: Kirchner registró un crecimiento abrupto de 4 puntos en la intención de voto, que pasó del 11,8 al 15,8 por ciento.

La posibilidad cierta de llegar a la presidencia de la Nación le trajo a Néstor Kirchner durísimas críticas de todo el arco opositor —especialmente de Carrió y López Murphy— y de los sectores de izquierda, siempre proclives al antiperonismo. Hebe de Bonafini lo trataba de "sinvergüenza" y el principal columnista de *Pagina/12*, Horacio Verbitsky, quien luego defendería su gobierno, opinó sobre el candidato del peronismo en el verano de 2003:

> Algunos partidarios de Kirchner evocan que fue perejil de la Juventud Peronista, como si los alineamientos de treinta años atrás pudieran decir algo significativo sobre el presente. Prefieren no recordar el rol decisivo que tuvo en la década pasada para asegurar la privatización de YPF, cuando fletó el avión de la gobernación santacruceña para asegurar que uno de sus diputados, que por un accidente tenía una pierna enyesada, llegara a tiempo a la sesión decisiva. Con las regalías atrasadas percibidas efectuó colocaciones financieras en el exterior, lo cual prueba que no se quedó en el 70. Sus simpatizantes tampoco mencionan el *lobby* sobre el gobierno nacional que Kir-

---

324   Sólo Gildo Insfrán, de Formosa, Eduardo Fellner, de Jujuy, y Carlos Juárez, de Santiago del Estero apoyaron abiertamente al santacruceño en una primera etapa.

chner encabezó hace un año. Secundado por los gobernadores de Neuquén, Jorge Sobisch; de Mendoza, Roberto Iglesias, y de Chubut, José Luis Lizurume, fue el vocero de Repsol contra las retenciones a las exportaciones de hidrocarburos decididas en aplicación de la ley de emergencia económica. Ni siquiera los gobiernos liberales de México y Chile enajenaron la renta minera en forma tan irresponsable. Aun bajo la conducción de Carlos Salinas de Gortari o Augusto Pinochet retuvieron la propiedad de sus yacimientos de petróleo y cobre.

Se equivocaban aquellos que le cuestionaban sus alianzas con el duhaldismo. Kirchner había leído a Perón y recordaba que para ganar las elecciones de 1946 conformó un frente nacional con sectores radicales y también del nacionalismo oligárquico. Sabía que primero había que ganar, luego acumular poder y finalmente producir un crecimiento del país con inclusión social.

Febrero comenzó con la discusión sobre su compañero de fórmula. Los medios de comunicación lanzaban nuevos nombres todos los días. En un principio fue "Chiche" Duhalde; luego el intendente de La Matanza Alberto Balestrini; después los ministros Juan José Álvarez, Roberto Lavagna y Daniel Scioli.

El 23 de febrero, Kirchner se decidió por Daniel Scioli, un moderado que le sumaba más votos del electorado independiente. Horas antes, los periodistas habían armado un gran revuelo por una reunión entre el presidente y su ministro de Economía en la casa de verano de Carlos Ruckauf. Informaban que en Villa Gesell se estaba cocinando la candidatura de Lavagna para vicepresidente.

Scioli había sido convocado por Kirchner a la Casa de Santa Cruz. Allí el santacruceño le pidió que lo acompañara en la fórmula. Un día después, los matrimonios almorzaron juntos en el departamento de barrio Norte y lo hicieron público.

Poco a poco Néstor Kirchner endurecía su discurso:

> A partir de hoy se puede soñar con memoria histórica, pensar en un cambio y reencontrarnos con las mejores épocas del país. (...) No se puede dar un paso atrás, hacia el pasado cerca-

no que trajo tanto dolor y exclusión en el país. (...) No me falta coraje ni todo lo que hay que tener para sacar a la Argentina de su larga crisis. (...) Vengo a pedir que me ayuden; me animo a tomar la bandera, ese bastón de mariscal que decía el general (Perón), con todas las fuerzas.

Ya sabía que la pelea era con Menem y no se olvidaba de su rival:

> Menem es el pasado. Es el responsable de la Argentina que tenemos, es el responsable de la exclusión social, de la corrupción estructural que tiene este país. Es el responsable de haber vendido y rematado el patrimonio nacional, es el responsable directo de este proceso feroz de endeudamiento que vivió el país y es uno de los padres que tuvo este modelo durante estos 25 años.

El último tramo de la pelea encontró a los candidatos sumamente parejos en las encuestas. Carlos Menem y Néstor Kirchner rozaban el 20 por ciento, y 3 o 4 puntos más abajo lo seguían Adolfo Rodríguez Saá, Elisa Carrió y Ricardo López Murphy, que en el último mes había crecido con el apoyo del *establishment* económico y del diario *La Nación*.

Carlos Menem negaba las encuestas, convencido de que el 27 de abril obtendría entre un 42 y 43 por ciento de los votos, salteándose así el *ballotage*. Una de las características de la campaña del riojano fue que nunca nombró a Néstor Kirchner. Permanentemente interpuso como rival a Eduardo Duhalde, lo que fue un error. El país remontaba, los números mostraban que la recesión era cosa del pasado y, por primera vez en cuatro años, estábamos creciendo.

De las encuestas que leía el presidente, le preocupaba que Kirchner no se hubiera diferenciado demasiado del resto de los candidatos. Por eso, en las últimas semanas participó abiertamente de la campaña, en contra de los rivales del santacruceño:

> El pasado fue una verdadera pesadilla, un vía crucis, por eso yo les pido no dar un sólo paso hacia atrás. Tenemos que

avanzar con pasos victoriosos. (...) No se puede volver al pasado (Menem) y tampoco votar a los cobardes (Rodríguez Saá).

Mientras tanto, Kirchner seguía con su prédica fulminante contra el modelo económico de los noventa:

> Todo el pueblo sufrió la angustiosa década del 90 en la consolidación de ese proyecto que nació en 1976... Está en juego mucho más que un candidato. El pueblo tiene que optar entre dos modelos diferentes; el de la concentración económica, que trajo el hambre y la falta de trabajo a nuestro pueblo, y el modelo de la producción y el trabajo... Nunca más nos van a cambiar a Evita por María Julia Alsogaray... Vamos a construir un gobierno de unidad nacional, a combatir la corrupción, a recuperar la justicia social, a generar un nuevo amanecer.

Diez días antes de las elecciones, Kirchner concretó una de las jugadas políticas más interesantes de todo el proceso. Se reunió con Roberto Lavagna y lo presentó como su futuro ministro de economía, confirmando así la continuidad con el proyecto económico en marcha. Pero Carlos Menem no se quedaba atrás: le ofreció a Carlos Reutemann la Cancillería en caso de triunfar.

El 27 de abril de 2003, el pueblo argentino votó masivamente como no lo hacía desde 1983. Menem obtuvo el 24 por ciento de los votos. Pisándole los talones le seguía Néstor Kirchner, con el 22 por ciento. En tercer lugar se ubicó Ricardo López Murphy, con el 16 por ciento. Más abajo Adolfo Rodríguez Saá y Elisa Carrió, compartiendo el 14 por ciento. El "voto bronca" fue el gran ausente, arañando el 1,5 por ciento entre nulos o en blanco. Se confirmó una concurrencia de más del 78 por ciento de los empadronados[325].

Carlos Menem ganó en 12 provincias, entre ellas Santa Fe y Córdoba. En ésta última le arrebató cerca de 300.000 votos al san-

---

325 El récord de votos para una elección se produjo en 1983, cuando alcanzó al 83 por ciento de los empadronados.

tacruceño. En cambio, Néstor Kirchner triunfó en la región patagónica y en la provincia de Buenos Aires, donde le sacó más de 360.000 mil votos de diferencia. Por su parte, Adolfo Rodríguez Saá hizo una excelente elección en la zona de Cuyo. La provincia de Buenos Aires fue decisiva para el resultado de Kirchner, ya que allí obtuvo más de 10 puntos de diferencia sobre Menem. En el conurbano bonaerense se notó el trabajo de la estructura del PJ: una diferencia de 200.000 votos a favor del santacruceño[326].

Los medios de comunicación reconocieron que el peronismo fue el gran protagonista de la jornada electoral. Los resultados mostraron que, sumados los tres candidatos, superaban el 60 por ciento de los votos, un poco menos que su registro histórico –con Perón en vida– de septiembre de 1973. Ahora bien, votar por Menem o Kirchner en segunda vuelta no significaba lo mismo. En el *ballottage* se elegirían dos proyectos de país diferentes: el modelo neoliberal de los noventa o la continuación del proyecto productivista lanzado por Duhalde en el 2002.

Las encuestas, a pocas horas de la elección, descontaban un amplio triunfo del santacruceño en la segunda vuelta. La mayoría de los votantes de Rodríguez Saá y de Elisa Carrió se inclinaban por Kirchner, mientras que los votantes de López Murphy lo hacían por Menem. En el menemismo se vivía un clima de fuerte tensión. Además de la renuncia de Eduardo Bauzá como jefe de campaña, la mayoría de los dirigentes del comando electoral se enfrentaron, achacándose las responsabilidades del fracaso. El nerviosismo de Carlos Menem se notó desde sus primeras declaraciones públicas luego del comicio:

> Hay dos opciones: la Argentina de la paz, de la seguridad, de desarrollo; o una Argentina similar a Cuba. (...) Con Kirchner vuelve el peronismo de la violencia, el de los 70.

---

326 Jorge Villaverde, de Almirante Brown, Alberto Balestrini de La Matanza, Juan José Mussi de Berazategui, Hugo Curto de Tres de Febrero y Manuel Quindimil de Lanús, entre otros referentes del gran Buenos Aires, aportaron los votos fundamentales al triunfo de Néstor Kirchner en el conurbano bonaerense.

Eduardo Duhalde mantuvo bajo perfil durante la primera semana, para no interferir de lleno en la contienda, pero el 6 de mayo, cuando se especulaba que Menem podía bajarse de la segunda vuelta, salió a torearlo:

> El ex presidente tiene dos posibilidades: perder por abandono o por nocaut.

El 14 de mayo, después de mantener en vilo a toda la sociedad, Menem anunció desde La Rioja que renunciaba a presentarse al *ballottage*. Simplemente porque perdía por paliza, producía un impresionante daño al proceso democrático.

Ante la delicada situación que se vivía, Néstor Kirchner decidió presentarse con un contundente mensaje hacia la sociedad[327]:

> Hemos vivido una de las jornadas más oprobiosas y bochornosas de las que se tenga memoria. Un país en vilo, sus instituciones democráticas jaqueadas. No es la primera vez que esto ocurre en nuestro país. Mi generación y la historia recuerda otros golpes a la democracia, pero lo inédito e insólito por su gravedad y profundidad es que, en esta oportunidad, el intento proviene de un ex presidente constitucional, que al no poder lograr ser reelecto por tercera vez, tira del mantel sin importar los daños, dispara sobre las instituciones de la Republica con la misma violencia de su discurso y con la misma impunidad de su gestión... En rigor de verdad no deberíamos sorprendernos ante tal actitud. Primero les robó a los argentinos el derecho a trabajar, luego el derecho a comer, el derecho a estudiar, el derecho a la esperanza. Ahora vino por el último de los derechos que quedaba en pie: votar. Las encuestas que unánimemente le auguran una derrota sin precedentes en la historia electoral de la República, permitirán que los argentinos conozcan su último rostro: el de la cobardía, y sufran su último gesto: el de la huida.

---

[327] El duro discurso fue escrito casi en su totalidad por Cristina Kirchner.

2003

La recuperación de la dignidad

El 5 de mayo de 2003, solo 8 días después de la primera vuelta, y aunque todavía Menem no había anunciado que se bajaba, se percibía un contundente triunfo en la segunda vuelta del santacruceño. Esa mañana, Kirchner desayunó en la casa de Alberto Fernández con el subdirector del diario *La Nación*, Claudio Escribano.

En dicha reunión, Kirchner tuvo que soportar la primera arenga de los poderosos. Allí, Escribano le transmitió los cinco puntos que eran fundamentales para que su gobierno "no cayera en menos de un año". En sí, el subdirector de *La Nación*, dijo sutilmente que eran "las posiciones del Consejo de las Américas". Los puntos eran: alineamiento automático con Estados Unidos, encuentro con el embajador y los empresarios, condena a Cuba, reivindicación de la guerra sucia y medidas excepcionales de seguridad.

El periodista Horacio Verbitsky, quien reveló la reunión en un artículo publicado en el diario *Página 12*, relató los detalles del encuentro:

1)"La Argentina debe alinearse con los Estados Unidos. No son necesarias relaciones carnales, pero sí alineamiento incondicional. Es incomprensible que aún no haya visitado al embajador de los Estados Unidos".

2)"No queremos que haya más revisiones sobre la lucha contra la subversión. Está a punto de salir un fallo de la Corte Suprema de Justicia en ese sentido. Creemos necesaria una reivindicación del desempeño de las Fuerzas Armadas en el contexto histórico en el que les tocó actuar".

3)"No puede ser que no haya recibido a los empresarios. Están muy preocupados porque no han podido entrevistarse con usted".

4)"Nos preocupa la posición argentina con respecto a Cuba, donde están ocurriendo terribles violaciones a los derechos humanos".

5)"Es muy grave el problema de la inseguridad. Debe generarse un mejor sistema de control del delito y llevarse tranquilidad a las fuerzas del orden con medidas excepcionales de seguridad".

Según relató Verbitsky, Kirchner le respondió a Escribano con un tono no menos formal.

Mi mayor preocupación es que me acompañen los argentinos, por eso no empiezo por los empresarios ni por el embajador de ningún país. Tampoco pienso en un alineamiento automático con Estados Unidos ni en buscar que me aprueben como pre condición para gobernar mi país. Ocurre que usted y yo tenemos visiones distintas del país. Como es difícil que podamos ponernos de acuerdo, sería importante tratarnos con respeto.

Allí terminó la reunión.
Escribano estaba muy molesto. No comprendía cómo "un don nadie" le respondía así a los dueños del país. El jueves 15, horas después de que Menem se bajara del *ballotage*, el sub director de *La Nación* decidió hacer público el apriete a Kirchner, en un extenso artículo que tituló "Treinta y seis horas de un carnaval

decadente". En la nota, relataba que el Consejo para las Américas estaba reunido en Washington cuando se hacían los últimos cómputos provisionales de las elecciones. Además puntualizaba dos conclusiones a las que "esos hombres" llegaron: "Kirchner sería el próximo presidente y los argentinos habían resuelto darse un gobierno por un año". Escribano explicó además que el propio Kirchner conocía esa información "desde el lunes 5" pero no decía que él se la había transmitido.

Un día después, Néstor Kirchner y Cristina Fernández compartieron un almuerzo televisivo con la conductora Mirtha Legrand. Kirchner, a lo largo de hora y media de programa, comenzó a denunciar los intereses económicos que buscaban generar una imagen suya como presidente débil y acusó a los sectores financieros de operar contra él. "No me molesta que me critique Escribano, porque él tiene una visión de país y yo tengo otra", dijo. El presidente agregó que no compartía partes de los conceptos del artículo del subdirector de *La Nación,* aunque calificó su relación con el periodista como de "disenso absolutamente civilizado".

El almuerzo quedó en el recuerdo de muchos argentinos, por la pregunta de la conductora al matrimonio presidencial sobre si "se venía el zurdaje" en Argentina, a lo que el presidente con firmeza contestó: "esos dichos costaron treinta mil desaparecidos".

Luego del programa de Mirtha, Néstor y Cristina viajaron al sur para terminar de conformar el gabinete. Un día después viajó Alberto Fernández, con lo cual se supo que ocuparía un lugar importante. Finalmente el presidente anunció, luego de mucho hermetismo, el gabinete nacional el 20 de mayo. Esa mañana lo esperaban todos los periodistas en la casa de gobierno de Santa Cruz y Kirchner ingresó acompañado por Daniel Scioli y leyó la lista.

Hubo pocas sorpresas respecto de los nombres que se barajaban durante los días previos. El patagónico conformó un equipo con un fuerte componente del Grupo Calafate y los duhaldistas que se ganaron su confianza en la campaña electoral. Hubo un solo extrapartidario.

El armado trazaba algunos indicios de lo que podía esperarse del nuevo gobierno: cierta continuidad en el ámbito económico respecto de lo hecho por Duhalde, pero con un mayor acento en la obra pública. Para eso, Kirchner creó la cartera de Planificación Federal, Inversión Pública y Servicios y eligió para conducirla a un hombre de su confianza: Julio De Vido.

Como era de esperar, Alberto Fernández fue elegido Jefe de Gabinete. Había sido el jefe de campaña y uno de los hombres de mayor confianza del patagónico en los últimos tiempos.

Roberto Lavagna fue el único ministro que el presidente había adelantado su nombramiento en plena campaña electoral, como una jugada estratégica para llegar al *ballotage*.

También mantuvo su cargo de la gestión de Duhalde el ministro de Salud, Ginés González García. Los rumores sobre su permanencia en esa cartera sonaron desde semanas antes a la designación. Tanto Lavagna como González García fueron los únicos dos funcionarios que no cambiaron de despacho.

Sin embargo, la elección de Aníbal Fernández como ministro del Interior resultó, cuanto menos, sorpresiva. Por entonces era el ministro de la Producción y muchos lo consideraban un candidato a seguir en su puesto o para pasar a Trabajo. Para ese lugar, uno de los favoritos era el gobernador de Jujuy, Eduardo Fellner, quien siguió como uno de los principales operadores de Kirchner con los gobernadores y más tarde sería recompensado con la presidencia de la Cámara de Diputados de la Nación.

La designación de Rafael Bielsa al frente de la Cancillería también sorprendió a muchos porque siempre se lo había mencionado como candidato para la cartera de Justicia o, incluso, para el cargo de Procurador General. El rosarino se había recibido de abogado en una universidad de Virginia (Estados Unidos) y vivido casi tres años en Barcelona, exiliado durante la dictadura. Formó parte del gobierno de la Alianza y era amigo personal de "Chacho" Álvarez. Además había sido Síndico General de la Nación durante la gestión de Fernando de la Rúa. Inmediatamente recibió órdenes de "desarmar" las políticas que desde los años menemistas manejaban el rumbo de la Cancillería, una línea considerada "pro yanqui", basada en relaciones carnales con los Estados Unidos.

José Pampuro fue el nexo que había elegido Duhalde para trabajar con Kirchner durante la campaña electoral y fue elegido para ocupar la cartera de Defensa, por ser una persona proclive al diálogo. El hombre de Lanús no se imaginaba "el baile" que tendría en las primeras semanas de gobierno.

Julio De Vido había sido el ministro de Economía de Santa Cruz junto a Kirchner y tendría como función en la nueva cartera acelerar la obra pública con una "visión federal".

Nadie leyó a la designación de su hermana mayor al frente de Desarrollo Social como un caso de nepotismo. Alicia Kirchner tenía una vasta trayectoria académica en la materia. Durante años, ocupó el mismo cargo en su provincia y en el entorno del presidente electo aclaraban que era una de las pocas personas doctoradas del país en Acción Social.

La designación de Gustavo Beliz en el ministerio de Justicia, Seguridad y Derechos Humanos fue otra de las sorpresas. Su primera experiencia al frente de un ministerio había sido traumática. Había sido ministro del Interior en el gobierno de Menem cuando se despachó diciendo que la administración del riojano era "un nido de víboras". Tuvo que dejar el ministerio y le quedó el mote de "zapatitos blancos".

Su designación generó cierta inquietud en ámbitos tribunalicios y hasta de la cartera judicial, toda vez que el abogado, ex periodista y católico militante ligado al Opus Dei era más conocido por sus políticas de seguridad que por sus propuestas en torno a la Justicia. Beliz asumió en la cartera judicial sin que se le quitara la competencia de la Secretaría de Seguridad. Y esta determinación parece haber sido la que más pesó en su designación. Pero Kirchner, sí decidió sacarle el control de la Secretaria de Derechos Humanos que dependía de su ministerio, y en ella nombró a un militante histórico de los derechos humanos: Eduardo Luis Duhalde.

Otro reconocimiento a una gestión, esta vez al frente del Ministerio de Educación porteño, fue la designación de Daniel Filmus en la misma cartera pero del gobierno nacional.

Para Trabajo, fue elegido el abogado laboralista Carlos Tomada, que había trabajado en los equipos técnicos que elaboraron el plan de gobierno de Kirchner. Tomada era integrante del Grupo Calafate y había sido funcionario en el primer tramo del gobierno de Duhalde. Posteriormente asesoró a sindicatos.

Carlos Zannini, un cordobés que residía en Río Gallegos, fue nombrado al frente de la Secretaría de Legal y Técnica de la Presidencia.

Néstor Kirchner, al finalizar de leer los nombres de sus ministros, dijo: "este es mi gabinete, no hay un gabinete inicial. Dios quiera que sean buenos ministros".

Los únicos dirigentes que tuvieron acceso a la intimidad del presidente electo en los instantes previos al anuncio, fueron Scioli, Fernández, De Vido y Sergio Acevedo. La mayoría de los ministros se despertaron el mismo martes sin saber que formaban parte del nuevo gobierno.

Kirchner adelantó las propuestas a sólo tres de sus futuros colaboradores, Aníbal Fernández, José Pampuro y Oscar Parrilli. En tanto, el designado jefe de Gabinete se encargó de completar la ronda de llamadas a los demás ministros.

Aníbal Fernández casi se desmaya cuando minutos antes del anuncio recibió el llamado de Kirchner. El dirigente bonaerense no esperaba ese puesto[328]. Oscar Parrilli estaba haciendo un trámite bancario en Río Gallegos cuando recibió el llamado de su líder político: "¿estás listo para ocupar la Secretaría General?", le preguntó Kirchner.

El nuevo presidente comenzaba a mostrar su particular estilo de gobierno. El hermetismo era una señal de autoridad. Nadie más que él eligió a los ministros. Los únicos que tuvieron acceso a la información fueron Cristina y el futuro Jefe de Gabinete.

Días antes de su asunción, mientras repasaba lo que sería su discurso en el Congreso, tuvo su primer cruce con Eduardo Duhalde, cuando éste, todavía en funciones, le adelantó su intención de firmar una amplia ley de pacificación nacional, cerrando

---

328 "Aníbal, a vos te debo mucho, trabajaste desde el primer día en la campaña", le recordó el presidente. A lo que Fernández le respondió: "vos no me debés nada, yo amo el peronismo y creo que la Argentina tiene que producir un cambio y el único tipo que lo puede producir sos vos, entonces yo me siento halagado de estar acompañándote, me siento orgulloso de estar a tu lado".

el capítulo de los juicios a militares para olvidar el pasado y firmando los indultos al ex coronel carapintada Mohamed Alí Seineldín y al ex jefe guerrillero Enrique Gorriarán Merlo. Néstor Kirchner, que sorprendería luego con su política de derechos humanos, "convenció" a Duhalde de que no lo hiciera. "Eduardo, gané con solo el 22 por ciento de los votos, necesito que me permitas a mí tomar las grandes medidas, incluso esta de la pacificación", le dijo sin revelar su verdadero pensamiento sobre los juicios, la verdad y la memoria. Duhalde aceptó pero le aclaró que uno o dos indultos iba a firmar porque lo había prometido[329].

Finalmente no hubo ley de pacificación pero el presidente Duhalde indultó a líder del Ejército Revolucionario del Pueblo (ERP), Enrique Gorriarán Merlo y al ex carapintada Mohamed Alí Seineldín. Kirchner no dijo nada públicamente pero instruyó a Alberto Fernández quien fue el encargado de expresar que "nos parece una pena. Siempre es mejor que los argentinos sientan que el peso de la ley cae sobre el que no la cumple y que deben pagar las consecuencias quienes quebrantan una norma. Es una medida difícil de digerir".

Las primeras batallas

La mañana del 25 de mayo se levantó temprano, como era habitual, en su vida diaria. Realizó media hora de cinta y leyó los diarios. Se asomó a la ventana y observó que había sol aunque sería una jornada fría, cosa que no lo asustó por ser "pingüino". Al mediodía partió de su departamento de Uruguay y Juncal, donde recibió el aplauso de sus vecinos, hasta la Casa Rosada. Lle-

---

329 Duhalde no se imaginaba la posición de Kirchner porque no había profundizado demasiado en sus discursos. En un video que hoy circula por *YouTube*, se lo ve al ex presidente en la campaña para elegir candidato justicialista para la intendencia de Río Gallegos en 1983, siendo muy duro con la dictadura. Allí dijo que "la represión de la dictadura militar ha ensangrentado a todo el pueblo argentino" y que "siempre dijimos que Videla y Massera y Agosti, y todos los sinvergüenzas que vinieron después, iban a ser sentados en el banquillo de la justicia constitucional para que respondan ante tantos abusos y ante tantos crímenes cometidos contra este pueblo".

vaba puesto un traje cruzado sin abotonar y mocasines en vez de los clásicos zapatos acordonados para el traje.

A las 14:36 llegó al Congreso Nacional donde juraría como presidente de los argentinos. Desde la plaza, los manifestantes le gritaban "Olé, olé, Lupo, Lupo". Néstor saludo con el brazo en alto. Minutos después se paró frente a un ejemplar de la Constitución Nacional y dijo "Sí, juro". Los ojos se le humedecieron.

El recinto estaba colmado de legisladores y funcionarios. Trece presidentes extranjeros, entre ellos Fidel Castro, de Cuba, Hugo Chávez, de Venezuela, Luiz Inacio Lula da Silva, de Brasil y Ricardo Lagos, de Chile.

Un hecho que llamó la atención es que Cristina, en vez de estar en el palco del presidente, ocupaba su banca de legisladora. Estaba de trajecito blanco y mantuvo su perfil bajo hasta que tuvo que hacerle señales a su marido cuando éste comenzó "a jugar" con el bastón de presidente.

El discurso de Néstor Kirchner duró 50 minutos y fue interrumpido más de cuarenta veces por los aplausos de los presentes.

Convocó a inventar el futuro: "venimos desde el Sur del mundo y queremos fijar, junto a todos los argentinos, prioridades nacionales y construir políticas de Estado a largo plazo, para de esa manera crear futuro y generar tranquilidad. Sabemos adónde vamos y sabemos adónde no queremos ir o volver".

Cuestionó a los años noventa: "la medida del éxito de esa política la daban las ganancias de los grupos más concentrados de la economía, la ausencia de corridas bursátiles y la magnitud de las inversiones especulativas, sin que importaran la consolidación de la pobreza y la condena a millones de argentinos a la exclusión social, la fragmentación nacional y el enorme e interminable endeudamiento externo".

Luego señaló: "concluye en la Argentina una forma de hacer política y un modo de gestionar el Estado. Colapsó el ciclo de anuncios grandilocuentes, grandes planes seguidos de la frustración por la ausencia de resultados y su consecuencia, la desilusión constante, la desesperanza permanente".

Sobre la solidaridad dijo: "queremos recuperar los valores de la solidaridad y la justicia social que nos permitan cambiar nuestra realidad actual para avanzar hacia la construcción de una sociedad más equilibrada, más madura y más justa. (...) Sabemos que el mercado organiza económicamente pero no articula socialmente, debemos hacer que el Estado ponga igualdad allí donde el mercado excluye y abandona".

Se refirió a la inseguridad con una nueva visión: "para comprender la problemática de la seguridad y encontrar soluciones no sólo se debe leer el Código Penal, hay que leer también la Constitución Nacional en sus artículos 14 y 14 bis, cuando establecen como derechos de todos los habitantes de la Nación el derecho al trabajo, a la retribución justa, a las condiciones dignas y equitativas de labor, a las jubilaciones y pensiones móviles, al seguro social obligatorio, a la compensación económica familiar y al acceso a una vivienda digna, entre otros".

Finalmente, expresó: "vengo en cambio a proponerles un sueño. Reconstruir nuestra propia identidad como pueblo y como Nación. Vengo a proponerles un sueño, que es la construcción de la verdad y la justicia. Vengo a proponerles un sueño, el de volver a tener una Argentina con todos y para todos". (...) Les vengo a proponer que recordemos los sueños de nuestros patriotas fundadores y de nuestros abuelos inmigrantes y pioneros. De nuestra generación, que puso todo y dejó todo, pensando en un país de iguales.(...) Porque yo sé y estoy convencido de que en esta simbiosis histórica vamos a encontrar el país que nos merecemos los argentinos". (...) Vengo a proponerles un sueño, quiero una Argentina unida. Quiero una Argentina normal. Quiero que seamos un país serio. Pero además quiero también un país más justo".

Nunca nombró a Perón y a Evita. Luego diría a los suyos: "el tema no es nombrar tanto a Perón o a Eva, lo que hay que hacer es honrar lo que han hecho".

Pasadas las 16:15 hs, comenzó el recorrido hasta la Casa Rosada en un Renault Laguna azul. Luego, al llegar a las escalinatas de la casa de gobierno, decidió abandonar el protocolo de la alfombra roja y los granaderos y se fue hacia las vallas a saludar a la gente. Allí, en medio del tumulto, un cronista gráfico se le fue encima y sin querer lo cortó con su máquina fotográfica en la frente. Comenzó a sangrar y alguien le alcanzó un pañuelo.

Un cronista de *Clarín* le preguntó por qué había cruzado las vallas. Kirchner lo tomó del brazo y le dijo al oído: "hace 30 años yo estaba ahí, del otro lado de las vallas ¿Por qué no iba hacerlo hoy si yo soy uno de ellos?".

En la Casa Rosada había más de mil invitados para la jura de los ministros. Todo fue caótico, el personal de seguridad no conocía los rostros y alguien trató de impedir el ingreso de Florencia Kirchner, hasta que un ministro le informó al hombre de seguridad que era la hija del presidente.

Luego de la jura de sus ministros, los presentes entonaron la marcha peronista y cánticos que no se escuchaban desde los años setenta: "Patria sí, colonia no", y "Y ya lo ve, y ya lo ve, es la gloriosa JP".

De allí fue al balcón a saludar a una multitud que había llenado la Plaza de Mayo. A Kirchner se le llenaron los ojos de lágrimas, abrazó a su mujer y a su hija. Cristina diría después: "pensé que me iba a emocionar en la jura cuando Duhalde le pasara la banda a Néstor pero no, me quebré en la Casa Rosada viendo a toda esa multitud".

Luego, en un momento, Néstor estuvo a solas con Cristina y sus hijos. Se abrazaron en silencio. Y luego dijo "tenemos una gran responsabilidad".

Posteriormente, participó del *Te Deum* y recibió el saludo de los presidentes en la Cancillería. Chávez le dijo que "leyendo a Perón me enteré de que yo era peronista y no lo sabía". Fidel Castro se acercó a ellos y le dijo con humor a Kirchner: "¿entraste en el eje del mal?".

El primer día del presidente en la Casa Rosada fue enredado. El recambio de gobierno generó un paisaje de mudanza generalizada. Los empleados cargaban muebles de un lado a otro.

Llegó a las 8:30 y partió tarde de la Rosada para asistir al velorio del diputado socialista Alfredo Bravo, quien había fallecido en horas de la mañana.

Durante la mañana recibió a los presidentes extranjeros junto al canciller Rafael Bielsa. Al mediodía, tuvo una larga charla con

Fidel Castro, quien le dijo que dudaba "en venirlo a visitar porque no quería perjudicarle" y le contó que esa noche daría una charla en la facultad de Derecho invitado por grupos juveniles. En horas de la tarde se reunió con la mayoría de sus ministros. Allí se dieron cuenta de que el presidente era firme con sus órdenes[330].

Esa noche, los medios de comunicación se olvidaron del nuevo mandatario y transmitieron en directo la charla de Fidel Castro frente a las escalinatas de la Facultad de Derecho que duró tres horas. El líder cubano habló de todos los temas ante miles de jóvenes y criticó especialmente las políticas de Estados Unidos en el mundo. Le dedicó un párrafo a los comicios de Argentina al señalar que en las últimas elecciones "el símbolo de la globalización neoliberal ha sufrido un colosal golpe. Ustedes no saben el servicio que le han prestado a América Latina y al mundo al hundirlo en la Fosa del Pacífico".

Era la primera vez que Fidel Castro visitaba la Argentina.

* * *

Néstor Kirchner, horas antes de asumir, se reunió con José Pampuro, su flamante ministro de Defensa, y le anunció que haría cambios profundos en las Fuerzas Armadas: pasaría a retiro a 27 generales, a 13 almirantes y 12 brigadieres. La medida significaba el retiro del 75% del actual generalato, el 50 % del almirantazgo y el 50 % de los brigadieres. Pampuro estaba pálido, no se imaginaba comenzar así su cargo de ministro. Su estilo era de hacer cambios graduales.

La noche del 23 de mayo, Pampuro –todavía era Secretario General de la Presidencia de Duhalde– invitó a su despacho en la Rosada a los tenientes generales Juan Carlos Mugnolo (Estado Mayor Conjunto) y Ricardo Brinzoni (Ejército), al almirante Joaquín Stella (Armada) y al brigadier general Walter Barbero (Fuerza Aérea). Allí les anunció que "probablemente"

---

330   El vicepresidente Daniel Scioli no estuvo en la casa de gobierno pero envió a sus colaboradores a ocupar y amoblar la oficina que había ocupado Eva Perón y desde la cual hizo su última salida al balcón, junto a Juan Domingo Perón, en 1952.

el presidente Kirchner haría muchos cambios pero no se atrevió a confirmárselos.

La noticia cayó muy mal en las Fuerzas Armadas, especialmente en el Ejército. Los militares creían que iban a permanecer en sus puestos hasta diciembre cuando cumplirían cuatro años en sus cargos, ya que era la cúpula designada por Fernando de la Rúa que Duhalde mantuvo.

En reserva, algunos jefes militares hablaron con la prensa y recordaron que se "portaron" bien cuando en una semana cambiaron cinco presidente y que cuando se produjeron los disturbios sociales contra De la Rúa no opinaron.

La decisión de Kirchner mostraba que venía hacer política en forma diferente. El presidente designó al general Roberto Bendini, quien se desempeñaba desde marzo de 2011 como comandante de la XI Brigada Mecanizada de Río Gallegos. Bendini tenía una excelente relación con el en aquel entonces Gobernador de Santa Cruz.

Habían pasado 48 horas de la asunción y el ministro de Defensa todavía no había firmado los relevos. Kirchner los citó a Pampuro y Bendini a la Residencia de Olivos. Al ministro lo apretó para que firmara los relevos, ya que no lo quería a Brinzoni en la cena de camaradería de las Fuerzas Armadas el 29 de mayo. A Bendini le vetó los nombres que propuso para el cargo de subjefe por sus cercanías a Brinzoni[331]. Éste se despidió el 28 de mayo, con un acto con muchas caras largas en el Regimiento de Infantería de Patricios: "la intriga cuartelera hacia la política fue erradicada de la vida argentina. La intriga política sobre los cuarteles es tan riesgosa como la anterior y parece regresar después de 20 años", dijo Brinzoni. Y agregó: "Nada nos alejará de nuestro objetivo militar, que es inmutable". Terminado su discurso se acercó a Pampuro y le dijo:

—Ministro, ahora mándeme 45 días arrestado a la isla Martín García. Ya verá que vuelvo como Perón.

---

331 Brinzoni quería ubicar al general Daniel Remundes como subjefe del Estado Mayo conjunto, pero el presidente lo vetó.

—General, me parece que usted se ha vuelto completamente loco – se limitó a responderle Pampuro.

Esa tarde, el ministro de Defensa tomó juramento y puso a cargo de la fuerza al general Bendini
Al día siguiente, Kirchner y Bendini encabezaron el acto por el Día del Ejército y el presidente fue muy duro con Brinzoni. "Nadie puede sorprenderse o pedir explicación o calificar una situación como inexplicada cuando se han puesto en ejercicio facultades constitucionales y legalmente regladas". Mirando a los soldados, aseguró que "sorprende que después de lo que ha vivido nuestra patria se le pida a la sociedad o se pretenda agradecimiento por respetar la Constitución. La democracia no se ratifica por discursos sino por conductas".

* * *

El ministro de Justicia, Gustavo Beliz, a las pocas horas de asumir, expresó a la prensa que "sería saludable que algunos miembros de la Corte presenten su renuncia".
El presidente de la Corte, Julio Nazareno, le respondió que el 27 de abril "no se votó para elegir representantes de la Justicia sino para presidente y vice de la Nación, la Corte debe renovarse con los métodos naturales". Pero la repuesta de Nazareno no solo quedó en palabras. Emitió una circular interna firmada por él y dirigida a todos los jueces de la Corte donde expresaba que:
"Por disposición del presidente del Tribunal, será presentada para ser tratada y dictar sentencia en el acuerdo por celebrarse el miércoles 11 de junio la causa 'Lema, Armando Enrique sobre acción de amparo'". Se trataba del caso de un ahorrista particular que demandó al Banco de la Provincia de Córdoba por un depósito en dólares atrapado por el corralón. Esto preocupó tanto a Kirchner como a Lavagna, porque un eventual fallo favorable a la re dolarización, en este caso de un depósito de un ahorrista particular, sería el inevitable efecto cascada de la medida en otros miles de reclamos y la obligación de convertir a dólares cientos de depósitos que en ese momento estaban en moneda argentina.

Nazareno, amigo y socio de Carlos Menen en La Rioja, estaba decidido a mostrarle al nuevo presidente, como lo habían hecho un año antes con Duhalde, que ellos tenían los resortes del poder[332]. El 3 de junio, en un reportaje realizado por *Crónica TV*, el titular de la Corte, molesto porque los funcionarios del nuevo gobierno continuaban pidiendo las renuncias, señaló que ellos seguirían adelante con los fallos que consideraban "mejor" para el país y, ante una pregunta de un periodista, que si no era una extorsión tratar los recursos atrapados en el corralito y sobre su renuncia, el ministro en un tono fuera de lo correcto dijo "¡Ah! no, no. Me voy, dejate de joder".

Esa misma noche, Kirchner pidió el *tape* de *Crónica TV*. No lo podía creer. Ya en Olivos, conversó el tema con Cristina y, a la mañana, con sus ministros.

Ese mediodía llamó a Aníbal Fernández y le dijo:

–Vamos a grabar en un rato un mensaje, voy a pedir el juicio a la Corte. –Fernández puso cara de asombro y el presidente le comentó:

–¿Te asusta?

–No, no me asusta, lo que te pido es que me digas que no volvemos para atrás.

–Nunca ¿qué es el poder?, ¿los granaderos, el helicóptero, la quinta de Olivos? Si eso es el poder me voy a mi casa[333].

Decidió no repetir el error de Duhalde y solo avanzó contra el presidente de la Corte, para que no se abroquelaran los otros miembros.

Esa noche, por cadena nacional, fue a fondo contra Nazareno. En ocho minutos, dijo que no estaba dispuesto a aceptar presiones. Además reclamó al Congreso que separara a uno de los jueces de la llamada "mayoría automática", que apoyó al menemismo[334].

Fue un discurso de alto voltaje político, Kirchner apuntó directamente al magistrado aprovechando sus declaraciones de un día antes en una polémica conferencia de prensa. El presidente cali-

---

332 Como hemos explicado anteriormente, Duhalde intentó el juicio político a la Corte pero fracasó al no juntar el voto de los dos tercios de la Cámara de Senadores.
333 *Página 12*, reportaje a Aníbal Fernández del 14 de enero de 2011.
334 La mayoría automática la integraban además de Nazareno, los ministros Eduardo Moliné O'Connor, Adolfo Vázquez, Guillermo López y Antonio Boggiano. Cinco votos sobre 9.

ficó a las palabras del juez como parte de "un pasado que se resiste a conjugar el verbo cambiar que el futuro demanda". Y dijo en otro tramo: "pedimos con toda humildad, coraje y firmeza a los legisladores que marquen un hito hacia la nueva Argentina preservando a las instituciones de los hombres que no están a la altura de las circunstancias". Reclamó "una instrumentación urgente de los remedios para el mal que enfrentamos".

El periodista Joaquín Morales Solá afirmó: "El Gobierno no atacará en bloque, un método que marcó el fracaso de Duhalde, sino que disparará para cambiar tres miembros del tribunal y así modificar su composición. A la comisión de juicio político de Diputados entraron más de cuarenta pedidos nuevos para enjuiciar a varios miembros del tribunal. Su presidente, Julio Nazareno, sigue batiendo el récord de causas acumuladas en su contra[335].

Días más tarde, Nazareno pretendió contraatacar, pero fracasó en su intento por avanzar con el fallo sobre la re dolarización. Tres de los cinco jueces que habían estado a favor de firmarla, le quitaron el apoyo, al tiempo que el bloque de diputados del peronismo respaldó la decisión de ir a fondo en el Congreso con el juicio político contra el presidente de la Corte Suprema.

Debilitado, Nazareno renunció a fines de junio. En tanto, en los primeros días de diciembre de 2003, el Senado destituyó de su cargo a Moliné O'Connor, por encontrarlo culpable de dos de los nueve cargos que le imputó la Cámara de Diputados en el juicio político.

En septiembre de 2004, el mismo día en que una comisión de Diputados iba a presentar la acusación en su contra por presunto mal desempeño en el Senado en el marco de juicio político iniciado en su contra, el juez Vázquez presentó su dimisión. De la misma manera, un año antes, había renunciado el Juez Guillermo López.

De esta manera, Kirchner oxigenó la Corte y nombró a juris-

---

[335] Joaquín Morales Solá, *Los Kirchner, la política de la desmesura*, Editorial Sudamericana.

tas probos: Eugenio Raúl Zaffaroni, Ricardo Lorenzetti, Carmen María Argibay y Elena Higthon de Nolazco.

El juez Zaffaroni relató que el 1 de julio fue convocado a la Casa Rosada y el presidente le ofreció ser miembro de la Corte. El juez sólo atinó a preguntarle:

"Néstor, ¿vos sabés bien lo que estás haciendo, no? ¿Vos sabés quién soy yo? La contestación fue : "sí, y lo tenemos evaluado"[336].

La renegociación de la deuda externa

El presidente, finalizado el tema de la Corte, puso toda su energía en solucionar la gigantesca deuda externa, la mayoría contraída por las políticas nefastas de los noventa y luego acrecentada por el gobierno de la Alianza, el *default* y la devaluación.

El 20 de septiembre, luego de una negociación muy dura, se formalizó un acuerdo con el FMI para refinanciar más de 21.000 millones de dólares durante los próximos tres años. El acuerdo se logró por el firme apoyo de Estados Unidos y Francia contra la opinión de las autoridades del Fondo, que como habían hecho anteriormente con Duhalde, no querían acordar con Argentina si no aceptaba sus condiciones.

Dos días después, el gobierno nacional, contra todos los pronósticos, le propuso a los acreedores una quita del 75 por ciento de la deuda a valor nominal para salir del *default*. La durísima oferta había sido charlada entre Kirchner y Lavagna e incluía además el desconocimiento de unos 14.000 millones de dólares en calidad de intereses acumulados desde diciembre del 2001, cuando Rodriguez Saá anunció el cese de pagos de la deuda externa en el Congreso.

El anuncio lo realizó el ministro de Economía Lavagna en Dubai, en el marco de la Asamblea Anual del FMI y del Banco Mundial. Ese día, el salón *Al Aweer* ya estaba colmado con unos 150 banqueros, operadores de bonos, analistas estrellas de *Wall Street* y representantes de ahorristas europeos y japoneses. La expectativa

---

336 Walter Curia, *El último peronista*, Editorial Sudamericana, 2010.

por el anuncio flotaba en el aire. En diez minutos, Lavagna resaltó la actual recuperación económica y se refirió al estallido de la crisis. Dijo que los financistas no debían sorprenderse por el colapso, y enumeró distintos hechos que hacían previsible ese final traumático que no debió ser ajeno a los inversores.

Los diarios de la época resaltaron que la quita era del 75 por ciento en el valor nominal de una deuda de 87.050 millones de dólares y que se emitirían tres tipos distintos de bonos.

La oferta oficial desconcertó a los financistas y provocó el resultado esperado: el rechazo de los acreedores y sus adherentes –consultores, operadores financieros y colocadores de deuda– que consideraron excesiva la quita. Se abría camino a lo que sería, más adelante, un largo proceso de negociaciones con los acreedores, cuya primera escala se desarrollaría 30 días después con reuniones en Buenos Aires, Nueva York, Zurich, Milán y Tokio.

La mayoría de los papeles a reestructurar se encontraban en poder de inversores locales, esa era condición del 38,4 por ciento de los títulos elegibles. Además, el 20 por ciento formaba parte de los activos de las AFJP y eso agregaba complejidad a la operación, diseminando el problema en amplias capas de la sociedad. Detrás de la Argentina, la mayor cantidad de inversores residía en Italia (15,6%); Suiza (10,3%); Estados Unidos (9,1%) y Alemania (5,1%).

El escenario no era sencillo. En el gobierno preocupaba el nivel de aceptación que tendría la oferta. En el gabinete de Lavagna calculaban que para tener éxito, entre 90 y 95 por ciento de los acreedores debería adherir al plan.

En los próximos meses, Economía debería negociar con 152 asambleas de bonistas. Además estimaban que para tener sustento legal, la propuesta tendría que obtener al menos el 60 por ciento de la aprobación de los inversores presentes en esas reuniones. En algunos casos, como en Alemania, donde existía el 17 por ciento de la deuda en *default*, hacía falta conseguir el 100 por ciento de aceptación.

En junio del 2004, el gobierno argentino flexibilizó la propuesta de Dubai manteniendo una quita sin precedentes que alcanzó los 60.900 millones de dólares. Así como la cesación de pagos de Argentina fue la mayor de la historia, ningún país había propuesto entonces semejante reducción en el volumen de su deuda impaga. En Buenos Aires, Lavagna explicó que sobre los 81.200 millones de dólares de deuda por capital, se aplicaría una quita del 75%. De esta manera se llega al recorte de 60.900 millones.

En enero de 2005 Argentina puso en marcha el período de suscripción al canje en un proceso que no estuvo exento de pujas políticas. Mientras el mundo financiero exigía una aceptación mínima del 75 por ciento de los acreedores al canje, Lavagna aseguraba –con ironías y hasta invitando a una negociación– que "para nosotros, con el 50 por ciento es suficiente".

El ministro apuraba a los acreedores con dos conceptos centrales: el primero era que no habría ningún otro canje y el segundo hacía hincapié en que quienes desistieran en adherir a la reestructuración, permanecerían con sus bonos "indefinidamente en cesación de pagos".

Las reacciones más virulentas provinieron de Italia. Ya no de los lobbistas profesionales sino del propio gobierno italiano, quen insistía en que la oferta argentina era de "mala fe", "muy pobre y muy avara", y preveía que un traspié en el canje, "obligará al gobierno argentino a formular una nueva oferta".

Mientras tanto, el secretario de Finanzas, Guillermo Nielsen, retomaba los viajes alrededor del mundo con una buena batería de argumentos para defender la oferta frente a los acreedores. El *road show* incluyó Miami, Roma, Milán, Verona. Más tarde, Estados Unidos, con reuniones en Boston y Nueva York. En tanto, un segundo equipo económico mantenía negociaciones en Frankfurt, Munich, Zurich, Lugano, Ginebra, Amsterdam, París y Londres. El principal argumento del funcionario era, quizás, el más sencillo: si la Argentina aceptaba aumentar sus pagos a los bonistas, al poco tiempo caería nuevamente en *default*. "Esta es una propuesta sustentable y por eso es la mejor oferta", decía Nielsen.

El 3 de marzo de 2005, Argentina anunciaba que la oferta de reestructuración logró un nivel de adhesión del 76,07% entre sus acreedores, lo que le permitiría refinanciar bonos por 81.800 millones de dólares, sobre los que haría una quita de 65,4%.

Ese día, llegaron a la Rosada desde los más poderosos empresarios del país, hasta piqueteros oficialistas, los jefes militares y toda la dirigencia de la CGT. Todos querían escuchar el anuncio. Tampoco faltaron diputados, senadores, gobernadores. Pero, por sobre todos los invitados, se destacó el ex presidente Raúl Alfonsín, que estuvo sentado junto a Cristina Kirchner.

La deuda, que antes de la reestructuración superaba los 191.000 millones de dólares, ahora se reducía en 125.283 millones. Más allá de la extraordinaria carga que seguía teniendo la deuda, Kirchner le dio un fuerte contenido político al resultado de la operación.

Néstor, que tenía una memoria prodigiosa, se había encargado de anotar todas las citas de aquellos economistas del mercado que habían anunciado el fracaso de la negociación, cuando en Dubai se planteó el 75 por ciento de la quita. Durante varios minutos leyó las opiniones adversas al canje de economistas identificados con la década del 90, varios de ellos funcionarios del menemismo. Leyó una a una esas consideraciones. El Presidente recordó "que fueron parte del problema, contribuyeron a llevarnos al desastre del que venimos". Nombró a Daniel Artana, Manuel Solanet, Miguel Kiguel, Pablo Guidotti, Julio Piekarz, Carlos Melconián, Jorge Ávila y José Luis Espert, entre otros.

Los alcances del canje eran indiscutibles. No sólo porque el país había conseguido la mayor quita nominal de la hisotria, sino también porque había alargado los plazos de pago con una menor tasa de interés. El *establishment* financiero internacional temía que el ejemplo argentino fuera imitado en el futuro por otros países altamente endeudados.

Los diarios en ese tiempo comparaban la deuda argentina con la de otros países. Los números eran elocuentes. Nuestra deuda era, por lejos, superior a la de Rusia, Ecuador, Uruguay, Ucrania y Pakistán. Todas naciones que habían entrado en *default* en esos años.

Néstor Kirchner estaba feliz. Sabía que les había doblado el brazo a los representantes de las políticas neoliberales.

Justicia, memoria y verdad

La política de derechos humanos cambió para siempre en la gestión de Néstor Kirchner: anulación de las leyes de impunidad, juicio y castigo a los culpables y revalorización de los organismos de derechos humanos.

A Kirchner le han cuestionado que durante la dictadura militar se dedicó a los negocios privados y que nunca presentó un hábeas corpus a favor de un detenido o desaparecido.

Críticas similares recibieron en su momento Perón y Evita. Por ejemplo de Perón decían que hasta que llegó al poder en 1944, durante casi 50 años de vida, no había hecho nada por los trabajadores y los humildes, que se había dedicado a su carrera militar en vez de trabajar para los más necesitados. Pero fue Perón y no los teóricos del comunismo o el socialismo, el que cambió para siempre la vinculación de los trabajadores en el país.

De Evita le cuestionaron que nunca antes había hecho nada por los derechos de las mujeres, pero fue ella la que les dio el voto y su incorporación a la política para siempre.

El presidente, una semana y media después de haber asumido, recibió a todos los organismos de derechos humanos[337]. El encuentro duró casi dos horas y participaron las Abuelas de Plaza de Mayo, la Asociación Madres de Plaza de Mayo, Madres Línea Fundadora, la Asamblea Permanente por los Derechos Humanos, el Centro de Estudios Legales y Sociales, Familiares de desaparecidos y detenidos por razones políticas, la Liga Argentina por los Derechos del Hombre, el Movimiento Ecuménico por los Derechos Humanos y el Servicio de Paz y Justicia.

Los medios de comunicación casi no le dieron importancia a la reunión, excepto *Página 12*. La periodista Laura Vales contó que las organizaciones ingresaron a las 20 horas y que el edificio estaba semivacío, silencioso, no había casi gente:

---

337   Un día antes había recibido a las dos CGT y a organizaciones piqueteras.

Se veía una gran imagen de Kirchner del fotógrafo Víctor Buggé tomada inmediatamente después del golpe que le dejó el chichón y los dos puntos sobre la frente. La foto llama la atención aunque uno no lo quiera pero más si uno se acerca, porque en realidad se trata de dos escenas montadas como si fueran una publicidad de "antes" y "después". La primera con el Presidente recibiendo el apretujón de los manifestantes en la calle el día de la jura, la segunda mostrando los efectos del golpe. Adentro, sobre una pared más oculta, se ve a Fernando de la Rúa la noche de la fatídica visita a *Video Match*, cara a cara con el personaje que lo imitaba. Y un poco más al fondo hay una imagen de una madre de Plaza de Mayo con Raúl Alfonsín, en aquella visita que fue histórica[338].

Los organismos le plantearon al presidente varios temas:
- Que el Estado Nacional no firmara con Estados Unidos los acuerdos de impunidad que ese país venía impulsando para excluir a sus ciudadanos del Tribunal Penal Internacional.
- La derogación del decreto que dispuso el rechazo de todos los pedidos de extradición de militares acusados por tribunales extranjeros.
- El rechazo al proyecto de ley antiterrorista promovido por el senador Miguel Ángel Pichetto, que habilitaba a los militares a hacer seguridad interior, abriendo así la puerta para que reprimieran el conflicto y la protesta social con la excusa de la guerra al terrorismo.
- También expresaron su preocupación por la reiteración de prácticas militares conjuntas —mayoritariamente de fuerzas norteamericanas— en la Argentina.

Kirchner les prometió que iba a cambiar la corte menemista y que trabajaría para derogar las leyes de impunidad y los indultos. Los organismos se sorprendieron y también dudaron.

---

338 *Página 12*, 6 de junio de 2003

Los periodistas, al finalizar los encuentros esperaban la postura de Hebe de Bonafini, quien antes de las elecciones llamaba "sinvergüenza" a Kirchner. Al salir dijo:
"Nosotras vinimos creyendo que era igual a todos, que era lo mismo que (Carlos) Menem y nos dimos cuenta de que no es así. Nos equivocamos, no todos son lo mismo".

Hebe, igual no se olvidó de algunos pedidos al presidente, como ser la "renuncia" del ministro de Justicia, Gustavo Beliz porque "es un hombre de derecha, casi fascista".

* * *

Néstor Kirchner decidió que las leyes de punto final y obediencia debida fueran anuladas por el Congreso de la Nación y que los indultos fueran derogados por la Corte Suprema.

No toda la sociedad estaba de acuerdo. Muchos querían enterrar el pasado y otros señalaban que era anticonstitucional anular leyes aprobadas por un parlamento democrático.

A mediados de agosto se produjo un cruce fuerte entre el presidente y Daniel Scioli. El vicepresidente discrepó públicamente al señalar que la anulación de las leyes "no tiene validez jurídica"[339]. Kirchner se enojó y fue terminante: pidió la renuncia de todos sus hombres en el Ejecutivo y durante un largo tiempo lo aisló del gobierno y no volvió a encontrarse a solas, como era habitual hasta ese momento.

Daniel Scioli, fiel a un estilo de hacer política, decidió no aumentar la crisis y afirmó ante los periodistas: "Sin comentarios... Está todo bien. Sin comentarios". Un periodista de *Clarín* le preguntó, "¿estaba todo tan mal?". "Peor estaba en el río buscando el brazo" [340], contestó el vicepresidente.

Luego de este cruce, el gobierno presionó al Congreso para que anulara las leyes.

Minutos antes de las dos de la madrugada del 21 de agosto de 2003, la Cámara aprobó por 43 votos a 7, y una abstención, la

---

339   En esos días también había recibido empresarios a los cuales les dijo que era necesario aumentar las tarifas de las empresas de gas y electricidad.
340   Ibíd., Curía, Walter, *El último Peronista,*

nulidad de las leyes del perdón. La sesión había empezado alrededor de las cuatro de la tarde del día anterior. Fue maratónica y con una poblada agenda. Primero se aprobó (no sin debate ni sin ripios) darle rango constitucional a la Convención sobre los crímenes de lesa humanidad.

La nulidad de las leyes era impulsada por el bloque del PJ y resistida por la UCR. "Son leyes insanablemente nulas, la democracia argentina estaba fuertemente condicionada en esos años", dijo Pichetto. Cuando el senador Gioja presentó a Cristina Kirchner como la última oradora, los organismos de derechos humanos entregaron sus aplausos antes de que la santacruceña comenzara a hablar.

Cristina arremetió contra quienes criticando la anulación de las leyes de impunidad se refirieron "a la muerte del derecho y de las normas jurídicas", y recordó que el primer artículo de la ley de Obediencia Debida "ordenó a los jueces que no podían juzgar ni condenar a quienes habían torturado, violado y secuestrado ciudadanos argentinos".

Más tarde, en obvia referencia a la menemista salteña Sonia Escudero, afirmó: "Les pregunto a las mujeres que han realizado algunos pretendidamente enjundiosos estudios jurídicos qué dirían si algunos de sus hijos fueran desaparecidos y no pudieran saber dónde están, ni tuvieran lugar donde ir a ponerles una flor".

Desde las barras bajaban los cánticos y los gritos: "milicos, muy mal paridos/ qué es lo que han hecho con los desaparecidos", "la deuda externa, la corrupción/ son la peor mierda que ha tenido la Nación", "qué pasó con las Malvinas/ esos chicos ya no están/ no tenemos que olvidarlos/ y por eso hay que luchar".

El jueves 25 de septiembre, Néstor Kirchner daba su primer discurso en las Naciones Unidas. De pie, en el lugar más emblemático de los países luego de la Segunda Guerra Mundial, pronunció la única frase que no anotó en el discurso que entregó a la imprenta el día anterior: "Somos los hijos de las Madres y Abuelas de Plaza de Mayo".

El presidente argentino criticó duramente al Fondo Monetario, a la Organización Mundial del Comercio y a la política unilateral de Estados Unidos para combatir militarmente el terrorismo. Pero centró su discurso en los derechos humanos:

> La defensa de los derechos humanos ocupa un lugar central en la nueva agenda de la República Argentina y por ello insistimos en apoyar en manera permanente el fortalecimiento del sistema internacional de protección de los derechos humanos y el juzgamiento y condena de quienes los violen.

Más tarde, en una reunión ante unos 50 ejecutivos del Consejo de Relaciones Exteriores, Kirchner volvía a ratificar lo planteado en Naciones Unidas:

> Nuestra tarea va a ser implacable. Los responsables del genocidio van a ser juzgados ante la Justicia, con todos los derechos que no tuvieron sus víctimas.

* * *

Néstor Kirchner había pensado en soledad cómo se conmemoraría el 24 de marzo, a 28 años del golpe de Estado. Se decidió por dos ceremonias. En horas de la mañana visitaría el Colegio Militar para que se sacaran los cuadros de los genocidas Videla y Bignone y en horas del mediodía se realizaría un acto en el símbolo del terror: la Escuela de Mecánica de la Armada (ESMA).

Ambos actos le acarrearon algunos malos momentos. El presidente había pedido que sea un general el que descolgara los cuadros y ninguno quería hacerlo, finalmente lo hizo el propio jefe del Ejército, Teniente General Roberto Bendini. En el acto de la ESMA, tuvo fuertes cruces con los gobernadores del PJ que publicaron una solicitada cuestionando frases agresivas de Hebe de Bonafini. Es que Kirchner había decidido que fuera un acto exclusivo de los organismos de derechos humanos y que en el palco solo estuvieran Cristina y él.

Esa mañana, arribó a El Palomar consciente de que el Ejército atravesaba una crisis por la ceremonia y llevó a todo su gabinete para respaldarlo. En el acto había 27 generales y 5 coroneles que formaron fila detrás del presidente. La orden del presidente fue directa: "Proceda."

Bendini descolgó los cuadros de Jorge Rafael Videla[341] y de Reynaldo Bignone, ex presidentes de facto y antiguos directores del Colegio Militar.

Las caras de los generales durante el discurso presidencial evidenciaban que el momento no era agradable para ellos: "Nunca más, nunca más, tiene que subvertirse el orden institucional en la Argentina, las armas nunca más puedan ser direccionadas hacia el pueblo".

Y agregó:

> El retiro de los cuadros marca una clara decisión del país todo, las Fuerzas Armadas, el Ejército, de terminar con esa etapa lamentable de nuestro país. Estoy convencido de que nuestro Ejército va a colaborar con este proceso para salir del infierno y reencontrarse con su historia sanmartiniana. El 24 de marzo se debe convertir en la conciencia viva de lo que nunca más debe suceder[342].

Kirchner eligió la frase "nunca más", aquella que sintetizó el horror de la represión ilegal en el informe de la Comisión Nacional sobre la Desaparición de Personas (Conadep) que convocó Raúl Alfonsín, para marcar el camino de las nuevas camadas castrenses.

El acto en la ESMA comenzó pasado el mediodía, cuando el presidente encabezó la ceremonia de traspaso de ese predio de la Armada a la Ciudad Autónoma de Buenos Aires. Acompañado por el entonces jefe de Gobierno porteño, Aníbal Ibarra, abrió las puertas de la ESMA a representantes de los principales organismos de derechos humanos, a las madres y abuelas de Plaza de Mayo.

Durante más de una hora, centenares de personas iniciaron una recorrida por las instalaciones del ex centro clandestino de detención.

---

341 Se dijo que el cuadro de Videla no era el original y que lo habían retirado una semana antes. De ser cierto, esto era un hecho menor, el simbolismo era mucho más importante que la certeza de la originalidad del retrato.
342 Dos años después, el 24 de marzo fue declarado feriado nacional.

Envuelto en un tumulto, Kirchner se trasladó al escenario montado sobre la avenida Comodoro Rivadavia. Llegó precedido por casi todo su gabinete. Rodeados por la ovación de una multitud. La gente desbordaba el predio. Minutos antes, se había ordenado abrir las rejas que rodean el edificio ante la ovación de una multitud. Miles de personas buscaban llegar lo más cerca posible del escenario.

No había allí un solo militar y la Policía Federal se desplegó afuera del predio, por orden directa del Presidente.

Kirchner caminó 200 metros para llegar, casi sin aire, hasta un escenario donde se lo vio llorar en silencio, de la mano de su esposa. "No es rencor ni odio lo que nos guía. Los que hicieron este hecho tenebroso y macabro tienen un solo nombre: son asesinos repudiados por el pueblo argentino", dijo.

Durante todo el acto hubo lágrimas y euforia. La versión del himno nacional interpretada por Charly García conmovió al Presidente y a su esposa. Más tarde volverían a llorar cuando la actriz Soledad Silveyra leyó un poema de Ana María Ponce, una amiga de ellos desaparecida en ese centro de detención.

Con la voz quebrada, el presidente dijo:

> Vengo a pedir perdón de parte del Estado Nacional por la vergüenza de haber callado durante 20 años de democracia tantas atrocidades[343]. Hablemos claro: no es rencor ni odio lo que nos guía, y me guían la justicia y la lucha contra la impunidad. El 'nunca más' se construye con grandeza, entre todos, sin olvido, pero también sin odio ni resentimientos.

El periodista Daniel Míguez, relató la intensidad del acto en su crónica para el diario *Clarín*:

> En medio de los discursos un anciano, a un costado del escenario, se largó a llorar desconsoladamente. Un joven se le

---

343 Un día después, la UCR se quejó porque el presidente no mencionó el juicio a las Juntas. Kirchner llamó por teléfono a Alfonsín para disculparse.

acercó y lo palmeó. El hombre innecesariamente trató de explicarle sus lágrimas 'Es que acá me mataron a mi hija'. El muchacho, sin dejar de palmearlo, le contestó: 'Y a mí, acá, me mataron a mi papá'[344].

Impactado por lo que acababa de vivir, el Presidente se fue del acto en la ESMA directo a la residencia de Olivos. "Estoy emocionado, me llevo imágenes imborrables", aclaró.

Esa noche recibió a Luis Andrés Macagno Fernández, el "Piri", hijo de su compañera de militancia Ana Ponce, desaparecida en la ESMA.

Cuentan que esa noche, alguien leyó:

> Quiero saber cómo se ve el mundo/me olvidé de su forma/de su insaciable boca/de sus destructoras manos/me olvidé de la noche y el día/me olvidé de las calles recorridas.

Néstor no aguantó más y lloró conmovido por esos recuerdos.

El poder no se comparte

Un legislador amigo tiene el siguiente diálogo con el presidente:

–¿Viste la lista que presentó Duhalde para las elecciones del 14 de septiembre (del 2003)? ¿Te gusta?
–La verdad que no. Hay varios que son impresentables.
–¿Y no le dijiste nada?
–No. Y la razón es simple: cuando recibí el gobierno el 25 de mayo sólo tenía el bastón como poder. Ahora debo llegar al 10 por ciento. Primero hay que acumular y saber elegir las batallas, y en estos momentos la prioridad es el acuerdo con el Fondo Monetario Internacional y las privatizadas, especialmente las españolas.

---

344 Diario *Clarín*, 25 de marzo de 2004.

Lo que no contó Kirchner es que en la reunión con Duhalde, donde éste le mostró la lista, le dijo que se la "bancaba", aunque había varios que no le gustaban, pero que "no apoyara en la Capital a Mauricio Macri" porque el gobierno iba a jugar fuerte con Aníbal Ibarra.

En las elecciones del 14 de septiembre de 2003 ganó el peronismo ampliamente en todo el país. En Buenos Aires llegó al 45 por ciento de los votos y en la Capital Federal Aníbal Ibarra le ganó el *ballotage* a Macri por siete puntos.[345] Lo importante de esas elecciones legislativas fue que el bloque oficialista se aseguró 131 bancas, dos más de las 129 necesarias para el quórum, lo que le permitiría legislar con más tranquilidad.

El 16 de diciembre, Eduardo Duhalde asumió como titular de la Comisión de Representantes Permanentes del Mercosur y antes de finalizar el año volvió a encontrarse en la residencia de Olivos con el presidente. Allí hablaron de las últimas encuestas donde Kirchner aparecía con un 90 por ciento de imagen positiva, cuando en abril solo rondaba el 40 por ciento. El santacruceño le informó que a partir de enero todos los planes sociales iban a ser manejados por su hermana Alicia, quien además se ocuparía también de la relación con los piqueteros, para así encauzar una salida a los cortes[346].

Todo transcurría por carriles normales hasta que Duhalde comentó que "Chiche" era la elegida para encabezar la lista de senadores en el 2005 y que comenzaría a caminar la provincia.

Néstor lo miró y no hizo ningún comentario.

Días después explotaría la bomba del verano. El subsecretario General de la Presidencia, Carlos Kunkel, anticipó que "Cristina sería candidata a senadora por la provincia de Buenos Aires".

El duhaldismo estalló de bronca. Por primera vez alguien le planteaba jugar en el territorio que Duhalde había alambrado desde hacía más de una década. Fue el tema del verano. El fla-

---

345 El único que estaba de mal humor era Felipe Solá, que había dicho a los cuatro vientos que iba a sacar más votos que su antecesor Carlos Ruckauf. Se equivocó, en el 99 el peronismo llegó al 48,3 por ciento y Felipe solo al 45.
346 Lo que no le dijo es que Alicia iba a manejar la relación en forma directa con los intendentes quitándole poder al gobernador.

co Kunkel, no conforme con la noticia, agregó que quizás fuera la "próxima gobernadora en el 2007", y que este enfrentamiento con el duhaldismo era "la madre de todas las batallas".[347]

El primer cruce fuerte con sectores del peronismo se produjo en marzo del 2004, cuando el presidente no permitió que ningún gobernador fuera al palco del acto de la AMIA[348]. Un grupo de cinco gobernadores (José De la Sota, Jorge Obeid, Felipe Solá, Jorge Busti y Carlos Verna) publicaron una solicitada donde se quejaron de no haber sido invitados y por las críticas desmesuradas de Hebe de Bonafini en el acto.

El presidente estaba con bronca con la solicitada[349] y anunció públicamente que no asistiría al congreso del peronismo que se realizaría el 27 de marzo "porque tengo preocupaciones más importantes". Más allá de su ausencia, Cristina asistiría como congresal por Santa Cruz y su único pedido fue que el PJ fuera presidido por Eduardo Fellner[350].

El jujeño fue elegido presidente pero el congreso términó en un verdadero escándalo cuando sectores vinculados al "Gallego" De la Sota y a Luis Barrionuevo silbaron a Cristina Kirchner, quien con bronca dijo que "si en el peronismo no cambian las cosas, este será mi último encuentro".

El enfrentamiento se produjo cuando el correntino Eduardo Galantini pidió una "amnistía" para todos aquellos peronistas que se habían presentado en elecciones por afuera del partido. La reacción de muchos fue destemplada y comenzaron a gritar "¡No, traidores, traidores!, ¡infiltrados!".

Esa misma noche, en el despacho presidencial, se organizó una reunión. Estaban el presidente, Cristina, Sergio Acevedo, Alber-

---

347 En el discurso ante la legislatura del 1 de marzo, por primera vez en la multitud se diferenció, por un lado, la gente vinculada a los intendentes del conurbano y por el otro, el grupo de piqueteros amigos y sectores que se empezaban a mostrar como kirchneristas puros.
348 La idea fue que solo estuvieran el presidente, su mujer y dos nietos recuperados.
349 Kirchner afirmó a algunos ministros: "yo no vi que ninguno de los que ahora se quejan haya sacado una solicitada cuando Menem firmó los indultos o cuando se sancionaron las leyes de obediencia debida y de punto final".
350 Para negociar lo puso a Alberto Fernández y a Juan Carlos Mazzón.

to Fernández, Carlos Zanini y Héctor Icazuriaga. Cristina estaba muy molesta por los chiflidos y por los gritos de "infiltrada" que le recordaban los años setenta.

Alguien insinuó irse del PJ y armar algo distinto pero Kirchner fue terminante: "no repitamos viejas historias. Somos peronistas vamos a ganar al peronismo. Vamos a ver cuánto poder tenemos, nosotros somos lo nuevo y ellos lo viejo". Y le ordenó a Alberto Fernández: "decile a Aníbal que llame a todos los que están con nosotros y que renuncien".

A las pocas horas renunciaron Sergio Acevedo, Mario Das Neves, Felipe Solá, José Luis Gioja, Jorge Busti, Gildo Insfran, José Alperovich y Eduardo Fellner. Fue el final de la conducción del peronismo y la primera batalla ganada por el presidente.

Días después, en un acto en Castelar, Kirchner afirmó que "hay algunos dirigentes que no quieren cambiar nada, quieren volver al país que terminó el 20 de diciembre de 2001".

El 8 de abril, el país se conmocionó cuando el presidente fue internado por una molestia estomacal en el hospital de El Calafate, luego de un problema gástrico generado por un antiinflamatorio que le había recetado el odontólogo. Luego se supo que había sufrido una gastroduodenitis erosiva (hemorragia sangrante) producida por un medicamento denominado ketorlak.

A fines de abril comenzaron los problemas energéticos y Kirchner planteó en forma pública que no se podía "acusarnos de todos los males, cuando llevamos 11 meses de gobierno" y reclamó un *mea culpa*, recordando que "si hay problemas con las tarifas es porque hubo una devaluación que se hizo en forma poco prolija"[351].

Duhalde se molestó y le respondió públicamente "que la devaluación salvó al país" y que si la Argentina "no es confiable" es porque todavía no se salió del *default*. Pocos días después, cuestionó la política de derechos humanos al señalar que "la verdad no puede estar de un solo lado".

---

351 En marzo del 2002, en un reportaje de *Pagina 12* ya había señalado que la devaluación había sido desprolija.

Kirchner redobló la apuesta y enojado le respondió: "¿Quién es Duhalde para decir dónde está la verdad?", sobre los derechos humanos.

En esas horas, Carlos Kunkel declaró que "habrá dos listas del peronismo: una con 'Chiche' Duhalde y otra con Cristina".

La guerra ya no era tan silenciosa.

El presidente recibió a Felipe Solá, quien en los últimos meses se quejaba por la falta de ayuda económica y por un reclamo de una mayor coparticipación para la provincia de Buenos Aires. Kirchner se compromete a aumentar el presupuesto para la obra pública provincial, pero le exige que "se decida" de qué lado jugará en la pelea bonaerense[352].

Días después, cuando Solá se enteró de que las obras se negociaban directamente con los intendentes, ordenó a un ministro que los llamara para decirles : "El que va a la Casa Rosada es un traidor". Los jefes comunales escucharon, no dijeron nada y empezaron ir a la Rosada.

Así continuó la relación, entre el amor y el odio.

Mientas tanto, la guerra, ya no silenciosa, continuaba entre Kirchner y Duhalde. Desde el duhaldismo anunciaban que adelantarían las internas del peronismo bonaerense y que tenían control de los congresales del PJ, pero Kunkel respondía que "no nos preocupa, habrá dos listas, como hizo Antonio Cafiero en el 85, vamos por afuera y con Cristina candidata". Otra lengua filosa que aparecía en aquel tiempo era la del ministro Aníbal Fernández: "En el peronismo, después de Perón, lo que se hace es acompañar a quien está al frente del Poder Ejecutivo Nacional. El jefe del partido es el presidente de la Nación, ya no hay un líder espiritual del peronismo, como algunos nos cuentan".

Según registraron los cables de *Wikileaks* durante 2011, en agosto de 2004, Eduardo Duhalde visitó al embajador norteamericano Lino Gutiérrez y le aseguró que "Kirchner jamás

---

352   Lo que el presidente no le dice es que el dinero para las obras se entregaban directamente a los intendentes, sin la intervención de la provincia. Kirchner tenía decidido que el vínculo con los intendentes lo manejaría personalmente.

pondrá a su mujer de candidata porque no puede tolerar el papelón que pierda la elección". Se equivocó.

Finalmente, en el mes de noviembre, Duhalde organizó las internas del PJ y se presentó como presidente, para luego renunciar y dejar al diputado nacional José María Díaz Bancalari en el cargo.

La batalla final comenzó a adelantarse hacia fines del 2004 cuando Felipe Solá percibió que el kirchnerismo "iba por Duhalde" y decidió lanzar una corriente interna que lo apoyaba en un masivo acto en Parque Norte. No solo eso, dijo públicamente que "Cristina era mejor candidata que Chiche para las elecciones del 2005".

El duhaldismo se dio cuenta de que era prioritario noquear a Solá y así demostrar que controlaban la provincia. Los legisladores bonaerenses, que en su mayoría respondían al hombre de Lomas de Zamora, le modificaron en forma íntegra el presupuesto, quitándole todo tipo de control al gobernador.

Solá estaba preocupado. Algunos ministros le planteaban que negociara con el duhaldismo y vetara únicamente algunos artículos. Otros, en cambio, creyeron que había que dar la batalla. Un joven diputado, Raúl Pérez, estaba convencido de que había que dar la batalla y apuntó al hombre de Lomas de Zamora y a las "cajas negras" que financiaban las campañas políticas.

Por su parte, el intendente de La Matanza, Alberto Balestrini, tampoco se quedó atrás y calificó de "señor feudal" a Duhalde.

El 16 de enero, Solá reunió a todos sus ministros y les anunció que vetaría el presupuesto. De allí fue al Salón Dorado, donde lo esperaba la prensa y anunció la medida. Acusó al duhaldismo de "irresponsable" y, sin nombrarlo a Duhalde, afirmó que "la gente quiere gobernadores que gobiernen y no títeres a los que manejan desde otros lados", y se preguntó: "¿por qué razón se altera la gobernabilidad? No voy hacer de payaso?[353]".

En esos días, el líder de la Federación Tierra y Vivienda, Luis D' Elia, comparó a Duhalde con Herminio Iglesias y afirmó que per-

---

353   Ese día, Solá fue invitado a la delegación oficial que partía junto al presidente a Francia.

dería por goleada si enfrentaba al gobierno. Con fino humor concluyó: "hoy Duhalde necesita negociar a cualquier costo, Solá y nosotros necesitamos romper y Néstor Kirchner necesita reinar".

Terminada la negociación por el *default*, Kirchner reflexionó sobre los pasos a seguir en la política doméstica. Sabía que el peronismo había perdido en las recientes elecciones de Santiago del Estero y Catamarca en manos de coaliciones cercanas al radicalismo. La experiencia transversal no había crecido más allá de todo el apoyo que el presidente les había dado[354].

La tragedia de Cromañon había terminado con la experiencia de Aníbal Ibarra en la Capital Federal; en Santa Fe, luego de coqueteos con Hermes Binner, decidió que había que negociar con el peronismo, que comandaba en una parte importante Carlos Reutemann, y en Córdoba, Luis Juez no había podido crecer hacia dentro del peronismo y su única opción de triunfo era la capital cordobesa.

Fue en esos momentos, en los que sabía que su popularidad era altísima, que decidió que las legislativas de octubre se convirtieran en "un plebiscito" sobre su gestión. Una jugada al mejor estilo de Perón: él se convertiría en el centro y en único ganador o perdedor, para ello tenía que doblegar al duhaldismo que hasta ese momento aparecía como una de las "patas" de la gobernabilidad en Argentina.

Kirchner, en esos años, discutía muy fuerte con algunos intelectuales que, como José Pablo Feinmann, querían que rompiera con el peronismo y que armara un partido nuevo de centroizquierda. En su libro *El Flaco*, Feinmann cuenta que tuvo una fuerte discusión con Néstor cuando decidió pelearle el poder a Duhalde:

–Cuando le saques a Duhalde el aparato duhaldista, te vas a convertir en Duhalde. No llegaste para eso.

–No, pero si no le saco el aparato, él me va a sacar a patadas en el culo de todas partes. Hasta de la Presidencia.

–Vas a tener que hacer política de aparato. Política vieja, mafiosa, con personajes detestables. Habíamos hablado de otro tipo de política y de proyecto.

---

354 En marzo del 2004 había apoyado la realización de un Congreso Transversal en Parque Norte. Meses después le dio el manejo del PAMI a una diputada del ARI, Graciela Ocaña.

—Para llegar a otro tipo de proyecto y de política tengo que liquidar a Duhalde. Para hacerlo tengo que presentarle batalla en su terreno y con sus métodos. Y hasta peores.
—¿Y si te quedás en eso?
—No hay caso. No confías en mí[355].

En realidad, a Feinmann, como a tantos intelectuales progresistas, les costaba "comprender el peronismo".

En esas pascuas, el presidente y Cristina fueron a Santa Cruz. Allí, el primer mandatario convenció a su esposa para que fuera la candidata por la provincia de Buenos Aires: "vamos a ganar en todo el país. Voy a caminar desde mayo cada pueblito y cada provincia y vos tenés que ser la candidata a senadora".

Una anécdota que muestra el compromiso activo de Kirchner en su gestión, la relata Carlos Castagneto, viceministro de Desarrollo Social de la Nación:

> Era el 2003 o principios del 2004 y en una reunión con Alicia Kirchner le cuento que necesitamos un nuevo contador en el Ministerio. Se ve que Alicia se lo comentó a su hermano, digo esto para que se entienda lo que sucedió después. Néstor Kirchner había participado de un acto en un barrio del conurbano. En la ruta, a unas 10 cuadras por donde iba a pasar de regreso el auto del presidente, una señora muy humilde tenía una carta en la mano. La policía la había corrido hacia el cordón por su propia seguridad. En el momento que pasa, Néstor ve a la señora con la carta en la mano. Entonces, detiene el auto, retrocede y llama a la mujer: "¿qué necesita, señora?". La mujer le cuenta que están pasando una situación difícil y que su hijo se recibió de contador. Néstor se guarda la carta en el saco y esa noche la llama por teléfono. La mujer, primero no le cree que habla el presidente y Néstor le recuerda cómo estaba vestida y le dice: "Señora, hoy mi hermana me

---

355 Feinmann, José Pablo, *El Flaco. Diálogos irreverentes con Néstor Kirchner.* Editorial Planeta, 2011.

contó que necesita un nuevo contador. Que su hijo se presente mañana a las 9 en el Ministerio y hable con ella". Hoy ese joven contador sigue trabajando en el Ministerio[356].

El 22 de mayo, al cumplirse dos años de gestión, Kirchner le dio un extenso reportaje al diario *Clarín*. Allí dijo que la elección de octubre era "un plebiscito", porque no se podía avanzar en la consolidación con un presidente debilitado.

Como en el truco, no adelantó que Cristina sería la candidata por Buenos Aires.

> Cristina es parte de un proyecto político. Obviamente, si yo le digo que está decidida la candidatura de Cristina estaría faltando a la verdad, pero Cristina sintetiza muchísimas de las ideas que nosotros llevamos adelante. Digo muchísimas, porque en algunas está de acuerdo, pero a veces también discute. Es muy aferrada a sus convicciones... (se ríe).

Aclaró que Duhalde era "persona que respeto y que cumple un papel importante en el Mercosur". Cuando se le preguntó sobre su rol en el peronismo bonaerense expresó: "No sé, él ha dicho que se retiró de la política...".

La guerra fría y la posibilidad de un acuerdo hicieron paralizar a más de un dirigente durante el mes de junio. Las versiones iban y venían.

El presidente quería derrotar pero no humillar a Duhalde y le ofreció un acuerdo que consistía en que Cristina fuera candidata a senadora, cuatro diputados del duhaldismo en las listas nacionales y dividir en partes iguales las listas provinciales entre kirchneristas, felipistas y duhaldistas.

El duhaldismo enloqueció: no quería saber nada con al felipismo en la mesa de negociaciones, pero en las últimas horas transmitió que aceptaba las listas nacionales y a Cristina candidata.

---

356   Charla con el autor.

Los encargados de la última negociación fueron Alberto Fernández y Alberto Balestrini por el gobierno y por el duhaldismo, Dìaz Bancalari y el intendente de Berazategui, Juan José Mussi. A horas de firmar el acuerdo, Mussi recibió un llamado de Duhalde que volvía con la vieja propuesta de 9 diputados nacionales y el 50 y 50 en las listas provinciales.

"Bueno, me están tomando como pelotudo", dijo un Alberto Fernández ofuscado. Cerró su *notebook* y dijo terminante: "se acabó la negociación, nos vemos en octubre".

Kirchner estaba molesto, apareció en los medios diciendo que había "zancadillas que provienen de adentro y de afuera, que quieren retornar los fantasmas del pasado", y denuncia trabas a la gobernabilidad. Y agregó: "hay que soportar las puñaladas por delante y por detrás".

Horas antes del discurso de Cristina en el Teatro Argentino de La Plata que era el lanzamiento de la campaña, le dio un reportaje a *Pagina 12* donde afirmó que "no se puede ser oficialismo y oposición". Decidido, se encargó de armar las listas y colocó a José Pampuro como acompañante de Cristina en la lista de senadores y a Alberto Balestrini encabezando la de diputados.

El teatro Argentino estaba repleto. Acompañaban al presidente en la bandeja principal, los gobernadores Felipe Solá (Buenos Aires); Jorge Alperovich (Tucumán); Jorge Obeid (Santa Fe); Julio Cobos (Mendoza); Jorge Busti (Entre Ríos); Sergio Acevedo (Santa Cruz); Jorge Colazzo (Tierra del Fuego); Horacio Colombi (Corrientes); Mario Das Neves (Chubut); Eduardo Fellner (Jujuy); José Luis Gioja (San Juan); Gildo Isnfrán (Formosa); Ángel Maza (La Rioja); Carlos Verna (La Pampa); y José Manuel de la Sota (Córdoba). También estuvieron las Abuelas y las Madres de Plaza de Mayo, su madre Ofelia, su hermana Alicia y el gabinete completo, con excepción de Lavagna que estaba en China.

Primero habló Alberto Balestrini y comparó al Partido Justicialista con la madera de un árbol a la que "hay que podar de vez en cuando para que siga creciendo mucho más fuerte".

Cristina, al ingresar al escenario, demostró su personalidad al señalar que ella no era "Cristina Kirchner, que era Cristina Fernández o Cristina Fernández de Kirchner".

En su discurso dijo, sin nombrarlo al ex presidente, que:

> no soy de los que dicen sufro con el poder. El día que decida irme a mi casa porque he resuelto que la política no es más mi vocación, tengan por seguro que no vuelvo más, no soy de los que anuncian retiros, para luego una y otra vez, poner piedras en el camino.

Por otra parte, defendió a su esposo, el Presidente, al señalar que muchas veces él tuvo que "decir que no iba a ser títere de nadie". Y recordó cuando "lo llamaban chirolita", quejándose porque "ahora lo acusan de hegemónico".

Cristina, quizás sin pensarlo, terminó ese día para siempre con las posibilidades del duhaldismo: "cuando (al Gobierno) se le interponen escollos institucionales para que no gestione, eso no es libreto peronista, es un guión y dirección de Francis Ford Coppola, y el resultado no es un manual de Conducción Política, es la película *El Padrino*".

Desde ese instante la palabra "Padrino" quedaría unida para siempre con Duhalde.

Desde otro lado, en el amplio living de la casona de Lomas de Zamora, éste junto a su mujer y algunos asesores, escuchaba el discurso. Hubo silencio, Duhalde supo que era el final de su carrera política. Miró a "Chiche" pero no dijo nada[357].

Las elecciones se realizaron el 23 de octubre. Desde hacía un mes todas las encuestadoras señalaban que ganaría Cristina. La duda estaba en la diferencia. No era lo mismo 10, 20 o 30 por ciento.[358] En la Capital Federal había un empate técnico entre Mauricio Macri, Elisa Carrió y Rafael Bielsa.

Cristina arrasó en la provincia de Buenos Aires. Saco el 46 por ciento de los votos contra el 19 de "Chiche" Duhalde, que en la práctica fue solo el 14 por ciento, ya que su fórmula recibió un cinco por ciento de los votos de Luis Patti.

---

357   Ya en la locura final, el duhaldismo cerró una alianza con el torturador Luis Patti para que apoyara la candidatura a senadora de "Chiche" Duhalde.
358   Una semana antes, Duhalde insistía que "Chiche" solo perdería por 5 puntos.

Kirchner estaba feliz con el resultado de las elecciones pero no exultante. En la Capital Federal, Mauricio Macri había llegado al 33 por ciento, Carrió había quedado segunda con el 22 por ciento y Bielsa solo había alcanzado el 20 por ciento. En Santa Fe, Agustín Rossi, el candidato transversal del kirchnerismo, perdió por 10 puntos frente a Hermes Binner[359].

Kirchner, satisfecho, se llamó al silencio para no opacar el triunfo de Cristina, pero en las siguientes 48 horas analizó los resultados ciudad tras ciudad. Su gestión se había "plesbicitado", superando el 40 por ciento de los votos.

Los intendentes del conurbano bonaerense respondieron en forma contundente: en Ezeiza (58 a 26%), en La Matanza (55 a 17%), en Lanús (44 a 19%), en Avellaneda (42 a 18%) y en el "pago chico" del duhaldismo, Lomas de Zamora (43 a 23%).

En esas horas algunos dirigentes, aliados del progresismo, el felipismo y los defensores de la transversalidad, le preguntaron al Presidente cuándo fundaría un nuevo partido de centroizquierda. Y hasta un ministro le preguntó cuándo renunciaría al PJ:

> Estás loco vos. Yo soy el peronismo. Ganamos la interna, sacamos el 40 por ciento y los que me enfrentaban llegaron al 9 en todo el país. Se acabó. Además, fijate que nuestros candidatos transversales, con todo el apoyo que les di, hicieron una floja elección (en Capital, Santa Fe, Córdoba) y en cambio los intendentes cumplieron en Buenos Aires. –Y agregó: la idea es simple: el peronismo es la columna vertebral de este proyecto y sumaremos a otros sectores que nos quieran acompañar en este proceso de cambio que vengan desde la izquierda o del radicalismo. Lo que sí voy hacer es aumentar el diálogo con los radicales que nos apoyaron (Santiago del Estero, Corrientes, Mendoza y Río Negro).

El gobierno había obtenido casi 7 millones de votos y asegurado su mayoría en la Cámara de Diputados.

---

359   En La Rioja perdió Carlos Menem y en Catamarca, Luis Barrionuevo.

En esos días alguien le preguntó a Alberto Balestrini si había que negociar con lo que quedó del duhaldismo. El hombre de La Matanza, con una sonrisa, respondió: "No hay que negociar, hay que dejar que se desgranen de a poco, y que ellos vengan, no llamarlos nosotros. Que vengan de a uno, haciendo acto de fe kirchnerista. Les vamos abrir las puertas si es que aceptan el modelo que propone Kirchner".

Los sectores "progresistas" o transversales no comprendieron la importancia del triunfo del ex presidente en la provincia de Buenos Aires y el rol que cumplía el peronismo en el proyecto nacional y popular. Feinmann había criticado livianamente las políticas del presidente en un reportaje publicado en la revista *Veintitres* y éste decidió enviarle una carta. La misma fue reproducida –valientemente, hay que decirlo– en el libro *El Flaco*. Kirchner le decía lo siguiente:

> En tus opiniones menospreciás la victoria del pueblo de la provincia de Buenos Aires sobre el aparato duhaldista y confundís el voto popular con movimientos de aparatos. Cuando te quejás de la CGT no podés reconocer que, nos guste o no, son ellos los que hoy representan a los trabajadores. También caés en el reduccionismo político de equiparar a la CGT con Barrionuevo. Sería como equiparar a los empresarios con Martínez de Hoz. –Y agrega hacia el final–: Por eso creo que vos y yo no pensamos tan diferente, sino que tenés miedo. Miedo de que te confundan, porque creés que la individualidad te va a preservar. Pero no te olvidés que pertenecemos a una generación que siempre creyó en las construcciones colectivas. La individualidad te pondrá en el firmamento pero sólo la construcción colectiva nos reivindicará frente a la historia. Al fin y al cabo todos somos pasantes de la historia[360].

---

360   Ibíd., Feinmann, José Pablo, *El Flaco*.

Comprando soberanía

Horas después del triunfo electoral, Kirchner le dijo a un ministro: "Hoy empieza mi gobierno". Y fue así porque en solo dos meses hubo un "tsunami" de noticias: enfrentó a Bush por el ALCA, le pidió la renuncia al ministro de Economía Lavagna y decidió pagar toda la deuda al FMI.

La reunión de la IV Cumbre de las Américas, se realizó en la ciudad de Mar del Plata el 4 y el 5 de noviembre y contó con la presencia de 34 jefes de Estado de la región. La misma se realizaba en Argentina por pedido, en aquel entonces, de Fernando De la Rúa. Estados Unidos, México y un número importante de países americanos venían con la intención de que se aprobara el Área de Libre Comercio de las Américas (ALCA). Brasil, Argentina y Venezuela no estaban de acuerdo con esa iniciativa que perjudicaba a los países latinoamericanos.

Horas antes de la cumbre, Kirchner y su par norteamericano, George Bush, se reunieron a solas. Allí el presidente argentino se quejó de las políticas del FMI y de la necesidad de que Estados Unidos adoptara políticas que ayudaran al desarrollo de América Latina. Bush elogió el crecimiento y la recuperación de Argentina. Kirchner mantuvo el secreto sobre el ALCA en el discurso inaugural.

Horas antes del inicio formal, se realizó la contracumbre en el Estadio Mundialista y aunque no estuvo Néstor Kirchner, el gobierno la fogoneó. Las calles de Mar del Plata estaban inundadas con carteles con las palabras *Bush go home*. El acto central lo encabezó el presidente venezolano, Hugo Chávez. Horas antes del encuentro partió de Buenos Aires un tren coordinado por el diputado Miguel Bonasso, en esa época cercano al kirchnerismo, que trasladó a Diego Maradona, al candidato a la presidencia de Bolivia, Evo Morales, a Cindy Sheehan, al director bosnio Emir Kusturica[361], al Premio Nobel de la Paz, Adolfo Perez Esquivel,

---

361   Imágenes de ese viaje en tren se ven en la película de Kusturica sobre Maradona.

a las Madres y Abuelas de Plaza de Mayo, a dirigentes de la CTA y de diversos movimientos sociales.

Chávez realizó un durísimo discurso donde dijo que "está muerto el ALCA, acá en Mar del Plata está su tumba". El presidente recordó a Martí, al Che, a Bolívar, a Perón, a Evita y a Fidel Castro.

Kirchner jugaba a fondo y decidió que no se podía aprobar el ALCA sin graves consecuencias para el país. Un artículo de esos días de Horacio Verbitsky en *Pagina 12*, recordaba que si se aprobaba el acuerdo, el país perdería por año en el intercambio comercial 126 millones de dólares.

El presidente cuestionó duramente el llamado Consenso de Washington y las recetas únicas:

> Se nos niega la refinanciación si no aceptamos determinadas condicionalidades que no son otras que las mismas políticas que nos condujeron al *default*", y al neoliberalismo: "Por supuesto, la crítica de ese modelo no implica desconocer ni negar la responsabilidad local. Nos hacemos cargo como país de haber adoptado esas políticas pero reclamamos que aquellos organismos internacionales que al imponerlas favorecieron el crecimiento de esa deuda también asuman su cuota de responsabilidad.

Varios mandatarios aplaudían pero no Bush, que en el rostro transmitía su mal humor.

Y como estocada final, Kirchner afirmó: "Por eso, seguimos pensando que no nos servirá cualquier integración. Simplemente, firmar un convenio no será un camino fácil ni directo a la prosperidad".

Las reuniones a puertas cerradas fueron durísimas. Estados Unidos junto a México, presionaron fuertemente para que se aprobara el ALCA. Luego de la muerte de Néstor Kirchner, Hugo Chávez contó una anécdota de aquellas jornadas:

> Recuerdo a Néstor como un gigante. Delante de Bush le dijo "aquí no vengan a patotearnos". Recuerdo que en un momento, Néstor me llevo a un aparte y me planteó una estrategia para

desgastar a Bush. 'Te daré la palabra a ti que hablas mucho', y así lo hizo. Me sorprendió con un 'tiene la palabra el presidente Chávez'. Y ahí empezaba con dale y dale para desgastar al adversario. Hasta que Bush se paró y se fue. Era muy hábil.

Finalmente el ALCA no se aprobó.

* * *

Roberto Lavagna sabía que estaban contados sus días en el ministerio de Economía luego de las elecciones de octubre cuando no se definió por Cristina[362]. Él estaba convencido de que la elección sería pareja y nunca creyó que "Chiche" perdería por paliza.

Trató en esos días de mostrar que seguía siendo un hombre con juego propio. El 22 de noviembre denunció públicamente el pago de sobreprecios en la contratación de obra pública, durante un encuentro con empresarios reunidos por la Cámara Argentina de la Construcción.

Kirchner no dijo nada.

Días después participó del Coloquio de IDEA en Mar del Plata, cuando el presidente había pedido que nadie fuera, y defendió las políticas del gobierno con intención de bajar el tono dela confrontación. El periodista Morales Solá que hacía de entrevistador le preguntó:

—¿Vamos a tener Lavagna por mucho tiempo?
—Las personas son accesorias. Pero eso depende del Presidente de la Nación, que tiene derecho a elegir a sus colaboradores y de cada ministro, que puede decidir si continuar o no.

De allí se fue a su casa en Cariló. El lunes por la mañana recibió un llamado: lo esperaban en Casa Rosada.

El encuentro duró apenas 15 minutos. Kirchner le reprochó su autonomía en la campaña electoral cuando su gobierno estaba siendo

---

[362] En un programa de Mirtha Legrand, el ministro, al ser consultado sobre sus preferencias por Cristina y "Chiche", contestó: "las dos".

plebiscitado y su alto nivel de confrontación con los otros ministros. Y le agradeció su trabajo, especialmente para salir del *default*.

El jefe de Gabinete, Alberto Fernández, anunció su reemplazo por Felisa Miceli, titular del Banco Nación, además de los sucesores de Rafael Bielsa (Jorge Taiana), José Pampuro (Nilda Garré) y Alicia Kirchner (Juan Carlos Nadalich).

Lavagna, en su conferencia de prensa para despedirse del cargo, no quiso opinar sobre la decisión del presidente ya que era "perfectamente legítimo" que quisiera cambiar su gabinete. A pesar de esa frase se permitió una crítica sutil cuando al referirse a la campaña electoral: "yo no participé porque por momentos tuvo un tono un poco elevado y además tocaba a un ex presidente (Eduardo Duhalde) con quien yo había trabajado y no es mi costumbre comportarme indignamente".

El título de *Clarín* fue temerario: "Kirchner arriesgó: Miceli por Lavagna".

* * *

El 15 de diciembre el presidente anunció la cancelación total de la deuda con el Fondo Monetario en un único pago de 9.810 millones de dólares. La decisión fue presentada por Kirchner como parte del "plan de desendeudamiento" y, en la versión oficial, permitía cerrar la puerta a "las constantes intromisiones y exigencias" de los burócratas del FMI en la política doméstica.

La decisión no fue improvisada y venía siendo meditada desde hacía más de un año por el presidente, quien estaba convencido de que era necesario sacarse de encima los controles trimestrales que el FMI realizaba sobre la economía local: "Ustedes no saben lo que significa gobernar con el aliento del Fondo siempre resoplando cerca, por todo motivo. No se puede tomar una sola medida que ellos la cuestionan y proponen una alternativa, por lo general nefasta para los intereses del país".

Desde la asunción en mayo del 2003, las discusiones con el Fondo habían sido durísimas, incluso en un momento la Argentina incumplió algunos de los pagos. Kirchner esperó que las reservas en el Banco Central superaran los 25.000 millones de dólares para no poner en riesgo la vulnerabilidad del peso.

Tres semanas antes de tomar la decisión, en una reunión secreta con Lula acordaron que se pagaría toda la deuda con el FMI para liberarse de las presiones. Kirchner le dijo a Lula: "esta vez te toca empezar a vos"[363].

Ante un Salón Blanco eufórico, el presidente afirmó:

> La deuda que cancelamos con el Fondo Monetario Internacional, similar a la suma que ese organismo prestó para sostener un régimen de convertibilidad, condenado al fracaso, ha resultado lejos la más condicionante, aun cuando a diferencias de otros países que experimentaron situaciones críticas, no recibimos ayuda del Fondo para superar la difícil situación que enfrentamos. Esta deuda ha sido constante vehículo de intromisiones, porque está sujeta a revisiones periódicas y ha sido fuente de exigencias y más exigencias, que resultan contradictorias entre sí y opuestas al objetivo del crecimiento sustentable (...) En los últimos 30 años hemos visto avanzar la continua dependencia de programas que Argentina acordó con el Fondo Monetario Internacional. Formamos parte de la triste realidad de integrar el grupo de países en los que esa institución ha aplicado y monitoreado muchos de sus 150 planes de ajuste. El resultado ha sido exclusión, pobreza, indigencia, la destrucción del aparato productivo. A la sombra de esos programas hemos visto concentración de ingreso en unos pocos y chocado contra la imposibilidad de combinar crecimiento macroeconómico con desarrollo social y pleno empleo.

Toda la oposición salió a cuestionar la decisión. Desde Elisa Carrió al radicalismo, desde la CTA plantearon que no era necesario pagar la deuda, ya que tenía pocos intereses y que con ese dinero "se podía pagar la deuda interna".

La historia siempre parece repetirse en los opositores al peronismo. En 1948, cuando Perón compró los ferrocarriles, la oposición dijo que se había comprado "hierro viejo" y que el negocio

---

363 *Pagina 12*, Horacio Verbitsky, 18 de diciembre de 2005.

era de los ingleses. Raúl Scalabrini Ortiz diría: "se había comprado soberanía". Kirchner pensaba lo mismo.

* * *

El lunes 16 de septiembre de 2006 comenzaban los alegatos contra el represor Miguel Etchecolatz en el tribunal Federal Oral nro. 1 de La Plata. El martes, los jueces lo condenaron a la pena de prisión perpetua por delitos de lesa humanidad cometidos en el marco de un genocidio. Los presentes, familiares e integrantes de organismos de derechos humanos, le gritaron "asesino" y algunos presentes le arrojaron pintura roja.

Ese lunes, Julio López, un albañil de 77 años, uno de los principales testigos contra el represor, no estuvo presente. La familia creyó que había tenido un accidente y lo busó en los hospitales. Los organismos de derechos humanos se preocuparon por la ausencia y también comenzaron a buscarlo en centros de salud y comisarias. Una ex detenida-desaparecida y amiga de Julio, Nilda Eloy, dijo "espero que no lo hayan secuestrado".

Los diarios no le dieron importancia y sólo *Página/12* a través de la periodista Adriana Meyer, comentó la búsqueda y la preocupación. A los pocos días hubo una marcha de los organismos de derechos humanos de La Plata. El gobierno provincial y la policía bonaerense se concentraron en que "lo de López es un problema de salud o familiar". Una vez más la víctima era investigada.

Kirchner, que se encontraba de gira en los Estados Unidos, como era su costumbre leía resúmenes de noticias dos o tres veces al día. Preocupado por la desaparición de López lo llamó a Felipe Solá. El gobernador intentó explicarle que no era un tema político. "¿Vos sos boludo?, a López lo chuparon, poné todo el apoyo de la provincia, hablá con la familia, poné una recompensa ya", le dijo un irritado Kirchner.

Horas después, Cristina llamó al ministro de Seguridad de la provincia, León Arslanian, para interiorizarse del caso. A las pocas horas, el gobierno provincial ofreció una recompensa de 200 mil pesos para que alguien informara sobre Julio López.

Solá decidió, finalmente, dirigirse a la humilde casa de López. Allí se sentó a charlar con su mujer y sus hijos, y compartió unos mates.

Horas después, el gobernador anunció el pase a disponibilidad de todos los efectivos de la policía de la provincia que "de alguna manera estuvieron vinculados a los centros clandestinos de detención y hoy siguen en la fuerza". Una semana después, mostró una foto de Julio López y afirmó que "es el primer desaparecido desde los años del terrorismo de Estado".

De regreso al país, el presidente recibió a la familia López y le ofreció toda la ayuda, desde la SIDE hasta la policía Federal. Horas después en un acto en la Casa Rosada dijo que "el pasado no está derrotado ni vencido" y reconoció que la desaparición del albañil López, implicaba un mensaje atemorizador hacia toda la sociedad: "Cada vez que tienen una oportunidad aprovechan para demostrar que están presentes. Estamos atentos, argentinos, no podemos dejar que se vuelva a repetir ese pasado. Los argentinos estamos angustiados. No es un tema menor, se busca amedrentar la búsqueda de la verdad".

El destino lleva muchas veces a los periodistas a estar en lugares que nunca pensamos estar. Las circunstancias me llevaron a estar muy cerca de la familia de Julio López, colaborar con ellos desde el primer día, vivir el dolor, la bronca de no saber dónde estaba "Tito", como lo llama la familia; y cumplir de nexo ante los colegas que querían informar sobre la desaparición de López. Recuerdo que me tocó poner en palabras las broncas, los ruegos, las dudas de la familia, en tres cartas abiertas que se publicaron en los primeros meses tras la desaparición. La familia, acercándose al tercer mes de la desaparición de Julio, decidió escribirle una carta pública al presidente. Luego de redactarla, nos pareció adecuado enviarle primero una copia a su despacho antes de entregarla a la prensa. A través de un periodista amigo, el vocero del Jefe de Gabinete, Alberto Fernández, le enviamos una copia a Kirchner. La misiva decía:

> Dentro de pocas horas se cumplirán tres meses de la desaparición de Tito. Estamos desesperados, angustiados, con bronca, no

sabemos quién se llevó a Tito, nuestro padre, el marido y compañero de mi madre. Dirigimos esta carta abierta a nuestro presidente porque confiamos en él, recordamos sus palabras y su compromiso personal en la búsqueda de Tito. Hoy, a tres meses de no saber nada, le pedimos que no baje los brazos, que no se olvide de Tito, recuérdelo en cada tribuna...". Más adelante, la carta recordaba: "Hace treinta años, dos niños y una madre sufrimos por la desaparición de Tito. Hoy se repite la historia, y nuevamente no sabemos dónde está, pero ahora estamos en democracia, creemos en ella, creemos en la Justicia como creyó Tito cuando con sus 77 años a cuestas fue a contar la 'verdad' para que la historia negra no se repita; sólo fue a pedir 'justicia' y hoy no está". Y terminaba: "Estamos desesperados. Somos una familia sencilla. No estamos acostumbrados a relacionarlos con la prensa. Cargamos con un dolor profundo y es sin lugar a dudas el peor momento de nuestras vidas. Tito es una persona sencilla, que trabajó toda su vida, que construyó con sus manos la casa que habita desde hace 45 años y que sufrió, por creer en un país mejor, los horrores de la noche oscura de la Argentina. Y hoy pareciera que la historia se repite, por lo cual decidimos recordar las palabras que más utilizó en sus escritos: "justicia" y "los argentinos tienen que saber.

Néstor Kirchner la leyó una y otra vez. El silencio parecía escucharse entre las paredes de su despacho. Sus ojos se humedecieron y sólo atinó un par de veces a mirar una estampita de Don Bosco, el llamado "Santo de la Patagonia", que lo acompañaba en su escritorio desde el primer día de la asunción como primer mandatario. Un par de horas después, en el Salón Blanco de la Casa Rosada donde se entregaba el premio Azucena Villafor, el presidente habló en público de Julio López:

> Recibí una carta profunda, seria, cariñosa, fuerte en calidad moral, de la familia López, en la que mostraban su desesperación por la desaparición de nuestro amigo, que tuvo la valentía de ir a declarar al juicio del genocida Etchetcolatz y como resultado hoy no lo tenemos entre nosotros (...) Te-

nemos la obligación de hacer todo para que aparezca López, tiene que aparecer nuestro amigo, tenemos que buscar todas las instancias para que esto se pueda dar y no tenemos que descansar en ningún momento. No vamos a bajar los brazos y nunca vamos a decir que hemos fracasado, porque si en 30 años o más, ya que lamentablemente algunos problemas de este tipo empezaron antes de la propia dictadura, no bajamos los brazos y estamos buscando la verdad, no tenga ninguna duda la familia López y todos los argentinos que vamos a trabajar a fondo para saber qué es lo que está sucediendo. Tiene que aparecer López. Vamos a luchar contra esa impunidad que, como ustedes ven, aún sigue existiendo en la oscuridad, porque evidentemente hay procesos de complicidad, porque hay fuerzas que siguen actuando corporativamente de alguna manera a espaldas nuestras, y tenemos que dejar estas cosas en claro para que los argentinos nunca más estemos amenazados por este tipo de actitudes. Que cada uno pueda decir lo que tenga que decir, en el lugar que corresponda, con absoluta tranquilidad, donde consolidemos una democracia plural, amplia, con consenso, donde el miedo desaparezca definitivamente. Es nuestro compromiso a fondo, no nos van a hacer bajar los brazos. Si las Abuelas y las Madres nunca bajaron los brazos, nosotros, con la fortaleza moral y espiritual que nos dan, no tengan ninguna duda de que junto a ustedes y junto a todos los argentinos tenemos que esclarecer este tema, cueste lo que nos cueste, lleve el tiempo que nos lleve. No nos vamos a cansar nunca de la búsqueda de la verdad.

Siempre fue una herida abierta en la gestión de Kirchner. Días antes de dejar el cargo se reunió nuevamente en la Casa Rosada con la familia. Pidió perdón en nombre del Estado argentino y les prometió que nunca bajaría los brazos hasta encontrar la verdad.

La sucesión

El domingo 29 de octubre de 2006, Néstor Kirchner, desde su casa en el sur, comenzó a recibir los bocas de urnas del plebiscito de Misiones, donde el gobernador kirchnerista Carlos Rovira quería modificar la constitución para incorporar la reelección indefinida. Al mediodía, ya sabía que se perdería.

El presidente había apoyado fervientemente la propuesta de Rovira, quien le había asegurado que la elección se ganaba caminando. Lo que nunca se imaginó el gobernador misionero era que enfrente de él se colocaría un obispo jesuita del Tercer Mundo, Joaquín Piña, comprometido con los más humildes. El "no" sumó el 56,58 contra el 43,43 por ciento del "sí".

El presidente sintió el golpe pero mantuvo el silencio. Un ministro le dijo que tenía que hablar y Kirchner se enojó: "Los tiempos los manejo yo. Se perdió una elección, ya no hay remedio, hay que seguir gobernando". Pero decidió que no hubiera más plebiscitos reeleccionistas en ninguna provincia. Primero lo llamó a su amigo, el gobernador de Jujuy, Eduardo Fellner, y le pidió que desistiera de su reelección. El jujeño cumplió y anunció que no se presentaría para un tercer periodo.

En la provincia de Buenos Aires el tema era más complicado porque Felipe Solá venía desde hacía meses fogoneando su reelección, pero no a través de un plebiscito, sino a través de la Suprema Corte de Justicia provincial. Solá, pese a la soledad que le trasmitió la casa Rosada, esperaba que decidiera la Junta electoral para luego sí recurrir a la Corte si el primer fallo era favorable.

En esas horas, el Partido Justicialista de la provincia de Buenos Aires dio a conocer un duro documento contra los intentos del gobernador de modificar la constitución. El PJ estaba conducido por José María Díaz Bancalari, y la mayoría de los dirigentes eran ex duhaldistas que no comulgaban con Solá, y aprovecharon para darle la estocada final.

Felipe Solá sabía que estaba solo. Así, lo llama a Alberto Fernández y le pide una reunión "a solas" con Néstor Kirchner. La reunión se realizará en la residencia de Olivos, aunque participará también el Jefe de Gabinete. Allí el presidente le asegura la gobernabilidad hasta el 10 de diciembre de 2007 y le dice: "no te equivoques, Felipe, acá el que perdió fui yo".

Horas después, el gobernador salió a los medios y afirmó: "no estoy aferrado al sillón, nunca lo estuve, porque ha sido mi estilo, por lo cual no voy a crear una crisis institucional".

Kirchner, aunque nadie le creyera por aquellos tiempos, con la elección de Misiones terminó de convencerse de que lo mejor para el país era no ir por la reelección y que la candidata tenía que ser Cristina, su compañera de toda la vida: "Un periodo es agotador para ser presidente y no sé si mi físico aguantará cuatro años más".

Luego de la reunión con Solá, comenzó una carrera de nombres para la candidatura de la gobernación de Buenos aires: el ministro del Interior, Aníbal Fernández; el presidente provisional del Senado, José Pampuro; el presidente de la Cámara de Diputados, Alberto Baslestrini; el presidente del bloque de Diputados del PJ, José María Díaz Bancalari; el interventor del ANSES, Sergio Massa, y el intendente platense, Julio Alak, entre los principales.

Kirchner observaba encuestas todos los días, pero ningún pre candidato lo convencía. El 10 de noviembre fue un día clave para Daniel Scioli. El presidente lo había invitado a un acto en San Justo y Daniel le comentó al oído que "yo fui al colegio acá cerca, en Ramos Mejía". El presidente, que conocía las encuestas donde la figura del vicepresidente medía tanto como la de él y Cristina, tomó cuenta del comentario. Ese día, al salir del acto, ante la pregunta indiscreta de un periodista del programa televisivo *CQC* sobre el candidato en la provincia dijo: "Daniel Scioli". Parecía un chiste pero no lo era.

Con encuestas más específicas, el presidente observó que Daniel Scioli arrasaba en Buenos Aires como candidato a gobernador. Kirchner estaba preocupado de que se produjera una feroz interna en Buenos Aires y, además, en aquellos tiempos Juan Carlos Blumberg medía muy bien como candidato. Para el gobierno era muy importante ganar claramente en la provincia para asegurar el triunfo de Cristina en primera vuelta.

El "run run" de que el vicepresidente estaba siendo medido en la provincia, no melló la actividad de Scioli en la ciudad: sabía que con un buen trabajo le podía ganar a Mauricio Macri. Finalmente, Kirchner lo convocó a la Casa Rosada para verlo a solas. Alberto Pérez, el hombre de confianza y actual jefe de Gabinete de Scioli, cuenta que:

> Lo recuerdo como si fuera hoy el día en que el ex presidente lo habló con Daniel, que me llamó y me ijo que fuera directo a su casa en el Abasto. Allí, me contó con mucha tranquilidad que Néstor le había propuesto pelear la provincia. Estuvimos varias horas conversando, él no dudó ni un minuto en tomar la decisión y yo no dudé en acompañarlo. Igual de ese día tengo un mal recuerdo. Cuando me retiraba, su perra me desconoció y me mordió la pierna. Fue la única vez que me fui con bronca de la casa de Daniel.[364]

La aparición de Scioli como opción en la Provincia, impactó fuerte en el resto de los aspirantes a gobernador que ya tenía el kirchnerismo. Todos ellos cruzaron llamados telefónicos en esas horas de incertidumbre para saber si estaban ante una certeza o ante un "globo de ensayo".

Los sectores transversales o progresistas, encabezados por Horacio Verbitsky, sintieron el impacto de la candidatura de Daniel Scioli en la provincia. En un duro artículo de *Página 12*[365] cuestionó la decisión del presidente recordando que "elegir a Scioli como candidato y negar la personería a la CTA son dos formas paralelas de descreimiento en la movilización popular como fuente de transformación de las relaciones de fuerza". El periodista recordó que el triunfo del 2005 no fue acompañado por una implantación de fuerzas propias y se permitió "abrir las puertas" para el retorno de los derrotados. Más adelante señala que la emergencia de Scioli es una constatación palpable de esas limitaciones pero, al mismo tiempo, "una peligrosa renuncia a modificarlas".

Kirchner tenía claro que el peronismo era la columna vertebral del movimiento nacional y popular que había nacido en

---

364 Entrevista con el autor
365 *Página 12*, 3 de diciembre de 2006

mayo del 2003 y que como explicaba Perón, en el movimiento había sectores más conservadores y sectores más progresistas, pero la suma de todos permitía el triunfo electoral. "Yo aprendí de los años setenta. Los que estábamos en la Juventud Peronista creíamos que éramos los únicos que teníamos la verdad y debilitamos primero al "Tío" Cámpora y luego a Perón", solía contar a sus interlocutores.

Todo estaba resuelto: Daniel Scioli sería el candidato en la provincia y Cristina en la Nación, pero igual el presidente decidió no anunciar la candidatura de su esposa hasta julio del 2007, para que la oposición no degastara su figura y para que todos pensaran que quizás él fuera el candidato nuevamente.

En la intimidad, Kirchner aclaraba qué haría cuando se alejara de la primera magistratura: "quiero dedicarme a renovar el peronismo, quiero que sea la columna vertebral de un gran movimiento que agrupe a otras fuerzas. Cuando se es presidente es muy difícil dedicarse a lo partidario." Ya sabía a principios del 2007 que la transversabilidad había fracasado, pero se entusiasmaba con incorporar a los sectores del radicalismo que habían jugado con este proyecto en provincias como Santiago del Estero, Corrientes, Rio Negro[366], Catamarca y Mendoza. De allí saldría el vicepresidente de Cristina.

* * *

En esos tiempos, Alberto Fernández manejaba la dirigencia partidaria de la Capital Federal y el presidente lo dejaba hacer. Fernández tenía un encono hacia Jorge Telerman, Jefe de Gobierno de Buenos Aires, a quien responsabiliza por haber dejado caer a Aníbal Ibarra tras el escándalo de Cromañón. El candidato del Jefe de Gabinete para la ciudad era el ministro de Educación, Daniel Filmus.

Tanto el presidente como el Jefe de Gabinete estaban convencidos de que Telerman no sería candidato (tenía muy poco tiempo para armar una estrategia electoral), pero éste estaba decidi-

---

366 En mayo, el presidente decidió privilegiar al candidato radical de Río Negro, Miguel Saiz, sobre el senador Miguel Ángel Pichetto, quien finalmente perdió por muy pocos puntos la elección de gobernador.

do a pelear por el cargo, ya que creía que con su estilo moderno y descontracturado podía ganarle a Mauricio Macri.

Las elecciones estaban pautadas para el 3 de junio y Macri encabezaba las encuestas. Daniel Filmus, finalmente, es el candidato oficial y Telerman en un intento de romper su aislamiento, concreta un acuerdo con la Coalición Cívica de Elisa Carrió[367].

El 3 de junio Mauricio Macri arrasó en las elecciones con más del 45% por ciento de los votos contra el 23% de Filmus y el 20% de Telerman, con lo cual entraba al *ballotage* el Ministro de Educación. Los odios que se habían producido entre los seguidores de Telerman y Filmus durante la campaña hacían imposible llegar a un acuerdo para afrontar la segunda vuelta con posibilidades.

Kirchner intentó meterse de lleno en la campaña por el *ballotage* pero no alcanzó, Macri llegó al 61% de los votos, obteniendo así un triunfo contundente. Un gobernador le comentó al presidente: "es la segunda campaña que Alberto maneja en Capital y así nos va".

* * *

El gobierno decidió que el lanzamiento formal de Cristina como candidata a la Presidencia, fuera el 19 de julio en el Teatro Argentino de la Plata.

La candidata fue la única oradora, planteó un acuerdo social y elogió el modelo que comenzó en mayo de 2003.

Kirchner siguió en primera fila y en silencio el discurso de su esposa junto a su gabinete en pleno. El amplio universo "K" casi colmó las dos mil butacas del teatro: integrantes del Gobierno, gobernadores del PJ y radicales afines, intendentes, legisladores, aliados. También las Madres y Abuelas de Plaza de Mayo. Nadie quería quedarse afuera. En la calle, entre bombos y banderas, hubo miles de personas llevadas por organizaciones sociales kirchneristas, intendentes y referentes del conurbano. Cuando Kirchner entró a la sala del teatro junto al vice Daniel Scioli y el gobernador Felipe Solá, todos se pararon para aplau-

---

[367] Ese fue un grave error, porque mucha gente del peronismo optó por votar a Filmus o a Macri antes que a Elisa Carrió.

dirlo. Tras pasarse un video con imágenes familiares y de momentos de su carrera política, la candidata ingresó y fue recibida con un "se siente, Cristina presidente".

La senadora reivindicó el papel de la mujer en la "construcción cultural" por venir. "Las mujeres tenemos algunas aptitudes diferentes, propias", como estar "biológicamente preparadas para el dolor". Luego dijo en alusión a las Madres de Plaza de Mayo que "no es casualidad que durante la dictadura hayan sido mujeres las que se pusieron pañuelos blancos en la cabeza".

El tramo final lo dedicó a su esposo, al que –como siempre hizo en público– trató de "usted". Lo elogió por haber "apostado a una Argentina sin palos" y definió como "el cambio más importante" el hecho de que Kirchner hubiese decidido no ir por su reelección. "Ninguno hubiera hecho lo que usted hizo", dijo, presentando la decisión como un renunciamiento y no "como muchos creen" parte de "un proyecto político para gobernar por más años". Kirchner la escuchaba con las manos apoyadas en la cara.

Diez días después, el gobierno proclamó al mendocino Julio Cobos como candidato a vice de Cristina. Cobos prometió reforzar "el cambio" que proponía la candidata. Y aseguró que "no traicionamos a nadie" como dicen desde el partido radical.

La concertación plural que había ideado Kirchner estaba en marcha, la vicepresidencia sería radical, sin imaginarse las consecuencias que este hecho traería a la vida institucional del país solo un año después.

Las candidaturas de Cristina y de Daniel Scioli en la provinci, auguraban un triunfo en primera vuelta. La oposición estaba desorientada. El radicalismo llevaba como candidato a Roberto Lavagna, la Coalición Cívica a Elisa Carrió y Mauricio Macri había decidido no presentarse a ningún cargo.

El grupo *Clarín* decidió comenzar "a minar" la candidatura de Cristina y ya en setiembre del 2007 comenzaron a hablar del "doble comando", que el país sería manejado por Néstor y que Cristina no tendría ninguna incidencia en el gobierno. Eduardo Van der Kooy, analista político del grupo, afirmaba que Kirchner se iría del gobierno pero no del poder.

El 28 de octubre Cristina ganó en primera vuelta con el 43,9% de los votos, el peronismo se impuso también en Santa Fe, en el Norte y el Sur del país, perdiendo en Capital, Rosario y Córdoba. El segundo lugar fue para Carrió con el 22% y Lavagna obtuvo el 17%.

En la provincia de Buenos Aires, Scioli arrasó y llegó al 50%. Una vez más fueron decisivos los votos del conurbano bonaerense. Se perdió en las grandes ciudades como Bahía Blanca, Mar del Plata y La Plata. El eje central de la campaña de Scioli fue la "seguridad pública", una asignatura pendiente de Felipe Solá y de su ministro León Arslanian.

El presidente dejaba el gobierno con una imagen positiva altísima que superaba el 70%. Entre sus logros podemos señalar que se incrementó la masa salarial en más de un 103%, solo comparable con el gobierno del general Perón. El empleo aumentó un 49% y los salarios un 36% en términos reales. Néstor Kirchner había asumido con un país desmantelado por la crisis del 2001 y lo dejaba en crecimiento y ordenado, desendeudado y libre de las ataduras del Fondo Monetario Internacional.

2007

La profundización del modelo

Fue una transición en paz. En un hecho no usual, el poder se trasladó de marido a mujer, aunque ambos eran cuadros militantes que se habían incorporado a la política hacía más de tres décadas.

El matrimonio decidió que para evitar internas y hacerle el juego a los medios de comunicación, se anunciara a los ministros que acompañarían a Cristina casi un mes antes de su asunción como Jefa de Estado.

Los nombres elegidos, como era obvio, mostrarían continuidad con relación al gobierno de Néstor Kirchner. Los ministros Alberto y Aníbal Fernández seguirían dentro del gabinete, aunque el último pasaría de la cartera de Interior a Justicia y Seguridad. Julio De Vido seguiría ocupando el Ministerio de Planificación Federal, Carlos Tomada continuaría en Trabajo, Jorge Taiana en Cancillería, Alicia Kirchner en Desarrollo Social, Carlos Zanini en la Secretaría Legal y Técnica y Oscar Parrilli en la Secretaría General de la Presidencia.

En tanto, se sumó Martín Lousteau a Economía y se designó a Juan Carlos Tedesco en Educación en reemplazo de Daniel

Filmus, que asumiría como senador nacional. Se creó un nuevo Ministerio, el de Ciencia, Tecnología e Innovación Productiva, que dejó la órbita de Educación y quedó a cargo de Lino Barañao. También se sumó el bonaerense Florencio Randazzo como ministro del Interior y Graciela Ocaña fue a Salud para reemplazar al nuevo embajador en Chile, Ginés González García.[368]

La estrella del nuevo gabinete era Martín Lousteau. Por entonces se lo definía como un heterodoxo moderado. Alguien que "impulsa que haya superávit fiscal pero, también, un dólar alto y ciertas condiciones para expandir la actividad en el mercado interno"[369]. Era un joven economista con título de la Universidad de San Andrés y con un Master en la *London School of Economics and Political Science*. En su trayectoria constaba haber sido durante 2003 asesor de Alfonso Prat Gay en el Banco Central y al año siguiente haberse desempeñado como Jefe de Gabinete del Ministerio de la Producción. El economista había incursionado como corresponsal para la revista *El planeta urbano* y por entonces era presidente del Banco Provincia.

Néstor Kirchner no estaba muy convencido con el nuevo ministro de Economía, pero respetó la decisión de Cristina.

El 10 de diciembre, una tormentosa mañana pareció aguar la asunción. Sin embargo, a las 15:10 Cristina Fernández juró, con voz enérgica, como Presidenta de la Nación. La tormenta había desaparecido y afuera del Congreso el cielo estaba despejado.

La Presidenta arribó al Congreso a las 15:02. Puntual. El helicóptero presidencial había partido de Olivos a las 14:45 y aterrizó pocos minutos después frente a la Casa Rosada. Sólo iban a bordo Kirchner, Cristina, su hija Florencia y un secretario. La Presidente vestía de blanco, con un vestido sin mangas recto hasta debajo de la rodilla y un tapado de guipure unos centímetros más corto.

Frente a los senadores y diputados, Cristina hizo un discurso compacto. No leyó, pero tampoco improvisó. Tenía bien estudiadas sus palabras.

---

368 El vicepresidente Julio Cobos no ubicó a ninguno de sus hombres en el gabinete.
369 *Clarín* 15 de noviembre de 2007

Usó su apellido de casada cuando leyó el juramento. Cuatro minutos después, su esposo y Jefe de Estado saliente, le puso la banda celeste y blanca que le cruzó el pecho, y le entregó el bastón de mando. En ese instante, se miraron con complicidad y a ella se le escapó la emoción contenida. Luego se fundieron en un abrazo.

La banda presidencial no quedó fuera de la pasión que la presidenta siente por la estética. Pidió que fuera de terciopelo y que tuviera un bordado especial. Por eso tiene lentejuelas y canutillos alrededor del sol.

Al igual que al momento de asumir como presidente, Kirchner rompería varias veces el protocolo al momento de cederle el cargo a su esposa. Se apuró para ponerle la banda a su mujer y se olvidó que ambos debían rubricar el acta que tenía lista el Escribano. "No, no. Tenemos que firmar primero", lo retó Cristina. "Je, nunca pude aprender el protocolo", respondió Néstor frente al micrófono.

En su discurso, afirmó:

> Este es un escenario diferente al de hace apenas cuatro años y medio, el 25 de Mayo de 2003. El Presidente, que está sentado a mi izquierda, junto a todos los argentinos cambió en estos cuatro años y medio ese escenario que teníamos aquel 25 de Mayo. Lo hizo en nombre de sus convicciones que son las mías y las de muchísimos argentinos que siempre creímos en el país y en sus hombres y en sus mujeres, en el pueblo y en la Nación, palabras que tal vez en tiempos de la globalización no suenen bien o suenen raro al menos, pero a poco de conocer a los países con más desarrollo económico y social e indagar en las claves de su crecimiento y de su desarrollo, uno puede encontrar en la defensa irrestricta de sus propios intereses, como Estados y sociedades, la clave de ese avance, la clave de ese desarrollo.

Más adelante agregó:

> Quiero decirles que tengo grandes esperanzas, porque creo que estamos reconstruyendo el sistema de decisión que priva la Constitución para todos sus poderes. El Presidente que está a

mi izquierda lo hizo en la Casa Rosada, volvió a resituar la política como el instrumento válido para mejorar la calidad de vida de los ciudadanos y para torcer un destino que parecía incierto, que parecía casi maldito por momentos.

Curiosamente fue desde la política donde por primera vez en la República Argentina se empezó a gobernar sin déficit fiscal. Fue desde la política donde por primera vez se comenzó un proceso de desendeudamiento del país. Fue desde la política donde decidimos cancelar nuestras deudas con el Fondo Monetario Internacional, precisamente para tener nuestro modelo de acumulación con autonomía razonable en un mundo globalizado. Fue precisamente entonces desde la política y desde la Casa Rosada donde pudimos evidenciar que los argentinos podíamos porque empezábamos a creer en nosotros mismos. Y también de estos dos poderes, del Ejecutivo y del Poder Legislativo, saldamos una deuda que teníamos con los argentinos: dar una Corte Suprema de Justicia a los argentinos que no los avergonzara, que fuera honorable.

* * *

Tres días después de la asunción, el gobierno entró en una feroz tensión diplomática con Estados Unidos, cuando la Justicia de ese país detuvo en Miami a tres venezolanos y a un uruguayo. Esto estaba vinculado con el caso de la valija con casi 800 mil dólares que el 4 de agosto había intentado ingresar a la Argentina el empresario venezolano Guido Antonini Wilson.

El FBI, el Departamento de Justicia y un fiscal de Miami, informaron que habían detenido a esas cuatro personas porque estaban acusados de amenazar al valijero Antonini Wilson para que no dijera que los 800 mil dólares estaban destinados a apoyar la campaña electoral de la flamante presidenta.

Cristina conoció la noticia cuando regresaba de un acto oficial en Berazategui, el primero como Jefa de Estado. Antes, el embajador Anthony Wayne se había comunicado con el canciller Jorge Taiana para darle detalles de la información surgida desde Miami.

El periodista Luis Bruschtein escribió en *Página 12* que:

La administración norteamericana puede presionar en forma silenciosa, pero esta vez eligió hacer daño, en forma pública y apenas dos días después de la llegada del nuevo gobierno. Para cualquier conocedor de la política internacional no se trata de un simple proceso legal con derivaciones inevitables, como intentó minimizar la embajada local, sino de una operación política muy fuerte[370].

Cuando lograron recobrarse de la sorpresa por la noticia, Cristina y varios miembros de su gobierno pronunciaron duras declaraciones contra el gobierno de Estados Unidos, al que acusaron de una operación que "ofende la inteligencia de los argentinos". Además calificaron a Antonini Wilson de "agente de la CIA". Cristina dijo que: "Permítanme en esta mañana de basurales concretos (en ese momento encabezaba una licitación para erradicar basurales) hablarles de estos basurales que no indican crecimiento ni desarrollo; basurales de la política internacional".

Y sin mencionar directamente a Estados Unidos, agregó: "Uno puede dar cuenta de cómo algunos conciben a la política internacional y qué tipo de relacionamiento quieren con los países. Más que países amigos quieren países empleados".

En una recepción a la prensa en su residencia, el embajador estadounidense Wayne explicó que fue un socio de Antonini quien involucró a la presidenta con los 800 mil dólares.

Néstor Kirchner estaba furioso y en una fiesta de fin de año de Aysa, la empresa estatal de aguas, aprovechó para responder: "Lo que están haciendo en Miami es una vergüenza, señor embajador. Se lo digo como ciudadano argentino, así las relaciones no son buenas. Ustedes nos tienen que respetar".

El conflicto con el campo

Martín Lousteau, durante los primeros dos meses de 2008, intentó demostrar que, más allá de la figura del polémico secre-

---

370 *Página/12*, 15 de diciembre de 2007

tario de Comercio Interior Guillermo Moreno (que nunca "respondió" a él), podía ser un gran ministro de Economía, aunque el ex presidente desconfiaba del joven "pollo" de Felipe Solá.

Lousteau junto a su equipo, pergeñó la forma de aumentar la recaudación a partir de un nuevo esquema de retenciones a las exportaciones de granos. La iniciativa establecía que estos impuestos fueran móviles y acompañaran la oscilación de los precios. A partir de ese momento, las *commodities* pasarían a pagar derechos de exportación de 44,1% (por la soja) y el 39,1% (por el girasol). La medida fue anunciada el 11 de marzo de 2008.

El flamante sistema de retenciones contemplaba distintas alícuotas en función de bandas de precios, y duraría por los próximos cuatro años. El ministro afirmó: "¿Qué es lo que hace esto?, que a medida que el precio suba, la retención sea más alta y la traslación al precio doméstico sea más baja también, y a medida que el precio baje internacionalmente, la retención sea más baja, con lo cual el incentivo al productor sigue estando".

Por entonces, la relación entre el gobierno y las principales entidades del agro ya era tensa. Los ruralistas esperaban la llegada del gobierno de Cristina para, justamente, negociar retenciones a las que ya consideraban demasiado elevadas. El debate entre el gobierno y el campo por las retenciones se venía aplazando desde los últimos años del gobierno de Kirchner.

En los cinco meses previos a la resolución 125, los impuestos a la soja y el girasol habían aumentado 16,6 y 15,6 puntos porcentuales, respectivamente. En el mismo período, los precios de exportación de esos granos tuvieron un comportamiento dispar: la tonelada de girasol cotizaba en noviembre de 2007 a $1.350 y en la semana en que se firmó la resolución lo hizo a 1.260 (6,6% menos); en tanto, la soja pasó de 829, durante el 2007, a 1.054 en 2008 (27% más).

Lousteau informó a los dirigentes del campo de la medida por teléfono, ni siquiera tuvo el *timming* de invitarlos a su despacho. Los dirigentes decidieron rechazarla.

Mario Llambias, de Confederaciones Rurales Argentinas, expresó: "Esto es una excusa. El Gobierno es poco agradecido hacia un cultivo que sacó al país de la crisis en 2001 y que, si se rota adecuadamente, es bueno. Es una lástima que nos sigan usando como fuente de recursos para remediar los problemas de caja".

En tanto, desde Carbap aseguraban que la suba anunciada depositaría en las arcas del Estado u$s 2.500 millones en dinero contante y sonante.

El periodista económico Maximiliano Montenegro[371] explica que la resolución 125 nació sin ninguna épica revolucionaria ni un proyecto agrícola detrás. Según Montenegro, lejos de hablarse de un plan de diversificación de cultivos o "desojizador", como se justificó después, el objetivo primordial de la nueva suba de retenciones era anticiparse al déficit fiscal que —se esperaba— reaparecería justo en 2009, el año de las elecciones legislativas. El mismo día del anuncio oficial, las cuatro entidades rurales (Federación Agraria, Confederaciones Rurales Argentinas, Sociedad Rural y Coninagro), convocaron a un paro por dos días en señal de protesta, que se fue extendiendo porque el gobierno se negó a dar marcha atrás con la suba de las retenciones. Las medidas de fuerza incluyeron el cese de comercialización de productos agropecuarios en todo el país y la convocatoria a las sociedades rurales del interior a sumarse con asambleas y marchas de protesta.

Lousteau intentó calmar los ánimos y aseguró que el Gobierno "tenía abiertas las puertas para el diálogo".

Con el correr de los días comenzaban las primeras movilizaciones en las rutas del interior del país. Se iniciaron los "tractorazos" en la provincia de Santa Fe y movilizaciones en Córdoba.

El Multimedio *Clarín* y su suplemento *Rural* se pusieron a la cabeza de la protesta y convirtieron al dirigente de la Federación Agraria de Entre Ríos, Alfredo De Angeli, en un referente social que agredía verbalmente al gobierno nacional.

Los cortes comenzaban a sentirse en distintos puntos del país. Las concentraciones de miles de productores complicaban la circulación en las rutas del país y ya se hablaba de desabastecimiento.

---

371 Montenegro, Maximiliano, *Es la EKonomía, estúpido*, Editorial Planeta, 2011.

Las protestas se hacían fuertes en numerosas poblaciones de las provincias de Buenos Aires, Santa Fe, Entre Ríos y Córdoba, así como en las provincias de Chaco, Santiago del Estero, La Pampa y Mendoza. En algunos puntos comenzaban también a producirse algunos incidentes.

Mientras la protesta ingresaba en su sexto día, Lousteau intentaba enviar una señal al sector anunciando un 20% de descuento para el valor de los fertilizantes nacionales. En tanto, el Jefe de Gabinete, Alberto Fernández, avanzaba con otra iniciativa, pidiendo a los gobernadores del PJ que intentaran restablecer un diálogo directo con los ruralistas provinciales. Si éstos levantaban el paro, el Gobierno le garantizaría al agro la rentabilidad futura con ayudas diferenciales para paliar la suba por la inflación de los costos de los insumos, fertilizantes y fletes. Se otorgarían subsidios o beneficios impositivos o financieros.

En tanto, en la Casa Rosada comenzó a circular un *paper* que establecía que cada sector recibiría, a su vez, un trato diferenciado en función del tipo de producción (carne, leche o granos), de la distancia respecto del puerto de exportación y del tamaño de su emprendimiento. La intención era dividir a la Mesa de Enlace que habían formado las entidades del campo y acercar hacia el gobierno a los pequeños productores de la Federación Agraria. Pero la respuesta de los ruralistas fue terminante: no aceptaban levantar el paro ni los cortes de ruta en el interior, si antes el Gobierno no revocaba, lisa y llanamente, la aplicación de las retenciones móviles.

Al llegar a los 12 días de paro, las asociaciones de consumidores comenzaron adenunciar faltantes en la provisión de carne, lácteos y verduras. Las góndolas de grandes supermercados como Disco, Jumbo, Carrefour, Walmart y Coto mostraban faltantes, en particular en los cortes de carne populares.

La escasez de alimentos también comenzaba a sentirse en el interior. Comenzaba a faltar leche en supermercados de varias provincias. En tanto, los panaderos comenzaban a sentir la falta del stock de harina, al tiempo que otros alimentos, como el aceite y el pollo, veían subir sus precios.

Las protestas llevaban 13 días ininterrumpidos. Comenzaban a registrarse algunos incidentes. Los productores agropecuarios que se concentraron en la entrada del túnel subfluvial, en las afueras de la ciudad de Paraná, denunciaron que gendarmes que vigilaban la zona los reprimieron a golpes para que se alejaran del lugar y que cuatro de los manifestantes resultaron heridos. En realidad, los piquiteros rurales, con el apoyo de los medios de comunicación, eran sumamente agresivos con aquellos vehículos que querían circular libremente las rutas.

El fin de semana del 23 y 24 de marzo, Néstor Kirchner estaba furioso. Con bronca observaba que la derecha venía no solo por ello, sino por todo el proyecto de inclusión que había comenzado en mayo del 2003. "Se repite la historia o ellos o nosotros, si aflojamos nos llevan puestos" repetía en voz alta el ex presidente. Además, observaba que el peronismo de Córdoba, de Santa Fe y dirigentes de la provincia de Buenos Aires con Felipe Solá a la cabeza, querían "sí o sí" arreglar con el campo.

Cristina decidió hablar dos días después, el martes 25 de marzo en un acto en el Salón Blanco. Esperaba que las entidades agropecuarias levantaran el paro para poder comenzar un diálogo. La Mesa de Enlace, tres horas antes del discurso presidencial, decidió la extensión de la protesta, con interrupciones en las rutas y suspensión del envío de cereales y ganado al mercado.

La presidenta, como lo había planteado Néstor dos días antes, decidió que no se "iba a dejar extorsionar" y salió con los tapones de punta:

> Recuerdo esa Argentina de los años 2003, 2002, 2001, miles de argentinos en piquetes, cortando calles, rutas, porque les faltaba trabajo, porque hacía años que lo habían perdido, tal vez, en el 2001, porque se habían apropiado de los depósitos de pequeños ahorristas de la clase media. Eran los piquetes de la miseria y la tragedia de los argentinos. Este último fin de semana largo nos tocó ver la contracara, lo que yo denomino los piquetes de la abundancia, los piquetes de los sectores de mayor rentabilidad. La Argentina ha cambiado, se ha transformado de

aquella tragedia a esto que parece casi un paso de comedia. Allá por 1991, cuando se instaura la convertibilidad, el uno a uno, se eliminaron las retenciones. No había retenciones en la República Argentina; eso sí, casi nos quedamos sin productores con el uno a uno. Hay una rara conducta, muchas veces es como que cuando hay pérdidas la sociedad debería absorberlas, es una suerte de socialización de las vacas flacas y cuando las vacas vienen gordas, las vaquitas para ellos y las penitas para los demás.

Más adelante recordó:

Es precisamente a partir del gobierno que se inicia en el año 2003, donde realmente se comienza a tener competitividad en el sector, no es solamente un problema de alza de las *commodities*. Para los brasileros también subió el precio internacional, sin embargo el sector agropecuario brasilero, que no tiene retenciones, tiene un 16 o 17% menos de rentabilidad que el sector agropecuario argentino. Y ¿por qué?, muy simple: por el tipo de cambio; sostener un tipo de cambio competitivo, como lo hace el Estado argentino a través de un sistema, no de regulación cambiaria, sino de administración cambiaria, es decir, absorbemos dólares cuando entran y se liquida toda la cosecha para que se mantenga el valor porque sino el dólar se cae. Esto se hace con una política que está sustentada por el Gobierno. Imaginemos, por un momento, que tampoco hubiéramos desacoplado los precios del combustible; el campo consume aproximadamente 4 mil millones de litros de gasoil, que no tienen a un precio internacional, sino a un precio argentino subsidiado por todos los argentinos. La soja se exporta, prácticamente, en un 95%, no se exporta en pesos argentinos, se exporta en euros, en dólares, pero los costos son argentinos, que sostiene el peón rural, que es el peor pagado de toda la escala salarial. Lo sostiene el peor pagado y donde hay más trabajo en negro. Si no hubiera retenciones, quiero decirles a los argentinos, que el pollo, la carne, la leche la verían por televisión.

La batalla había comenzado.

Ese mismo día, la titular de la Coalición Cívica, Elisa Carrió, se pronunciaba sobre el discurso de la Presidenta: "Será difícil pasar la noche", dijo durante la presentación del último libro del poeta Esteban Peicovich. Minutos más tarde comenzó el repiqueteo de las cacerolas.

Las protestas en distintos puntos rurales del país se trasladaban a la Capital, donde la gente salió a la calle para protestar.

Sandra Russo, en un artículo que llamó "Las Trillizas de Oro"[372] afirmaba:

> Hace rato que el campo seduce a la ciudad, tanto como la ciudad seduce al campo. `Yo estoy con el campo´, se leía ayer en las pancartas cuadraditas que exhibían jóvenes de *look* Cardón, una marca que, dicho sea de paso, tiene en Palermo su `torre rural´. Parece una bizarrada argentina, y acaso lo sea, pero en el sitio *web* de la marca que impuso la ropa de estancia entre jóvenes y adultos que de estancieros tienen poco, se indica que sus emprendimientos inmobiliarios se originaron en el deseo de que la gente del campo `se sienta en la ciudad como en su casa´(...) Algunos barrios de esta ciudad, anoche, estuvieron con el campo, aunque no se sepa muy bien cuál es el lazo que se estrecha, más allá del espanto que los une, y que es el gobierno kirchnerista. Iba a pasar tarde o temprano, pero seguro iba a pasar ante alguna señal concreta de que había llegado la hora de redistribuir un poco, un poquito, algo de lo que tienen y nunca en la historia han cedido de buena fe o buena gana.

El gobierno nacional quedó paralizado. Solo los movimientos sociales salieron a la calle a defenderlo, especialmente a la Plaza de Mayo para impedir que las cacerolas llegaran. A la cabeza estuvo Luis D'Elía quien aclaró: "Nos movilizamos esta noche para enfrentar a los golpistas que quieren derrocar al gobierno popular que encabeza la presidenta Cristina Kirchner".

---

372 *Página 12*, 26 de marzo de 2008

Días más tarde, D'Elía diría a la prensa que "lo único que me mueve es el odio contra la puta oligarquía". Esa noche se lo vio a Guillermo Moreno como un militante más, cantando consignas contra el campo.

Néstor Kirchner esa noche miraba en silencio la televisión. Se había logrado que los simpatizantes del campo no coparan la plaza de Mayo, pero también sabía que la batalla cultural estaba perdida, y que era necesario reorganizar otra vez a la militancia. Los medios habían ganado y la clase media creía que "la patria era el campo". La misma clase media que miraba con simpatía a los Kirchner por su política de derechos humanos era la que creía lo que decían los diarios *Clarín* y *La Nación*.

Solo seis meses antes, las elecciones nacionales habían sido ganadas por el kirchnerismo con el 46 por ciento de los votos, pero el poder todavía estaba en mano de otros. Había que trabajar mucho para recuperar la mística que siempre habían tenido el peronismo y las luchas populares. La sangrienta dictadura y la desaparición de 30.000 militantes, había dejado un vacío profundo, sumado a la traición de la década menemista.

A fines de marzo en Parque Norte, la Presidenta volvió a la carga sobre las entidades del agro y la oposición, pero hizo una convocatoria expresa a abrir un canal que permitiera terminar con el conflicto:

> En nombre del pueblo argentino les pido humildemente que levanten el paro que extorsiona a los argentinos y entonces sí vamos a sentarnos a dialogar democráticamente. Pero entiendan que esta Presidenta no se puede sentar a dialogar mientras siga un paro como éste.

Al día siguiente se suspendieron los piquetes y se iniciaron las negociaciones. Pero, tras siete horas de reunión, las cuatro entidades ruralistas se fueron disconformes de la Casa Rosada y decidieron seguir con el *lockout* en reclamo de la eliminación de las retenciones.

A comienzos de abril, las entidades rurales suspendieron por 30 días el paro agropecuario que mantuvieron durante 3 semanas, pero alertaron que permanecerían en "estado de alerta y movilización". La decisión se tomó en una asamblea realizada en Gualeguaychú, uno de los sitios emblemáticos de la protesta agropecuaria. Allí, tras una larga jornada, se anunció la suspensión del paro de comercialización contra la suba de las retenciones a la soja y el girasol.

Sin avances en las negociaciones, los ruralistas mantenían la tensión pero, esta vez, sin cortes.

Durante la mañana del 24 de abril, el ministro de Economía Lousteau deliberó con Cristina Kirchner sobre disidencias acerca de su gestión económica y decidió renunciar al cargo. Por la tarde expuso las razones de su alejamiento al Jefe de Gabinete. Alberto Fernández intentó que Lousteau revisara su decisión, pero el economista le explicó que no había posibilidad alguna de hacerlo: "Me voy por motivos que vos mismo compartís", le dijo a Fernández. La Presidenta recibió el texto de la dimisión por la noche, a las 21.30.

El primer día de mayo, las entidades agropecuarias confirmaron el regreso a las rutas de todo el país, aunque sin retomar el paro ni los cortes. La decisión se tomó tras una reunión que se realizó en un hotel del centro porteño, donde se acordaron los pasos a seguir tras el vencimiento de la tregua que habían acordado un mes atrás.

Pero una semana más tarde, los dirigentes rurales dieron por terminadas las negociaciones y convocaron a nuevas medidas de fuerza contra las retenciones. En Gualeguaychú, Alfredo De Angeli, uno de los más intransigentes, aseguró que "vamos a dejar morir las vacas en los campos antes de regalarlas". El entrerriano durante esos meses se movía de un lado a otro en un avión particular, un Piper Dakota de cuatro plazas que le fue cedido por el productor bonaerense Guillermo Irastorza.

El 25 de mayo tanto el gobierno como la dirigencia agropecuaria mostraron su capacidad de movilización en dos actos distintos. El gobierno eligió la provincia de Salta y los dirigentes empresarios del campo hicieron lo suyo en Rosario.

Al pie del monumento a Martín Miguel de Güemes, el general que comandó un ejército de gauchos contra la oligarquía realista, la Presidenta dio un discurso de 14 minutos en el cual llamó a todos los argentinos –incluidos los productores agropecuarios– a sumarse a la generación del Bicentenario para "seguir construyendo un país con inclusión social y distribución del ingreso".

Cristina Kirchner no hizo ninguna mención al conflicto con el agro y, con un tono enfático pero contenido, condicionó esa invitación a "que aprendamos que antes que el sector, antes que nuestra propia individualidad, están los intereses del país y de la Patria".

El Gobierno montó un escenario con el eslogan "la Patria somos todos" y la presidenta cerró su discurso afirmando que "el país no reconoce propietarios, todos somos la Argentina".

En tanto, en Rosario y ante una multitud llegada en tractores, camionetas y hasta aviones privados, los dirigentes agrarios criticaron duramente a Cristina, y amenazaron con retomar las medidas de fuerza si ese mismo día no se alcanzaba un acuerdo.

"El Gobierno de los Kirchner es un obstáculo para el desarrollo de la Argentina", dijo el titular de la Federación Agraria Eduardo Buzzi. Unas 300 mil personas lo arengaban al ritmo de "y pegue, y pegue, y pegue Eduardo pegue".

"Si no hay soluciones, el martes empiezan los cortes", bramó De Angeli.

En el acto participaron también dirigentes de todo el arco opositor. "A los gobernadores también les toca, que no entren a la chiquilinada de defender al gobierno. Y a los legisladores que no dan quórum, vergüenza les va a dar", dijo el entrerriano desde el escenario, y agregó "este gobierno no sabe manejar al país y por eso nos quiere enfrentar".

Los productores volvieron a las rutas y acataron masivamente la consigna del nuevo paro. La decisión de no vender granos fue por demás importante: a los puertos de Rosario ingresaron apenas 360 camiones cuando lo habitual son 5.400. Y en la Bolsa de Comercio local, la meca de la soja, el recinto de operaciones volvió a quedar vacío.

Apenas se conoció la noticia del *lockout*, Néstor Kirchner convocó a la mesa de conducción del Consejo Nacional del PJ a la sede partidaria. Llegó en un auto con vidrios polarizados cuando el paisaje comenzaba a prepararse para una jornada de fervor "K". Desde temprano, la agrupación juvenil La Cámpora se había instalado en la calle y colgado banderas frente al edificio.

De esa reunión surgió un documento en el que se acusó a las entidades del agro de estar impulsando un "ataque antidemocrático con ánimo destituyente y falta de respeto a la voluntad popular". El peronismo calificó como "*lockout* salvaje e interminable" sus protestas y defendió las retenciones como un instrumento válido y legítimo del Estado para impulsar la redistribución del ingreso.

La tensión aumentaba al punto que el gobernador de Chaco, Jorge Capitanich, fue agredido con insultos y huevazos por productores agropecuarios, cuando se disponía a inaugurar una obra en la localidad de Pampa del Infierno, a 247 kilómetros de Resistencia. Pero el pico máximo de tensión se dio al día siguiente cuando la Justicia detuvo a ocho productores rurales, acusados de cortar la ruta 9 y de incendiar pastizales a un costado del camino en la zona de Río Tala, en San Pedro.

A raíz de estas detenciones, los ruralistas endurecieron las protestas en diversas rutas de Buenos Aires y Entre Ríos. En esta última provincia, el corte fue total en Gualeguaychú. Había unos ochenta piquetes en las rutas argentinas.

El mediodía del 14 de junio fue la más tensa del conflicto, que ya superaba los 90 días. Unos ochenta gendarmes se apostaron sobre la ruta 14, en Gualeguaychú, y desalojaron la ruta. Alfredo De Angeli fue detenido junto a 18 personas más, lo que desencadenó una jornada dramática. Los primeros cacerolazos sonaron en la zona norte de la Capital, igual que en la puerta de la quinta presidencial y en centros urbanos de Santa Fe, Entre Ríos y Córdoba. En Olivos, los manifestantes fueron empujados por militantes kirchneristas.

A la tarde, el diputado Carlos Kunkel confirmó que el Gobierno convocaba a "recuperar" la Plaza.

Cerca de la medianoche las entidades ruralistas llamaron a redoblar la apuesta: un nuevo "paro" de comercialización de granos y hacienda que duraría nueve días.

La batalla cultural contra el campo y los grupos multimedios se estaba perdiendo. El 16 de junio, a casi 100 días del inicio del conflicto, todas las redes sociales llamaron a un gran cacerolazo, que se sintió en todos los barrios de clase media pero también en zonas de trabajadores.

En tanto, la CGT convocaba a un paro nacional y se multiplicaban los preparativos para un acto en Plaza de Mayo en respaldo al gobierno. La tensión estaba en su pico máximo.

El 17 junio, por cadena nacional, la Presidenta anunció que enviaría el proyecto sobre retenciones al Congreso: "la democracia se defiende con más democracia y las instituciones se defienden con más instituciones. Esta medida de las retenciones móviles que tanto revuelo ha causado a un sector que hace 90 días corta rutas, voy a enviarla al Parlamento como proyecto de ley, por si no les basta con esta presidenta, que hace seis meses obtuvo el 46 por ciento de los votos.

Así anunció que la resolución 125 del 10 de marzo y sus posteriores modificaciones iban a ser tratadas en el Congreso como pedían las cámaras agropecuarias y los dirigentes de la oposición.

El 5 de julio, el oficialismo logró aprobar en Diputados la ratificación de la resolución 125. Fue una votación ajustada, con 129 votos a favor (111 kirchneristas "puros" más 18 aliados), 122 en contra (108 opositores y 14 kirchneristas disidentes) y 2 abstenciones.

Fueron 19 horas de agobiante pero intenso debate, con más de 150 discursos de todo el arco político, y con la presencia de 254 diputados. La aprobación desató el júbilo del oficialismo. El recinto, literalmente, estalló. Los diputados oficialistas saltaron de sus bancas y se fundían en abrazos. Desde las galerías, colmadas de militantes, llovían los papelitos mientras a varios se les escapaban las lágrimas. Con los dedos en "v" se entonó el Himno Nacional, mientras el jefe del bloque de diputados "K", Agustín Rossi, recibía la felicitación de todos. Incluso de la presidenta Cristina Kirchner, por teléfono, y de los funcionarios allí presentes, como el canciller Jorge Taiana y los ministros Nilda Garré y Carlos Tomada[373].

---

373   El oficialismo cedió a realizar modificaciones al despacho de comisión. Los reintegros alcanzarían a los que venden hasta 1.500 toneladas de soja. Se les devolvería el diferencial entre el 35% que regía antes del 10 de marzo y la alícuota

Uno de los momentos de mayor tensión se produjo cuando el ex gobernador Felipe Solá dio un discurso donde afirmó que a los ruralistas les habían tocado "su víscera más sensible: el bolsillo" y que "el sufrimiento que genera la incertidumbre" hizo que respondieran con violencia, "que es entendible pero que no se puede justificar nunca". Después dijo que estaba a favor de las retenciones para finalmente anunciar que votaría en contra.

El diputado Carlos Kunkel, que se ubicaba justo detrás del ex gobernador bonaerense le gritaba: "¡Traidor, hijo de puta!", repitiendo el insulto una y otra vez.

Las gradas de la Cámara de Diputados estuvieron colmadas. En la primera y tercera bandeja estaban los militantes peronistas y de los movimientos sociales "K". En la del medio se ubicaron los representantes del campo. Desde allí se aplaudía o se abucheaba según se posicionaba cada diputado. En varias oportunidades, las autoridades del recinto tuvieron que amenazar con el desalojo para que se calmaran.

Ese día, Cristina arribó a la Casa Rosada a las 18 hs. Recibió primero a empresarios autopartistas y luego se dedicó a seguir las novedades del Congreso. Alberto Fernández, en línea directa con varios diputados le fue comunicando las novedades.

En tanto, Néstor Kirchner, supervisaba desde la residencia de Olivos las negociaciones que el oficialismo en el Congreso llevaba adelante con algunos diputados críticos. El ex presidente mantuvo una comunicación constante con Rossi y con otros legisladores.

Terminada la votación, los diputados festejaban con simpatizantes frente al Congreso. Allí se los vio a Carlos Kunkel, Juliana Di Tulio, Dante Dóvena, Carlos "Cuto" Moreno y Juan Carlos Dante Gullo. También fueron vitoreadas las diputadas del Encuentro Popular y Social, Cecilia Merchán y Victoria Donda. Ambas fueron llevadas en andas por sus compañeros de Barrios de Pie[374].

---

vigente. La franja entre las 300 y 750 toneladas quedaría en el 35%. También se aprobó otra mejora para quienes producían hasta 300 toneladas: le reintegrarían a partir del 30% del valor.

374   Los ruralistas estaban sacados, especialmente Alfredo De Angeli que gritaba a los medios de comunicación "¡Minga nos van a poner de rodillas!".

El kirchnerismo invito a Néstor a ir a la plaza Congreso, pero el ex presidente prefirió quedarse en Olivos. Sabía que había ganado una batalla pero que iba a ser muy difícil vencer en el Senado, donde muchos integrantes del oficialismo simpatizaban con el campo.

Durante la víspera al tratamiento en el Senado del proyecto, el kirchnerismo y las entidades agropecuarias midieron fuerzas en actos simultáneos.

Las entidades agropecuarias coparon en el Monumento de los Españoles. Allí estuvieron presentes referentes de la Coalición Cívica, la UCR, el PRO, los piqueteros de Raúl Castells y la central sindical de Luis Barrionuevo. Cientos de "4x4" llegaban a los bosques de Palermo para escuchar a sus representantes.

El oficialismo decidió que su acto fuera frente al Congreso y que los únicos oradores fueran Néstor Kirchner y Daniel Scioli. El ex presidente estuvo rodeado por gobernadores, ministros del gabinete nacional, los gremios, los movimientos sociales y los intendentes del conurbano. Costo mucho movilizar, pero se juntaron cerca de 100.000 personas.

Kirchner, que sabía que la votación estaba muy difícil, con muchas posibilidades de perderse en la cámara alta, estuvo durísimo contra el campo:

> Hablan de democracia y cortan las rutas; hablan de democracia y desabastecen a los argentinos; hablan de democracia y nos queman los campos; hablan de democracia y, como en las peores etapas del 55 y el 76, salen como comandos civiles o grupos de tareas a agredir a aquellos que no piensan como ellos en forma vergonzosa.

Hacía referencia a los escraches y amenazas que en esos días sufrían legisladores oficialistas.

Pero el proyecto nacional que había comenzado con fuerza en mayo del 2003 sufriría una tremenda derrota en el Senado.

En una dramática definición, a las 4 y media de la mañana, y luego de intentar pedir un cuarto intermedio que no fue aceptado, al vicepresidente Julio Cobos tuvo que desempatar y votó en contra del proyecto oficial de retenciones móviles.

El último opositor en hablar había sido el radical mendocino Ernesto Sanz, quien reclamó varias veces la presencia de Julio Cobos y vaticinó el empate.

El jefe de la bancada oficial, el senador Miguel Ángel Pichetto pronunció un nervioso discurso que dejaba entrever lo que se venía. El senador pasó factura "por el oportunismo político" a los peronistas díscolos y a sus propios aliados. Se preguntó cómo en tres meses muchos de los que buscaban sacarse una foto con la Presidenta habían dado un paso al costado y dónde habían quedado quienes adhirieron a la concertación que promovió el Gobierno.

Finalmente, llegó el momento de que votaran los senadores. Había asistencia perfecta, y el tablero mostró un empate: 36 votos a favor del proyecto que llegó de Diputados y 36 en contra. Antes de la segunda votación el vicepresidente pidió la palabra.

Cobos argumentó que no se debía leer el resultado de la votación en términos de triunfos y derrotas, pero afirmó que no se había logrado el consenso necesario sobre las retenciones móviles.

"La historia me juzgará", dijo y explicó que tomaba esa determinación para ayudar a la "paz social": "Mi voto no es positivo", sentenció.

El campo festejó, se escucharon cacerolas en barrio Norte y Elisa Carrió exclamó: "Dios existe". Habían pasado 128 días del conflicto desatado el 11 de marzo con el rechazo de productores y entidades agropecuarias a las retenciones móviles a las exportaciones de soja, maíz, trigo y girasol que establecía la resolución 125.

Los medios de comunicación, los grupos económicos, la oposición y, especialmente, Julio Cobos, creyeron que tomarían las riendas del poder.

Se equivocaron: Néstor y Cristina eran dos cuadros políticos del peronismo y sabían que el movimiento nacional tenía avances y retrocesos[375].

---

375 Un día después, Cristina diría que hubo traiciones en el peronismo y refiriéndose a Cobos, sin nombrarlo dijo "el problema fue mi compañero de fórmula, que me votó en contra".

La estatización de las AFJP

Unos sesenta días después del voto "no positivo" de Julio Cobos, mientras la oposición y los multimedios mediáticos seguían festejando la derrota del gobierno con el campo, Cristina y Néstor Kirchner analizaban las consecuencias mundiales de la crisis del sector inmobiliario de Estados Unidos, que llevaba al derrumbe del banco de inversión *Lehaman Brothers*. La crisis golpeó muy fuerte en Estados Unidos y también en Europa, especialmente en España e Irlanda.

Fue cuando el gobierno decidió la estatización total de las AFJP, para salvar a los jubilados del derrumbe del sistema previsional, ya que el 75 por ciento del dinero de las jubilaciones privadas estaban invertidos en títulos y acciones que venían cayendo desde 2007 y que se desplomaron con la crisis mundial.

El fin de semana, antes del anuncio de la estatización que fue el martes 21 de octubre, el matrimonio Kirchner se reunió en Olivos con el titular de la ANSES, Amado Boudou. En esos momentos había 446.000 jubilados que cobraban sus haberes de las AFJP porque había hecho su aporte previsional íntegramente a ellas. Sin embargo, al 77 por ciento de esos jubilados, el Estado les tenía que pagar algo. Y la lógica indicaba que cuantos más argentinos se jubilaran, más debería aportar el Estado.

No solo era una estafa de las AFJP. Por la crisis, si alguien había aportado $100.000 y la AFJP había colocado ese importe en los Boden 2012, ahora solo tenía $60.000.

El martes 21 de octubre de 2008, la presidenta anunció por cadena nacional la estatización de las AFJP, con una dura condena al régimen de capitalización diseñado en la década de los noventa por Domingo Cavallo. Cristina anunció:

> Estamos impulsando esta medida en un momento de crisis internacional, donde los países que forman parte del G-8 salen a proteger a sus bancos y empresas. En cambio, nosotros decidimos proteger a nuestros trabajadores.

Señaló, finalmente, que sería enviado en las próximas horas el proyecto de ley al Congreso.

El anuncio y la firma del proyecto se llevaron a cabo en el edificio de la ANSES, dentro de una carpa levantada para la ocasión. Estaban todos los ministros del gabinete, también los gobernadores del Chaco, San Juan y Entre Ríos, entre otros. En la primera fila se encontraban bien ubicados —aunque apretados— los senadores José Pampuro y Miguel Pichetto, los diputados Agustín Rossi y Eduardo Fellner, los sindicalistas Hugo Moyano y Julio Piumato, y las Madres de Plaza de Mayo. Fuera del edificio, sobre la avenida Callao, se escuchaban los bombos y cánticos de los sindicatos UPCN y del Personal de los Organismos de Previsión Social, entre otros.

"Para mí este es un día histórico" dijo a *Página12* el diputado de la CGT Héctor Recalde, y agregó: "encima fui trabajador previsional. El liberalismo te esclaviza y no te deja salir. ¿Qué contradicción, no? Ahora las cosas están cambiando. Sin vacilar, Néstor y Cristina entendieron mejor que nunca el sentido de la oportunidad para tomar esta medida y no lo dudaron".[376]

Para el economista Alfredo Zaiat, la eliminación de las AFJP junto a la reestructuración de la deuda en *default*, constituyeron las principales medidas de la administración kirchnerista que afectaron al poder financiero. Se entiende así la reacción furiosa de banqueros, asesores, economistas, corredores bursátiles, gerentes financieros y otros aliados que integraban una asociación dedicada a lucrar con el dinero de los trabajadores. Pocas labores han sido más perversas y miserables que enriquecerse con esos fondos.

La oposición percibió la importancia de la jugada del gobierno y, en coro, criticó la medida ya que solo era "para tener más caja". Y hasta desempolvaron un video de Perón en el que hablaba de la caja de las jubilaciones en manos de políticos. En realidad, Perón hablaba del negocio que hicieron con las jubilaciones durante la proscripción del peronismo.

---

376 *Página 12*, 22 de octubre de 2008.

Merece recordarse que durante la década peronista no hubo déficit en el sistema previsional y que recién en el año 1962 se contabiliza el primer déficit. Luego, ya con la dictadura de Onganía, se desbarrancó el sistema.

Como decíamos, la oposición apareció en todos los medios para cuestionar la medida. Carrió afirmó que "en el actual contexto, las medidas del Gobierno no son para mejorar el sistema jubilatorio, sino para saquear los fondos de los jubilados y hacer caja, tanto de la ANSES como de las AFJP".

El mismo tono fue el utilizado por Federico Pinedo, el presidente del bloque del PRO en Diputados:

> La propuesta de eliminación de las AFJP es una maniobra de los Kirchner para quedarse con el dinero de los futuros jubilados. En la Argentina no se puede confiscar la propiedad privada sin la indemnización correspondiente. Hay que entender de una vez por todas que el dinero de las jubilaciones es de la gente y no de los Kirchner.

Por su parte, el diputado Jorge Sarghini (PJ disidente) dijo estar "preocupado" por la "manera espasmódica" con que el gobierno tomaba sus decisiones: "No conozco la propuesta, pero hace pocos días estuvimos evaluando en el Congreso qué hacer con los jubilados del sistema de reparto y ni se mencionó que estuviera en análisis una reforma de estas características."

Merece destacarse que la diputada María América González que pertenecía a la Coalición Cívica, apoyó la iniciativa oficial: "en principio me parece una decisión brillante, aunque hay que analizar la letra chica de la propuesta".

Con el correr de los días se supo que los salarios de los presidentes de las AFJP iban de los $47.000 a los $110.000 pesos, y los de los gerentes de $28.000 a $70.000, que se pagaban con el aporte de los jubilados. El vocero de una de las compañías líderes del mercado justificó las remuneraciones con el argumento de que "administran un capital de 90 mil millones de pesos".

En cambio, los salarios de los gerentes de la ANSES, que

administraban los 20 mil millones de pesos de fondos del sistema de reparto y que pasarían a controlar la carta de activos que se transferiría de las administradoras al Estado luego de la aprobación de la ley en el Senado, eran bastante más bajos que los de los ejecutivos de las AFJP, se ubicaban entre $10.000 y $11.000.

Los multimedios, que ya se habían convertido en los jefes de los opositores, no dudaron en cuestionar la medida al señalar que la intención del gobierno era tener "una chequera del poder en un año electoral".

La discusión pasó al Congreso de la Nación y la UCR junto a la Coalición Cívica y el macrismo decidieron votar en contra, pero el socialismo y algunos peronistas disidentes votaron por el sí[377].

En la Casa Rosada reconocían que el factor sorpresa, tan caro al gobierno, había dejado desarmada a la oposición. Finalmente, un mes después los legisladores convirtieron en ley la medida. Fueron 162 votos a favor, la segunda mejor votación en esa Cámara desde la resolución 125, pero por debajo de la estatización de Aerolíneas (167 votos favorables). El Senado aprobó también con amplitud la ley de Presupuesto (46 a 18) sin modificar su texto. Lejos quedaba el empate en 36 votos cuando se resolvían las retenciones móviles.

Los Kirchner volvieron a sonreír.

---

377 Felipe Solá dudó como siempre, pero terminó votando en contra de la estatización de las AFJP.

2010

La muerte de Néstor Kirchner

El inicio del 2009 lo tiene a Néstor Kirchner como un militante más. Recorre el interior del país y especialmente la provincia de Buenos Aires. Sabe que tendrá una batalla muy dura contra la oposición, que tiene un fuerte apoyo mediático, especialmente de *Clarín* y *La Nación*.

Kirchner sabe de la importancia de las elecciones de medio término. En el 2005 había jugado todo su caudal en enfrentar al duhaldismo y por ello no dudó en "plebiscitar" su gestión. A todo o nada decía en ese momento. Ya en el 2009 repetía que el gobierno no se podía permitir otra derrota, luego del fracaso de la resolución 125, ya que de ser así todo lo logrado volaría por los aires.

En aquellos días comenzaba a sentirse la recesión económica en todo el mundo, a partir de la crisis crediticia e hipotecaria en Estados Unidos que derivó en una crisis bancaria-financiera en toda Europa.

De a poco, esta crisis comenzó a sentirse en Argentina. El crecimiento pareció estancarse. El Banco Central informó que de enero a marzo hubo más de 5.500 millones de dólares de salida de capitales y si sumamos desde octubre del 2008 se llegaba a más de 23 mil millones.

Kirchner, preocupado, decide adelantar las elecciones para el 28 de junio, por temor a que la crisis llegue con fuerza hacia fin de año al país como algunos economistas pronosticaban.

El mal humor en la sociedad, especialmente de la clase media desde el conflicto con las patronales del campo, sumado a la recesión mundial, más la incentivación de los medios de comunicación que no cesaban de señalar que Néstor "está desbordado" y que solo funciona el "doble comando", producía debilitamiento en el gobierno nacional.

En realidad, Néstor no estaba "sacado" o "desbordado" como decían los multimedios, y continuaba realizando una vida normal. Se levantaba todas las mañanas cerca de las siete, desayunaba, luego caminaba en la cinta mientras leía los diarios y, otras veces, si el día estaba agradable, transitaba por los jardines de la residencia. Luego, cuando Cristina se iba a la Casa Rosada, se quedaba en su oficina junto a Alfredo el "Corcho" Scoccimarro. Ambos organizaban su agenda de todo el país, especialmente de la provincia de Buenos Aires.

La derrota bonaerense

A mediados de marzo las encuestas indicaban que el peronismo bonaerense aventaja solo por cinco puntos a Francisco de Narváez. Además señalaban que se ganaba bien en el conurbano, pero que se perdía en todo el resto de la provincia. Hasta ese momento, el Frente para la Victoria rondaba un 33 o 35%, la Unión PRO (De Narváez, Felipe Solá y Mauricio Macri) llegaba a un 27%, y cerca de un 22% lograba el Acuerdo Cívico y Social que habían formado la Coalición Cívica de Elisa Carrió, el radicalismo de Alfonsín y la parte del radicalismo que respondía a Julio Cobos.

En el interior del país, el oficialismo tenía una situación difícil, especialmente en las provincias de Santa Fe y Córdoba, que eran el baluarte de los productores agropecuarios. Por ejemplo, en Santa Fe, Carlos Reutemann presentó una lista propia, lo que obligó al Frente para la Victoria a llevar a Agustín Rossi como primer diputado.

En Córdoba, tanto Juan Schiaretti como Luis Juez, se presentaron alejados del gobierno. El kirchnerismo armó una lista con el intendente de Villa María, Eduardo Luis Accastello. En Mendoza, aparecía primero en las encuestas Julio Cobos.

Kirchner percibe que las elecciones se podían perder y decidió encabezar la lista de diputados de la provincia de Buenos Aires, pero advirtiendo a todo el peronismo que: "Voy a poner el cuerpo, recorrer fábricas, comercios, villas pero vamos todos juntos, con Daniel, con los ministros, con los intendentes".

Nacían las testimoniales.

Fue una campaña agotadora pero alegre. Pese a ser "pingüino" quería a Buenos Aires. Estudió en la Facultad de Derecho de La Plata, comenzó allí su militancia, luego conoció a la mujer de su vida y en el 2003 ese distrito fue la base de su triunfo ante Carlos Menem. También allí, en el 2005, derrotó ampliamente al duhaldismo, siendo la base del triunfo de Cristina en las elecciones nacionales de 2007.

Kirchner siempre acostumbraba preguntarles a sus interlocutores si conocían la pobreza. "Cuando le ves la cara a la pobreza no te olvidas nunca más", decía con un dejo de tristeza. No concibe la política sin la militancia y es por eso que pone el cuerpo para ser diputado nacional. Se concentra en el conurbano junto a su amigo Alberto Balestrini y le deja el interior de la provincia a Daniel Scioli.

A partir de que la presidenta anuncia en marzo que comenzaba a debatirse una nueva ley de radiodifusión, el grupo *Clarín* redobló su campaña contra los Kirchner.

Las editoriales decían que el matrimonio renunciaría si perdían las elecciones, que negociarían la entrega del gobierno a Reutemann o Scioli, que ya habían decidido adelantar las elecciones presidenciales al mes de marzo de 2010, etc, etc.

En plena campaña, la dirigencia del campo organizaba escraches contra los dirigentes kirchneristas: los sufrió Agustín Rossi en Venado Tuerto, Daniel Scioli en Lobería y cualquiera que visitara las zonas agro ganaderas. Por supuesto, los medios de comunicación le bajaban el tono a los hechos violentos. El titular de la Sociedad Rural, Hugo Biolcati, hablaba de "una reacción comprensible" de los ruralistas, aunque luego agregaba que eran hechos "condenables".

Cuando faltaban 45 días para las elecciones, Marcelo Tinelli lanzó en su programa la sección "Gran Cuñado", donde se satirizaba a la clase política. El programa llegaba a los 30 puntos de rating y el personaje del "Colorado" De Narváez, creado por el actor Roberto Peña, logró las simpatías de los televidentes. Lo mostraban como un hombre simple pero muy rico, que realmente pensaba en la gente y que repetía una frase continuamente: "Quereme, querete, ayudame, ayudate, alica, alicate". De Narváez, rápido de reflejos, la comenzó a utilizar en su campaña[378], lo que lo benefició.

En las últimas horas antes de la elección los encuestadores hablaban de un empate técnico entre Kirchner y De Narváez. La ayuda de los medios de comunicación, del programa de Tinelli y de aquellos sectores que pensaban votar al Acuerdo Cívico y Social pero que prefirieron golpear más al kirchnerismo, permitió a De Narváez tener un 33 % de la intención de voto[379]. Otro factor que ayudó a este crecimiento, fue que la Cámara Electoral impugnó la candidatura de Luis Patti y esos votos de la derecha fueron contra el kirchnerismo[380] y a favor de Unión PRO.

Kirchner, como era habitual desde el 2003, cerró su campaña en La Matanza. Allí con toda la liturgia partidaria mostró a todo el peronismo unido de la provincia: "Vayamos al cuarto oscuro

---

378 Néstor Kirchner no fue al programa pero el último día antes de la elecciones y antes de la veda, recibió el llamado por teléfono de Tinelli a la residencia de Olivos y le dijo: "¿Qué te pasa, Marcelo? Son las 12 de la noche, ¿estás nervioso?" y luego intercambió bromas con su imitador.
379 En las últimas semanas el "Colorado" cerró una alianza con Luis Barrionuevo y con sectores del duhaldismo para asegurarse poder de movilización el día de la elección.
380 También lo beneficio que la Justicia lo citara a declarar por una causa vinculada al tráfico de efedrina. El equipo de comunicación de De Narváez lo presentó ante la sociedad como un "perseguido político" del gobierno.

sabiendo lo que este domingo está en juego, que ésta no es una elección cualquiera. La conciencia tiene que dar una respuesta nacional y popular como en el 46, en el 73 y en 2003. Cuando el pueblo se pone en marcha, su voluntad es inquebrantable".

El ex presidente no dudó en pegarle duro al Grupo *Clarín* al que culpó de haber desatado una guerra sin fin:

> Un día la Presidenta dijo que era fundamental una nueva ley de Radiodifusión que no sea de un sector, sino que represente una política de Estado. Bastó que dijera eso para que hayamos recibido todos los ataques más duros, los agravios, para que se desate una guerra sin fin. Esos grupos concentrados estaban acostumbrados a tener una dirigencia que más que defender los intereses de la democracia se transformaban en los alcahuetes de los medios de turno.

El gobierno eligió el piso 17 del Hotel Intercontinental para esperar los resultados. Una suite de 150 metros cuadrados se pobló de una docena de televisores y computadoras que estaban a cargo del hijo de los Kirchner, Máximo.

Daniel Scioli junto a Alberto Balestrini, eran los únicos que subieron al piso para acompañar al matrimonio, además del jefe de gabinete Sergio Massa y de otros ministros nacionales.

Kirchner llegó temprano y Cristina cerca de las 21 hs. Hacia las 22, la situación era difícil. Balestrini pidió paciencia y que se esperaran los votos de La Matanza, pero éstos no alcanzaron para evitar la derrota. El momento de mayor tristeza fue cuando Máximo le dijo a su padre que se había perdido en Santa Cruz.

Hacia las 23:30 hs se supo que se perdía la provincia de Buenos Aires.

En un momento, la Presidenta dijo: "perdimos y la respuesta hay que buscarla en el campo y la comunicación".

A las dos de la mañana, Néstor Kirchner decidió bajar y anunciar ante la prensa que se había perdido. Dijo que "aceptamos los resultados. Hemos perdido por muy poquito y peleado con mucha dignidad". Luego alguien le preguntó sobre el diálogo con la oposición y respondió "una cosa es dialogar y otra renunciar a los principios".

Luego le dijo a Scioli y a Balestrini que él asumiría los costos de la derrota.

Una decena de distritos permanecieron fieles al oficialismo. Los gobernadores Alperovich y Capitanich consiguieron triunfos en Tucumán y Chaco respectivamente; también se ganó en La Pampa, Río Negro, La Rioja, San Juan, Misiones, Jujuy, Formosa, Salta y Chubut. También se había vencido en Tierra del Fuego y en Santiago del Estero, junto a su aliado radical Gerardo Zamora[381].

Los medios de comunicación hablaron de un gobierno debilitado, que tendría que aceptar la nueva realidad parlamentaria y que si no cambiaba podía sucederle lo mismo que a De la Rúa, que había perdido en octubre del 2011 y dos meses después había renunciado. *Clarín* afirmaba que en las próximas elecciones habría tres candidatos a presidente: Reutemann, Macri y Cobos[382]. Con soberbia, Francisco de Narváez le decía a la Presidenta que "no debe renunciar, le vamos a ayudar a terminar su mandato" y que a "Néstor Kirchner lo veo preso en Devoto".

Néstor casi no durmió esa noche. A las 9 de la mañana citó a Scioli y a Balestrini a la residencia de Olivos y les dijo que renunciaba a la presidencia del Partido Justicialista para preservarlos.

Después se dedicó a estudiar quiénes habían "jugado" bien y quiénes mal en la provincia de Buenos aires. Hubo dos personas que se ganaron las sospechas: en Tigre la boleta de Kirchner sacó el 39% y la local, que encabezaba Malena Massa, había llegado al 53% de los votos. En La Plata la boleta "K" llegó al 21% y la del intendente Pablo Bruera al 34%. En el caso de la capital provincial, se le cuestionaba al intendente que sólo había distribuido su boleta, cortando la del Frente Renovador Platense[383].

---

381   En Capital Federal hizo una gran elección el cineasta Pino Solanas al obtener el 24 % de los votos. El PRO logró el triunfo con un escaso 31%, casi la mitad de la elección de dos años antes.
382   Dos años después ninguno es candidato.
383   Una tarde la madre de Cristina, Ofelia Wilhelm, llamó indignada a su hija porque en su casa de Tolosa el bruerismo le entregó la boleta cortada.

Cristina, apareció dos días después, admitió el resultado, destacando que hubo un empate técnico en todo el país y que habría acuerdo para lograr la gobernabilidad, recordando que durante días los diarios habían hablado de fraude y que se había demostrado una vez más la transparencia de los comicios. Finalmente, con humor, recordó que en su localidad de El Calafate el oficialismo ganó las elecciones.

Una semana después, Néstor Kirchner apareció en el anfiteatro de Parque Lezama para participar del espacio "Carta Abierta". Llegó acompañado por Juan Manuel Abal Medina, el "Chango" Icazuriaga y Fernando "Chino" Navarro del Movimiento Evita. En ese momento hablaba el director de la Biblioteca Nacional, Horacio González, que decía que "no es verdad que el peronismo no conoce la derrota. El que dice eso no conoce los 18 años de exilio, resistencia y proscripción".

Fue su primera aparición pública después de la derrota y, una vez más, demostraba que había un solo camino ante la adversidad: militancia, lucha y confianza en el proyecto.

La Asignación Universal por Hijo

Los días posteriores a la derrota electoral fueron de angustia y tristeza. La militancia y muchos dirigentes creían que el proceso político iniciado en 2003 llegaba a su fin.

Los dirigentes del Movimiento Evita, Emilio Pérsico y Fernando "Chino" Navarro se reunieron con Kirchner en Olivos. Tenían la idea de convencer al ex presidente de que "no retrocedamos", que se defendiera lo que se había logrado hasta ese momento. Nunca llegaron a planteárselo, desde el principio Néstor les dijo que había sido solo una derrota por uno o dos puntos y que era el momento de "avanzar":

> Muchachos, vamos a aprovechar a *full* estos meses antes de que perdamos la mayoría en el Congreso. Vamos por una ley de medios democrática, por una televisión digital abierta y gratuita, por una reforma política y varias cosas más que serán

fundamentales para los argentinos pero que no les puedo todavía adelantar ,porque lo estamos evaluando con Cristina.

Cuando se fueron, Pérsico lo mira al "Chino" y le dice; "este tipo no es de nuestra madera, es diferente"[384].

Lo que el ex presidente les anunció es que estaba decidido a ir para adelante y enfrentar desde el Estado a las corporaciones mediáticas que, desde la resolución 125, jugaban abiertamente contra el gobierno nacional. Lo primero sería Fútbol para Todos, luego vendrían la Asignación Universal por hijo y la Ley de Medios. Todo en cuatro meses.

El 19 de agosto, la Presidenta anunció un acuerdo con la Asociación del Fútbol Argentino por 10 años para la trasmisión de todos los partidos de fútbol de primera división por canales de aire y, por lo tanto, en forma gratuita.

La AFA recibiría 600 millones de pesos anuales y lo que se recaudara por derechos de transmisión. Los otros ingresos por encima de esa cifra, serían repartidos mitad y mitad. Las ganancias que fueran al Estado serían destinadas a promover los deportes olímpicos.

El anuncio se realizó con un multitudinario acto en el campo de entrenamiento de la selección de fútbol en Ezeiza. Allí, la Presidenta estuvo acompañada por Julio Grondona y Diego Maradona.

"Ya no nos secuestrarán los goles", dijo Cristina en alusión al contrato que rescindió la AFA y que daba la exclusividad de la trasmisión de los partidos y de la emisión de los goles a Canal 13 y a la empresa Torneos y Competencias, amos del grupo *Clarín*.

"Te secuestran los goles hasta el domingo, como te secuestran las imágenes y las palabras. Como secuestraron a 30 mil argentinos. No quiero más una sociedad de secuestros, quiero una sociedad cada día más libre", dijo. Fue una frase que traería polémica y el primer golpe para el Grupo *Clarín*.

Algunos sectores vinculados al "progresismo" estaban contentos por un lado, pero preocupados por realizar un convenio con Julio Grondona, a quien tildaban de "padrino y jefe de la mafia".

---

384   Charla con el autor.

En esos días escribí un artículo[385] donde señalaba:

(estos argumentos) me hacen recordar un texto publicado por León Trotsky (*Por los Estados Unidos Socialistas de América Latina*, Editorial Coyoacán, 1961) donde relata cuál es el rol de un revolucionario en una posible guerra entre el régimen antidemocrático de Getulio Vargas en Brasil con el gobierno elegido en elecciones de Inglaterra. Decía Trotsky: `En Brasil existe hoy un régimen semifascista que ningún revolucionario puede ver sino con odio. Supongamos, sin embargo, que Inglaterra entrara en un conflicto militar con ese país. Yo pregunto: ¿de qué lado del conflicto estará la clase obrera? Contestaré por mí mismo: en este caso estaré de parte del Brasil fascista contra la Inglaterra democrática. ¿Por qué? Porque en el conflicto entre estos dos países no será una cuestión de democracia o fascismo. En el caso de triunfar Inglaterra, pondría otro dictador fascista en Río de Janeiro y colocaría una doble cadena alrededor del Brasil. Si, por el contrario, fuera Brasil el que triunfara, ello daría un poderoso impulso a la conciencia nacional y democrática del país y llevaría al derrocamiento de la dictadura de Vargas. La derrota de Inglaterra, al mismo tiempo, daría un golpe al imperialismo británico e impulsaría el movimiento revolucionario del proletariado inglés. Verdaderamente, hay que tener la cabeza vacía para reducir los antagonismos mundiales y los conflictos militares a la lucha entre fascismo y democracia. Bajo cualquier máscara hay que aprender a distinguir a los explotadores, dueños de esclavos y ladrones.' Un texto claro y contundente de León Trotsky sobre dónde hay que ubicarse siempre. En el caso de la actualidad argentina, hoy, hay que estar con Julio Grondona, más allá de lo que haya significado en la historia del fútbol argentino. Si se democratiza el fútbol, ganan todos los argentinos. Es de esperar que de la mano de este cambio, venga la democratización de la AFA y de los clubes de fútbol.

---

385 Diario *Diagonales*, 14 de agosto de 2009.

Generar mecanismos plurales y democráticos siempre es bueno. Este ejemplo del rompimiento de la AFA con la empresa TSC-Grupo Clarín es el principio, un principio valioso, para que los argentinos puedan comenzar a discutir en serio más democracia en el fútbol.

El 30 de octubre de 2009 el gobierno convocó a un acto en la Casa de Gobierno en el mayor hermetismo. Oscar Parrilli había llamado a varios gobernadores para que estuvieran presentes, pero nadie fue informado sobre lo que se anunciaría. Durante los últimos dos meses la presidenta junto a los ministros de Trabajo, Carlos Tomada, su par de Economía, Amado Boudou y el titular de la ANSES, Diego Bossio, habían trabajado sobre distintas variables para encontrar la alternativa de financiación de la Asignación Universal por Hijo, de la que mucho se hablaba en el Congreso, aunque no se decía cómo financiar los 10.000 millones de pesos que demandaba su implementación.

Esa tarde, la presidenta anunció en el Salón de las Mujeres, la creación de la Asignación Universal por Hijo, una medida revolucionara que intentaba llegar a todos los hijos de familias de-socupadas o que trabajaban en la economía informal. Se dispuso de una suma fija de $180 a ser cobrado por uno de los padres si se cumplían dos requisitos. En el caso de los menores de cinco años, los padres debían presentar los certificados de vacunación y control sanitario obligatorio; para los que superaran esa edad, el progenitor debía mostrar documentación que acreditara que su hijo estaba cursando el ciclo lectivo correspondiente.

El decreto llevaba el número 1602. La presidenta dijo que "este es un acto de estricta reparación, pero será un acto de justicia cuando cada padre tenga un buen trabajo, un buen salario y una buena casa", y agregó: "esto no va a terminar con la pobreza, pero va a servir como paliativo para quienes todavía no tienen trabajo".

La implementación de la Asignación Universal sería financiada con fondos de la Administración Nacional de la Seguridad Social (ANSES) por un total de $10.800 millones.

La medida tuvo un fuerte impacto político. La Presidenta se encargó de subrayar que era posible gracias al pase al Estado de la administración de los fondos de las AFJP:

> A los que no nos acompañaron en el Congreso cuando decidimos que los recursos de los trabajadores volverían a la administración del sector público les decimos: bueno, fíjense cómo podrían haber ayudado para que esto se llevara adelante. Por suerte tuvimos las voluntades de aquellos que aun no perteneciendo a nuestro espacio, se sobrepusieron a la oposición por la oposición misma y apoyaron algo que había sido largamente demandado.

Mientras que el régimen de asignaciones contributivas incluye aproximadamente al 57% de los menores de 18 años, la Asignación Universal (que ya alcanzó a 3,7 millones de niños y adolescentes) contempla en su normativa la inclusión de alrededor de 4,6 millones de menores de 18 (que representan el 38% del total). Se llegaría, por lo tanto, a una cobertura del 95%. Así, para muchos analistas, el sistema de asignaciones familiares (que combina las asignaciones contributivas y la Asignación Universal por Hijo) se constituye en el instrumento de protección social de mayor cobertura en nuestro país.

La oposición, una vez más y como había sucedido con la estatización de las AFJP, afirmó que con este programa se "mantendrá las prácticas clientelares" y se opuso a que los recursos salieran de los jubilados. "Creo que es un día de alegría para todos los argentinos, porque la Presidenta, y sobre todo quien manda, Néstor Kirchner, han cedido a las demandas", dijo Elisa Carrió y calificó de "perverso" que la asignación se financie "con el dinero de los jubilados, cuando la oposición propone el impuesto a la renta financiera, que es la única que no paga impuesto". Y sostuvo que el Gobierno se resistía a ese tributo "porque tiene negocios con los bonos".

Mientras tanto, la CTA, la CGT y las organizaciones sociales, con unas pocas excepciones, respaldaron la asignación. "Un avance muy importante", "una mano para los indigentes", "una reparación", "una medida que evitará el clientelismo", fueron algunas de las frases con que dirigentes sociales y sindicales apoyaron el anuncio presidencial. El titular de la Confederación General del Trabajo (CGT), Hugo Moyano, estuvo presente en el acto y anticipó que la iniciativa "contará con el total apoyo del sector obrero". El camionero salió, además, al cruce de las críticas de la oposición en el sentido de que la asignación no sería universal: "Hay sectores que no tienen necesidad de cobrar una asignación familiar, creo que no se justifica que esto ocurra, porque de cualquier manera, indirectamente al descontarlo del pago a las Ganancias lo están cobrando", señaló.

En mayo de 2010 se publicó un estudio del Centro de Estudios para el Desarrollo Argentino (CENDA)[386], el Programa de Formación Popular en Economía (Profope) y el Consejo Nacional de Investigaciones Científicas y Técnicas (Conicet). El informe explicaba que la Asignación sacó de la pobreza entre 1,4 y 1,8 millón de personas. De ellas, entre 700.000 y 1,1 millón tienen 18 años o menos.

Los investigadores aseguraron que la indigencia bajó entre un 54% y un 68% desde la creación del programa, y que la pobreza disminuyó entre un 13% y un 32%. La diferencia radica en que para la elaboración del estudio se utilizaron el índice de precios al consumidor del INDEC (que da la cifra más alta) y el de siete provincias (que da la más baja). Esta decisión se tomó para despejar la polémica sobre la credibilidad de las mediciones del INDEC en materia de inflación.

El informe asegura que "la Asignación Universal por Hijo se encamina a ser la medida de política social más exitosa de los últimos 50 años, especialmente por su impacto sobre la indigencia y la desigualdad extrema entre ricos y pobres".

Meses después, el senador radical Ernesto Sanz dijo que "a la asignación por hijo se la gastan en juego y droga", un comentario lamentable. Aníbal Fernández recuerda que esa "guachada", porque es mucho más que una zoncera, le hizo recordar a un clásico del primer gobierno de Perón cuando los gorilas decían que "No hay que darles casas a los pobres porque levantan el parquet para hacer asado"[387].

---

386 http://cenda.org.ar/files/CENDA_Informe_Laboral_19.pdf
387 Fernández, Aníbal, *Zonceras argentinas y otras yerbas*, Editorial Planeta, 2011.

Ley de Medios

El 18 de marzo de 2009, Cristina Kirchner presentó en el teatro Argentino de La Plata un borrador de un proyecto de ley de servicios de comunicación audiovisual. Ante un auditorio colmado señaló:

> Espero que el resultado de esta ley sea que cada uno aprenda a pensar por sí mismo y no como le marca una radio o un canal. Esta no es una propuesta de Cristina, no es la propuesta de un gobierno o de un partido. Queremos que sea la propuesta de todos los argentinos.

El gobierno había anunciado en varias oportunidades la decisión de avanzar en una ley que reemplazara el decreto-ley 22.285/80, que regulaba la actividad de los medios y que había sido instaurado por la última dictadura militar. Es más, durante el discurso de apertura de sesiones ordinarias del Congreso, la Presidenta había insistido en su promesa de impulsar una nueva ley de Radiodifusión.

Cristina dijo que el proyecto era "una vieja deuda de la democracia", y un "instrumento jurídico trabajado con seriedad y profundidad". Además, apuntó contra algunos dirigentes de la oposición por haber criticado "esta norma que aún no conocían", defendió la participación del Estado en la regulación y aclaró que la propuesta no incluía a los medios impresos sino que "se refiere exclusivamente al sistema audiovisual".

La iniciativa fue redactada por la Coalición Democrática y contenía 21 puntos, que luego serían puestos a debate en foros realizados en todo el país durante un período de 60 días.

Entre los cambios más importantes respecto de la vieja ley 22.285/80, podemos nombrar: la reducción a diez de las licencias de radio y TV por persona (por entonces eran 24); el otorgamiento del 33% del espacio audiovisual a órganos sin fines de lucro; la creación de un órgano colegiado integrado por legisladores, de la segunda y tercera minoría y representantes del Ejecutivo que regularían los servicios; la limitación en número y en cuotas de mercado de las licencias de TV paga, y la reducción de la codificación de los partidos de fútbol. Además creaba una Comisión Bicameral de Seguimiento, que hasta entonces no existía.

Antes de la Presidenta había hablado el entonces interventor del Comfer, Gabriel Mariotto, quien mostró desde el atril un libro de tapa azul que el Ejecutivo hizo imprimir para difundir las 147 páginas del proyecto.

"¿Por qué en 25 años esta ley no se pudo tratar?", se preguntó el hombre que fue la cabeza visible del proyecto y a quien la Presidenta reconoció y agradeció sobre el escenario llamándolo varias veces por su nombre de pila.

Mariotto, anticipó que el 60% de las producciones en los canales de televisión deberían ser nacionales. Según el funcionario, la norma tenía la finalidad de

> desconcentrar el mercado e impedir que un grupo tenga en una misma zona, la radio, el diario, la señal de cable y la distribución. La ley de la dictadura restringe, y ésta es una ley de la democracia, que es favor de todos y no es en contra de nadie.[388]

Mientras tanto, diputados de la oposición cuestionaron al Gobierno por no enviar al Congreso el proyecto de ley y por someterlo a tres meses de discusión pública en plena campaña electoral. Para los legisladores, el Gobierno pretendía "extorsionar a los medios de prensa" y hasta apropiarse de ellos.

"Evidentemente es un objetivo de campaña. Está destinado a seguir presionando a los medios de comunicación. Es una maniobra electoralista más para asegurarse un discurso razonable ante las elecciones que se avecinan", dijo la radical Silvana Giúdici, presidenta de la Comisión de Libertad de Expresión de la Cámara de Diputados, sin imaginarse que luego de las elecciones se convertiría en la madre de todas las batallas.

---

388 Los discursos fueron moderados pero desde las gradas comenzaba a escucharse un cantito que en los próximos meses sería un grito de batalla: "Tomala vos, dámela a mí, el que no salta es de Clarín".

El 28 de agosto, en un acto en la Casa Rosada, la Presidenta envió el proyecto al Congreso. El texto había sido discutido en 24 foros y 80 charlas en todo el territorio nacional, que junto con cartas y *mails* generaron más de 15 mil opiniones para "enriquecerlo", al decir de Mariotto. El resultado fue el añadido de unas 50 modificaciones –aunque ninguna medular– al proyecto original que constaba de 144 artículos.

En el Salón de las Mujeres, en el primer piso de la Casa de Gobierno, Cristina aseguró que "esta ley va a poner a prueba a la democracia argentina".

El 9 de septiembre comenzaron las rondas de audiencias públicas en el Congreso para analizar el proyecto. Por allí pasaron representantes de la Asociación de Radiodifusoras Privadas de la Argentina (ARPA); directores de cine como Leonardo Favio y Juan José Campanella; autoridades de la Federación Universitaria Argentina (FUA), la Central de Trabajadores Argentinos (CTA); la Cámara Argentina de Productoras Independientes de Televisión; y el Consejo de TV Digital. También expusieron su opinión autoridades de la Asociación de Radiodifusoras Universitarias Nacionales Argentinas y de la cooperativa de radiotelevisión de Posadas, Misiones.

El periodista Víctor Hugo Morales fue uno de los tantos que participó en esas audiencias y se pronunció a favor de la iniciativa del Poder Ejecutivo:

> Hay una oportunidad maravillosa para que este proyecto se convierta en ley (...) Los que se oponen a esta ley son los mismos que efectuaron el robo que durante 15 años se hizo del fútbol (...) ¿A qué se oponen los que se oponen y al servicio de quién se oponen(...)

Y agregó:

> existieron varios proyectos, pero ninguno de ellos se animaba a mirar el pasado, ese pasado reciente en el cual se formaron los grupos económicos que hicieron un inmenso daño a lo que llamamos

la libertad de expresión. El fútbol les permitió comprar radios para ir destruyendo poco a poco los mensajes de los comunicadores que estaban enfrentados con el negociado que hicieron durante 15 años.

El Grupo *Clarín* comenzó una campaña feroz contra el gobierno. Desde la pantalla de su señal de noticias, TN, y el propio matutino hablaban una y otra vez de la "Ley de Medios K" o de la "Ley Mordaza". Durante los meses que se discutió la ley hasta su aprobación, toda la dirigencia opositora hablaba contra "la dictadura de los Kirchner", que nos dirigíamos hacia un régimen como el de Chávez o Castro, etc.

El 17 de septiembre, la cámara de Diputados lograría darle media sanción al proyecto de ley. Fue el primer gran paso para conseguir la sanción definitiva. El oficialismo logró acuerdos con los bloques de centroizquierda y el socialismo. Fueron 147 voluntades a favor, 3 abstenciones y 3 votos en contra. Algunos de los aliados más fieles, como los neuquinos del MPN, esta vez no acompañaron la iniciativa oficial. En tanto, el núcleo duro opositor (el radicalismo, la Coalición Cívica, el PRO, el peronismo disidente y el cobismo) cuestionó la "legitimidad del procedimiento parlamentario" e impugnó la sesión especial antes de abandonar el recinto.

Durante casi dos horas, la oposición planteó 11 cuestiones de privilegio[389] contra las "irregularidades" en un intento de vaciar de legitimidad la sesión especial.

El jefe del bloque oficialista, Agustín Rossi, fue el encargado de cerrar un debate que duró más de 13 horas. La oposición se levantó y fue al Salón de los Pasos Perdidos, donde hacían cola para hablar con el periodista de TN. Ante las cámaras gritaron que "es una ley anticonstitucional", "un proyecto confiscatorio."

El 10 de octubre, el proyecto se puso a consideración del Senado. Fueron casi 20 horas de debate para que el oficialismo consiguiera aprobarlo con 44 votos a favor y 24 en contra, sin incorporar ninguna modificación.

---

389 Las cuestiones de privilegio son una facultad de los legisladores cuando se sienten vulnerados en alguna de sus atribuciones.

Pasadas las 6 de la mañana, se aprobó el punto más controvertido de la ley, el artículo 161, que obliga a las empresas de radio y televisión por cable y por aire a desprenderse de las licencias que superen el límite establecido por la nueva norma en el plazo de un año. Se trataba de la cláusula de desinversión que ha sido objetada por las cámaras empresariales del sector por considerar que vulnera los derechos adquiridos.

También hubo momentos de tensión. Faltaban pocos minutos para que venciera el plazo reglamentario de media hora de espera para que se cayera la sesión y el oficialismo todavía no había reunido el quórum necesario para sesionar. Desde el sillón de la presidencia del Senado, Julio Cobos miraba nervioso el reloj y masticaba una decisión. Los senadores oficialistas Miguel Ángel Pichetto y José Pampuro advirtieron el nerviosismo de Cobos y se acercaron para calmarlo.

"No existe ninguna limitación para que las telefónicas ofrezcan servicios de triple play: telefonía, Internet y señal de televisión de cable", dijo la senadora salteña del PJ disidente, Sonia Escudero, que comparó el proyecto oficialista con la ley de la Revolución Libertadora, por el control que estableció esa dictadura sobre los medios de comunicación.

Otra peronista disidente, la puntana del Opus Dei Liliana Negre de Alonso, afirmó: "esta ley es un botín, y ese botín son las provincias argentinas: es el federalismo. No es verdad que esta ley es constitucional, que no avasalla a las provincias y que no viola los derechos adquiridos".

La oposición y el Grupo *Clarín* presentaron medidas en la Justicia para frenar la ley y hasta el mismo Magnetto, el Ceo de la empresa, visitó a los integrantes de la Corte. Pero a pesar de todas estas presiones, la ley hoy está vigente y sólo esta en discusión el artículo 161 de trata sobre la desinversión.

Néstor Kirchner no dudó en cada acto de criticar "a los sectores de la Justicia que vienen de la época de la dictadura militar y que paralizan la ley con medidas cautelares", y sobre la visita de Magnetto a la Corte señaló:

Me preocupa mucho la visita que hicieron Magnetto y otros empresarios aparentemente para intentar presionar a la Corte Suprema de Justicia de la Nación sobre el tema de la ley de medios. Confiamos en la Corte, pero estemos atentos, pueblo argentino, porque estos sectores del privilegio no se resignan y quieren seguir manejando la cuestión mediática, y, si pueden, la Argentina a su antojo. El destino de la Argentina está absolutamente en juego, tenemos una oposición muy particular. Es la concentración mediática y económica cuyo instrumento es *Clarín* y cuyo ideólogo es el señor Magnetto. Que el pueblo argentino esté absolutamente claro.

Muerte y resurrección

La noche del 3 de diciembre de 2009, con el apoyo mediático del grupo *Clarín*, toda la oposición, desde la derecha del PRO hasta la izquierda de "Pino" Solanas, se juntaron en la Cámara de Diputados para derrocar al bloque del oficialismo y, especialmente, a Néstor Kirchner que juraba como diputado de la Nación.

Los medios estaban ebrios de felicidad. La oposición igual. Los diarios titularon: "Los Kirchner sufrieron en un solo día una sucesión de derrotas políticas" o "Cachetazo histórico a los K...".

Se creyeron los dueños del país, pero el gobierno nacional, acostumbrado a triunfos y derrotas, siguió trabajando todos los días. Así había sucedido cuando se perdió la votación de la resolución 125 y pocos meses después se estatizaron las AFJP o, cuando luego de la derrota de las elecciones de junio de 2009, nació Fútbol para Todos, se aprobó la Asignación Universal por Hijo y el Congreso sancionó una nueva y democrática ley de Medios. Kirchner, como Perón antes, había leído a Carlos Marx, y sabía que el viejo topo de la revolución trabaja sin cesar, en silencio, a veces parece perdido pero siempre surge más adelante.

Desde la derrota del 28 de junio, Kirchner entendía que la batalla cultural se estaba perdiendo, que los medios junto a la oposición estaban ganando "la guerra". Fue por eso que decidió convertirse en un militante más. Empezó a ir a reuniones por todo el país y a dirigirse a los sectores más jóvenes que en la discusión por la Ley de Medios habían participado activamente desde las redes sociales como *Facebook* o *Twitter* y desde programas televisivos como *678*.

En un encuentro con los jóvenes de la agrupación juvenil "La Cámpora", en diciembre de 2009, le quitaba dramatismo a la derrota electoral:

> Decían, 'perdió el 28 de junio Kirchner o el pingüino –como querían llamarme–, entonces que se vaya a la casa'. ¡Ehhhhh, en la calle, con el pueblo, ahora más que nunca! Ni me retiro, ni me rindo. Ni hago como otros que dicen que se retiran y después tratan de volver de cualquier manera o se rinden ante cualquier adversidad.

Y agregaba:

> Es apasionante lo que hay por delante. Ustedes tienen que crecer, organizarse, multiplicarse. Tenemos que ser sostenes y tomar toda la iniciativa política de la institucionalidad de hoy y de las políticas que se están llevando adelante (…) tenemos que derrotar en esta etapa y en esta coyuntura el operativo desánimo, ese operativo desánimo que lleva el grupo monopólico adelante, donde dice que todo está mal (…) Si nosotros tenemos la firmeza y la convicción, no tengan ninguna duda de que nuevas auroras y nuevos tiempos van a venir (…) La verdad, lo del 28 de junio es una anécdota. Derrota fue la que sufrió el pueblo argentino en 1976 o en 1955 o ante cada golpe o quiebre institucional. Las elecciones en democracia no hay que dramatizarlas, se gana y se pierde.

* * *

El 7 de febrero de 2010, el ex presidente estaba realizando su rutina diaria de caminata en la cinta, cuando empezó a sentir un adormecimiento en la mano que se extendió a todo el brazo izquierdo[390]. Kirchner empezó a acusar síntomas de que algo andaba mal.

---

390   Algunos multimedios dijeron que se desvaneció en la bañera.

Pasado el mediodía, se decidió llevarlo a la Clínica Olivos, donde se le practicaron varios estudios. A las cuatro de la tarde, ya con el diagnóstico hecho, el subdirector de la Unidad Médica Presidencial, Marcelo Ballesteros, contactó al cirujano Víctor Caramutti, un reconocido especialista y, sin pérdida de tiempo, a las cinco fue internado, y a las siete entró al quirófano. Iba a ser operado por una obstrucción en la carótida derecha, una de las arterias encargadas de transportar la sangre con oxígeno y nutrientes al cerebro.

La operación comenzó pasadas las 19, en el tercer piso del sanatorio. En el cuarto esperaban su esposa, la presidenta, y sus hijos Máximo y Florencia, que ingresaron silenciosamente en el lugar.

El ministro de Planificación, Julio De Vido, subió al bar del piso 11 para aguardar los resultados. Allí lo esperaba el subsecretario de Medios y vocero presidencial, Alfredo Scoccimarro. Más tarde ingresaron otros ministros de la primera línea del gobierno.

Caramutti explicó al término de la operación que el ex presidente "tenía una placa complicada" que debió ser removida de la carótida, pero remarcó que en pocos días podría volver a su "vida normal".

Más tarde, en declaraciones al canal C5N, Caramutti dijo que fue una operación "de rutina" y confirmó que Kirchner había tenido temprano síntomas "en el miembro inferior y en el superior izquierdos" (pierna y brazo) lo que derivó en los estudios y la intervención. "Está en perfectas condiciones ahora la carótida", y añadió que Kirchner (de 59 años) estaba "totalmente lúcido" y "agradecido" por la operación[391].

Kirchner evolucionó favorablemente y enseguida se mostró impaciente por dejar el Sanatorio. Cuando todavía estaba en terapia intensiva ya había dado muestras de que no pensaba detener su ritmo de trabajo.

Bajar los decibeles, reducir el estrés y retirar el cuerpo de la contienda política no estaban en los planes del ex presidente.

---

391 Bergoglio envió a un sacerdote para dar la extremaunción al ex presidente. La familia no aceptó.

Desde la clínica dio señales claras a su círculo más cercano sobre su plan que lo llevaría a recuperar formalmente la conducción del Partido Justicialista y, desde allí, garantizarse la disciplina de los legisladores y gobernadores que habían comenzado a mostrar disidencias ante su estilo de liderazgo.

El ministro del Interior, Florencio Randazzo, y el gobernador de Buenos Aires, Daniel Scioli, revelaron que Kirchner les hizo saber su voluntad indeclinable de retomar la jefatura del peronismo el 10 de marzo, en una ceremonia en Chaco.

Al día siguiente, Cristina anunció en un acto en la Casa Rosada, la mejoría de su esposo: "Han pasado a Kirchner a sala general. Está muy bien. Hay Kirchner para rato".

Luego, criticó a la oposición y volvió a cargar contra los medios:

> ¿Cuántas responsabilidades tenemos como sociedad de no pensar y no mirar un poquito más allá de lo que nos dicen de una pantalla de TV, de una radio o de un diario? No le echemos tanto la culpa a la política, porque cuando uno no está dispuesto a escuchar la verdad, siempre encuentra gente dispuesta a mentirle.

El 10 de febrero y antes de lo que se esperaba, el ex presidente fue dado de alta. "Estoy muy bien", dijo al abandonar el Sanatorio de los Arcos de Palermo poco antes de las 10 a bordo de un auto en el que ocupaba el asiento del acompañante.

Entre sus planes antes de su operación, estaba el de reunirse en el mítico Club Atenas de la Plata con toda la dirigencia del kirchnerismo (sin el intendente Pablo Bruera) para festejar el 24 de febrero. La dirigencia K platense pensaba suspenderlo porque la fecha estaba demasiado cerca de la intervención, pero el ministro de Justicia Julio Alak recibió un llamado del ex presidente para decirle que "no suspenda nada".

A las 19:30 del 24 de febrero, Néstor Kirchner reaparecía en La Plata después de su operación. Miles de jóvenes lo vitorearon y las cámaras de televisión mostraron la cicatriz en el cuello de su reciente operación.

Cuando se acercó al atril, por 10 minutos estuvo en silencio, escuchando emocionado los cantos de la multitud, que incluía el "hit" de los setenta que aludía a "la gloriosa JP" y también actuales, en defensa del gobierno y contra el monopolio de *Clarín*. Los presentes creyeron que ese silencio estaba vinculado al cansancio por su reciente intervención quirúrgica. En parte era verdad, pero cuando comenzó a hablar dijo que "contaba los minutos" para volver a estar en el lugar que tenía que estar, para "dar todas las batallas" que había que dar. Pero no fue sólo eso. En esos eternos 10 minutos, en silencio, mientras la gente cantaba, Kirchner recordó otros tiempos. Recordó sus días en la pensión de la calle 45 Nº 312, entre 1 y 2, cuando vino a estudiar Derecho desde Santa Cruz. Se acordó de su militancia juvenil, de cuando conoció a Cristina, Y recordó, como lo hacía muy seguido, a sus amigos. Recordó a Roberto Basile, a Julio Pacheco, a Omar Beain, a todos los muertos, desaparecidos y asesinados en los años de represión. "Fueron ellos, pero podríamos haber sido nosotros", comentaba siempre. Y sonrió al ver a tantos jóvenes, que, como ellos hacía tantos años, se habían reunido en ese mismo club Atenas para anunciar la candidatura del "Tío Cámpora". Finalmente, con un nudo en la garganta, comenzó a hablar: "¡Estoy acá, como siempre, para dar todas las batallas!".

Luego del discurso, muy emocionado saludó a los organizadores del kirchnerismo platense: el ministro de Justicia Julio Alak, el viceministro de Desarrollo Social, Carlos Castagneto, el senador provincial Guido Carlotto, el diputado Ariel Pasini, y a dirigentes nacionales como Emilio Pérsico (del Movimiento Evita), el gobernador Daniel Scioli y el líder de la CGT, Hugo Moyano.

* * *

El 25 de mayo de 2010, el país celebró el Bicentenario de la patria. Los multitudinarios festejos sorprendieron a muchos, pero principalmente a la oposición. Miles de personas se volcaron a las calles para ser parte de una fiesta sin precedentes. Hasta los diarios opositores hablaron de más de dos millones de personas en los distintos eventos.

Desde las elecciones de junio del 2009, los multimedios venían señalando que los argentinos estaban de mal humor, cansados del gobierno, abatidos y, por ende, muy poco interesados en los festejos del Bicentenario que organizaba el gobierno nacional.[392]

El Gobierno no partidizó el Paseo del Bicentenario ni los recitales. Por el contrario, propuso que el festejo fuera participativo y esa fue, quizás, la clave del éxito. Se organizó un paseo público, hubo desfiles de inmigrantes, de pueblos originarios y latinoamericanos. Participaron artistas populares de todo el continente y se proyectaron frases sobre los escenarios, de Arturo Jauretche, Mariano Moreno, Manuel Belgrano, Evita, San Martín, el Che Guevara...

Y sucedió lo que nunca comprenderán las corporaciones, millones de argentinos, familias enteras, recorrieron la 9 de julio, la Avenida y la Plaza de Mayo. Durante varios días, algunos con lluvia, escucharon a los mejores músicos, vieron las acrobacias del grupo teatral de vanguardia Fuerza Bruta y un show multimedia sobre el cabildo que contaba la historia de los argentinos. Todo el mundo festejó, hasta la Presidenta bailó al ritmo de las murgas, junto a Néstor que sonreía continuamente[393].

Entre las actividades, la Presidenta inauguró en la Casa Rosada la Galería de los Patriotas Latinoamericanos, acompañada por sus pares de Uruguay, Brasil, Paraguay, Bolivia, Chile, Venezuela y Ecuador, en donde colgaban los retratos de Juan Domingo Perón, Evita, Salvador Allende, Hipólito Yrigoyen, Ernesto "Che" Guevara, Víctor Haya de la Torre, Getulio Vargas y José Martí, entre otros.

El show que más impactó, fue la presentación del grupo Fuerza Bruta. Más de 2000 artistas participaron de las 19 carrozas que desfilaron, recreando los momentos emblemáticos de la historia argentina.

---

392 Habían machacado que los stands en la 9 de julio perjudicaban el tránsito de los porteños.
393 Cristina no participó de la velada del Teatro Colón, porque Macri había dicho en horas previas: "Si va con su marido, su consorte, como se dice, habrá que sentarse ahí". La Presidenta envió una nota diciendo que no participaría ante los "agravios personales" del Jefe de Gobierno de la Ciudad.

* * *

A pesar de las recomendaciones médicas, Kirchner estuvo lejos de bajar el ritmo de sus actividades. Tal como lo había previsto, el 10 de marzo reasumió como presidente del Partido Justicialista. En mayo, también asumió el cargo de Secretario General de la Unión de Naciones Sudamericanas (Unasur).

El lunes 23 de agosto, estaba invitado al Luna Park para asistir al lanzamiento de la Juventud Sindical Peronista, cuyo líder era Facundo Moyano. Creía que era un acto más, pero lo impactó la cantidad de jóvenes trabajadores que participaron. Kirchner llamó a una "alianza policlasita para hacer un frente nacional y popular entre trabajadores, empresarios y clase media" para profundizar los logros, y prometió alcanzar "la distribución del ingreso en un 50 y 50 para las empresas y los trabajadores en el próximo periodo consitucional". Luego, sin olvidar a *Clarín*, señaló que se estaba dando la batalla final para lograr imponer el proyecto y que se avecinaban momentos decisivos de la lucha contra las corporaciones. Finalmente, afirmó: "A cada golpe, pongamos la otra mejilla. No nos dejemos provocar. Pensemos en Argentina. Si la concentración mediática quiere seguir insultando, sigamos sin escucharlos".

Kirchner, al salir del acto, le dijo a su secretario "mañana quiero temprano a los pibes de La Cámpora en Olivos". En esa reunión les señaló sus deseos de que organizaron un gran acto en el mes de setiembre y que no se "olviden de los chicos de la juventud sindical (...) En mi tiempo no hubo diálogo con la juventud sindical, pero ustedes sí lo tienen, por lo cual los quiero trabajando codo a codo en la defensa del proyecto sin ninguna falsa antinomia".

El 11 de septiembre, siete meses después de la primera operación, Kirchner volvió a ser intervenido de urgencia, por una obstrucción en una arteria coronaria.

El primer parte oficial indicó que había sido sometido a una angioplastia en una de las arterias coronarias, luego de un chequeo médico programado.

La intervención consistió en colocar una malla llamada *stent* para desobstruir una arteria coronaria, indicaron las fuentes.

Según relataron los diarios, el ex presidente había jugado la tarde anterior el clásico "picadito" de los viernes en la quinta de Olivos entre funcionarios, secretarios, custodias y hasta choferes que lo ayudaban a descargar la tensión semanal. El atardecer con lluvia no hizo que Kirchner suspendiera el juego que duró dos horas. Luego, sintió un fuerte dolor en el pecho que lo llevó a una consulta médica en la clínica de Olivos, ubicada a siete cuadras de la residencia presidencial. Allí se le indicó que debía someterse a una angioplastia. "Si hay que hacerlo, que sea lo antes posible", le dijo a un funcionario cercano que lo acompañaba.

Afuera del sanatorio, un grupo de militantes de La Cámpora llegaron con una bandera de grandes dimensiones. Empezaron a cantar consignas en favor del ex presidente y pintaron los paredones que están frente a la clínica, sobre la avenida Juan B. Justo.

Kirchner, fiel a su estilo, quiso conocer en detalle el tratamiento al que sería sometido. La Presidenta pasó toda la noche a su lado.

A las 19 del día 12, los médicos le dijeron que podía irse a las 23 horas. "¿Por qué tan tarde?", renegó Kirchner, algo molesto. "Mejor nos vamos antes", dijo, y le guiñó el ojo a la Presidenta, que estaba a su lado. Así fue como, a pesar de que el parte médico indicaba la hora de salida, Kirchner, finalmente, se puso un pantalón de vestir y una camisa celeste y se fue antes de tiempo. Antes, se sacó fotos con las enfermeras, camareras y médicos del sanatorio, revolucionado por la presencia del ex presidente y la Jefa del Estado.

A pocas horas de dejar la clínica, decidió participar en el acto de La Cámpora en el Luna Park, aunque no hablaría, sino que lo haría Cristina. El martes 14, apenas pasadas 72 horas después de la intervención, Néstor reapareció en público. La intervención de urgencia modificó el espíritu de ese acto. "Ahora más que nunca", fue la consigna que pudo leerse en los carteles que aparecieron en el centro de la ciudad de Buenos Aires, con la foto de Néstor y Cristina Kirchner abrazados.

El escenario mostraba un cartel del personaje central de *El Eternauta* (la famosa historieta de Héctor Oesterheld, gran guionista desparecido en la dictadura) con el rostro del ex presidente. Para cuando terminó de ponerse el sol, el estadio estaba repleto y sus alrededores desbordados de jóvenes que se acercaron a dar su apoyo.

Al comienzo de su discurso, Cristina aclaró que su presencia era en su condición de militante peronista y no de Presidenta. "Acá soy una más", afirmó ante el auditorio.

Como si estuvieran en un recital, los jóvenes se sacaron las camisetas y comenzaron a agitarlas. Las chicas se subían a los hombros de sus compañeros. La presidenta señaló:

> Verlos a ustedes me hace recordar parte de la historia de mi propia vida y también la de nuestro país. Déjenme decirles que siento una sana envidia por todos ustedes. Pero no por lo que seguramente alguno mañana va a decir 'claro, querría tener 20 años, por eso se hace la nena'. No, qué va. ¿Saben por qué les tengo envidia? Porque cuando yo fui joven como ustedes, cuando junto a miles y millones de argentinos apostábamos a un país diferente, no tuvimos la suerte que tienen ustedes hoy de vivir en un país con todas las libertades.
>
> Si nosotros, en lugar de haber sido una juventud que crecía en medio de golpes de Estado, sin libertades, sin elecciones, hubiéramos podido tener esta Argentina que estamos construyendo entre todos, donde por primera vez estamos construyendo ciudadanía social con los derechos económicos de los trabajadores, de los jubilados, de la educación pública, pero al mismo tiempo lo estamos haciendo en un marco de libertad y democracia; si nosotros hubiéramos podido sentarnos junto a los jóvenes de la Juventud Sindical, como ustedes se sientan ahora, ¡qué país diferente hubiéramos tenido!

Y agregó:

> formé parte de aquella juventud maravillosa, que fue masacrada durante la dictadura más terrible de que se tenga memoria y que vino a terminar con el modelo industrial y de generación de trabajo" (...) Yo no quiero olvidarme de esta tarde maravillosa del Luna Park, yo también los quiero mucho, no

saben cuánto, es como si viera a miles que ya no están, están en la cara de todos su ustedes. No quiero olvidarme, cuando lo escuchaba a Juan, la primera vez que lo escuché y lo vi a Juan Cabandié fue en el 2004, el 24 de marzo creo del 2004, ¿no Juan? Era una tarde de calor como pocas veces tuvimos calor, habíamos ido a recuperar para la memoria de los argentinos y para la verdad y la justicia en nuestra historia, la ESMA. Ahí habló Juan porque él había nacido allí, en la ESMA. Todavía recuerdo esa tarde, con todos los brazos en alto, con los dedos en `V', con el Himno de Charly (García). Yo creí por un instante que no lo iba a poder soportar, que me iba a desmayar, debe haber sido una de las experiencias más fuertes que he vivido en mi vida, me acuerdo que en un momento creí que me desmayaba. Y quiero rescatar acá también lo que para mí significó, como ciudadana argentina, como militante política, que las leyes de la impunidad fueran declaradas inconstitucionales y que finalmente los responsables de la mayor tragedia que recuerda nuestra historia tuvieran los juicios y los derechos que no le otorgaron a miles y millones de argentinos.

Sobre el escenario la aplaudían en primera fila su esposo, junto al legislador porteño y secretario de la JP Juan Cabandié y el titular de La Cámpora, Andrés Larroque. Más atrás acompañaban ministros del gabinete, funcionarios, legisladores, personajes de la cultura y del deporte, más un centenar de referentes de agrupaciones juveniles.

"El Gobierno ha ampliado derechos a las minorías y ha reconocido la diversidad", destacó la Presidenta y miró hacia donde estaban ubicados los militantes de la agrupación "Putos Peronistas", que al calor de la discusión previa a la aprobación del matrimonio igualitario logró hacerse un espacio en el mapa de la militancia K.

Concluyó su discurso con un llamado a dar batalla ante el avance de las corporaciones:

> Vamos a aguantar. Hemos aguantado lo que nadie aguantó porque tenemos un proyecto argentino que es parte de la his-

toria. Los empresarios que se quejan nunca han ganado tanta plata. Hemos contenido a todos. Necesitamos la solidaridad como un valor fundamental. Este es un ejemplo de unidad, de militancia y de convocatoria. En otros tiempos hubiese habido guerra de lugares y consignas. Hoy somos un solo corazón y una sola voz.

Abajo, entre los jóvenes, todas las canciones confluyeron en una sola: "Cristina, Cristina, Cristina corazón. Acá tenés los pibes para la revolución".

* * *

El 27 de octubre de 2010 murió Néstor Kirchner en su residencia de El Calafate. Había ingresado al pequeño hospital "José Formenti" a las 8.05 horas y hasta las 9.15 dos cardiólogos y cuatro terapistas hicieron lo imposible para sacarlo del estado de paro cardiorrespiratorio. A esa ahora se dieron por vencidos.

A las nueve de la mañana, las llamadas entre El Calafate y Río Gallegos sólo traían malas noticias. A las 9.30 la muerte del ex presidente era una versión que nadie se animaba a confirmar desde la ciudad santacruceña. El sistema de comunicación del gobierno provincial y el nacional estuvo en silencio durante varios minutos.

Kirchner había llegado el sábado a la tarde a El Calafate desde Río Gallegos. Esa mañana compartió con el secretario legal y técnico de la Presidencia, Carlos Zannini, un café en la mesa de siempre en un rincón de la confitería ubicada a menos de una cuadra de la gobernación.

A la tarde, partió junto con la Jefa del Estado a El Calafate. En su última noche, mantuvo un encuentro en su casa con el empresario y constructor, Lázaro Báez y con el empresario Rudy Ulloa Igor.

El ex presidente vivía por esos días preocupado por el asesinato del militante del Partido Obrero, Mariano Ferreyra. El joven, había sido alcanzado por un proyectil en una marcha encabezada por trabajadores ferroviarios en Barracas. Kirchner había exigido la resolución urgente del crimen de Ferreyra.

El cuerpo del ex presidente fue trasladado desde El Calafate para ser velado, a partir de las 10, en el Salón de los Patriotas de la Casa Rosada. El traslado se llevó a cabo en un operativo encabezado por la propia Presidenta. La ceremonia se realizó con el féretro cerrado. El ataúd fue sellado en Río Gallegos y trasladado en esas condiciones a la Casa Rosada para su velatorio. El vocero presidencial, Alfredo Scoccimarro, explicó, al caer la noche que el procedimiento respondió a "una decisión familiar".

La noticia conmovió al país. La muerte interrumpió también una jornada que se proyectaba tranquila por la realización del Censo Nacional de Población en todo el territorio nacional. Apenas dos horas más tarde del inicio de la encuesta de hogares, el país reaccionaba conmocionado y dolorido ante la muerte de Néstor.

De pronto, "los sin voz" desbordaban la plaza. Miles de jóvenes, personas humildes, organizaciones sociales, sindicatos comenzaron a llegar a Plaza de Mayo para despedirlo.

Frente a la Casa Rosada, se colgaban en las rejas perimetrales flores, banderas y mensajes, en los que predominaron palabras de admiración por Kirchner y de aliento para su esposa. "Tu partida nos duele pero tu legado quedará por siempre", "Gracias Néstor", "Todo el pueblo te acompaña. Fuerza Cris", "Gracias por la dignidad devuelta"[394].

El impacto de la muerte llegó a todos, incluso a la oposición y a los medios de comunicación que se encontraron que la gente en forma espontánea se acercaba llorando para despedirlo. Las corporaciones festejaron en silencio "muerto el perro muerta la rabia". No lo dijeron en público como con la muerte de Evita ("viva el cáncer" pintaron en las paredes), pero una vez más no comprendieron que los procesos políticos pertenecían a los pueblos, no a los hombres, sino el peronismo hubiera desaparecido en 1955 con el exilio de casi dos décadas de Perón o con su muerte en 1974. Los procesos continúan porque la combustión pertenece al pueblo, aunque no sea fácil, es verdad, encontrar grandes pilotos como fue Néstor.

---

394 Se escucharon algunos cantos como "Néstor no murió, Néstor no murió, que se muera Magnetto, la puta madre que lo parió" o "Andate Cobos, la puta que te parió".

Sobre el ataúd de Kirchner reposaron el bastón y la banda presidencial, banderas argentinas y los pañuelos que simbolizan la lucha de las Abuelas y de las Madres de Plaza de Mayo.

Durante las horas siguientes, cientos de miles de personas desfilaron por la capilla ardiente. El silencio en la sala sólo se interrumpía con aplausos y gritos de apoyo a Cristina. También pudo observarse el llanto de los militantes que se fueron acercando para despedir al líder del justicialismo.

Cristina estuvo cerca de doce horas junto al féretro acompañada por sus hijos, visiblemente dolida. Sobria y conmovida, respondía con un gesto de agradecimiento detrás de sus lentes oscuros. O inclinaba la cabeza, mientras llevaba su mano derecha a su pecho.

Los presidentes de la región viajaron de inmediato para estar junto a la Presidenta. Estuvieron los mandatarios Evo Morales (Bolivia), Sebastián Piñera (Chile), Rafael Correa (Ecuador), José Mujica (Uruguay), Fernando Lugo (Paraguay), Juan Manuel Santos (Colombia), Hugo Chávez (Venezuela) y Lula da Silva (Brasil).

También se acercaron personalidades del mundo del espectáculo y de la cultura como Teresa Parodi, Florencia Peña, Jorge Luz, Osvaldo Santoro, Andrea del Boca, Pablo Echarri, Nancy Duplaá, Marcelo Tinelli y Daniel Fanego, entre otros[395].

Los gobernadores peronistas dijeron presente a pleno. El bonaerense Daniel Scioli y su esposa, Karina Rabolini, pasaron por la capilla ardiente de la Casa Rosada en dos oportunidades. Jorge Capitanich (Chaco), Daniel Peralta (Santa Cruz), Mario Das Neves (Chubut), Maurice Closs (Misiones), José Luis Gioja (San Juan), Juan Schiaretti (Córdoba) y Gildo Insfrán (Formosa), entre otros, también estuvieron. Los mandatarios provinciales de otros signos políticos, como el santafecino socialista Hermes Binner, el radical rionegrino Miguel Saiz y el radical correntino Ricardo Colombi, se mezclaron entre la multitud.

---

395 Ni el vicepresidente Cobos ni el ex presidente Duhalde se hicieron presentes por expreso pedido del jefe de Gabinete. Sí estuvieron el Jefe de Gobierno porteño, Mauricio Macri, los diputados Francisco de Narváez y Felipe Solá, y el precandidato presidencial por la UCR Ricardo Alfonsín, aunque ninguno fue recibido por Cristina.

La presencia del sindicalismo peronista fue notoria con Hugo Moyano a la cabeza. El líder de la CGT fue la tercera persona en saludar a la Presidenta. Se dieron un abrazo formal e intercambiaron unas palabras. Moyano estuvo unos minutos y partió. La segunda fue Hebe de Bonafini y la primera fue la titular de las Abuelas de Plaza de Mayo, Estela de Carlotto.

La Presidenta se persignó en varias oportunidades, acarició el cajón permanentemente y recogió regalos de la gente: rosarios, pañuelos y banderas, los que colocó sobre el féretro. Decenas de veces respondió a los aplausos con besos al aire; otras decenas se acercó a la gente y se fundió en abrazos, en especial si había un discapacitado.

Néstor Kirchner siempre supo, desde que llegó al poder en mayo de 2003, que era parte de un proceso iniciado mucho tiempo atrás, con los patriotas de Mayo, con los héroes de la Vuelta de Obligado, con Hipólito Yrigoyen y con Juan Domingo Perón y Eva. Siempre supo que el proceso iniciado en el 2003 era una continuidad con el protagonizado por las masas trabajadores el 17 de octubre de 1945.

Como tantos patriotas es parte de la historia argentina. Muchos hablaron en esas horas después de su muerte. Nos pareció bueno reflejar en estas páginas algunas reflexiones:

El presidente de Bolivia, Evo Morales, dijo que "Sudamérica quedó huérfana. El mejor homenaje es seguir trabajando por la integración y la solidaridad. ¡Mucha fuerza, Cristina!".

El presidente de Venezuela, Hugo Chávez, muy conmovido señaló que "hoy nos sorprende el infortunio, pero este camino es así, esta pasión es así. Desde mi corazón adolorido, desde el llanto contenido, les digo: ha muerto un justo, ha muerto un valiente, uno de los más grandes entre nosotros... llorarlo sería poco."

El presidente de Brasil, Luiz Lula da Silva lo consideró "un gran aliado y un fraternal amigo. América Latina y el mundo están de luto. Fue notable su papel en la reconstrucción económica, social y política de su país, y su empeño en la lucha común por la integración sudamericana. Le dije a Cristina que un hombre muere, pero sus ideas no".

El líder de la CGT, Hugo Moyano, reflexionó "siento un dolor muy grande por la pérdida de un hombre que durante su gestión le devolvió al trabajador la decencia que había perdido durante la década de 1990. Kirchner hizo más por la clase trabajadora que todos los sucesores de Juan Domingo Perón y Eva Perón".

Por su parte, para Emilio Pérsico, referente del Movimiento Evita, señaló "Néstor Kirchner era un hombre de convicciones. Tenía claro adónde quería ir y tenía los sueños intactos. Nosotros somos necesarios para el movimiento, al igual que muchos otros compañeros y dirigentes, pero Kirchner era imprescindible".

Desde las organizaciones de derechos humanos lo recordaron con afecto. Hebe de Bonafini afirmó que "siempre nos recibió en la Casa de Gobierno. Nos abrió esas puertas y nosotras, por supuesto, le abrimos la puerta de la Casa de las Madres y el corazón. Ese corazón que hoy tenemos roto, despedazado, no comprendemos, no queremos entender. Un hombre del pueblo y para el pueblo. Nos mostró cómo se hacía la política, la alta política. Nos demostró que Latinoamérica para él era un punto clave".

Estela de Carlotto destacó la figura de Néstor Kirchner como la de un "luchador" que "dio la vida por su país", y aseguró que el ex presidente "hizo suya la causa del fin de la impunidad para los represores del terrorismo de Estado".

Aníbal Fernández, el jefe de Gabinete, se conmovió hasta las lágrimas: "esto es únicamente comparable con el día que murió mi viejo. Y en la medida que se me hace carne el hecho de saber que no lo volveré a ver, más triste me pongo. Sin consuelo".

Dante Gullo declaró que "la de Néstor Kirchner es una muerte irreparable. Deja un vacío que va a costar llenarlo. Una pérdida que con el tiempo todos los argentinos, no sólo aquellos que nos identificamos con él, van a reconocer. Después de Juan Domingo Perón, es el mayor patriota y estadista de los últimos 70 años. No sólo para una Argentina que puso sobre el tapete la justicia social, la independencia económica y la soberanía política, sino para toda Latinoamérica".

El gran poeta Juan Gelman dijo que "Néstor Kirchner estableció que el respeto de los derechos humanos es una política de Estado. Terminó con el muro de plomo de la impunidad de gobiernos civiles anteriores". Por su parte, Eduardo Galeano, visiblemente conmovido cuando se enteró, expresó: "Ningún fuego es igual a otro fuego. Algunos fuegos, fuegos bobos, no alumbran ni queman, pero otros fuegos arden la vida con tantas ganas que se pueden mirar sin parpadear y quien se acerca se enciende. Néstor Kirchner fue uno de esos fuegos y será difícil apagarlo".

Artistas y deportistas lo recordaron. León Gieco: "siempre lo sentí a Néstor como un hermano lleno de fuerza que nos marcaba el camino. Yo nunca fui militante de partidos políticos, pero creo que siempre actué como militante en los hechos". La actriz Florencia Peña contó con lágrimas que "mi dolor es profundo. Perdimos a un líder grande, tan grande como el país que soñó. Un cuadro político. Un patriota. Un hombre que trazó una línea divisoria entre las políticas pasadas, nefastas y mafiosas, y este cambio de paradigma, que es hoy nuestra Argentina. Un hombre con convicciones fuertes, con paso seguro".

Y Diego Maradona aclaró que "Argentina perdió un gladiador, un hombre que se la jugó siempre, que nos sacó del pozo y era impecable en todo. Néstor siempre luchó por sus ideales. Yo no tuve una gran amistad con él, pero en el poco contacto que tuve sé que se jugaba por sus ideales".

Incluso aquellos que lo criticaron en vida sucumbieron al influjo de su muerte. La ensayista Beatriz Sarlo en su columna de *La Nación* recordó que "Kirchner comenzó su presidencia con un golpe en la frente porque se lanzó a la multitud que estaba en las calles, entre el Congreso y la Plaza de Mayo; se lanzó como quien corre hacia el mar el primer día del verano, con impaciencia y sensualidad, gozando ese cuerpo a cuerpo que es el momento amoroso de la política.(...) Pensé entonces en las escenas que, pese a ser una opositora, me había tocado vivir. En las escenas de masas, donde no hay sólo acciones que se aprueban o se critican, se percibe un más allá de la política que la convierte en experiencia y en alimento sensible. Kirchner, un duro, gozaba con esa afectividad intensa que a sus ojos seguramente refrendaba el pacto peronista con el pueblo".

El peronista disidente Felipe Solá dijo impactado que "el que muere rodeado del pueblo por algo será, es así, es la verdad. Acá vino gente de muchos lados y mucha lo hizo caminando como hace mucho que no ocurría".

Cinco días después del fallecimiento de Néstor Kirchner, la presidenta se dirigió al país por cadena nacional:

> Yo quería dedicar estos pocos y breves minutos para agradecer a todos y a todas, a todos los hombres y mujeres que se movilizaron, que quisieron verlo, que quisieron despedirlo, que rezaron por él, que lloraron por él, que no pudieron llegar tal vez acá porque vivían lejos pero se reunieron en otros lugares, que me entregaron rosarios; los rosarios de él los tengo todos, colgados en mi casa de Río Gallegos; agradecerles las flores y las cartas; las camisetas de Racing, que él adoraba, hasta también las otras camisetas que me regalaron que eran de otros clubes, pero igual a él el fútbol le gustaba mucho y las banderas también que me entregaron. (…) Quiero decirles a todos esos jóvenes que en cada una de esas caras yo vi la cara de él cuando lo conocí, ahí estaba el rostro de él exacto. Y decirles a esos jóvenes que tienen mucha más suerte que cuando él era joven, porque están en un país mucho pero mucho mejor, en un país que no los abandonó, en un país que no los condenó ni persiguió. Al contrario, en un país que los convocó, en un país que los ama, que los necesita, en un país que vamos a seguir haciéndolo distinto entre todos.

Al igual que Hipólito Yrigoyen, al igual que Perón, Kirchner ha sido el más odiado y el más amado de su tiempo. El día de su muerte estuvo nublado, no llovió como en aquel 1 de julio de 1974, pero cayeron lágrimas en los barrios más humildes del país. Ellos, como dijo Evita son "los únicos que saben ser fieles".

A partir de esa dolorosa muerte "florecerán mil flores" como acostumbraba decir Néstor, y la revolución nacional y popular nacida aquel 17 de octubre de 1945, continuará firme y vigorosa.

Agradecimientos

Las páginas de este libro comenzaron a escribirse a principios del 2000 cuando el peronismo había perdido las elecciones y comenzaba a derrumbarse el país, luego de 25 años de políticas neoliberales profundizadas por 10 años de menemismo.

En esos años, cuando publiqué la primera edición, Argentina había quebrado, el pueblo estaba desencantado ante la dirigencia política, sindical y empresarial y, a fines del 2001, estallaba la peor crisis de la historia con cinco presidentes en una semana, con más de 40 muertos en la calles, con los ahorros incautados por los bancos y papeles que reemplazaban la moneda.

En aquel momento conté la historia del peronismo para las nuevas generaciones. Traté de explicar que el menemismo no tenía nada que ver con el movimiento nacional y popular más revolucionario que había dado la Argentina en los años cuarenta de la mano de Juan Domingo Perón.

Ya cité a Carlos Marx con anterioridad, cuando decía que la revolución es como un topo que trabaja sin cesar, en silencio, a veces parece perdida, pero un día aparece nuevamente más adelante. Y así sucedió. Una década después, Argentina está nuevamente de pie gracias al peronismo y a una figura central de esta década: Néstor Kirchner.

La muerte del ex presidente produjo un cimbronazo en toda la sociedad argentina y, especialmente, en los sectores más humildes y en los jóvenes, que en los últimos tiempos vuelven a ser protagonistas de la historia, como lo fueron aquellos que hicieron el 17 de octubre de 1945

El lector de la primera edición de *La patria sublevada* se encontrará con una nueva versión de la obra con textos corregidos, nuevos datos, algunas revisiones y el agregado de una sección que incluye los últimos diez años. El libro antes terminaba con el ex presidente De la Rúa escapando en helicóptero. La historia se mueve y los hombres nos movemos con ella.

La Patria Sublevada no es un libro de historia argentina pero se le parece; no es "políticamente correcto" pero es patriota. Es un texto nacional y, por ende, polémico. Parafraseando a Hernández Arregui debo decir que los libros nacionales caen muy mal tanto a la 'intelligentzia' de derecha como a la de izquierda, acaso porque les recuerda su deserción de las luchas populares. Algunos se preguntarán por qué mezclar en un libro a Vandor, López Rega, Menem y Kirchner y no quedarnos solamente con Evita, Cooke o Jauretche. Es que la historia del peronismo es un "todo", con lo bueno y lo malo, así son los grandes movimientos populares. Cuando se buscan pepitas de oro en los ríos de montaña, se las encuentra con el barro. No hay procesos revolucionarios puros, en todos existen impurezas, por lo que me pareció que había que contar la película completa con sus héroes y sus traidores, con los más y los menos.

Debo agradecer a los entrevistados: más de medio centenar de militantes y dirigentes justicialistas, que fueron y son protagonistas, y que me relataron su propia vivencia de los hechos.

Gracias a Darío Cobello quien colaboró en la primera edición, y a Cristian Lora que lo hizo en esta segunda, en la búsqueda de material histórico y periodístico.

Gracias a mi hijo Gabriel, a Valentina, a mi hermano José Luis y a mis sobrinos que siempre están.

Y no puedo dejar de agradecer a los amigos de toda la vida, con los que comparto amistad, comidas, música y viajes: Claudio "Negro" Cogo, Eduardo D'Argenio, Sergio Pujol y Daniel Gluzmann.

También mi gratitud a Eduardo Russo y Daniel Lippi.

Esta patria sublevada es un homenaje a cientos de militantes y dirigentes peronistas que han dado su vida, sufrido el destierro, soportado la tortura y la humillación por la construcción de una patria socialmente justa, económicamente libre y políticamente soberana.

Alfredo Silletta
La Plata, julio de 2011.

Índice

Prólogo 9

Primera Era
La revolución (1945-1955) 13
   1945: El 17 de octubre 15
      El coronel y los obreros 19
      La marcha de la Constitución y la Libertad 23
      Detienen a Perón 25
      El tanito de Villa María 30
      El pueblo se moviliza 32
      El día que cambió la historia 34
      Sus protagonistas. 40

   1946: Tiza, carbón y corazón 45
      Unión Democrática y Frente Nacional 46
      La batalla del aguinaldo 50
      ¡Braden o Perón! 51
      La campaña electoral 56

1948: Eva y las mujeres peronistas 61
  Simplemente Evita 62
  Su viaje por Europa 65
  El voto femenino 66
  Fanáticamente peronista 69

1950: La patria justa 73
  Soberanía política 74
  Tercera Posición 76
  Hacia una economía nacional 79
  Por los derechos sociales 83

1952: El segundo gobierno 87
  El Cabildo Abierto del Justicialismo 88
  La conspiración de 1951 91
  La muerte de Evita 94

1955: El golpe militar 99
  Duro enfrentamiento con la Iglesia 101
  Bombardear Plaza de Mayo 103
  El golpe cívico-militar 105

Segunda Era
Exilio y resistencia (1956-1974) 111
1956: El tiempo de las bestias 113
  El Plan Prebisch. 116
  Los fusilamientos. 118
  La Resistencia 121

1959: Exilio y resistencia 125
  El voto a Frondizi. 127
  Huelgas y sabotajes 130
  El triunfo de Framini. 132

1964: Operación Retorno 137
   Illia en el gobierno 138
   El regreso que no fue 140
   Neoperonismo y juventud 143

1970: Luche y vuelve 149
   El trasvasamiento generacional 152
   El pueblo en las calles 155
   El sindicalismo dividido 158
   Jóvenes y guerrilla 160
   El discurso de Perón 164

1973: El regreso del líder 173
   A Perón le da 'el cuero'. 178
   Liberación o Dependencia 182
   La tercera presidencia 186
   La despedida. 192

Tercera Era
Los años oscuros (1975-2002) 199
   1976: El aniquilamiento. 201
      El gobierno de Isabel 203
      El golpe genocida 205
      Dictadura, muerte y desaparecidos 207

   1980: Los años oscuros. 213
      La economía de Martínez de Hoz 215
      Resistencia a la dictadura 217
      Malvinas y elecciones 223

   1985: Recuperar la mayoría. 233
      La renovación peronista. 236
      ¡Felices Pascuas! 239
      Cafiero-Menem: una interna caliente 243

1989: La vuelta al poder. 249
   Liberalismo y privatizaciones 252
   Corrupción y escándalos políticos 255

1995: Menemismo y reelección 261
   El pacto de Olivos 262
   Elecciones, créditos y convertibilidad 265

1999: El triunfo de la Alianza 271
   Un asesinato político 272
   La coalición democrática 275
   Menem-Duhalde: la última batalla 277

2001: Protestas, saqueos y cacerolas 285
   El divorcio esperado 289
   La vuelta de Cavallo. 292
   De la Rúa: triste, solitario y final 297

Cuarta Era
La resurrección del peronismo (2002-2010) 307
2002: El infierno de Dante 309
   La soledad del poder 317
   La clase media movilizada 323
   Las negociaciones con el FMI 324
   Muerte en la estación de Avellaneda 338
   Aires frescos del Sur 340

2003: La recuperación de la dignidad 357
   Las primeras batallas 363
   La renegociación de la deuda externa 372
   Justicia, Memoria y Verdad 376
   El poder no se comparte 383
   Comprando soberanía 396
   La sucesión 405

2007: La profundización del modelo 413
   El conflicto con el campo 417
   Estatización de las AFJP 432

2010: La muerte de Néstor Kirchner 437
   La derrota bonaerense 438
   La Asignación Universal por hijo 443
   Ley de Medios 449
   Muerte y resurrección 454

Agradecimientos 471